O GERENTE LEAN

Michael Ballé, PhD, é pesquisador e consultor empresarial e estuda a transformação *lean* há mais de 15 anos. Ele é pesquisador associado da Télécom ParisTech e cofundador do Instituto Lean França (www.institut-lean-france.fr) e do Projet Lean Entreprise (ww.lean.ernst.fr). Com seu pai, Freddy, ele faz *coaching* de CEOs e altos executivos para o uso de *lean* a fim de melhorar radicalmente o desempenho dos seus negócios e estabelecer a cultura *lean*.

Freddy Ballé começou a visitar as fábricas da Toyota no Japão em meados dos anos 1970, enquanto quando era chefe de planejamento de produto e, depois, de engenharia de produção na Renault, onde trabalhou por 30 anos. Ao sair da Renault, ele foi pioneiro na implementação do sistema *lean* completo na Valeo como vice-presidente técnico, depois na Sommer-Allibert como CEO, e mais tarde na Faurecia também como vice-presidente técnico.Com seu filho, Michael, ele fundou a ESG Consultants (www.esgconsultants.com) para dar consultoria a CEOs e altos executivos em transformações como a descrita em *O Gerente Lean*.

B191g	Ballé, Michael.
	    O gerente lean : uma transformação lean em romance / Michael Ballé, Freddy Ballé ; tradução: Theo Amon ; revisão técnica: Equipe do Lean Institute Brasil. – Porto Alegre : Bookman, 2011.
	    xvi, 452 p. : il. ; 23 cm.
	
	    ISBN 978-85-7780-879-3
	
	    1. Administração. 2. Administração da produção – Lean. I. Ballé, Freddy. II. Título.
	
	    CDU 658.5

Catalogação na publicação: Ana Paula M. Magnus – CRB 10/2052

Michael Ballé & Freddy Ballé

O GERENTE LEAN

uma transformação *lean* em romance

Tradução:
Theo Amon

Consultoria, supervisão e revisão técnica desta edição:
Equipe do Lean Institute Brasil

2011

Obra originalmente publicada sob o título
The Lean Manager: A Novel of Lean Transformation
ISBN 9781934109250

Copyright © 2009 Lean Enterprise Institute

Capa: *VS Digital* (arte sobre capa original)

Leitura final: *Angelita da Silva*

Editora Sênior: *Arysinha Jacques Affonso*

Projeto e editoração: *Techbooks*

Reservados todos os direitos de publicação, em língua portuguesa, à
ARTMED® EDITORA S.A.
(BOOKMAN® COMPANHIA EDITORA é uma divisão da ARTMED® EDITORA S.A.)
Av. Jerônimo de Ornelas, 670 - Santana
90040-340 Porto Alegre RS
Fone (51) 3027-7000   Fax (51) 3027-7070

É proibida a duplicação ou reprodução deste volume, no todo ou em parte, sob quaisquer formas ou por quaisquer meios (eletrônico, mecânico, gravação, fotocópia, distribuição na Web e outros), sem permissão expressa da Editora.

SÃO PAULO
Av. Embaixador Macedo Soares, 10.735 - Pavilhão 5 - Cond. Espace Center
Vila Anastácio 05095-035 São Paulo SP
Fone (11) 3665-1100   Fax (11) 3667-1333

SAC 0800 703-3444

IMPRESSO NO BRASIL
PRINTED IN BRAZIL
Impresso sob demanda na Meta Brasil a pedido do Grupo A Educação.

Para Roman e Alexandre

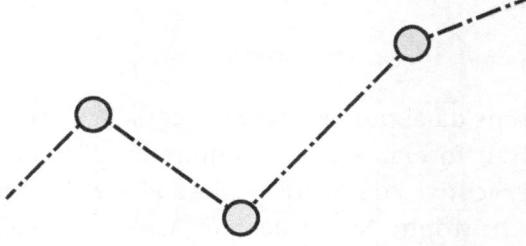

AGRADECIMENTOS

As personagens e situações neste romance são inteiramente fictícias. Embora tenhamos baseado a história em nossas experiências no chão de fábrica e nos ensinamentos dos nossos *senseis*, o livro não pretende de forma alguma ser uma descrição do Sistema Toyota de Produção (STP) ou do Modelo Toyota. Referências no livro ao STP ou ao Modelo Toyota refletem apenas nosso entendimento da sua aplicação fora da Toyota, e de nenhum modo têm a intenção de representar a posição da Toyota Motor Corporation.

Agradecimentos de coração ao editor-chefe do livro, Tom Ehrenfeld, que fez um trabalho soberbo para tornar este livro realidade. A ideia desta continuação de *A Mina de Ouro* se iniciou anos atrás, quando nosso editor Jim Womack nos incitou a escrever um romance de continuação, indo mais fundo nas questões gerenciais da transformação *lean*. O argumento do livro foi sugerido primeiramente por Pat Lancaster, que lamentava que não tivéssemos escrito o romance anterior da perspectiva do gerente de fábrica – para transmitir a emoção e a ansiedade de ter de fazer a transformação na prática. Anos depois, Orry Flume fez o mesmo comentário, e começamos a sondar juntos um argumento de negócios para uma transformação *lean*. Ao escrevermos a história, nos fiamos na experiência de vários gerentes que fazem isso todos os dias no *gemba*. Mas especificamente, temos uma grande dívida para com Nampachi Hayashi por seus ensinamentos de chão de fábrica do STP e *insights* profundos de gestão *lean* de acordo com o Modelo Toyota. Agradecemos também a Tatsuhiko Yoshimura por sua inteligente apresentação das ideias centrais da abordagem gerencial da Toyota. No uso destes princípios para transformar a cultura empresarial, tivemos a sorte de trabalhar com executivos de sucesso, como Pierre Vareille, Jean-Luc Vidal, Theo Benz, Christophe Baron, Jacques Chaize, Frédéric Fiancette, Evrar Guelton, Patrick Thollin, Jean-Paul Guyot, Jean-Baptiste Bouthillon, Jean-Claude Bihr e muitos outros, assim como com executivos *lean* especializados: Alain Prioul, Philippe Pull, Yves Mérel, Paul Evans, Eric Prévot, Philippe Grosse, Marc Mercier e Marie-Pia Ignace. Muito neste livro se baseia em discussão e suporte dentro da comunidade *lean*, principalmente com Jeff Liker e Dan Jones, que ajudaram a estruturar suas ideias centrais durante todo o processo, e muitas contribuições de conversas com outros grandes pensadores *lean*, como Art Smalley, Durward Sobek, Pascal Dennis, David Meier, Mike Hoseus e René Aernoudts. Outros especialistas em Toyota, como Jim Womack, José Ferro e Gilberto Kosaka, contribuíram generosamente com seu tempo e experiência.

Muito outros nos apoiaram com orientação e inspiração, e somos gratos a Godefroy Beauvallet, Neil Harvey, Philip Cloutier, Laurent Bordier, Christian Amblard, Steve Boyd, Patrick Labilloy e Sara Bienek por suas valiosas contribuições.

Detalhes técnicos sobre injeção no livro são em sua maioria extraídos de Plastic Injection Molding, de Douglas M. Bryce (Society of Manufacturing Engineers, 1996); Practical Injection Molding, de Martin E. Davis (CRC Press, 2001); e Hollow Plastic Parts, de Glenn L. Beall e James L. Throne (Hanser Gardner Publications, 2004). Todos os erros e imprecisões são nossos. Agradecemos muito à equipe do Lean Enterprise Institute envolvida na produção do livro pela sua dedicação e trabalho pesado; Michael Brassard (que sugeriu o título), George Taninecz e Thomas Skehan, e aos revisores, que fizeram muitos comentários inteligentes: Peter Wilats, Cindy Swank, Mark Graban e Matt Zayko.

Por fim, gostaríamos de agradecer à nossa família pelo seu apoio e paciência, já que teve de aguentar mais conversa *lean* do que qualquer um em sã consciência gostaria.

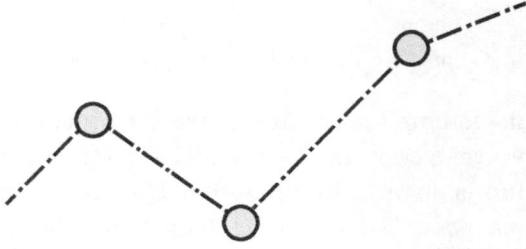

APRESENTAÇÃO À EDIÇÃO BRASILEIRA

Em A *Mina de Ouro*, publicado pela Bookman Editora no ano de 2007, Freddy Ballé e Michael Ballé já demonstravam sua grande capacidade de usar a ficção, mais exatamente um romance, para examinar e relatar o processo de transformação *lean* dentro de uma empresa. Ao longo de todo o texto, podemos comprovar a habilidade dos autores em transmitir os conceitos e a aplicação das ferramentas *lean*. Essa peculiar e brilhante fórmula apresentada é repetida neste *O Gerente Lean*.

Em 37 anos dedicados a fornecer componentes para montadoras de veículos, e agora no Lean Institute Brasil, observo a importância da liderança do CEO e da alta gerência no processo de implantação e evolução *lean* nas empresas. *O Gerente Lean* reforça este ideal e destaca tópicos importantes no desenvolvimento das pessoas e na metodologia para a aplicação das ferramentas *lean*, as quais exigem constante dedicação e comprometimento.

O ingrediente fundamental destacado por Ballé nesta obra é a atitude *gemba*. Jenkinson, o CEO em torno de quem se desenvolve a história, explora o dever de responsabilidade da gerência, mostrando *in loco* (no *gemba*) a necessidade de atuar diretamente no fluxo de valor primário para obtenção de lucratividade. Além disso, destaca o processo de atendimento ao cliente, tanto em quesitos como qualidade, custo e entrega, quanto no desenvolvimento do próprio gerente, por meio do "vá e veja" como padrão de trabalho e suas responsabilidades como dono do negócio e, consequentemente, responsável pela consolidação da empresa. O gerente *lean* deve ter autoridade para fazer as pessoas agirem ou irem embora, pois o propósito da empresa está acima das vaidades pessoais.

A atitude *gemba* é crucial para a credibilidade e a confiança que está sendo construída entre o gerente *lean* e os funcionários. A responsabilidade do gerente *lean* no atingimento de metas o faz ensinar as pessoas a desenvolver o conceito de aprender a enxergar e resolver os problemas para a melhoria do processo produtivo. Um bom exemplo temos no Capítulo 2 (*Todo mundo, todo dia*), em que Jenkinson salienta a importância da estabilidade da fábrica, em que as equipes de operadores devem estar sincronizadas na busca de uma carga de trabalho estável por meio de um método de gestão *lean*, trabalhando na redução dos desperdícios, otimizando os custos e reduzindo o *lead time*. Todos devem pensar e aprender a agir na busca constante do *kata* da melhoria contínua, priorizando a resolução dos problemas dos clientes e atuando nos processos para entregar mais valor aos clientes.

Michael e Freddy provam que o "gerente superficial" está com os dias contados e que o gerente *lean* deve entender, de fato, o seu trabalho e as etapas do processo, e identificar as necessidades de treinamento de seus funcionários na busca de uma equipe competitiva por meio da gestão *lean* – uma vez que gerentes *lean* são professores. Eles apresentam a verdadeira gerência, a que busca aproximar a realidade da expectativa, com o uso do *PDCA*:

 A – Entender quais são os problemas e resolvê-los um por vez.
 B – Fazer experimentos junto às pessoas.
 C – Checar com vontade e disposição.
 D – Agir.

Trabalho padronizado, fluxo contínuo, *set-up* rápido, etc. fazem parte das ferramentas na implantação da gestão *lean*, no entanto, o destaque dos Ballé é, em especial, ao tempo *takt* – fundamental para o atendimento ao cliente, e que, com a estabilização dos processos, tem de ser buscado diariamente pelo gerente *lean*, nivelando a produção, evitando imprevistos.

Fico feliz pelo destaque atribuído ao pensamento A3, não somente como ferramenta para solução de problemas, mas principalmente para o desenvolvimento de pessoas e trabalho em equipe na relação gerencial *PDCA*.

A confiança entre as pessoas é fator determinante para o engajamento na busca de resultados na gestão *lean*. Eu espero que você se entusiasme com este livro tanto quanto eu e, se ainda não começou sua jornada *lean*, possa fazê-lo o mais rápido possível, contribuindo para aumentar a competitividade de sua empresa.

Lirio Busato
Lean Institute Brasil
Março de 2011

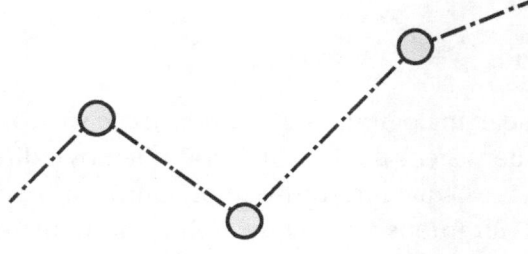

PREFÁCIO

Dá para sentir a frustração quando Jenkinson explica para o seu tutelado Andy*: "Clientes em primeiro lugar. Entregue peças boas no prazo. Reduza custos. Trabalhe com seu pessoal para que eles resolvam os próprios problemas". Muito original e inesperado, certo?

Aqueles de nós que estão no negócio de traduzir o sistema revolucionário da Toyota para os outros já sentiram uma frustração parecida. Como tornar isso mais simples e ainda assim transmitir a elegância do Sistema Toyota de Produção (STP)? Estou no ramo há quase 25 anos. Nesse tempo, houve o movimento da qualidade, o movimento de envolvimento dos funcionários, o movimento *seis sigma* e depois o movimento *lean*. Agora existe um movimento *lean seis sigma*. Todos esses movimentos viam a gestão científica de Frederick Taylor como vilã. Precisamos olhar além da eficiência local e considerar todo o sistema de pessoas e processos. Essa compreensão já existia, em um nível abstrato, mas embuti-la em uma organização parece ser um desafio imponente.

Eu me tornei fã de Michael e Freddy Ballé quando li *A Mina de Ouro*. Gostei da ideia de um romance empresarial, mas não esperava muito. À medida que lia, eu ficava cada vez mais entusiasmado. Era aquilo o que eu estava tentando comunicar aos meus parceiros e clientes há anos. Insisti para que todos os que eu conhecia lessem o livro. Confesso que meu entusiasmo imediato de que o livro transformaria o pensamento

---

* N. de T.: No original, há um jogo de palavras com o nome do protagonista, Andy Ward: um dos significados de *"ward"* é "tutelado", aquele que está sob guarda ou proteção.

deles malogrou. Essa transformação só ocorre na prática, e esta é uma das mensagens do livro, mas todos temos o direito de sonhar.

O que me entusiasmou tanto em *A Mina de Ouro*, e o que *O Gerente Lean* intensifica, é que ambos são bons romances. Os dois prendem e puxam você para a história. À medida que mergulha nela, você se liga, vê os próprios problemas de um jeito diferente. Em suma, você se identifica. O que eu tento transmitir aos meus clientes e alunos é que o STP é um sistema vivo. Não é uma ferramenta ou um roteiro. Você tem de vivê-lo para entendê-lo. Ele evolui. Ainda assim, as empresas acham irresistivelmente sedutor ter ferramentas e um roteiro claros. As empresas de consultoria se aproveitam disso e estão mais do que dispostas a dar aos clientes o que eles querem. Se eu tivesse que listar os cinco principais erros no aprendizado da Toyota, eles seriam:

1. Dar-lhe um nome, por exemplo, *lean seis sigma*, e transformá-lo em um programa.
2. Tentar achar seu caminho para *lean* com PowerPoints e roteiros.
3. Delegar a elaboração do programa a gerentes médios.
4. Não ver que esta é uma grande mudança cultural que leva uma vida para ter efeito.
5. A gerência sênior não assumir a responsabilidade em liderar a mudança cultural.

Michael e eu tivemos discussões infindáveis sobre como ajudar as companhias a evitar estes erros e a seguir o caminho da verdadeira mudança cultural. É muito complexo, ainda que incrivelmente simples. A parte mais complexa é que só se pode aprender este sistema fazendo o trabalho. Mesmo assim, as pessoas querem ser convencidas intelectualmente antes de se disporem a se comprometer com sua realização.

Em *O Gerente Lean*, Jenkinson faz o que tem de fazer. Como CEO, ele tem o poder para forçar as pessoas a agirem ou saírem da empresa. Ele usa esse poder de forma seletiva. Obviamente está focado em lucratividade, mesmo que isso signifique fechar fábricas ou demitir funcionários. De fato, ele insiste que quando a fábrica exclui uma pessoa por meio do *kaizen*, esta pessoa está fora, especialmente se ela não abraçou a mudança.

Isso contradiz o Modelo Toyota que busca prosperidade e confiança mútuas, com membros de equipe sendo poupados de demissões, quando possível. A mensagem de Jenkinson parece ser a de que o navio está tão fora do curso que sua própria existência está ameaçada, e corrigi-lo por meio de *downsizing* é essencial para a sobrevivência.

Ao mesmo tempo, Jenkinson está claramente comprometido com o desenvolvimento de pessoas. Ele aprendeu algumas coisas com seu *sensei* – deve-se identificar as pessoas com a motivação para melhorá-las, dar-lhes metas desafiadoras, deixar que fracassem de vez em quando, e apoiá-las enquanto aprendem. Ele está disposto a deixar que Andy lute, mas aparece periodicamente para ajudá-lo a ver novas opções. Ele faz perguntas a Andy em vez de dar-lhe respostas. Isso é bem Toyota. O método socrático é preferido em detrimento de ensinar propondo conclusões. O resultado é que, mesmo sendo CEO de uma empresa de bom tamanho, Jenkinson consegue penetrar até o nível do trabalho e mudar a cultura. Também fica claro nessa história que, sem a liderança de Jenkinson no nível do CEO, as fábricas não teriam chances de acharem o caminho sozinhas. O Alnext Business System era um exercício morto porque lhe faltava o impulso e o comprometimento do CEO anterior.

Para os funcionários que não conhecem a jornada, parece contraditório que Jenkinson viva falando sobre clientes e investindo em pessoas e qualidade ao mesmo tempo em que os manda reduzir o departamento de qualidade e transferir a autoridade das vendas para a engenharia. No paradigma deles, qualidade é responsabilidade do departamento de qualidade e satisfação do cliente é responsabilidade do departamento de vendas. Jenkinson precisa ser ditatorial para movimentar a organização e para tirá-los da rotina burocrática em que estão inseridos. À medida que eles conhecem o verdadeiro *kaizen*, eles começam a se mexer sozinhos e Jenkinson pode passar do papel de ditador para o de *coach* e conselheiro.

Como chegamos ao ponto em que precisamos de alguém no topo da empresa para, fundamentalmente, reconstruir a cultura? Por que precisamos que o CEO nos diga que o nosso negócio é compreender profundamente nosso pessoal e focar primeiramente em satisfazer os clientes? Temos um contraste revigorante pelos olhos da mulher de Andy, Claire. Como proprietária de um pequeno negócio que criou no ramo, ela sabe tudo o que acontece no seu pequeno centro de equitação. Conhece intimamente as rotinas e cada pessoa que contratou. Não precisa ir ao "departamento de segurança" para olhar as estatísticas de quem está machucado, já que tem um interesse pessoal em cada um dos seus funcionários. Conhece também os pontos fortes e fracos de cada cavalo. Ela sabe o que é preciso para satisfazer os clientes. É o tipo de "gerente *lean*" que o seu marido precisa virar.

Em todo o mundo, existem pequenas empresas que não têm problemas para entender que o seu sucesso depende da satisfação do cliente, fornecendo consistentemente um produto ou serviço com valor agregado, e que dependem de pessoas dispostas e capazes para alcançá-lo. Algo de ruim acontece quando os negócios crescem e se tornam cada vez mais burocráticos. Eles se perdem. O segredo da Toyota é que ela conseguiu crescer, se tornar bastante burocrática e *não* se perder. Ela pode se desviar de vez em quando, mas então os líderes sempre a puxam "de volta aos fundamentos", como diz agora Akio Toyoda.

O mapeamento do fluxo de valor é uma grande ferramenta para "aprender a enxergar". Ajuda a encontrar a organização perdida. Onde está a organização que agrega valor ao cliente? Ela está perdida e enterrada sob camadas de burocracia. Ainda está lá? Por meio do mapeamento do fluxo de valor, uma equipe de pessoas de mente arejada pode vasculhar a bagunça, que ajudou a criar, e encontrar o processo de agregação de valor agregado escondido. Então, o estado futuro tira o pó dele e o põe na perspectiva correta, como frente e centro, e não escondido pelas organizações de estafe e camadas de gestão. Infelizmente, o mapeamento de fluxo de valor, com frequência, torna-se parte da burocracia e perde seu poder de fazer as pessoas enxergarem.

Eu posso intelectualizar tudo isso o quanto quiser, mas nada se compara a vivê-lo. Um romance como este é o que chega mais perto desta experiência. À medida que vamos progredindo na "jornada *lean*", as empresas vão amadurecendo de ferramentais de melhoria de processo para gestão do fluxo de valor *lean*, para envolvimento dos funcionários na resolução de problemas, para cultura alinhada focada por uma liderança consciente dos problemas empresariais certos. As empresas em que ensino estão implorando por orientação sobre liderança. Já estão cheias de discutir ferramentas. Elas pensam que este caminho é um beco sem saída. É a hora certa para esta discussão, mas como tê-la?

Um romance empresarial que ilustra a luta de pessoas reais para mudar e aprender e se adaptar a um ambiente empresarial impiedoso não tem preço. Novamente estou empolgado e tenho esperanças de que este livro esclareça os leitores sobre o que realmente significa viver uma transformação empresarial que coloca os clientes em primeiro lugar e o faz por meio do desenvolvimento de pessoas. As pessoas que fazem o trabalho têm de melhorar o trabalho. Existem ferramentas, mas não são ferramentas para "melhorar o processo". São ferramentas para tornar os problemas visíveis e para ajudar as pessoas a pensar em sobre como resolver estes problemas. *Kanban*, trabalho padronizado ou *5S* são ferramentas para estabelecer um padrão e tornar o desvio em relação ao padrão visível para o grupo de trabalho. Então, o grupo de trabalho deve desenvolver habilidades de resolução de problemas para identificar a causa-raiz e resolver o verdadeiro problema. Qualquer solução é um experimento que está certo "metade das vezes". Se as ferramentas não mudam o modo como as pessoas que fazem o trabalho pensam sobre seus próprios processos, as ferramentas são um fracasso. Se os líderes não entendem como usar as ferramentas para liberar a criatividade e a motivação das pessoas, eles não são líderes – estão apenas administrando um processo burocrático.

Se somente se trata de liderança e de focar os problemas empresariais certos, então existe algo novo na Toyota e no *lean* e *seis sigma*? Esta é uma boa pergunta, e podemos ter um debate saudável. Se esta é somente mais uma estrutura que nos lembra dos fundamentos de uma maneira excelente de organizar pessoas para alcançar um objetivo definido, por mim está bem.

Eu tenho uma grande admiração pela profunda experiência de Freddy Ballé como um verdadeiro líder *lean*. Também admiro e tenho certa inveja dos dons novelísticos de Michael (embora Michael jure que é um mau romancista). Em duo, eles fizeram uma contribuição inestimável aos movimentos aos quais eu dediquei minha carreira. Eles apresentam os argumentos intelectuais de um modo que faz você sentir como se os estivesse vivendo. Esperamos agora que mais pessoas realmente os vivam!

— Jeffrey K. Liker
Professor da Universidade de Michigan
Autor de *O Modelo Toyota*

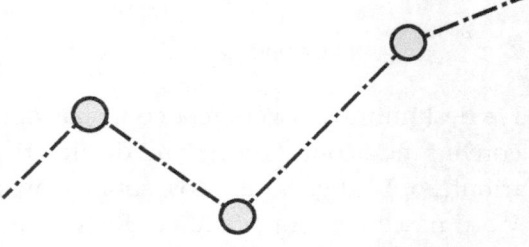

Capítulo Um

CLIENTES EM PRIMEIRO LUGAR

– Ele está fechando a fábrica!

Fechar a fábrica significava perder seu emprego. Perder seu emprego significava perder Malancourt. E perder Malancourt não podia sequer pensar.

Dirigindo às cegas em meio à pesada chuva de primavera, Andrew Ward ensaiava como iria dar a notícia à sua mulher. Ele havia temido esse momento desde que entrara no emprego há três anos, mas como meses e depois anos se passaram, o medo havia desaparecido. Agora o monstro tinha subitamente surgido, mostrando-lhe o fracasso que ele era.

Ward já fora um consultor de sucesso. Por uns bons anos, recém-saído da universidade, ele tinha vivido em grande estilo. Dividindo um apartamento caro no centro de Londres com alguns camaradas *yuppies*, ele ganhou um bom dinheiro viajando pelo mundo para auditar clientes e recomendar maneiras de eles melhorarem sua eficiência de cadeia de suprimento. A Ásia estava despertando. As empresas expandiam-se furiosamente. O petróleo era barato e os custos de transporte facilmente ignorados. Ward usava o terno e o sorriso radiante, cheio de charme maroto, tão confortável nos belos edifícios de vidro e aço de Praga a Cingapura quanto em depósitos sujos em remotas zonas industriais.

Ele deslumbrava a gerência com suas apresentações. Ele se entendiava conversando com fornecedores de material em poeirentos centros de distribuição. Enxugava canecos, com os rapazes, em vários bares da cidade. Ward nascera e fora criado em Richmond, o subúrbio abastado de Londres, onde banqueiros e executivos do ramo da música se encontravam em *pubs* no Tâmisa. Havia crescido em cidades, vivido em cidades e viajado ao redor do globo de uma grande cidade à outra. Gostava das luzes brilhantes e das multidões, das avenidas, dos bares, dos dias de trabalho e das noites animadas.

Havia se tornado o gerente de uma fábrica francesa perto da fronteira alemã, na periferia da região de Champagne, pela razão mais simples e mais desorientadora de todas: amor verdadeiro. Ele se apaixonara absurdamente por uma garota cujos sonhos eram em torno de cavalos: andar a cavalo, cuidar de cavalos, vender cavalos, criar cavalos. Ela trabalhava em um clube de hipismo chique e fazia um extra como tradutora de francês. Como ele havia passado verões no tempo em que era criança no retiro de seus pais em Provença, Ward ficara fluente em francês e foi solicitado a supervisionar quando ela foi contratada para traduzir um prospecto corporativo para o escritório de Paris. Pá! A faísca se fez. Em pouco tempo, eles se mudaram para um péssimo estúdio em Earl's Court. Eram jovens, bonitos e apaixonados, em Londres. A vida era uma festa.

O pai de Claire era proprietário e gerenciava o Centro de Hipismo Malancourt, um modesto clube de equitação perto de Metz, onde ela havia se apaixonado pelos animais grandes e selvagens com os quais crescera. Ela frequentemente dizia que queria ter nascido em uma manjedoura. Quando seu pai sofreu um grave acidente, do qual se recuperou lentamente, fisicamente debilitado, Claire decidiu que era tão impossível abandonar o Centro quanto apagar sua infância, e decidiu assumi-lo. Como sempre considerara isso uma possibilidade distante, Claire se viu totalmente despreparada quando defrontada com a desagradável escolha de se comprometer com Malancourt no ato ou fechá-lo e vendê-lo. Pior, quando ela finalmente conseguiu ter uma conversa franca com seu pai, descobriu que o negócio todo estava hipotecado, que ele nunca chegara a render muito, e que a renda para despesas dos pais dela tinha sempre vindo do salário da sua mãe como diretora de escola na cidade. Ainda assim, ela decidiu salvar Malancourt. Ward podia segui-la se quisesse, mas ela não voltaria para Londres.

Culpa do amor. Ainda se recuperando desta abrupta mudança, dois meses depois de Claire se mudar do seu canto, Ward havia se dado conta de duas verdades básicas. Primeiro, ele não podia viver sem ela. Pode soar melodramático, mas ele sentia que isso era um fato consumado. Segundo, nada desse trabalho global e bem-sucedido de consultoria tinha qualificado-o para um trabalho na França rural. Por alguns meses frustrantes, ele tentara ficar viajando entre Londres e o vilarejo no meio do nada de Malancourt, onde Claire estava descobrindo a diferença entre realmente mandar e apenas trabalhar num centro de hipismo. Como rapaz de cidade, ele achara os grotões indescritivelmente terríveis, mas um homem tem de fazer o que ele tem de fazer. Na época, Ward era parte de uma longa missão para a divisão automotiva da Alnext Corp., trabalhando para Lowell Coleman, o vice-presidente responsável pela logística. Coleman fora solicitado a racionalizar o fluxo das peças ao longo de uma divisão em que um componente poderia facilmente viajar ao redor do mundo duas vezes antes de chegar ao consumidor. Em um dos projetos em que Ward tinha trabalhado, eles descobriram que uma peça era montada em 21 passos envolvendo 18 países (contando componentes fabricados por fornecedores). Em várias ocasiões, Coleman havia dado a entender que gostaria de contratar Ward para seu setor de cadeia de suprimento, mas Ward não havia tido nenhuma motivação para fazer a troca. No fim, porém, Ward expôs seu dilema, e Coleman propôs uma solução. A divisão automotiva da Alnext tinha uma planta no leste da França cujo gerente de fábrica iria em breve se aposentar. Como Ward era um *black belt lean/seis sigma*, poderia assumir o trabalho do CIO (executivo de melhoria contínua) da unidade por alguns meses, com o objetivo de aprender a profissão e assumir como gerente de fábrica quando o cara mais velho se aposentasse. Vaudon ficava a 40 minutos de carro de Malancourt. Não haveria mais viagens ao exterior. Era o arranjo perfeito.

Todos mais ou menos esperavam que essa fosse uma solução provisória. Coleman pensava que Ward se cansaria da função operacional e acabaria voltando à equipe diretiva de cadeia de suprimento. Um pouco de experiência com a mão na massa não faria mal. Ward temia que fosse fracassar miseravelmente em comandar algo complexo como uma planta, mas estava comprando o tempo de que ele precisava para encontrar um outro emprego na região. Uma vez estabelecido na França, pensou ele, seria mais fácil procurar por trabalho local.

No fim, o que era projetado para ser uma solução temporária evoluiu para algo permanente e satisfatório. Jean Blanchet, o gerente de fábrica que estava se aposentando, macaco velho em injeção, inesperadamente simpatizara com o jovem inglês tranquilo e trabalhador. A formação de engenheiro de Ward se tornou útil quando ele descobriu, para sua grande supresa, que ele gostava de trabalhar com máquinas e procedimentos técnicos. Ele se saiu bem em vários projetos *seis sigma* durante seu primeiro ano na planta. Além disso, devido à alta rotatividade entre os gerentes, a maioria da equipe de gerência era bastante jovem. Eles aceitaram a nomeação de Ward por parte da alta direção com uma medida igual de serenidade e cinismo, não protestando muito em relação à sua ascensão. Afinal, estrelas em ascensão na matriz caindo de paraquedas em operações locais completamente desorganizadas era algo costumeiro tanto na indústria quanto na política francesa. E para ser justo, Ward havia se revelado um gerente de fábrica bem decente.

Então o maldito Philip Jenkinson assumiu o negócio e arruinou tudo, decidindo fechar a planta de Vaudon sem mais delongas! Adeus, trabalho. Adeus, renda. E adeus, Malancourt, lamentou Ward. Ele nunca acharia um emprego com o mesmo nível de remuneração nessa parte abandonada da França, e não havia como Claire manter o haras economicamente viável nos próximos anos. Eles sobreviveriam, mas ela ficaria arrasada.

– Lowell?
– Oi, Andy. Eu estava esperando a sua ligação. Ele contou para você?
– Sim. Ele está fechando a fábrica. Você sabia?
– Sabia. O Phil me pediu para não falar nada. Queria ele mesmo contar para você, cara a cara.
– Bem, ele contou. Você acha que é definitivo?

– O que você quer dizer?
– Jenkinson. Você anda trabalhando com ele? Ele é mesmo tão durão? Ward ouviu a pausa e a inspiração rápida.
– Sim, ele é bem durão. Mas não é tão louco como as pessoas dizem. Ele não é muito bom com gente, sabe, de papo. Mas é bem inteligente. O que acontece é que ele é muito silencioso. O pessoal aqui está começando a levá-lo a sério, mas isso é tão político que... o de sempre.
– Como assim?
– Olha, quando ele chegou, nada fez pelos primeiros quatro ou cinco meses. Nenhum comunicado, nenhuma decisão, nada. Ele passava a maior parte do tempo com a engenharia, e as pessoas imaginaram que ele era engenheiro. Promovia eventos de melhoria *kaizen* pessoalmente – e isso confundiu alguns. Pedia que toda a gerência da fábrica comparecesse, mas nunca comentava se algumas pessoas não apareciam. Ele também começou a visitar clientes diretamente a cada reclamação. Não se envolvia com vendas, porém. Ele ia direto para as linhas de montagem, para entender como nossos produtos eram encaixados no carro. E então, subitamente, ele começa uma guerra em todas as frentes.
– Toda a história de vender o prédio administrativo e realocar todo mundo nas fábricas?
– Isso foi só a ponta do *iceberg*. O fato é que ele tirou das vendas a gerência de programação. Ele demitiu a maioria dos gerentes de programação sob a supervisão de Wayne Sanders e pôs engenheiros técnicos em cargo da programação. Lembre-se que Sanders é o cara que trouxe os parceiros acionários da Univeq. Ele sempre foi considerado mais poderoso do que o próprio CEO porque ele tinha controle sobre todos os relacionamentos com os clientes – sem falar dos investidores. Aí Phil diz a ele que a equipe de venda está lá para dar suporte aos engenheiros, e não o contrário. Dizem que Sanders ficou furioso com isso, e então ele teve que ceder.
– Uau. Eu nunca tinha imaginado. Mas realocar os engenheiros? Esses caras odeiam que digam a eles o que fazer. Eles não se demitiram em massa?
– Nem tanto. Lembre, ele está instalado com eles há meses, e ele lhes deu muito mais liberdade, então o que é realocação comparado a

isso? De qualquer modo, a mudança foi só o começo! – exclamou Coleman, misturando indignação e admiração. – Então veio a venda da fábrica de Toluca.

– A joia da coroa, certo? Peças de altas margens para SUVs?

– De novo, a ponta do *iceberg*. Phil quer que as vendas saiam atrás de mais peças para carros pequenos. Não faz sentido porque as margens são muito apertadas no mercado de carros pequenos, e achamos que a empresa *realmente* precisa melhorar seu lucro operacional agora mesmo. Mas Phil é inflexível, e Wayne está lutando com ele por cada centímetro do terreno. O argumento de Wayne é que precisamos continuar focados nos produtos com a margem maior, mesmo que isso signifique menos volume. Phil diz que temos capacidade excedente em toda parte, portanto precisamos primeiro de volume, e que o trabalho dele é baixar o custo e fazer as operações lucrativas.

– Aquela coisa Toyota, certo?

– Como assim?

– Bem, hã, lucro é igual a preço menos custo – gaguejou Ward, tentando não soar como um sabichão – Você sabe, aquele eslaide *lean* que tínhamos nas apresentações. Em vez de calcular o seu custo, somar a margem esperada e tentar vender a esse custo, você vende a preço de mercado e reduz os custos até que você obtenha o seu lucro-alvo. Que é como a Toyota ataca os mercados. Eles começam com carros pequenos, onde as margens são magras, mas onde os concorrentes não lutam muito porque eles consideram o segmento não atraente. Pelo menos é isso que nos diziam no treinamento *lean*.

– Não, não, você está certo. Você está certo. É assim que ele pensa. Eu gostaria que ele fosse mais explícito a respeito disso, mas é essa a sua estratégia. De qualquer forma, Wayne não está conseguindo nada do que quer, então a engenharia agora anda inclinada a favorecer carros pequenos nas novas ofertas, e o pessoal de vendas está muito confuso. É uma bagunça realmente medonha. Mas uma coisa eu tenho que dizer sobre o Phil: ele não desiste fácil.

– E sobre sua reputação *lean*? – admirou-se Ward. – Ele mal olhou para o que instalamos com o Alnext Business System.

– É, eu sei. Simplesmente parece não ligar. Lembra que tínhamos um grupo de 15 caras de alto potencial andando pelas fábricas e promovendo eventos *kaizen*? Ele fechou esse setor, e deu a todos eles um mês para voltarem às funções de linha ou saírem da empresa. Ele diz que *kaizen* é problema da fábrica, e não da corporação. Só sobrou Jared Sims a cargo do ABS agora, e o pobre coitado está completamente perdido. Sempre que faz uma pergunta, independentemente do tópico, Phil responde: "Ensine às fábricas a promover seus próprios eventos *kaizen*", como se isso fosse evidente.

– Quer dizer que não tem mais auditorias do ABS?

– Não no futuro próximo, com certeza. Não me leve a mal. Phil é um fanático da coisa Toyota. Nós fornecemos algumas peças pequenas à planta de Georgetown da Toyota para o Camry da unidade industrial de Bethany, e Phil demitiu o gerente da fábrica por causa de serviços para a Toyota. Ele promoveu um cara apenas porque ele tinha experiência no fornecimento à Toyota. A questão é: o que quer que a Toyota peça, a Toyota ganha. A atitude de Phil é primeiro fazer, depois pensar. Eu acho que ele está tentando desenvolver uma relação maior com Georgetown, mas esconde bastante seu jogo.

– Então, como ele não está interessado no nosso trabalho *lean*?

– Eu sei lá! Na minha opinião, suspeito que o que ele entende por *lean* é muito diferente do que o que nós entendemos. Ele nunca fala sobre *"lean"*, então é difícil saber. Todas as vezes em que tentamos lhe mostrar algo do nosso programa *lean*, ele simplesmente nos olha, abana a cabeça e segue adiante. Nos faz sentir como completos idiotas. Mas ele com certeza está pedindo a todos que trabalhem de maneira completamente diferente, e ninguém tem muita certeza de que seu emprego ainda vai estar lá na manhã seguinte – disse Coleman.

– Ele de fato pediu para eu ver a cadeia de suprimento de uma maneira completamente diferente. Ele me pediu para reavaliar todas as nossas decisões de localização de peças partindo de uma perspectiva de *lead time*. Quer ter uma imagem de como seria a cadeia total de suprimento do ponto de vista das rotas de caminhões e frequência. Isso é diferente do nosso foco usual em custos de transporte unitário, e eu ainda não resolvi como extrair números confiáveis do sistema.

– Curto e grosso, hein?

– Ele é durão, sim. Mas grosso, não sei não. Ele é um cara frio, com certeza. Não é nem um pouco do tipo conversador. Ele escuta, e até parece ouvir o que lhe dizem. As pessoas o subestimam porque ele parece ser muito lento e não toma a palavra muito seguidamente. Ele faz muitas perguntas, mas nunca revela exatamente o que pensa. É enervante, mas não se iluda, o cara é muito inteligente e tem uma memória de elefante. Anda fazendo muitos inimigos, com certeza, mas eu não acho que seja intencional. Só é difícil trabalhar com ele porque ele tem uma ideia clara do que quer, mas não diz. Ou, quando diz, é ruim de ouvir. Como resultado, há muito ressentimento se acumulando nas operações norte-americanas. Suspeito que você vai ficar sabendo aí na Europa, agora que ele está olhando nessa direção.

– Realmente. Se você tivesse me avisado... Ele me pegou completamente de surpresa.

– Ele faz isso – concordou Coleman, rindo baixinho. – Escute, algumas pessoas gostam de demonizar o cara, mas a minha experiência é que ele é franco. Ele faz o que ele diz.

– Então a fábrica danou-se? Ele vai nos desativar? É isso que você está falando?

Outra longa pausa. Ward imaginou que podia literalmente ouvir o vice-presidente pensando bem a respeito, do outro lado do Atlântico.

– Ele fechou o sítio de Peterbourough – respondeu finalmente Coleman.

Ward nada disse, digerindo aquilo. Peterborough fora uma das grandes e históricas plantas automotivas da Alnext.

– Digo a você uma coisa – ajuntou Coleman, cuidadosamente. – Phil é determinado, mas também tem a cabeça aberta.

– Tá bom! – explodiu Ward, ainda se recuperando da mortificante visita à fábrica naquele dia. Jenkinson tinha disparado perguntas sem ao menos esperar pelas respostas ou mostrar qualquer interesse pelo o que lhe diziam.

– Não, não – insistiu Coleman. – Ele tem sim. Eu já o vi mudar de opinião. Ele possui uma teoria maluca tirada da leitura dos textos antigos de Taiichi Ohno, você sabe, o cara que parece que inventou toda essa coisa *lean*...

– Eu sei quem é.

– De qualquer forma, Phil acredita que todos estamos errados metade das vezes. Ele próprio incluído.

– Sério?

– Acredite. É por isso que ele se empenha tanto em experimentar as coisas. Está convencido de que a única maneira de saber se está certo ou errado é experimentando, no estilo prova de fogo. Nesse aspecto, ele é um legítimo engenheiro à moda antiga e trata todo problema da mesma maneira. Dados não o convencem, mas qualquer tentativa genuína de fazer alguma coisa, não importa o quão pequena seja, faz ele parar e pensar. Ele precisa tocar para acreditar.

– Eu não entendo – murmurou Ward. – Ele tem a cabeça aberta ou não? Para mim, isso soa cabeça fechada!

– Pense dessa maneira. Argumentar abstratamente em favor de alguma coisa não o afeta. Ele não se interessa. E, como o filho da mãe arrogante que é, geralmente está convencido de que o raciocínio dele é melhor do que o seu. Mas mostre-lhe um experimento fidedigno, um *fato*, e ele vai ouvir. Eu já o vi revisar radicalmente uma posição no ato, quando alguém demonstra com uma *ação* que há uma explicação ou jeito melhor de fazer as coisas. Assim, se você quiser convencê-lo de alguma coisa, não faça um argumento escrito. Não argumente. Mostre-lhe algo.

– Obrigado pela dica, Lowell – respondeu Ward, desencorajado. – Mas não vejo como isso pode ajudar. Se ele decidiu que a fábrica deve ser fechada, o que podemos lhe mostrar afinal?

– Eu não sei, rapaz – respondeu Lowell. – Eu realmente não sei, e eu não tenho influência bastante com o homem para fazer o que quer que seja nesse estágio. Eu queria poder ajudar. Se o pior acontecer, sempre haverá um lugar para você aqui na minha equipe. Sua ajuda nos seria útil.

– Obrigado novamente, Lowell. Você é muitíssimo gentil. Mas sabe que Claire nunca se mudaria.

– Falando nisso, como estão? Como está o menino?

– Estamos bem. Charlie está com oito meses. Obrigado por perguntar.

– Segure as pontas aí!

Ward estivera animado, mas apreensivo com a visita à fábrica pelo novo CEO. Ele tinha ouvido sobre a reputação de Jenkinson de cliente linha-dura e genuíno herói *lean*. Em seu papel de melhoria contínua, Ward achou frustrante relacionar o seu conhecimento livresco às realidades de uma fábrica viva e pulsante. Ele estava ansioso por ver um especialista *lean* "de verdade" em ação. E havia cuidadosamente preparado a visita com sua equipe de gerência, se assegurando de que todos os padrões do Alnext Business System estavam atuantes e criando PowerPoints engenhosos detalhando os resultados de seus projetos *lean seis sigma*.

Tudo em vão. Jenkinson sequer passou uma hora na fábrica. Ele tinha vindo de Frankfurt dirigindo um carro alugado, e voltou para lá após sua visita relâmpago, deixando Ward plantado no saguão da fábrica sentindo-se como se tivesse sido esmagado por um tornado. Ward lentamente se recuperava de seu torpor, pretendendo subir as escadas de volta para um *debriefing* com sua equipe de gerência, mas depois mudou de ideia. Não se julgava pronto para encará-los. O choque tinha de passar primeiro. Em vez disso, cruzou o saguão inumano e atravessou as pesadas portas que levavam ao chão de fábrica. Naquele momento, teve de admitir o quão surrada a fábrica estava, com suas paredes amareladas cheias de marcas de impacto, claraboias sujas que deixavam a luz fraca e velhas injetoras funcionando tão bem quanto podiam, considerando-se que não houve investimento do qual pudesse se lembrar nem pessoal suficiente para manutenção, que dirá cuidado diário.

Jenkinson havia dispensado as apresentações preparadas: – Vamos ao chão de fábrica, disse ele, sem sequer subir para a sala de reuniões para conhecer a equipe de gerência. Constrangido, Ward ligou para seu assistente para que avisasse aos outros gerentes que não esperassem por eles e seguiu o homem grande no salão de injeção.

Ward era alto e magro, quase desengonçado, com um tufo de cabelos pretos lisos e joviais olhos azuis. Jenkinson era ainda mais alto e muito mais largo. Homem grande e pesado, ele ostentava uma carranca de estudioso atrás de seus óculos e falava irritantemente devagar, com uma preguiçosa nasalidade californiana que fazia os outros quererem terminar todas as suas frases por ele. Tinha cabelo louro curto, já ficando grisalho, traços nórdicos quadrados e o tipo de pele áspera que fica da acne juvenil.

Jenkinson andara lentamente pela fábrica com Ward a seu lado, parando aqui e ali para olhar, fazendo pergunta após pergunta sobre detalhes operacionais, das quais a maioria Ward não soubera responder sem conseguir alguém para descobrir. Todas as vezes em que ele solicitamente sugeriu que poderia providenciar a resposta, Jenkinson acenava para ele e continuava caminhando, deixando-o com uma sensação ruim na boca do estômago.

– Você está faturando cerca de 250 milhões de euros em vendas, certo? – Jenkinson estacou após algum tempo. – Isso dá cerca de 360 milhões de dólares.

– Por aí – concordou Ward, sua apreensão crescendo. – Nosso EBITDA está em 4,5%, o qual está dentro do orçamento – mas eu reconheço que é baixo demais – acrescentou ele rapidamente. – Nossos custos...

– Lembre-me, como são as suas ppm? Partes ruins por milhão?

– Por volta de 400 – estremeceu Ward. – Temos várias peças visíveis...

– E internamente?– interrompeu Jenkinson.

– Nem estamos contando em ppm – retrucou Ward, – temos entre 3 e 4% de refugo.

– Aposto que isso é metade da sua margem – não admira que suas finanças estejam tão terríveis.

Jenkinson parou em frente a uma injetora, olhando a mão mecânica entrar e sair do molde, pegando a peça acabada e largando-a no transportador, onde um operador iria desbastar a peça e colocá-la na embalagem do consumidor.

– Jornadas nos fins de semana?

– No momento, tivemos algumas panes nas injetoras, então precisamos compensar, e ainda temos as peças que devem ser transferidas para a Romênia. Por isso, estamos trabalhando sete dias por semana.

– Espera aí! – o CEO tinha exclamado irritado, com uma mão estendida abrangendo toda a área de injeção. – Olhe em volta, um terço de suas injetoras está parado!

Ward manteve sua expressão cuidadosamente vazia e nada disse. O que havia para dizer?

– Inventário?

– Em geral, cerca de 20 dias.

– Estoque em processo?

– Eu teria que checar. Mas diria que em torno de três dias – quatro, no máximo.

Jenkinson havia fitado o gerente da fábrica como se olhasse através dele, e Ward subitamente se deu conta de como as coisas estavam mal, como seus números soavam pobres, como sua fábrica parecia descuidada e bagunçada. Ele havia conseguido se esquivar dos problemas muitas vezes antes, mas naquele instante ele soube que o jogo estava acabado. Esse não era o tipo de executivo sênior com o qual estava acostumado. Não era um homem que ficava satisfeito com números estimados e *briefings* resumidos. Ele *via* a fábrica de um jeito que o próprio Ward não via. Isso era diferente. Ward conseguia ver que o que estava em jogo era muito maior do que o que ele suspeitara.

– Nossa fábrica *benchmark* em Bethany – disse o CEO, olhando para outro lado – tem menos de 15 ppm nos clientes, três dias de inventário total com duas horas de WIP, e um EBITDA de 20% das vendas.

– Precisamos conversar – acrescentou ele. – Melhor fazer isso no seu escritório.

– E então ele me diz que está fechando a fábrica – Ward falou tão baixo que sua mulher não o ouviu. Ele acabou indo diretamente para seu carro e dirigindo para casa sem dizer uma palavra a ninguém, chegando justamente quando Claire estava dando banho no filho. Ele continuou matraqueando sobre a visita, tendo dificuldades em chegar ao ponto, ao ponto final, e suas consequências.

– O dia mais humilhante da minha vida – continuou ele a tagarelar, brabo. – Ele aparece na fábrica sem nem um "olá", ignora a apresentação que passamos séculos preparando, caminha direto para o chão de fábrica sem uma palavra e simplesmente fica lá olhando.

Ward deu um grande gole em sua cerveja e suspirou enquanto sua mulher enfiava Charlie em seu pijama. Ela o olhou com o canto do olho, imaginando o que poderia ter acontecido. Ele era em geral uma alma feliz, que não levava o trabalho – ou ele mesmo – muito a sério.

Ela não conseguia se lembrar da última vez em que o vira tão chateado. Algo estava muito errado, mas ela ainda não tinha se dado conta do que era.

– "Quando foi sua última reclamação de consumidor?", pergunta o Phil. E, para minha completa vergonha, não sei dizer. "Vou descobrir", digo eu, mas ele simplesmente dá de ombros. "Quando foi seu último

Clientes em Primeiro Lugar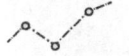

acidente com tempo perdido?" Eu também não sei responder. "Ok", diz ele, e começa a caminhar pelo corredor das injetoras. A terceira injetora que ele vê não está funcionando, e não há ninguém por perto. A essa altura eu já sei o que me espera, e eu me encolho. "Por que essa injetora está parada? Ela não está carregada? Pane?" Eu não sei. "Nesse exato momento, quantas de suas 20 e poucas injetoras estão funcionando ou paradas?" Eu me senti um completo idiota.

– Ei, meu bem, você é o gerente da fábrica, não tem de saber todos os detalhes, certo? – apelou Claire, levando o bebê para a sala de estar. Quando eles se mudaram para a casa de campo, construíram paredes para formar dois pequenos dormitórios no outro lado da edificação e um amplo espaço de estar aberto com uma cozinha americana.

– Bem – hesitou ele. – Foi isso o que pensei na hora. Eu deveria ter o panorama geral, não é? Tenho pessoal para saber as coisas miúdas, certo? Mas isso não é bem verdade, ou é? Você certamente saberia qual foi o último dos seus cavaleiros que teve um acidente. Diabo, eu provavelmente sei dizer que a gansa Melanie torceu o tornozelo duas semanas atrás.

– Três semanas atrás – corrigiu ela, distraída. – E Frédéric Hainault teve um torcicolo feio na segunda-feira.

– Viu? E você provavelmente sabe dizer em que forma está cada um dos seus pangarés nesse exato momento.

– Querido, é isso o que eu faço. Cuido de cavalos. Você comanda uma fábrica, ora! Não é a mesma coisa.

– Não é? Não é essa a questão? – perguntou Ward, fitando Claire em um raro momento de dúvida de si mesmo. – Você tem mais cavalos nesse estábulo do que eu tenho injetoras na minha fábrica. Devo mesmo saber dizer qual está funcionando e trabalhando e qual não está? E por quê?

– De qualquer forma, isso é tudo conversa – suspirou Ward. – Depois de me surrar em toda a fábrica, Jenkinson me diz que quer falar a sós. Então vamos ao meu escritório, e ele me vem com as boas novas: decidiu fechar a fábrica.

– Ele não pode estar falando sério! – estacou Claire, apavorada.

– Ah, ele está. A fábrica mal chegou ao *break even* nos últimos três anos.

– Mas você fica dentro do orçamento todos os anos!

– Sim, e nós dois sabemos como os orçamentos eram fracos. Ele não está pondo a culpa em mim, não por isso. Mas ele conhece os números melhor do que eu. E me diz que, primeiro, as vendas orçadas para a fábrica vão continuar a cair esse ano, já que as tampas de motor vão ser transferidas para a Romênia a qualquer momento, e então o *pipeline* do ano que vem está vazio.

– Mas eu pensei que eles estavam comprometidos a achar trabalho para a fábrica? – protestou Claire, deixando cair os braços de desânimo.

– Isso foi antes da venda – murmurou Ward, esfregando o rosto.

– O argumento de Jenkinson é que os custos da fábrica são altos demais, ele tem capacidade excedente na Europa e capacidade sobrando tanto nas fábricas polonesas quanto nas tchecas. De qualquer forma, nossa qualidade e desempenho de entrega não são boas o suficiente para se tentar fazer um esforço comercial especial para trazer produtos para cá.

– Ai!

– Ai mesmo – concordou Ward enquanto pegou Charlie, que tinha começado a chorar, cheio da conversa séria dos pais.

– Tenho de admitir que o grandão me disse na lata. É uma das três coisas: ele sabe como é complexo fechar uma fábrica aqui na França; então, eu posso ajudá-lo a desativar a fábrica, e fazê-lo nas melhores ou menos piores condições para todos os envolvidos, ou ele pode me despedir e encontrar um gerente interino para fechar a fábrica.

– Você mencionou três opções – disse Claire, enquanto Ward mergulhou num silêncio sombrio, brincando distraidamente com o bebê, que balbuciava feliz.

– Sim, bem – mexeu-se ele, entortando a boca de desgosto. – Eu poderia me demitir de raiva – o que pouparia à empresa desembolsar a indenização.

– Ele chegou a dizer isso?

– Não, não assim. Ele não precisou. E por que ele iria chegar e me dizer assim?! Não, o desgraçado queria que eu me demitisse na hora – explodiu ele.

Deve ter sido ruim, percebeu Claire ansiosamente, vendo Ward oscilar entre aborrecimento e raiva e vice-versa. Ele era um dos homens de temperamento mais estável que ela já conhecera, com uma disposição geralmente despreocupada e um humor autodepreciativo que ela adorava. Ela viu verdadeira fúria e amargor se acumulando em seus olhos pálidos e, subitamente, isso a assustou, dando-lhe um calafrio na espinha.

– Quando ele assumiu como CEO, você pensava que ele era um cara bom?

– Para você ver... – murmurou ele emburrado, dando Charlie para ela e atravessando a sala em direção à cozinha.

Ela o ouviu bater a porta da geladeira e procurar pelo abridor de garrafa. Isso nada tinha a ver com ele. Era geralmente ela a sair de si por nada, a fazer cenas, a reclamar e a culpar... nas palavras dele, a ser francesa. Vê-lo tão chateado a desalentou.

Ward finalmente conseguiu arrancar a tampa da garrafa e continuou ruminando. É verdade, Jenkinson fora recebido como um salvador quando a Alnext Corp. decidira fazer um *spin off* de sua divisão automotiva deficitária, no que fora amplamente considerado uma queima de estoque. Jenkinson entrara com uma certa reputação. Ward lembrou-se dos exemplares em PDF da *Forbes* sendo distribuídos por *e-mail* com *Jenkinson* na capa e a legenda "O Gerente *Lean*". O homem era festejado por ter feito o *turnaround* de uma empresa de equipamentos elétricos e multiplicado seu valor de mercado por um fator de dez em sete anos. Um acadêmico até havia escrito um livro sobre toda a transformação *"lean"*, que Ward nunca se dignara a ler. O tema principal, ele lembrava ter lido em algum lugar, era que lean tinha "tudo a ver com pessoas". Tá bom!

Olhando para trás, Ward se sentiu um tolo por não ter previsto isso tudo. Longe dos centros de decisão corporativa, ele ouvira pela primeira vez sobre a Nexplas Automotive pela imprensa. Na época, ele estava assoberbado pelo nascimento de Charlie, por isso não prestou atenção e ficou na sua. Nada mudara muito nas operações europeias inicialmente. O acordo fora preparado pela Univeq, um fundo de investimento em participações que tinha abocanhado a divisão a um preço ridiculamente baixo. Sob alta pressão de Wall Street, a alta gerência da Alnext andava lutando para reorientar seus segmentos lucrativos, e decidiu fazer um *spin off* da parte automotiva. Dizia-se que Jenkinson fora escolhido a dedo como CEO por causa de seu histórico de *turnaround,* assim como por sua disposição em enterrar uma séria porção de seu próprio dinheiro na empresa, supostamente detendo até 20% das ações.

Por meses a fio, nada mais fora ouvido de Jenkinson, e as operações continuaram com o trabalho como sempre, não pior, mas certamente não melhor. Ward continuara empedernido a lutar com seus clientes impossíveis, fornecedores inúteis e os pedidos infindáveis por mais relatórios por parte do setor corporativo. Ele abandonara toda esperança de que o investimento crítico que ele precisava para consertar suas esforçadas injetoras seria um dia aprovado. Afinal, fora recusado por três anos seguidos à medida que o número da divisão automotiva tinha se desfeito e a divisão corporativa tinha promovido uma onda de parcimônia e redução de custos após a outra.

Então, do nada, Jenkinson fizera um grande espalhafato com três súbitos lances estratégicos. Primeiro, ele vendera a fábrica de Toluca, México, que tradicionalmente era considerada a joia da coroa da divisão. Ele se pusera sob artilharia pesada por causa disso. A fábrica vendia para-choques de SUVs com muito lucro para montadoras norte-americanas, e era considerada uma das últimas galinhas dos ovos de ouro que sobraram na empresa. Então, ele havia fechado uma das quatro fábricas norte-americanas, e anunciado a fusão de outras duas, pretendendo diminuir pela metade o número de fábricas na América do Norte até o fim do ano. Longe da frente de combate, Ward se divertira e torcera por ele. Mas Jenkinson tomou o terceiro passo de vender o espaçoso complexo da sede administrativa e de engenharia em Ann Arbor, realocando todas as funções para as fábricas.

Ao longo disso tudo, a Europa fora em grande parte poupada. As linhas de subordinação permaneceram iguais. Nos tempos da Alnext, a divisão fora organizada de acordo com as linhas de produto, separando peças plásticas de motor (o grosso da atividade da fábrica de Vaudon), peças externas tais como para-choques, e um terceiro ramo especializado em painéis e todos os componentes envolvidos. Com certeza, muitos executivos tinham saído do lado americano do negócio como resultado das mudanças de Jenkinson, mas Ward conhecia poucos deles pessoalmente; e desde que se tornara um modesto gerente de fábrica, determinara-se a manter sua barra limpa e evitar batalhas corporativas. Agora ele estava querendo morrer. A guerra finalmente chegara à Europa, e ele recém se tornara uma de suas primeiras baixas.

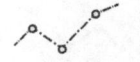

Ele encontrara Jenkinson em algumas ocasiões, desde a criação da Nexplas. Nos primeiros meses, o novo CEO havia promovido um grande *tour* por todas as instalações. Isso fora uma questão formal, com Jenkinson constantemente cercado de fiéis seguidores. Sua estatura imponente, camisas *jeans* desbotadas, calças *chinos* surradas e conduta calma não poderiam ter se sobressaído mais no meio de ternos metidos que pareciam passar a maior parte do tempo dizendo-lhe como as coisas realmente funcionavam no ramo automotivo, ou melhor, Automotivo com A maiúsculo. O que esse cara *nerd* vindo de uma empresinha de produtos elétricos em uma industriazinha de equipamentos iria saber sobre essa indústria das indústrias? Ward também o viu de relance no fuzuê corporativo promovido em Fort Lauderdale para anunciar as mudanças a todos os executivos. Jenkinson se apresentara como o novo CEO e fez um discurso maçante sobre as pessoas serem o principal ativo e qualidade acima de tudo. Sim, com certeza.

A poeira mal havia baixado nos Estados Unidos quando Jenkinson largou outra bomba. Gerentes de programação iriam se reportar ao vice de engenharia e não mais ao setor de vendas, o que, em uma empresa orientada por vendas, foi uma verdadeira revolução. Além disso, ele estava acabando com a organização por linha de produto. Ele vinculara as fábricas menores a gerentes regionais, essencialmente o gerente de fábrica da maior unidade regional. A responsabilidade financeira e administrativa permaneceria baseada em região, o que significava que Vaudon ainda dependia de Neuhof na maioria das funções corporativas. Era tudo bastante confuso. Klaus Beckmeyer, o gerente da fábrica de Neuhof, se tornaria o chefe direto de Ward, mas Jenkinson supervisionaria as operações de fábrica diretamente. O CEO explicou que ele mesmo visitaria as fábricas regularmente, como fez naquele dia, e ligaria para cada gerente de fábrica a cada duas semanas, nas manhãs de sexta-feira. – Estarei esperando por isso, murmurou Ward. Até sua querida Corona tinha gosto azedo quando ele se culpava por não ter se dado conta de que no final Jenkinson faria na Europa exatamente o que fizera nos Estados Unidos. A capacidade excessiva das injetoras fora a pedra no sapato todo o tempo, mas nenhuma das equipes de alta gerência anteriores se dispusera a encarar essa questão. E agora a fatura tinha vencido.

– Tome – disse Claire, pondo uma taça de espumante em sua mão enquanto ele olhava abobado para o nada. – Charlie está dormindo, então eu pensei que podíamos tomar uma bebida em paz.

– Estamos comemorando alguma coisa? – perguntou Ward, com um sorriso intrigado.

– Não sei – ela devolveu o sorriso com animação forçada. – Estamos?

– Ele está falando sério. A fábrica de Vaudon já era.

Ela deu de ombros e bateu seu copo no dele, olhando-o nos olhos: – Você sabe o que meu pai sempre dizia. Quanto mais rápido você volta à sela depois de ser derrubado, mais rápido passa a dor – e o medo. 'Se você consegue falar, consegue cavalgar', dizia o homem.

– Ah, que diabos – rendeu-se ele. – Você está certa. Vou acender o fogo e podemos ficar bêbados, eu e você.

– Já é um plano!

Ward pôs cuidadosamente a lenha na lareira antiga e riscou um fósforo. A chama dançou e estalou. Alguns minutos depois, um alegre clarão aquecia a área. Claire tinha desligado as luzes e acendido a fileira de velas laranjas que ela mantinha no console.

Ward não se iludira. À luz bruxuleante do fogo, ele podia ver os traços desenhados do rosto dela, o sorriso falso. Ela estava enfrentando bem a situação, mas ambos sabiam em que estavam metidos. Desde que tinham assumido a velha e fortificada casa de campo e os estábulos adjacentes, eles vinham direcionando um fluxo de caixa constante para sua manutenção. Já haviam começado a converter uma das edificações abandonadas em quartos de pousada. Sem seu contracheque, eles provavelmente teriam de desistir de seu sonho em devolver o lugar à sua grandeza de outrora.

– Você vai achar outro trabalho, você vai ver. Vamos ficar bem.

Ele suspirou pesadamente e tomou outro longo gole, saboreando sua acidez. Outra vantagem de se morar tão perto da região do champanhe, pensou ele. Não poderíamos pagar, nem de perto, algo tão bom em qualquer outro lugar. E com o gosto do vinho sucedendo este último pensamento, a raiva e a frustração que ele vinha carregando a noite inteira finalmente se uniram, solidificando-se em uma espécie de desobediência temerária. Não eram somente as implicações materiais para sua família, para a fábrica e todos os que teriam dificuldades em arranjar outro trabalho na região. Ele não conseguia se lembrar de algum dia ter se sentido tão envergonhado no trabalho como hoje. Seu orgulho e autoconfiança tinham sido cortados em pedaços pela insípida certeza de que ele deveria ter feito o melhor. Jenkinson tinha sido brutal.

Mas, Ward tinha de admitir, ele não estava errado. A fábrica estava perdendo dinheiro. Eles tinham muitos problemas de entrega e qualidade. Ela se mantinha, mas por pouco. Ele se sentia sortudo por sobreviver no trabalho, feliz por ser bom o suficiente e voar abaixo do radar. Bem, sua sorte tinha finalmente acabado. Ele teria de trabalhar no assunto agora.

– Não estou fechando a fábrica – disse a Claire, com mais confiança do que sentia.

– O que você quer dizer? – admirou-se, nitidamente intrigada.

– O que você poderia fazer?

– Ainda não sei – admitiu. – Mas, para começar, eu posso tentar conversar com o homem. Que diabos, fechar uma fábrica na França é uma tremenda incomodação, então certamente não pode ser prioridade em sua lista. Deve haver um jeito de ganhar um pouco de tempo.

– Eis o que vou fazer – resolveu ele, rolando pelo tapete e para recostar sua cabeça sobre as pernas de sua mulher. – Ele vai visitar a fábrica de Neuhof amanhã. Vou até Frankfurt e tentarei puxar conversa com ele. Machucar não vai.

Enquanto tomava um chá de cadeira no saguão de Neuhof, Ward pensou consigo: isso sim é uma fábrica de verdade. Na espaçosa área de recepção, vários lustrosos *displays* de vidro exibiam os produtos, um modelo de um carro com o para-choque e os componentes do painel refinadamente destacados por luzes bem-posicionadas. Duas *Fräulein* bonitas e uniformizadas sorriam docemente enquanto uma voz lhe dizia que estavam tentando localizar o gerente da fábrica. Numerosos exercícios de corte de custos em Vaudon tinham há muito acabado com a figura da recepcionista: os próprios visitantes se cadastravam e ligavam de uma cabine telefônica para serem apanhados.

Contra seu melhor juízo, se sentia vagamente intimidado. As três horas de carro tinham sido bastante angustiantes, particularmente na autoestrada alemã, onde acompanhar a direção em alta velocidade debaixo de chuva torrencial o deixara um pouco estressado. Tempo suficiente para pensar melhor no fato de aparecer sem ser convidado. O enorme sofá de veludo da recepção estava fazendo Ward se sentir cada vez menor, e esperava que ninguém notasse que ele estava encolhendo mais a cada minuto.

– *Herr* Ward – pareceu que uma das garotas tinha dito. – *Herr* Ackermann logo virá buscar o senhor.

Isso foi um alívio. Hans Ackermann era o diretor de melhoria contínua da fábrica, e eles se arrastaram juntos por vários cursos de treinamento *seis sigma* e *lean*. Ele era um camarada grande e parrudo, com um bigode caído. Fora promovido de técnico de manutenção de moldes a seu posto atual. Há muito tempo havia desistido de iniciar qualquer tipo de *lean* em Neuhod, mas ensinou a Ward mais sobre moldagem do que qualquer outro.

– Andy! Bom te ver! – disse Ackermann sorrindo, apertando sua mão vigorosamente. – Venha, eles estão no setor de pintura.

Neuhof era cerca de três vezes maior do que a fábrica de Vaudon. Historicamente tinha sido o centro administrativo europeu da divisão Alnext Automotive. A maioria dos engenheiros europeus estava radicada lá, assim como o pessoal administrativo de todas as três unidades. Ward se perguntava sobre o estado atual agora que Jenkinson havia abandonado o conceito de filiais, mas as coisas tradicionalmente aconteciam devagar em Neuhof, portanto ele suspeitava que o *tsunami* ainda não tinha chegado. Ele não conhecia a fábrica muito bem, já que a maioria das peças feitas aqui eram para-choques e painéis. As outras peças de motor na Europa estavam na maioria em Breslávia, na Polônia, e algumas na unidade tcheca. Neuhof tinha tudo grande: setor de injeção grande, setor de montagem grande e, é claro, setor de pintura grande, o orgulho da fábrica.

– Como anda? – perguntou Ward cautelosamente.

– Um massacre! – respondeu energicamente o homem grande, com um fundo de diversão. – Acabamos de passar pelo menos duas horas na expedição tentando calcular a taxa *real* de serviço.

– Eu conheço essa situação – concordou Ward. – Passei por ela ontem.

– A logística insiste que a nossa taxa de serviço é de 98%, citando dados do MRP. Mas não é claro se isso se refere a pedidos atendidos no dia, semana, mês; como eles contam a negociação com o cliente; e assim por diante.

– Soa familiar.

– Então, *Herr* Jenkinson mandou listarem todos os 27 caminhões de ontem um por um, e fez detalharem os pedidos de clientes por caminhão. Então, ele mandou compararem os dados com o que realmente foi enviado para o caminhão, e contarem somente os caminhões com exatamente o que os clientes pediram no caminhão – nada mais, nada menos.

– E?

– Quatro de 27 – respondeu Ackermann astutamente – e 15% de entrega no prazo. Ele fez *Herr* Kastner, o gerente de logística, escrever bem grande em um quadro: 15%. Então ele perguntou como esperavam que esses números seriam hoje. Quantos caminhões teriam exatamente o que o cliente pediu? *Herr* Beckmeyer parecia que ia estourar – continuou Ackermann. Ele fora colocado no papel de CIO porque a alta direção tinha solicitado um setor de melhoria contínua em cada fábrica, mas visivelmente ninguém em Neuhof estivera muito interessado. Ele entrara no trabalho cheio de entusiasmo e otimismo, somente para descobrir que cominhara em direção a um beco sem saída. Havia se resignado amargamente a tomar conta de toda a papelada requerida pelo Alnext Business System, o chamado programa *"lean"*, mas tinha quase inteiramente desistido do chão de fábrica.

Ward imaginou que Beckmeyer realmente estaria prestes a estourar se estivesse recebendo o mesmo tratamento de Jenkinson que ele recebera em Vaudon. O sujeito era em geral considerado um administrador competente, mesmo que muitos não gostassem dele por ser prepotente. Ward não podia negar que compartilhava desse sentimento. De repente, vir até aqui parecia uma ideia muito melhor.

Ainda assim, Ward se sentiu diminuído pela qualidade das operações na fábrica alemã. Ele invejava sua limpeza, as zonas organizadas e codificadas por cores e a sinalização auxiliando as pessoas. Onde ele achava que tinha feito um esforço no sentido de aplicar os padrões corporativos *lean*, essa fábrica tinha feito duas vezes melhor. Grandes painéis com o roteiro oficial da Alnext estavam dispostos ao longo dos corredores, assim como enormes quadros mostrando enxurradas de indicadores. Quando caminhavam pelo setor de injeção, aspirou o cheiro familiar de plástico queimado e se maravilhou com a enorme pressão de fechamento que as injetoras precisavam para para-choques e painéis. Ele tinha de admitir que, à primeira vista, as máquinas deles pareciam estar em condições muito melhores do que as suas, sem nada do vazamento de óleo e água que se via acumulando-se em Vaudon. Por outro lado, vendo a fábrica de modo diferente desde o sermão do dia anterior, ele agora percebia o desperdício de grande quantidade de gente andando por ali, mexendo peças e equipamentos, ou simplesmente fazendo nada junto às injetoras, e em geral se ocupando com trabalho que não agregava valor.

Eles tinham que pôr jalecos especiais para entrar nas instalações de pintura, que era uma enorme caixa branca no centro da fábrica, cercada por inúmeros suportes com para-choques brilhantes e coloridos esperando serem equipados com componentes. As instalações de pintura eram mantidas sob pressão positiva para manter a contaminação por pó baixa. O pó é um dos principais inimigos da pintura industrial. Qualquer grãozinho pode aparecer na pintura como defeito no produto acabado. Consistente com a estratégia anterior da Alnext de entregar peças especiais para veículos sofisticados, a fábrica servia aos potentes carros alemães, e qualidade era essencial. O que, como se viu depois, era exatamente o que estava sendo discutido lá.

Ward e Ackermann se juntaram ao grupo no lado oposto das instalações de pintura, em frente de um transportador que se movia continuamente. Trabalhadores estavam tirando os para-choques pintados dos cabedais do transportador, inspecionando as peças em busca de defeitos de pintura, encaminhando as ruins para as estações de retrabalho e pondo as boas em estantes de espera de onde seriam tiradas para a montagem. Vários componentes eram montados em estações individuais antes de serem inspecionados novamente e, então, armazenados em uma série enorme de estantes, como as de supermercado, cuidadosamente marcadas, de onde seriam tirados na sequência correta para a entrega aos clientes.

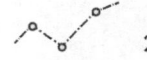

Klaus Beckermeyer estava rigidamente parado, lívido. Estava cercado por um bando de assistentes e gerentes, alguns dos quais Ward reconheceu. Ward podia tirar rios de informação só a partir de suas posturas corporais: a alta estatura de Jenkinson parecia dominar todos eles, com eles murchando, como árvores se dobrando em uma tempestade.

– Como assim, você não consegue contar a porcentagem de peças que são boas na primeira passagem pelo processo de pintura? – Jenkinson estava perguntando lentamente.

– Não foi isso que eu disse – retorquiu Beckmeyer rapidamente. – Todos estes números estão no computador. Como eu disse, chamarei o especialista técnico em pintura, e ele saberá responder exatamente o que você perguntar.

– Eu não estou interessado no que o seu computador pensa. E não estou interessado no que o especialista técnico pensa – disse Jenkinson, com uma paciência exagerada que chegava ao paternalismo. – Estou tentando descobrir se as pessoas que estão fazendo o trabalho de verdade sabem se estão produzindo peças boas ou ruins. Olhe quantas peças você está retrabalhando. Ninguém está sequer contando. *Eles* sabem em que medida estão produzindo peças boas para seus clientes?

– *Herr* Jenkinson – devolveu o gerente-geral alemão, claramente exasperado. – São apenas operadores de retrabalho. O que eles podem saber sobre a operação de uma fábrica de pintura robótica? De qualquer maneira – acrescentou ele, encurtando sua fala –, nossa qualidade é inatacável.

Ward percebeu que Jenkinson tinha um tique nervoso de empurrar seus óculos com o indicador na base do nariz quando inquieto, um movimento nervoso que repetiu algumas vezes enquanto ouvia Beckmeyer. Ele franziu a testa e ficou ali parado com os olhos arregalados, como se nunca tivesse visto o homem antes. Todo o grupo sentiu a tensão aumentar entre eles, e os operadores não podiam mais apenas os olhar furtivamente: muitos pararam com o trabalho para assistir a esse duelo.

– Primeiramente – disse Jenkinson, rompendo o silêncio, – sua qualidade não é inatacável. Vocês contaram as reclamações de seus clientes recentemente?

– Expectativas impossíveis – bufou Beckmeyer. – São montadoras alemãs. Os seus padrões são os mais altos do mundo.

– Impossíveis ou não, passei horas ouvindo o seu gerente de vendas reclamar sobre como é difícil discutir com um cliente sobre preço ou convencê-lo de uma programação nova quando a primeira coisa que ele encontra é xingamentos por parte do seu cliente por causa da qualidade pobre de vocês. Você deveria experimentar, Klaus. Na verdade, eu sugiro veementemente – acrescentou ele, após uma longa pausa para dar ênfase – que você pessoalmente visite seu cliente para *cada* queixa sobre qualidade.

– Segundo – prosseguiu ele implacavelmente – o seu nível de qualidade é maior do que o das outras fábricas do grupo. Muito maior, isso eu admito. Mas você tem de compreender que essa qualidade é extremamente custosa. Olhe atrás de você.

Jenkinson sinalizou para que todos se virassem.

– Não olhem para mim. Olhem para o que eles estão fazendo. Retrabalho mais retrabalho mais retrabalho. A qualidade aqui é comprada com inspeção e retrabalho. Eu não posso mais arcar com isso, nem vocês. Esta empresa está à beira da falência por causa *disso*, em toda parte!

Ao contrário de todos os outros no pequeno grupo, Beckmeyer se recusou a virar-se, ficando onde estava e encarando Jenkinson. Considerando seu próprio nível de baixa qualidade, Ward sentiu que deveria evaporar. E ainda assim não pôde evitar saborear a desgraça de Beckmeyer com um prazer culpado. Especialmente após a surra que ele levara no dia anterior, isso tinha sabor de justiça.

– *Herr* Jenkinson – disse Beckmeyer, virulento, – se o senhor vai me repreender, de bom grado aceitaria a cortesia do senhor fazê-lo em particular, e não na frente da minha equipe.

– Isso não são repreensões, Klaus – devolveu o CEO. – São *fatos*. E eu espero que essa fábrica e esta companhia trabalhem com uma equipe. V*amos* confrontar nossos problemas e *vamos* resolvê-los juntos. Quem não estiver satisfeito com isso pode sair agora mesmo – acrescentou, olhando para cada um desafiadoramente, como se esperasse demissões imediatas. Ward teve por meio segundo a fantasia louca de fazer isso, seguido de Becmeyer, mas, é claro, ninguém sequer respirou.

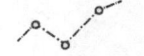

– Então. Vou ser muito claro a respeito disso – continuou Jenkinson. – Ganhar dinheiro é o que fazemos. Ganhamos dinheiro quando servimos aos nossos clientes entregando as peças que eles querem exatamente quando querem e com a qualidade que exigem. Sempre que lhes mandamos uma peça que não gostam, estamos dando-lhes um impulso elétrico que diz "vá comprar em outro lugar". Ganhamos dinheiro sempre que lhes mandamos uma peça que podem usar, uma peça que passou por nosso processo sem um senão, o que significa de primeira. Esta é a maneira, e a única maneira, que ganhamos dinheiro. Toda vez que uma peça é retrabalhada ou reembalada, perdemos dinheiro! Isto está claro para todos? Porque, nesta empresa, cada um, desde o CEO até o porteiro, deve ser obcecado por essa simples ideia: ganhamos dinheiro quando as peças saem CERTO DE PRIMEIRA. E vamos ganhar dinheiro juntos colocando... nossos... clientes... em primeiro lugar.

– Com cliente eu quero dizer a *próxima pessoa no processo* – continuou ele após um momento de silêncio. – Não apenas o consumidor final. Esta vai ser a nossa obsessão – de todos nós. Os clientes vêm primeiro, antes de descrições de tarefas, regras, sistema, o que seja. Espero que cada área de trabalho acompanhe sua própria entrega no prazo e seus defeitos, e que os discuta com o próximo passo no processo. Precisamos entender o que o próximo passo precisa de cada um de nós para poder fazer o seu trabalho corretamente: precisamos trabalhar como uma equipe, ao longo de departamentos e passos do processo. Se todos na empresa fizerem isso, nossos consumidores finais serão bem servidos e finalmente teremos uma oportunidade de fazer um *turnaround*! Sem "se". Sem "mas".

Ward nunca ouvira Jenkinson dar um discurso longo assim antes. Isso lhe deu tempo para refletir sobre a operação de Vaudon desse ponto de vista. O irritante é que realmente fazia sentido.

– Agora – continuou o americano alto com uma inspiração profunda, tirando seus óculos e limpando-os com um lenço de bolso – se todos temos isso claro, eu gostaria de mostrar-lhes por que precisamos compreender isso juntos, começando com os operadores. Vamos voltar à área de pintura.

O pequeno grupo o seguiu pela comporta de pressão. Dentro da área de pintura com pressão positiva, operadores vestidos de branco estavam inspecionando e limpando o para-choques de plástico preto e colocando-os no transportador que os conduziria pelo processo de pintura automatizado. Para Ward, cabines de pintura sempre lembravam bases secretas de James Bond, com seus técnicos em guarda-pós indo de um lado para o outro na luz ofuscante da brilhante sala branca. Todos subiram uma escada estreita e andaram em fila única por um corredor apertado onde olhavam através de grandes vidraças para os impressionantes robôs que pintavam com *spray* as peças sobre o transportador em cabines de metal cintilante. Após descerem outra escada do outro lado dos robôs, entraram na sala de mistura de tintas, onde foram tomados pelo forte cheiro de produtos químicos.

– Imagino o que ele viu – sussurou Hans Ackermann enquanto segurava a porta para Ward. – Já estivemos aqui, e ele nada disse.

Na área de pintura, uma rede de tubos ia de tanques gigantescos para os robôs de pintura. O local estava coberto com restos de tinta seca, mas, fora isso, pareceu razoavelmente limpo e bem-mantido para Ward. Jenkinson foi direto para uma estante baixa onde potes de tinta estavam enfileirados. Um operador estava ocupado descarregando mais potes de uma empilhadeira.

Quando o pequeno grupo tinha se reunido em torno da estante, Jenkinson deliberadamente passou seu dedo sobre a tampa de um dos potes de tinta, deixando um rastro brilhante sobre a tampa onde ele limpou a fina camada de pó.

Sem comentar esse problema óbvio, Jenkinson educadamente solicitou à equipe alemã que pedisse ao operador para demonstrar como ele abria um pote de tinta. Após uma demorada discussão, o operador confuso finalmente entendeu o que se esperava dele. Ele pegou uma chave de fenda e tirou a tampa do próximo pote de tinta.

– Pare! – ordenou Jenkinson no meio da operação. O operador congelou, como uma criança brincando de estátua. Exatamente neste momento todos podiam claramente ver como, no movimento de abrir a lata, ele brevemente inclinava a tampa sobre o líquido no pote. Com uma enfática batida de dedos, Jenkinson mostrou como o malfadado pó iria cair direto na tinta. Ward jurou que viu o grupo fazer uma careta, já que todos sabiam que cada partícula de pó poderia criar um grão na pintura, fazendo a peça ser retrabalhada.

– Vamos ver onde vocês armazenam os potes de tinta – instruiu ele.

Como esperado, os potes de tinta estavam metodicamente enfileirados nas estantes de armazenamento do depósito de materiais de insumo, onde grãos de poeira podiam ser vistos, preguiçosamente redemoinhando à luz oblíqua vinda das altas janelas.

– *Resultados* – expôs Jenkinson – são o resultado de um *processo*. O que queremos são *bons* resultados de um processo *controlado*, porque eles serão repetíveis. Maus resultados vindos de um processo não controlado simplesmente querem dizer que não estamos fazendo nosso trabalho. Bons resultados vindos de um processo não controlado, contudo – acrescentou ele com um sorriso raro – só querem dizer que temos sorte. E no setor automotivo, a sorte acabou há anos. Hoje, maus resultados vindos de um processo controlado simplesmente dizem que somos burros: esperamos resultados diferentes das mesmas ações.

– Agora, eu sei que a alta direção está tradicionalmente interessada somente em resultados financeiros, não importa como você os obtém. O cara com os resultados ganha o bônus, certo? E aqui, nesta fábrica, vocês vêm se preocupando principalmente com controlar o processo por meio de maior automação, transportadores e outros métodos como esse. Sim?

A equipe de Neuhof se mexeu incomodamente, imaginando onde isso ia parar.

– O que eu espero – explicou ele cuidadosamente, – é que todo funcionário compreenda a ligação entre seus resultados e o processo que eles usam para obtê-los. Vocês estão convencidos de que somente um especialista em pintura pode melhorar a qualidade do setor de pintura, e se ele não pode, ninguém pode. Mas eu digo-lhes que somente os operadores que vivem e trabalham aqui todos os dias compreendem inteiramente como o processo funciona.

– Qualquer operador poderia ter falado a vocês sobre a contaminação com pó por causa das tampas dos potes de tinta, se vocês tivessem feito-lhe a pergunta certa – disse Jenkinson. – Então, o que eu espero da gerência é que façam os especialistas em pintura e os operadores trabalharem juntos para resolver problemas e pintar as peças direito de primeira, para que possamos satisfazer nossos clientes *e* ganhar dinheiro!

A opulenta sala de reuniões estava num silêncio mortal quando o grupo se instalou para o relatório final da visita. Café e biscoitos estavam intocados no centro da mesa de conferências de madeira laqueada. Apesar de Ward estar morrendo de vontade de tomar uma xícara depois de ter madrugado, não ousava romper o feitiço de imobilidade que parecia ter se instalado na equipe alemã.

– Onde está o gerente de RH? – perguntou Jenkinson ao entrar na sala de reuniões. – Como diabos podemos progredir sem envolvimento do RH? – Todos se olharam confusos, pensando no que o RH tinha a ver com o que acontecera antes. Ao fim, Ackerman pegou o telefone da empresa para localizar o diretor de recursos humanos. Agora estavam todos esperando que ele aparecesse. Jenkinson estava sentado curvado em uma das confortáveis cadeiras de couro, cansadamente esfregando os olhos. Beckmeyer fitava obstinadamente pela janela as distantes colinas cobertas de pinheiros.

O diretor de RH finalmente chegou, um homenzinho silencioso com uma expressão surpresa no rosto. Parecia estar entrando na sala por partes – primeiro a cabeça, como se certificando de que realmente fora chamado lá, então um tronco hesitante, e finalmente arrastando o resto de si para dentro da sala. Ele tomou assento ao lado do gerente-geral. Jenkinson o recebeu com um aceno de cabeça e se endireitou. Ele se dirigiu ao grupo, a maioria do qual tinha se sentado o mais distante possível do outro lado da mesa polida.

– Três coisas – começou ele lentamente, olhando direto para Beckmeyer, como se ninguém mais estivesse na sala. – Primeiro, eu quero uma avaliação ergonômica da fábrica por parte do departamento de RH. Notei que a idade média dos funcionários da fábrica parece ser alta. E há muito manuseio de peças grandes e pesadas, mesmo com o transportador, que, por outras razões, discutiremos novamente mais tarde. Essa avaliação precisa ser feita rapidamente, e espero receber pessoalmente uma cópia com o relatório até o fim do mês. Além disso, agora que as fábricas se reportam diretamente a mim, pedirei que vocês me notifiquem de cada acidente com tempo perdido dentro de 24 horas da sua ocorrência. Isto não está em discussão.

Ward não conseguia parar de mexer a cabeça: Jenkinson pedira a mesma coisa da fábrica de Vaudon, apesar de sua população de operadores parecer, em média, muito mais jovem que a de Neuhof.

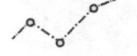

– Segundo, vocês vão parar imediatamente a implementação do seu novo sistema de MRP.

– Você não pode estar falando... – deixou escapar um dos executivos.

– Eu estou falando sério. Ouçam com atenção. Parem com a implementação. Mandem os consultores para casa. Não paguem um centavo a mais.

– Mas e o contrato? E o custo perdido? O...

– O banco está fechado. Não há mais dinheiro para TI. Ponto final. Então, vocês rescindem o contrato e dão baixa do custo perdido. Claro?

– *Herr* Jenkinson – insistiu o gerente de produção, que parecia tão confuso quanto incomodado. – Temos muitos problemas com o sistema atual. Precisamos de uma versão melhorada.

– É esta exatamente a questão. Vocês precisam aprender a resolver seus próprios problemas, e não esperar que o sistema no computador faça isso por vocês. Ele não vai fazer. Vocês vêm produzindo peças bem o bastante com o que vocês têm. Continuem fazendo isso. Aprendam a resolver seus problemas. De qualquer modo, a decisão já foi tomada em toda a alta gerência, assim, novamente, sem discussão.

Ward pensou que o silêncio atordoado era quase visível.

– Terceiro, o custo de proteger o consumidor dos problemas de qualidade da fábrica é simplesmente alto demais, e deve ser reduzido radicalmente. Para começar, vou pedir a vocês que cortem o departamento de qualidade em um terço.

Isso chegou a provocar alguns engasgos ao redor da mesa, e Ward ficou pensando por um segundo se ele tinha ouvido direito.

– Sim. Eu quero que vocês encolham o departamento de qualidade, ao mesmo tempo que baixem o número de acidentes de qualidade para os clientes.

– Impossível! – exclamou em voz alta Beckmeyer, enquanto a sala disparava em alemão.

– Talvez – devolveu Jenkinson friamente. – Mas eu já ouvi você usar essa palavra antes, sobre as expectativas de seus clientes. Não podemos provar se essas coisas são possíveis ou impossíveis dentro dessa sala. Podemos apenas buscar esse objetivo. E se essa equipe de gerência não consegue fazer isso, eu vou achar uma que consiga. Como eu disse antes, usar o mesmo método e esperar por resultados diferentes beira à loucura. Esta empresa precisa de uma melhoria radical em sua qualidade, com uma redução igualmente radical de sua base de custo. Portanto, não estou pedindo para fazer mais do mesmo e reduzir as reclamações de qualidade por meio de sua abordagem atual. Eu quero claramente transferir a responsabilidade pela qualidade do departamento de qualidade atual para a produção.

O gerente de produção, um homem alto e forte ostentando uma cabeça raspada e um brinco, parecia traumatizado. Ele abriu a boca para dizer alguma coisa, mas nenhuma palavra saiu. O rosto do gerente de qualidade estava pálido. Surpreendentemente, pareceu que Ackermann piscou malandramente para Ward – ou talvez ele tivesse sonhado isso. Pelo menos alguém estava se divertindo. Ward sentiu que, para o executivo de melhoria contínua, depois de anos estando sob pressão para "melhorar" apenas para ser bloqueado pela resistência da gerência de linha, por um lado, e pela falta de interesse da função de suporte, por outro, o massacre de hoje devia ter sido uma retribuição prazerosa.

– A produção é diretamente responsável por sua qualidade – repetiu Jenkinson. – Eu não dou a mínima para qualquer procedimento de qualidade ou qualquer sistema de gestão de qualidade que vocês possam ter. Depende só de vocês se querem mantê-los ou não, mas agora eu vou esperar que o gerente de cada área responda por seu desempenho de qualidade, ninguém mais.

– Nos diga! – explodiu o gerente de produção com uma carranca terrível. – Como podemos fazer isso? Você nos diz? Você diz clientes em primeiro lugar, e agora quer que nós cortemos o departamento de qualidade! Nos diga como!

– Caixas vermelhas – respondeu friamente Jenkinson. – Ou estantes vermelhas. Cada célula deve ter um lugar específico para pôr as peças ruins à medida que elas aparecerem. Então você deve fazer uma análise de cada peça fora de conformidade. Para começar, eu sugiro que vocês criem uma força-tarefa de qualidade liderada por vocês mesmos, o gerente de qualidade, o gerente de engenharia, e quem mais vocês acharem relevante. Inspecionem todas as caixas vermelhas a cada turno para entender realmente onde estão e quais são seus problemas de qualidade. Isso não é difícil, só exige organização e determinação. E sempre vale a pena.

— Pfff! Caixas vermelhas! — zombou o gerente de produção, com um gesto de exasperação. Ele então cruzou os braços firmemente e olhou aborrecido para a mesa, recusando-se a levantar a vista.

— De qualquer forma — continuou Jenkinson, sem ser afetado, — permitam-me ser extremamente claro. A produção assumirá a responsabilidade por sua própria qualidade. E você cortará cabeças do departamento de qualidade e custos do negócio. Além do mais, eu gostaria que você fizesse isso inteligentemente.

Voltando-se para o horrorizado gerente de RH, continuou a levar seu argumento adiante incansavelmente.

— Eu quero que os recursos humanos consigam os nomes dos verdadeiros especialistas em qualidade que vocês têm nessa fábrica até a próxima segunda-feira. Pessoas que saibam reconhecer a diferença entre uma peça boa e uma ruim, e que saibam qual parte do processo causa qual tipo de defeito. Mesmo que aconteça de elas serem as pessoas mais velhas que provavelmente entrem no programa de demissões. O RH precisa me explicar como essas pessoas serão retreinadas, e não perdidas. Então, para ser absolutamente claro: o departamento de qualidade deve ser cortado em um terço, e nenhuma das pessoas que saírem deve ser um verdadeiro especialista em processo. Fora isso, quem sai e quem fica é só com vocês. Novamente, vocês podem reorganizar o pessoal internamente como quiserem, mas vou esperar que cortem aquelas cabeças para fora do negócio. Alguma pergunta?

A tensão na sala tinha ficado tão alta que era quase palpável. Ward lutou para segurar uma risadinha nervosa quando se surpreendeu pensando se ouvir que a fábrica iria ser fechada não era o caminho mais fácil, afinal. Esse era o caminho mais difícil. O silêncio se estendia e aumentava enquanto Jenkinson ficava ali sentado olhando para as pessoas uma por uma, nada fazendo para aliviar a tensão.

— Existe um cronograma para isso? — afinal perguntou Beckmeyer laconicamente, lutando para conter sua fúria.

— A avaliação ergonômica e a contenção do desenvolvimento de TI devem ser feitas imediatamente — respondeu Jenkinson sem emoção.

– Nas próximas duas semanas, quero examinar sua proposta de como pretende fazer o aprimoramento da qualidade. Quanto à sua real implementação, ainda não há um prazo – discutiremos isso quando tivermos um plano de trabalho.

– Isso é mais ou menos tudo, cavalheiros – concluiu ele, levantando-se. – Se vocês têm alguma pergunta, não hesitem em mandar um *e-mail*. Lembrem-se, haverá uma ligação quinzenal para o gerente da fábrica para discutir questões específicas. De qualquer forma, voltarei em breve. Obrigado por sua recepção, e boa sorte.

– Andy – ele se voltou para Ward, reconhecendo diretamente sua presença pela primeira vez. – Você veio até aqui dirigindo?

Ward fez que sim com a cabeça, mudo, se amaldiçoando por se sentir tão intimidado. Daqui a pouco vou estar batendo continência, pensou sarcasticamente. E dizendo "sim, senhor".

– Você se importa em me levar de volta ao aeroporto, então? Eu tenho um voo de volta marcado para essa noite. Podemos conversar no caminho.

Enquanto os quilômetros passavam no caminho para Frankfurt, o CEO permanecia quieto, perdido em pensamentos. Jenkinson não parecia muito um milionário, vestindo casualmente um blazer azul-marinho em cima de uma camisa *jeans* desbotada e calças *chinos* bege, o que Ward achou um tanto de mau gosto. O único sinal de verdadeira riqueza que o homem ostentava era um chamativo Rolex no pulso. Fora isso, ele parecia mais um típico engenheiro do que um CEO, incluindo a coleção *nerd* de canetas no bolso da camisa. Mais do que qualquer outra coisa, ele parecia ser *sério*, daquele jeito particular que Ward associava com os norte-americanos. O homem subitamente parecia exausto e com *jet-lag*.

A chuva havia parado, mas o tempo continuava caprichoso e cinzento, e a estrada ainda estava molhada o bastante para obrigar Ward a se concentrar na direção. À medida que o aeroporto se aproximava, ele estava se sentindo cada vez mais inquieto, tentando juntar coragem para se defrontar com Jenkinson, relutante em invadir sua óbvia ruminação.

Ao fim, Jenkinson se agitou, murmurando para si mesmo: – Por que tem de ser tão difícil, caramba!

– Você pode tentar explicar mais – respondeu Ward impulsivamente.

– Você acha? – perguntou Jenkinson, se espichando no banco do carona. – Provavelmente. Nunca fui muito bom nisso. Para mim, parece que é só isso que eu faço: explicar, explicar, falar, falar. Quanto mais eu explico, mais eles acham razões para *não* fazer.

– Talvez seja porque o que você diz não é o que as pessoas esperam.

– É mesmo? – perguntou Jenkinson com uma risadinha. – Os clientes em primeiro lugar. Entregar peças boas dentro do prazo. Reduzir os custos. Trabalhar com as pessoas para que elas resolvam seus próprios problemas. Original e inesperado, não?

– Você entende o que eu quero dizer – insistiu Ward, falando com mais cuidado. – Eu com certeza esperava que você viesse com alguma coisa *lean*, você sabe, mapeamento do fluxo de valor, melhorar o fluxo, esse tipo de coisa. E aí vem você martelar nossa cabeça com qualidade. Não estou dizendo que você está errado. É desconcertante, só isso.

– *Lean, lean, lean* – grunhiu Jenkinson. – O que diabos é *lean*? Tudo o que eu sei é que a Toyota não chegou onde está hoje simplesmente melhorando seu fluxo e reduzindo custos. Eles montam carros que as pessoas compram, esse é o truque verdadeiro. Eles montam melhor, mais rápido e mais barato. *Lean* é satisfação do cliente primeiro, antes de começar a eliminar desperdício. E, de qualquer forma, o único jeito de fazer isso é por meio das pessoas.

– Satisfação do cliente, eliminar desperdício, desenvolver pessoal – repetiu Ward. – Isso eu aceito. Mas e quanto ao fluxo?

– Não, não me entenda mal. Fluxo é importante. *Nivelando*, fluindo quando pode, puxando quando não pode. Claro que é. Mas isso é só técnica, é um jeito de revelar problemas, nada mais. A questão fundamental é a atitude. As pessoas têm de estar determinadas a pôr seus clientes em primeiro lugar. Eles têm de ser fanáticos por desenvolver pessoas. Eles precisam entender que tudo o que fazem, em última instância, tem a ver com o produto – o produto que os clientes compram. E esse produto deve mais resolver problemas para o cliente do que criar. Se quisermos que os clientes comprem de nós, devemos trabalhar incansavelmente para manter o custo de inconveniência baixo. E para isso você precisa de pessoas.

– Você quer dizer que as pessoas precisam melhorar os produtos para resolver os problemas dos clientes?

– Sim, fazer pessoas antes de fazer peças, é disso que estou falando. O negócio é esse. Mas com certeza é difícil de transmitir isso.

– Você estava falando sério sobre aquilo lá? – perguntou Ward, após refletir.

– Geralmente estou – respondeu Jenkinson, esfregando o rosto cansado. – Que coisa você quer dizer, em particular?

– Fazer eles cortarem seu departamento de qualidade em um terço. Se você me desculpa, aquilo soou bastante... radical.

Jenkinson não respondeu de imediato e, por um momento, Ward temeu ter arriscado demais. Ele praguejou baixinho quando quase perdeu a saída para o aeroporto de Frankfurt.

– Há alguns anos – acabou dizendo o seu passageiro – tive a oportunidade de visitar a fábrica Cambridge da Toyota, em Ontário. O *tour* não foi nada de especial, apenas turismo industrial. Eles puseram o meu grupo em um trenzinho, tipo um carrinho de parque temático, e fizeram o *tour* padrão pela fábrica. Óbvio, não há nada mais parecido com uma fábrica automotiva do que outra fábrica automotiva, e nada se parece mais com uma fábrica da Toyota do que outra fábrica da Toyota, então eu não esperava ver muita coisa além de confirmar o que eu já havia visto em suas outras fábricas. Mas fiquei pensando numa coisa.

– Sabe, aquela fábrica constrói o Lexus, o carro de luxo *high-end* da Toyota. Então, reza a lenda que só fábricas japonesas teriam o rigor e a disciplina necessários para manter o nível de qualidade exigido para o Lexus. Então, enquanto fazíamos o *tour* pela fábrica, eu pensava, o que tem de tão especial nessa fábrica que a faz construir o produto mais exigente da Toyota?

– Então, no final eu perguntei a eles. Os caras que estavam fazendo o *tour* não eram executivos. Eram funcionários aposentados passeando com os turistas, caras comuns. Mas a resposta dele realmente me supreendeu.

– É por causa do *kaizen* por parte dos membros da equipe e líderes da equipe, eles disseram. Eles acreditavam que a Toyota havia dado à fábrica seu melhor produto por causa das atividades de resolução de problemas dos seus operadores! Em toda minha vida na indústria, nunca tinha ouvido nada parecido com isso. Não por causa de engenharia superior. Não por causa de novos investimentos. Não por causa de melhor gerência. A fábrica merece o direito de construir o produto *high-end* muito lucrativo por causa das atividades de melhoria contínua dos seus operadores. A ideia é que, para construir o produto mais exigente da empresa, o que se precisava eram operadores que buscassem constantemente pequenas melhorias e, portanto, descobrissem pequenos problemas e achassem jeitos de resolvê-los.

– De certa forma, é senso comum – concordou Ward. – O produto mais exigente é dado a pessoas com capacidade comprovada de resolver todos os pequenos problemas. Diabos, eu queria que alguém dissesse isso sobre a minha própria fábrica.

– *Senso*, certamente – disse Jenkinson, lançando-lhe um olhar cômico, como para dizer que estivera dizendo aquilo todo o tempo. – *Comum*, infelizmente não. Olha, não sei se isso é verdade, e certamente não tenho ideia de como a alta gerência da Toyota de fato faz sua alocação de produto, mas esses caras certamente pareciam acreditar nisso. Então eu perguntei a eles como eles faziam. Como eles tinham todas essa atividade *kaizen*?

– E?

– Por causa do trabalho dos líderes e supervisores da equipe. Eles tinham de cinco a sete membros de equipe para cada líder de equipe, 25 para cada líder de grupo, e o trabalho do líder é sustentar esforço *kaizen*. "Nós estamos organizados para a resolução de problemas", eles disseram.

– E foi aí que a lâmpada acendeu. Você sabe, como gerentes, é o que fazemos. Nós organizamos as coisas. Esta é a única coisa que deveríamos saber fazer.

– É – concordou Ward, mas tendo sérias dúvidas internas quanto à sua capacidade de organizar daquela maneira.

– Mas o nosso entendimento é que nos organizamos para entregar o produto, nada mais – disse Jenkinson. – Remeter o produto porta afora; prestar o serviço. Usar o mínimo de recursos, ter descrições de funções claras, criar sistemas integrados, e entregar. A Toyota estava fazendo algo radicalmente diferente: estava se organizando para resolver problemas.

Pense nisso. A atividade de resolução de problemas está organizada na sua fábrica?

– Acho que não. É meio que pressuposto que as pessoas resolvam problemas como parte do seu trabalho. Nada de especial.

– Exatamente! – exclamou Jenkinson, ficando interessado. – A resolução de problemas não é organizada. Os trabalhos são. Consequentemente, qualquer questão é sempre problema dos outros – particularmente em interações e intercâmbios. E assim as restrições do trabalho se tornam mais importantes do que servir aos clientes. Eu já trabalhava *lean* há anos, mas de repente vi a luz. A gerência de linha tinha de ser ensinada a reconhecer, tratar e resolver problemas: problemas do consumidor, problemas do operador, problemas do processo.

Justo quando Ward estava prestes a pedir um esclarecimento, Jenkinson prosseguiu no seu pensamento, em modo de palestra completa.

– Acho que entendi. Pesquisei esse tópico até o fim do século XIX. Antigamente, os proprietários eram os gerentes. Eles se cercavam com poucas pessoas de confiança e tocavam o negócio de maneira centralizada, com linha dura, poucos chefes e muito índios, e pouquíssima estrutura. Mais ou menos como ter uma secretária mexendo em arquivos de pessoal em vez de um departamento inteiro de RH que faz sabe-se lá o quê. Como Peter Drucker explicou, Frederick Taylor então chega e convence os proprietários a delegar o comando das suas empresas a gerentes profissionais, que organizarão o trabalho cientificamente.

– Gestão científica, certo?

– Ahã. Taylor convenceu os chefes a investir em funções especializadas para organizar o chão de fábrica. Isso significava pagar por um engenheiro, pessoal, equipamento especial projetado por um engenheiro, e receber em troca produtividade do trabalho. E funcionou espetacularmente bem! É assim que acabamos com as empresas que conhecemos, com o financeiro comandando a história, TI organizando tudo, e uma gerência de linha enfraquecida cuja principal tarefa é lidar com os sindicatos e enfrentar as broncas. Isso nos fez criar empresas globais gigantescas. Mas é incrivelmente *desperdiçador*.

– Como assim?

– Taylor nos ensinou a ganhar produtividade aplicando conhecimento através de pessoal de suporte. Isso é muito melhor do que não aplicar conhecimento algum. Mas no fim das contas isso se baseia em especialistas cujo conhecimento das condições do dia a dia, da vida real, é frágil. As soluções que eles inventam podem funcionar, mas de forma ineficiente. Convenhamos, você já viu um sistema de TI que realmente o ajudasse? Ou um departamento de qualidade que resolvesse problemas de qualidade?

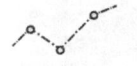

– Vou pular essa – respondeu Ward, rindo.

– O que o pessoal de suporte especializado produz são *sistemas*: sistemas de TI, procedimentos de qualidade, manuais de recursos humanos, linhas automatizadas, e assim por diante. Como resultado, a gerência de linha não consegue resolver qualquer problema de verdade, porque o que é geralmente solicitado dele é que implementem sistemas. Conformidade, conformidade, conformidade, muitas vezes à custa da competência. Sistemas são gerais demais e são elaborados para longe das condições de trabalho locais para serem efetivos na melhoria do trabalho detalhado.

– Então qual é a alternativa?

– Aplicar conhecimento por meio da linha em vez de por pessoal de suporte. É isso que a Toyota descobriu. É tarefa da gerência de linha *melhorar* as operações no dia a dia ao trabalhar com os operadores, e não simplesmente implementar sistemas inventados por ratos de biblioteca. Isso é muito mais *lean* porque, primeiro, todos os processos são melhorados pelas mesmas pessoas que os tocam, e, segundo, o pessoal de suporte é hoje composto de verdadeiros *experts* em vez de especialistas. Eu não preciso de um departamento de TI para tocar o meu sistema por mim. Eu preciso de um cara que saiba me ensinar como realmente usar o meu sistema de TI existente. Não preciso de um departamento de qualidade para produzir procedimentos de qualidade. Preciso de alguém que saiba me explicar exatamente o que há de errado no meu processo para que eu possa ver como ele cria problemas de qualidade específicos. Não preciso de uma função financeira para calcular minhas porcentagens e me dizer o que eu posso ou não gastar. Preciso de um verdadeiro *expert* em finanças que saiba me ensinar a usar meu orçamento para gerenciar minha fábrica eficientemente. Em suma, preciso de menos gente, mas com maior *expertise*. A chave de uma operação *lean* é a gerência organizar pessoas para desenvolver conhecimento continuamente.

Quando se aproximaram do aeroporto, encontraram tráfego mais pesado, dando a Ward tempo para digerir isso. Não estava certo de ter entendido ou mesmo concordado com o que Jenkinson estava dizendo, mas reconhecia crença verdadeira quando a encontrava. O cara tinha uma visão, isso era certo. Era talvez uma teoria completamente furada, mas ele soava sinceramente convencido. Ward não sabia se ficava tranquilizado por isso ou mais preocupado. Crentes verdadeiros davam-lhe calafrios.

– Veja bem – começou novamente Jenkinson, – por anos eu estudei *lean* com vários *sensei* que sempre diziam, de uma forma ou outra, que *lean* não tem a ver com aplicar ferramentas *lean* a todos os processos, mas sim com usar as ferramentas *lean* para desenvolver o espírito *kaizen* em cada funcionário. Quando você está de um lado da montanha, é muito difícil saber como o vale é visto do outro lado. Aplicar ferramentas *lean* a todos os processos é simples para nós. Criamos uma nova estrutura, a qual chamamos de setor *lean*, contratamos executivos de melhoria contínua e então mandamos aplicarem ferramentas *lean* em todas as áreas. Enquanto isso a gerência de linha continua a fazer o que faz, sem se envolver e sem se interessar. Nos surpreendemos que, depois de fazer o mais fácil, a coisa toda se vai por água abaixo. E todo o esforço é abandonado até que o próximo programa anual aparece.

– Acredite ou não, essa empresa é muito mais organizada do que o meu negócio anterior. As pessoas têm descrições de funções claras. Há sistemas mais integrados, muito melhores. Os procedimentos são muito mais claros. Como resultado, contudo, ninguém mais é dono dos problemas porque eles sempre pertencem a outra pessoa. É precisamente porque a divisão era tão boa em fazer as coisas erradas que ela não ganhava dinheiro para a Alnext, e pôde ser comprada tão barato. Seu eu quiser fazer isso funcionar e ganhar dinheiro, se todos quisermos, aliás, então preciso desfazer as esperanças de vocês de que quadros organizacionais mais claros, mais estrutura e sistemas mais ordenados melhorarão a situação. A única coisa que vai melhorar a situação é uma mudança radical de atitude, na qual as pessoas aprendam a reconhecer problemas e experimentar as coisas até que sejam resolvidos. E para entender o que é um problema, você tem de pôr os clientes em primeiro lugar.

– Uma empresa *lean* é um arranjo em que *todos contribuem diretamente para agregar valor aos clientes*. Agregar valor começa resolvendo-se problemas. Como se chega lá? Comece fazendo todos os seus gerentes passarem o máximo de tempo possível resolvendo problemas dos clientes e eliminando desperdício à medida que eles enfrentam broncas e organizam resolução de problemas em suas áreas. Então você precisa convencer todos os seus operadores a contribuir com suas ideias e sugestões, de forma que a empresa esteja usando suas cabeças, além das suas mãos. E você precisa fazer tudo isso antes que os clientes caiam fora ou o mercado automotivo afunde ainda mais, antes que a inflação dos materiais nos faça fechar, antes que os bancos exijam o pagamento dos empréstimos ou aumentem as taxas de juros, e antes que o conselho me chute desse emprego. Realmente simples. Não fácil, mas simples.

– Uau.

– Então, acabei de explicar – disse Jenkinson, parecendo divertir-se. – Vamos testar a sua teoria. Você sugeriu que eu explicasse mais. Bem, foi o que eu fiz. Isso ajuda?

– Sim – disse Ward hesitante, e acrescentou: – e não.

– Viu? Qual é o sentido de explicar? Só se aprende fazendo.

– Em um sentido, ajuda – arriscou Ward. – Ajuda a sentir que você sabe o que está fazendo. Quero dizer, mesmo se eu não entendo tudo... é com saber que existe um plano.

Soava bem, mas ele ainda se preocupava com o comentário de Coleman de que Jenkinson estava tirando das vendas a responsabilidade de programação e pondo-a na engenharia. Assim como no corte do departamento de qualidade em Neuhof, o homem parecia ter um jeito estranho de pôr os clientes em primeiro lugar. Ward sempre ouvira os mandachuvas da Alnext alegarem que "os clientes vêm em primeiro lugar", em particular Sanders. O que isso usualmente queria dizer é aceitar qualquer tipo de solicitação louca e pôr a culpa na produção por não entregar. Jenkinson parecia ter uma visão diferente da frase. O que Ward entendeu foi resolver os problemas do cliente ou problemas para o próximo passo no processo existentes em vez de imaginar soluções extravagantes para vagos desejos dos clientes. Mais uma noção confusa sobre a qual ele precisava refletir.

– De qualquer forma – disse Jenkinson, mudando de assunto e se virando para olhar diretamente para Ward – tenho certeza de que você não dirigiu até aqui para me ouvir pregar sobre *lean*. Sobre o que você queria falar?

– Ah – hesitou Ward. – Como posso dizer?

– Só manda.

– Bem, então. Lowell Coleman diz que você acredita estar errado metade das vezes. Isso é verdade?

– Ele disse isso mesmo? – sorriu o CEO.

– De fato.

– O problema é saber qual metade – riu ele. – Mas é verdade. Há um pressuposto central do *lean*: não importa o quão confiantes pareçamos, estamos errados ao menos metade das vezes. A única maneira de saber é testando nossas crenças, nossas hipóteses. Isso nada mais é do que pensamento científico básico. Teorias devem ser embasadas em evidência empírica. O que o faz perguntar?

– Como posso convencê-lo de que você está errado ao fechar a fábrica?

– Ah – suspirou Jenkinson, e então ficou em silêncio.

Ward pegou a estrada vicinal para o terminal do aeroporto enquanto seu passageiro nada dizia, e, novamente, preocupou-se por talvez ter passado da linha.

Ao fim, ele encostou o carro na pista de desembarque de passageiros e desligou o motor. Jenkinson simplesmente ficou ali sentado, sem pressa de sair, a boca apertada em pensamento profundo.

– Qual é o problema da fábrica? – perguntou ele afinal.

– Você me disse. Ela não está fazendo dinheiro no momento, e você não sabe como colocar produtos novos nela.

– E tenho capacidade excessiva em toda a empresa – completou Jenkinson. – Então, qual é o problema da fábrica?

– Sua reputação de qualidade não é boa o suficiente para produzir mais peças para a empresa e seus custos operacionais são altos demais para executá-la como uma fábrica para serviços de segunda linha. Eu me dou conta disso. Mas posso consertar. Só preciso de um pouco de tempo. E de alguma ajuda.

Para a surpresa de Ward, isso chegou a arrancar um sorriso do homem, um sorriso genuíno e um tanto melancólico.

– Andy – disse ele, olhando-o diretamente. – *Você* é a ajuda. *Você* é o gerente da fábrica. *Você* é toda a ajuda de que a fábrica precisa. Não há cavalaria para o salvamento. Nós não temos cavalaria. A fábrica tem *você* – e é isso.

– E quanto ao tempo? – perguntou Ward, pego de surpresa pela súbita intensidade do homem.

– Eis o negócio – devolveu Jenkinson, após outra pausa. – As pessoas que conhecem a Europa melhor do que eu, dizem-me que fechar uma fábrica na França leva tempo e exige muito trabalho administrativo. Convença-me de que você está trabalhando seriamente em arranjar um plano exequível para fechar o lugar, e estarei disposto a ouvir as alternativas. Para começo de conversa, resolva seu problema de qualidade. Sem mais reclamações de clientes. Sem mais entregas perdidas. Se você conseguir fazer isso, pode não salvá-lo, mas pode comprar algum tempo para você. E, às vezes, milagres podem acontecer se você sobreviver tempo suficiente.

– Lembre-se – acrescentou, com outro sorriso lento –, 80% do sucesso é comparecer. Você compareceu hoje. Agora me mostre resultados.

Ponha os clientes em primeiro lugar fazendo a gerência de linha reconhecer e resolver problemas de qualidade e entrega. Comparado à abordagem atual de depender de descrições de funções, sistemas e procedimentos, isso definitivamente soava como um choque no sistema. Talvez fosse exatamente o que Ward precisava para agitar as coisas na fábrica. Ele também se deu conta de que terá de começar com o óbvio: reclamações imediatas, concretas, em vez de uma noção abstrata de "satisfação do cliente". Entregar produtos no prazo e sem defeitos soava como um lugar pragmático de onde começar, em oposição a noções fantasiosas do que "clientes" em abstrato gostariam em termos absolutos. O próximo processo é o cliente. Realmente.

Ward sentiu-se tanto reconfortado (ligeiramente) quanto mais preocupado (enormemente) com essa conversa com o chefe. Ele percebeu que tinha de fazer algo drástico. Senão, as mesmas causas levariam aos mesmos resultados, e Jenkinson não toleraria fracasso por muito tempo. Com certeza, isso significaria mudar muitas mentalidades, começando com a sua, pensou ele, soturno. Ward nunca havia considerado *lean* uma questão de gestão. Sempre lhe pareceu um útil método de operações. Sempre considerou sua gestão saudável, e que técnicas *lean* reforçavam isso com cortes inteligentes de custos. Parecia que Jenkinson achava que toda a abordagem gerencial devia ser questionada. Provavelmente, a reflexão mais espantosa levada dessa conversa era o desafio implícito lançado por essa maneira de ver o *lean*. Ward teria de repensar fundamentalmente toda a sua abordagem a tudo que cada pessoa fazia na fábrica a fim de começar a construir o tipo de gestão em que todos pudessem contribuir diretamente para agregar valor para o cliente.

Para salvar a fábrica, Ward concluiu sarcasticamente, ele só precisava revolucionar completamente sua abordagem gerencial, além de enfrentar os 1001 incêncios diários. Moleza.

Ele não se surpreendeu em ver a luz ligada nas velhas estrebarias de pedra no lado esquerdo da casa de campo. A casa e o estábulo adjacente eram o melhor do que restava da velha fazenda fortificada, com duas outras edificações ligadas por um muro em ruínas no outro lado do açude central. Ao longo dos anos, o pai de Claire havia mantido o estábulo mais ou menos em forma para comportar três baias, onde ele mantinha alguns cavalos separados das modernas estrebarias principais do outro lado da estrada.

Quando ele dobrou para estacionar o carro, os faróis desenharam Claire em forte luz, na primeira baia, escovando um tordilho. Ela estava tratando de Pagui, um velho cavalo que fora seu favorito quando ela era uma garotinha.

– Ei.

– Ei você – respondeu ela com um rápido sorriso nervoso. – Como foi?

– Não tenho certeza – hesitou Ward. – Nada do que eu esperava.

Pagui relinchou e esfregou o focinho nas costas dela, recebendo um leve tapa. Sempre que ela lhe dava as costas, ele tinha o hábito de enfiar a cabeça entre as suas espáduas.

– Eu estive pensando a respeito disso – disse ela, afastando uma mecha solta de cabelo escuro com o dorso da mão –, disso tudo. Não precisamos disso, você sabe. Não é a nossa vida. Podemos nos mudar. Fazer outra coisa.

Ele a viu tremer involuntariamente à luz fraca enquanto ela dava voz a seu pensamento, tentando ser valente em relação a tudo aquilo. Malancourt havia se tornado a sua paixão conjunta, seu sonho impossível, e simplesmente ouvi-la mencionar a possibilidade de derrota cortou seu coração.

– Lembra quando você me gozava por causa daquelas histórias "joinhas" que eu contava para animar as minhas apresentações?

– Algumas delas eram horríveis – sorriu ela.

– Lembra daquela do Heródoto, o grego antigo?

– Aquela com o ladrão e o cavalo?

– Sim, logo antes de ser executado, o ladrão faz um trato com o rei. Em um ano ele vai ensinar o cavalo favorito do rei a cantar. Todos os outros prisioneiros riem dele – como ele pode ensinar um cavalo a cantar? Ninguém pode. "Bem", responde o ladrão, "eu tenho um ano, e quem sabe o que pode acontecer nesse tempo? O rei pode morrer, o cavalo pode morrer, e talvez – o cavalo aprenda a cantar."

– Você canta para mim, Pagui? – riu ela, afagando a testa do cavalo veterano.

– É assim que me sinto agora. Acho que ganhei algum tempo, então, quem sabe o que pode acontecer? Jenkinson pode sair, a fábrica pode ser vendida novamente ou, talvez, eu consiga torná-la *lean*!

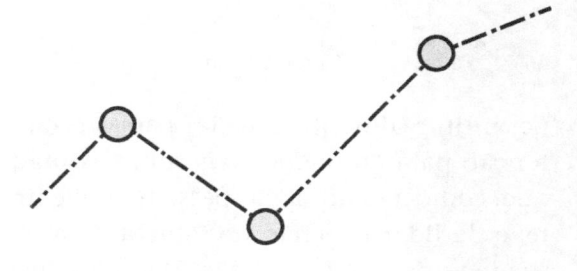

Capítulo Dois

TODO MUNDO, TODO DIA

Demorou apenas cinco minutos de volta na fábrica para acabar o entusiasmo pós-férias de Andrew Ward. Foi quando lhe contaram do acidente que ocorrera enquanto estivera fora. E, de repente, todas as calorosas lembranças de sol, mar e radiantes casas brancas improvavelmente empoleiradas no alto das colinas nas ilhas gregas se dissolveram no ruído e no cheiro da fábrica.

Era fim de setembro, e Ward recém voltara a trabalhar após uma semana de férias com sua família. Eles escolheram setembro em vez de agosto, as férias francesas tradicionais, por duas razões. Primeiro, agosto era lindo na fazenda. A maioria dos sócios do clube de hipismo estava viajando em agosto, mas os cavalos ainda assim precisavam ser alimentados e cuidados. A outra era que Ward havia posto uma considerável porção de dinheiro no grande recondicionamento de duas de suas injetoras. Assim, enquanto a fábrica geralmente fechava por duas semanas em agosto, uma confusão com pedidos dos clientes forçou-os a manter certos produtos em atividade. Esta minicrise revelou-se uma pequena bênção, pois deu a Ward uma desculpa para continuar o trabalho dos últimos meses e terminar o recondicionamento progressivo do equipamento principal. O andamento mais lento do trabalho lhe permitiu realmente apreciar passar o tempo com a equipe de manutenção para aprender mais sobre as máquinas. O único porém fora que, como a maioria das pessoas-chave tirava férias nessa época, Ward teve de lidar no chão de fábrica com um time de temporários, em sua maioria sem supervisão. Ward fora para a Grécia maravilhado por recarregar suas baterias, mas se preocupara com o nível de qualidade resultante dos temporários com pouco treinamento. É claro, reclamações de clientes sobre qualidade se acumularam durante sua ausência.

O tempo de relaxamento dera-lhe condições para se fortalecer mentalmente para seu retorno ao estado de sítio causado pelas exigências impossíveis do seu chefe. Desde a visita de Jenkinson, ele nunca trabalhara tão duro em sua vida. Era uma luta constante acompanhar todas as mudanças que ele pedira ao mesmo tempo em que lutava internamente com surtos de dúvida quanto a si mesmo. Cada incursão no chão de fábrica era uma aventura nova. Ward era sempre defrontado com outro problema precisando de solução. E ele geralmente não tinha ideia de onde começar.

Descendo os degraus que saíam dos escritórios da gerência, jurou para si mesmo que transferiria todos os gerentes para o lado da produção. A fábrica se estendia ao longo de três saguões. O primeiro abrigava as injetoras, algumas delas com algumas estações de montagem acopladas. O segundo tinha principalmente células de montagem, e o terceiro era dedicado à armazenagem e docas de carregamento. No primeiro saguão, as injetoras estavam cuidadosamente alinhadas em ambos os lados de um corredor central, com áreas de pequena pressão de fechamento e manutenção no lado esquerdo, e as máquinas maiores no direito. Ward franziu o cenho ao passar pela primeira injetora de alta pressão de fechamento, que estava ociosa. Ele não conseguia se lembrar se o plano de produção dizia se ela devia estar operando ou não. Em vez de perder tempo nessa distração, decidiu achar Mathilde Régnier, a operadora que se machucara na semana passada. Ela deveria ter voltado ao trabalho naquele dia. Ele lembrava vagamente dela como um dos funcionários mais jovens trabalhando na seção de injeção, uma mulher quieta e trabalhadora com a qual ele raramente lidava e que nunca fora problema nenhum.

Os comandos de Jenkinson ainda latejavam, mas Ward estava determinado a segui-los o mais literalmente possível, pensando que não tinha muito a perder. Não iria tirar pedaço baixar a cabeça para o homem que determinava o futuro da sua fábrica. E, quem sabe, talvez alguns dos seus "conselhos" pudessem realmente ajudar. Ward lançou a "Operação Puxa-saco" pedindo que seus supervisores o alertassem imediatamente após qualquer acidente. Em seguida, ele mandava um *e-mail* a Jenkinson assim que houvesse um acidente que era grave o suficiente para causar tempo perdido ou impedir que um funcionário voltasse ao trabalho no turno. A cada vez que fazia isso, Ward recebia dentro de 24 horas uma mensagem no *Blackberry*, com a mesma pergunta enganadoramente simples: "Por que isso aconteceu?". Nas primeiras vezes, Ward não conseguiu responder imediatamente e teve de pescar as respostas com sua própria equipe de gerência. Frustrado por essa abordagem, começou a fazer as entrevistas e a análise do acidente.

Para sua supresa, a principal medida de controle, o número de dias consecutivos sem um acidente de tempo perdido, melhorou duas vezes mais imediatamente. Ward estava maravilhado em perceber esses ganhos, apesar de saber que ainda havia acidentes demais. Ele também estava intrigado por que o desempenho havia disparado tão rapidamente – até que o gerente de recursos humanos, Jean-Pierre Deloin, cinicamente comentou que a medida melhorou porque não havia mais acidentes de segunda-feira de manhã. Quando Ward lhe pediu para explicar o que eram "acidentes de segunda-feira de manhã", Deloin sugeriu que um estiramento logo no início da manhã de segunda-feira após uma partida de futebol na noite de domingo não era, talvez, tão acidental. Ele nada mais disse, mas Ward entendeu que quando as pessoas se machucavam durante o fim de semana, declaravam como um acidente de trabalho na manhã de domingo. Esse era exatamente o tipo de malícia sutil e visão de mundo desencantada que Ward achava irritante e contraproducente, mas tinha de admitir que os números corroboravam para isso. Desde que pessoalmente vinha fazendo as perguntas para cada acidente, as manhãs de segunda-feira haviam se tornado quase livres de acidentes.

Ward não poderia se tornar como Deloin, com quem passava várias horas remando nas exigências administrativas e legais de um cronograma possível para fechar uma unidade na França. Deloin era um homem baixo e roliço de cinquenta e vários anos, com um rosto como uma maçã enrugada. Ele tinha cabelos brancos escassos, uma barba branca, porém sem bigode – como um marinheiro antigo, pensou Ward. O homem era um habilidoso sobrevivente. Havia iniciado sua carreira nas redondezas, trabalhando para outra empresa em uma fábrica vizinha. A fábrica tinha fechado há muito, e, após uma série de reestruturações e aquisições, seu antigo empregador se tornara parte do grupo norte-americano Alnext. Nos bons tempos de La Française de Plasturgie, Deloin havia subido a escala corporativa metodicamente, tornando-se o segundo em comando do diretor do grupo de RH. Safando-se da caça às bruxas que se seguiu à aquisição pela Alnext, ele sabiamente pegou o trabalho de gerente de RH em Vaudon. Lá ele achou uma alma irmã em Jean Blanchet, o ex-gerente da fábrica, e juntos tinham manobrado incansavelmente para manter Vaudon aberta enquanto suas fábricas irmãs eram fechadas, uma depois da outra.

Deloin aceitara a nomeação de Ward como gerente da fábrica com ceticismo desiludido e, em geral, guardou seus pensamentos para si mesmo. Ele fazia seu trabalho com o mínimo de alarde e ocasionais comentários cáusticos sobre a incrível estupidez do universo, do capitalismo, da gestão e dos gerentes de fábrica, não especificamente nessa ordem. Ward tinha de admitir que nunca vira o homem sendo diretamente um estorvo. Na verdade, o conhecimento e a experiência de Deloin eram inestimáveis. Ele tinha a experiência de uma vida inteira em lidar com os manhosos sindicatos franceses, a greve ritual anual, e o desgaste constante de uma cultura laboral em que toda negociação começava com conflito em vez de discussão. Ward ainda se surpreendia com a tendência francesa de começar com uma demonstração de força e então recuar para uma solução de compromisso, em vez de simplesmente tentar resolver com uma conversa direta. No início, isso realmente o desorientara. De fato, três anos antes, a promoção de Ward a gerente da fábrica fora devidamente saudada com uma greve geral, a qual Deloin havia tratado habilmente, compensando muitos dos erros de principiante do próprio Ward, com sorrisinhos pacientes e sábios que davam nos nervos de Ward. Ainda assim, ao longo da disputa, eles haviam forjado uma espécie de relação de trabalho, e Ward tinha aprendido a tomar os comentários laterais do outro homem pelo que valiam.

Ward se deprimia pela tendência de Deloin em sempre suspeitar do pior nas pessoas. Nesse caso particular, ele sabia que ninguém poderia pensar mal de Régnier. Ela era uma mulher de rosto fresco, com cabelo castanho encaracolado e um sorriso aberto e proeminente. Ela trabalhava no turno da tarde no fim do saguão, em uma das imensas injetoras de 2 mil toneladas. Ward pedira para ser chamado quando o molde estivesse sendo trocado. Ele queria observar o ciclo normal de Mathilde de limpeza e embalagem das peças que saíam da injetora. Enquanto dois montadores usavam a ponte rolante para erguer o grande cubo de metal do molde para fora da injetora, Régnier varria núcleos caídos e pó de plástico da área em redor da injetora.

– Olá, *Mademoiselle* Régnier – falou ele. – A senhora está bem?

– Oh, *M'sieur* Andy – respondeu ela, ruborizando levemente. É *Madame* Weber, agora. Casei-me há pouco.

– Ah, parabéns, Mathilde – disse Ward, se repreendendo – ele devia sabê-lo, tendo assinado o cheque corporativo para um presente de casamento. Parecia-lhe que o tempo passado no chão de fábrica apenas ampliava o número de oportunidades para fazer papel ridículo, com todas as coisas que ele deveria saber e, evidentemente, não sabia. Ele sentia que só dava mancada nesses dias. – Você sabe me dizer o que aconteceu semana passada?

– Oh, foi um acidente tão idiota, *M'sieur* Andy – respondeu ela, encabulada. – Completamente minha culpa. Eu estava distraída e fiquei na frente de uma empilhadeira em movimento. Assim.

Ao longo do largo corredor que dividia o salão das injetoras, um fluxo constante de empilhadeiras estava recolhendo contêineres de peças acabadas ou largando paletes de componentes. Nessa área, uma estreita faixa de tinta verde desbotada sinalizava um corredor de pedestres. Ward imediatamente percebeu como a proximidade à estação do operador tornava fácil recuar até o caminho de uma empilhadeira.

– O motorista buzinou – continuou ela, embaraçada, – e recuei. Mas eu tropecei e caí... – ela hesitou, – de bunda.

– Ai – disse ele, tentando manter uma cara normal enquanto visualizava a cena. – Deve ter machucado bastante. – Acidentes são estúpidos por natureza, e ela poderia ter se machucado gravemente, sendo atingida pelo trator ou pela queda.

– Oh, sim – concordou ela, enfaticamente. – A enfermeira temia que eu tivesse quebrado o cóccix, e tive de ir ao hospital para tirar raios X e tudo mais. Eles disseram que eu ia ficar bem, mas que doeria por um tempo.

– Sinto muito. Mas o que fez você entrar no corredor sem olhar?

– Oh, desculpe. Não sei o que eu estava pensando. Eu estava tão preocupada, sabe?

Apesar de perfeitamente fluente em francês, e tendo vivido em meio aos nativos por anos, Ward ainda se sentia um peixe fora d'água na hora de jogar conversa fora. Os franceses eram tão difíceis e do contra que ele nunca sabia quando compaixão iria ser interpretada como paternalismo, curiosidade amigável como invasão de privacidade ou, ao contrário, tato como indiferença. Ele estava prestes a se livrar com um "prossiga" quando ela se antecipou ansiosamente.

– *M'sieur* Andy, posso fazer uma pergunta ao senhor?

– Certamente. Qualquer uma.

– É verdade que a fábrica vai fechar?

Ele quase olhou com surpresa, mas teve a presença de espírito para franzir o cenho e responder "Não! Absolutamente não!" com o máximo de certeza que ele pôde reunir. – De onde você tirou essa ideia?

– No banco. Eles me disseram que a fábrica iria fechar em breve.

– No *banco*? – exclamou ele, agora totalmente confuso.

– Sim, senhor – disse ela, retraindo-se, provavelmente pensando que tinha falado demais. Relações sociais na fábrica não eram más *per se*, mas conversas particulares com o gerente no chão de fábrica eram definitivamente incomuns. – Sabe, meu marido e eu fomos ao banco. Há um belo projeto residencial em um vilarejo a alguns quilômetros da cidade, e gostaríamos de ter uma casa própria, agora que estamos casados.

– Claro. Ótima ideia.

– O homem no banco não queria nos dar o empréstimo – disse ela baixinho, seu rosto ruborizando. – Ele disse que nossa renda era muito baixa. E, mais importante, disse que a nossa situação era muito incerta para nos habilitarmos. "Incerta?", perguntei. "Trabalho na fábrica de

Vaudon", eu disse a ele. "Todo mundo sabe que vai fechar em pouco tempo", diz ele. "Sem garantia", ele acrescenta. Então é verdade?
– Não é verdade – repetiu Ward, sentindo-se culpado. – Temos de trabalhar duro, mas não há planos, que eu saiba, de fechar a fábrica – mentiu ele. – É o banco na praça principal, ao lado do Tabac?
– Oh, sim. Acho que é por isso que eu estava tão preocupada, sabe?
O telefone interno que carregava em seu cinto tocou enquanto estava furiosamente tentando pensar em uma réplica adequada.
– Andrew – disse Anne-Marie, a assistente da equipe de gerência, – Philip Jenkinson está no telefone – você quer atendê-lo agora?
– Sim, transfira-o em um minuto, por favor – falando com Mathilde, ele se desculpou – Mathilde estou com o CEO na linha, preciso atender essa ligação – mas nós falaremos novamente, OK?
Ela concordou com a cabeça, sem dizer nada, enquanto ele saiu às pressas, seu rosto vazio ao retornar à varredura. "O que perdi agora?", murmurou Ward para si mesmo enquanto dizia para a assistente pôr Jenkinson na linha.

– E então, Andy?
– Sim, eu sei – respondeu resignado. – Este é o segundo acidente de tempo perdido neste mês. Eu estava justamente fazendo a análise.
– Ah – Jenkinson fez uma pausa, fazendo Ward se dar conta de que ele provavelmente não estava ligando por aquilo. – A mulher que caiu, certo? O que aconteceu?
– Ela disse que estava distraída e se pôs no caminho de uma empilhadeira. O cara a viu a tempo e buzinou, ela deu um passo para trás, perdeu o equilíbrio e caiu sobre o cóccix. Deve ter doído pra caramba. Mandaram-na para tirar raio X no hospital.
– E qual é a causa raiz, então?
– Diabos, eu não sei! Não houve treinamento suficiente? Eu pensei em pôr barreiras físicas entre a área das máquinas e o corredor. Mas bem, daí teríamos todo tipo de problemas para pôr e tirar os contêineres das zonas.
– Vamos, qual foi a causa imediata do acidente?

Droga! Ward odiava quando seu chefe usava esse tom professoral. Ele não precisava da ajuda de Jenkinson para se sentir ainda mais burro. Ele se virava muito bem sozinho.

– Qual é a causa? – insistiu Jenkinson. – Não fosse por isso... ela não teria caído.

– A distração dela?

– Ok, essa é uma, mas bem vaga. O que mais?

– Hum... a empilhadeira?

– Acertou. Empilhadeiras circulando dentro de áreas de trabalho – no que você está pensando?

– Você quer dizer, sem empilhadeiras na fábrica?

– Somente em áreas claras, fixas, é claro. Não onde se tem um monte de pessoas trabalhando e caminhando pelo corredor.

Sem empilhadeiras?

– Ah, entendo – balbuciou Ward, apesar de claramente não entender.

– Não liguei por causa disso – disse Jenkinson. – Tenho gente querendo o seu pescoço aqui.

"O que era agora?", pensou Ward, preparado para o pior.

– Primeiro, temos a PSA Peugeot Citröen fazendo um escândalo por causa de um problema de arruela em uma caixa de câmbio.

– O quê?

– É. Aparentemente, há dois diâmetros para as arruelas. Vocês mandaram para eles as erradas, a etiqueta errada ou algo assim, e eles as instalaram sem perceber. Descobriram no teste final, quando alguns carros já estavam no parque. Então, tiveram de ir e achar todos os carros com as arruelas deste lote, e voltar à caixa de câmbio. Uma grande bagunça. Deve ter incomodado alguém bem grande, porque eles me ligaram diretamente.

– Nossa, desculpe por isso! – disse Ward fracamente.

– Ok. Você obviamente terá de descobrir o que aconteceu. Não tenho certeza por que a PSA veio direto para mim antes de você ouvir qualquer coisa a respeito.

– Temos uma reclamação deles este mês, mas é sobre arranhões em uma peça da tampa do motor. Dizem que é uma peça visível, mas nas nossas especificações temos que é uma peça funcional e sem os mesmo requisitos de uma peça que pode ser vista. Ainda estamos discutindo a respeito, mas não parece ser um problema muito grande.

– Você foi e visitou a linha do cliente por causa disso?

– Ah, ainda não – disse Ward com uma careta. Jenkinson realmente prezava por essas visitas de acompanhamento por reclamações de qualidade. E, é claro, com tudo mais acontecendo ele não tivera tempo para isso.

– Andy, ouça com atenção – disse Jenkinson lentamente, em seu irritante jeito de falar como se você fosse bastante tapado. – Fazer as visitas é entender as questões de qualidade e desenvolver uma *relação* com seus clientes. Trata-se de conhecer alguém no setor de clientes que se dará ao trabalho de ligar para você quando houver um problema. Ninguém deveria ficar sabendo sobre desastres pelo seu CEO. Entendeu?

– Entendi – suspirou. Ele voltara ao seu escritório e agora estava sentindo uma poderosa necessidade de simplesmente deitar a cabeça em sua mesa.

– Mas isso não é tudo. O financeiro também está chateado com você. Dizem que você tem grandes despesas inexplicadas em agosto. Assim, suas projeções para a Europa estão estouradas. Pode me dizer o que está acontecendo?

Desta vez, Ward havia se preparado.

– Mas ainda estou dentro do orçamento.

– Eu não disse que você não estava. Só quero entender.

– Antes de chegarmos a isso, você viu que cortamos o custo da não qualidade pela metade em três meses? Fomos de 3% das vendas para 1,5%. Isso é cerca de metade das ppm.

– Sim, eu vi. Você anda trabalhando muito duro para conseguir estes resultados.

– Segundo, ainda estamos com as peças que o cliente queria que transferíssemos para o fornecedor romeno. Ao que parece, eles ainda não conseguiram fazer as peças direito, então nós ainda estamos produzindo sete dias por semana. Isso vai nos causar grandes problemas. A demanda é tão alta que não tivemos tempo para fazer qualquer tipo de manutenção de moldes adequada. Até agora, nossas vendas estão passando das projeções com esse volume extra, mas mais cedo ou mais tarde vamos chegar ao limite.

– Está bem, Andy. Suas vendas estão aguentando e você reduziu seus custos da não qualidade. Isso é muito bom. Mas pare de fazer rodeios: e essas despesas?

– Troquei as roscas de duas injetoras nesse verão – confessou Ward.

– Isso custa dinheiro – replicou Jenkinson, neutro.

– Sim. Sabíamos há anos que duas das nossas injetoras principais estavam acabadas e colocávamos o requerimento de investimento no orçamento ano após ano, mas você sabe como a coisa sempre foi com a Alnext. Sempre recebíamos uma recusa. E quando os nossos problemas de qualidade se tornaram uma prioridade assim tão alta no verão, simplesmente senti que nunca teríamos progresso de verdade até que tratássemos disso diretamente. Então, simplesmente autorizei.

– Por que não falou antes?

– Sim... – hesitou Ward. – Eu deveria ter falado. Mas sei o que você teria dito.

– Que seria...?

– Sem investimento. Primeiro *kaizen*. E *kaizen* de movimento antes de *kaizen* de equipamento.

Inesperadamente, Jenkinson riu disso – sua longa risadinha soava pelo telefone tão claramente como se ele estivesse bem ali na sala.

– Provavelmente. Mas me dê algum crédito, homem. Eu poderia ter dito "sim".

– Ora, Phil, você sabe como é – exclamou Ward, subitamente dando vazão à sua frustração. – Fábricas deveriam ser autônomas, mas o gerente de fábrica tem suas mãos e pés tão atados que ele não pode comprar um saquinho de amendoim sem ter de pedir primeiro para a alta direção.

– Não estamos falando de amendoins neste caso, mas sim de grandes quantias.

– Eu sei, eu sei, gastei a maioria do que recuperei da coisa romena e da redução dos defeitos da não qualidade. Eu me dou conta disso. Como eu disse antes, vou morrer lutando, e realmente acreditei que isso precisava ser feito.

– Ok – disse Jenkinson após uma longa e incômoda pausa. – Vou te dar cobertura. Mas somente desta vez. Por favor, não faça isso de novo:

fale comigo primeiro. Você criou um problema político maior do que imagina, e já tenho o suficiente em minhas mãos para precisar que você aumente a lista.

Ward esperou que sua expiração profunda não tivesse soado pelo telefone tão alta quanto soou para seus próprios ouvidos. Ele não notara que estivera prendendo a respiração durante todo o vazio na conversa.

– Ao trabalho de verdade, agora – continuou Jenkinson. – Eu falo sério quanto ao *kaizen* antes do investimento. Muito sério, de fato. Na verdade, acredito que se fôssemos bons o bastante, nunca precisaríamos reinvestir dinheiro em processos existentes. Investimento deve ser reservado para novos produtos e novas instalações. O seu trabalho é manter as máquinas e ferramentas existentes funcionando em alto nível por meio de *kaizen*. Isto está claro para você?

– Sem investimento em processos existentes. Resultados por meio de *kaizen*. Entendo as palavras e vejo aonde você quer chegar, mas não tenho ideia de como fazer isso. Como se pode usar equipamento velho *e* reduzir a não qualidade sem reinvestir?

– É difícil – concordou Jenkinson. – Para começar, quero que você me convença por que trocar essas roscas de injetora. Sem retórica, observe. Eu quero dados claros de antes e depois.

– Posso tentar, mas por quê?

– Aprendizagem – replicou Jenkinson laconicamente. – Eu não me importo tanto com erros se você tira as lições certas deles. Agora, não estou dizendo que investir em reabilitar as suas injetoras é um equívoco, mas a maneira em que você lidou com isso com certeza foi. Portanto, quero um *ciclo PDCA* claro.

– *Plan, do, check, act*?

– Correto. Veja, você planejou isso, certo? Então você pegou e fez, quer dizer, você comprou e instalou as peças, sim? Agora, espero um *check* convincente. Isso nos permitirá tirarmos juntos as conclusões apropriadas quanto ao *act*.

– Você quer dizer a respeito das outras injetoras?

– Sim. Vamos considerar que você trocar as roscas de duas injetoras seja um experimento. A questão mais profunda é: que conclusões você tira disso a respeito de todas as outras injetoras. Portanto, em vez do *"act"*, eu muitas vezes sinto que *"adjust"* é uma palavra melhor. Se você não obteve os resultados que esperava nessas duas injetoras, como você vai ajustar sua ação a fim de atingir seu objetivo. Andy, você precisa aprender a partir disso! – enfatizou ele. – O relógio está correndo, e *você precisa aprender*.

– Vamos dar um passo atrás – continuou Jenkinson. – Qual é o seu principal problema agora?

– Meu principal problema? – suspirou Ward. – Por onde começar?

– Você diz que abaixou os custos da não qualidade, correto? Ouça-me, isto não quer dizer bulhufas. Qual é o custo de uma reclamação de cliente? Alguns pontos percentuais das vendas? Ou todo um programa que vai para a concorrência! A questão é: "Você está produzindo menos peças ruins?".

– Em alguma medida – concordou ele cautelosamente, chocado com a súbita explosão do homem. – Nós também estamos jogando fora menos peças boas.

– Como assim?

– Bem, quando começamos a olhar seriamente para dentro das caixas vermelhas e a contar tudo, nossas ppms dispararam. Percebemos que muitas peças boas eram jogadas fora como se fossem ruins. Os operadores estavam sendo cautelosos demais. Então, também resolvemos vários problemas óbvios. Acredito que tomamos 167 ações só no primeiro mês. A manutenção e a engenharia ainda estão trabalhando *full time* nisso, o que causará problemas mais tarde porque abandonamos completamente a manutenção planejada.

– Ok. Mas você ainda tem um bocado de reclamações de clientes.

– Sim, isso é muito frustrante. Temos menos ppms de clientes, com certeza, e menos reclamações também, mas o efeito é muito menos perceptível. Não tenho certeza se entendo o porquê. Há menos peças ruins no sistema, mas ainda há muitas que chegam ao cliente. Admito que estou empacado nessa.

– E quanto à entrega no prazo? Os relatórios dizem que está crescendo.

– Estou sendo bastante cruel a respeito disso. Pedi à logística para preparar de antemão peças suficientes para um turno inteiro, para ter o que precisam para remessa e para manter uma lista de peças em falta. Fazendo desse jeito, temos um turno inteiro para ir atrás de um item atrasado. Desde que não seja um componente de fornecedor em falta, geralmente conseguimos.

– Mas você aumentou seu estoque de produtos acabados.
– Sim, tem isso.
– Então, vamos ver se entendi – disse Jenkinson lentamente. – Você reduziu o desperdício de peças ruins até certo ponto, mas reinvestiu essas economias ao atualizar as injetoras. E você melhorou o serviço ao cliente ao aumentar o estoque de produtos acabados, estou certo?
– Ah, inferno! – exclamou Ward, incapaz de continuar contendo sua frustração. – Estamos fazendo o que você pediu! Estamos melhorando a qualidade e o serviço! Clientes primeiro. Não é isso o que você disse? O que você quer mais? Milagres?
– Calma, Andy – rosnou Jenkinson. – Eu sou o cara que está tentando salvar você. Se quer salvar sua fábrica, comece por entender o que está errado nela.
– Você tem razão, desculpe – corrigiu-se rapidamente. Lição de sobrevivência número um: não xingue seu CEO. – É tão frustrante.
– Fale-me sobre isso.
Lição dois: não choramingue também.
– Então, qual é o seu problema principal agora?
– Obviamente, apesar de estar melhorando a qualidade, ainda estou enviando peças defeituosas aos clientes. E enquanto nossa entrega melhorou, isso também aumentou o inventário, o que significa que não consertei o sistema. E os custos não estão significativamente melhores.
– É assim que eu veria, sim. Mas qual é o seu *problema* principal?
Contendo um impulso de responder "Você", Ward disparou: – Phil, eu não sei – tentando se acalmar, ele continuou: – Eu queria saber, mas não sei. Tenho problemas até os olhos, e não sei como estar em todos os lugares ao mesmo tempo.
– Bem, isso soa como um problema de verdade – riu o CEO. – Ok, qual é a sua principal preocupação, então?
Ward teve de pensar sobre isso por um tempo.
– Bem, estamos melhorando várias coisas importantes, mas o custo do esforço é imenso. Os caras técnicos e da manutenção estão se matando resolvendo questões de qualidade, e, como resultado, a maioria do trabalho diário deles teve de ficar de lado. Vimos números impressionantes na nossa redução inicial de refugo, mas parece que não conseguimos

produzir resultados mais duradouros. Tenho medo de que perseguir esses alvos nesse ritmo acabará exaurindo todo mundo – e que negligenciar a manutenção programada terá consequências terríveis mais cedo ou mais tarde. Tenho a sensação de que estou consertando os sintomas, não o sistema em si.

– Soa provável – concordou Jenkinson, em um tom supreendentemente otimista.

– Mas não sei mais o que fazer – admitiu Ward.

– Saber que você não sabe é metade da batalha – disse Jenkinson, mais uma vez irritantemente paternalista. – Tente descobrir. Vou viajar a Frankfurt para realizar alguns eventos *kaizen* no mês que vem, daí eu passo na sua fábrica e discutiremos isso.

Sem mais investimento em processos existentes? Investir somente em novos produtos ou processos? E ainda esperar melhoria de desempenho com *kaizen* sobre as coisas atuais? Como isso pode ser possível? É claro que eu tinha de investir nas injetoras, elas estavam caindo aos pedaços. O cara deve estar maluco, pensou com raiva Ward. O meu verdadeiro problema é que o meu CEO está *louco*.

Ward estava sentado à sua mesa, sem nada fazer, depois de desligar. Então ele se levantou e caminhou até a janela. Era um dia perfeito de setembro lá fora, ensolarado sem ser sufocante. O que ele estava fazendo ali? Ele deveria estar olhando seus vizinhos em seus tratores prepararando os campos para o outono, ou escutando o canto dos bichos na grama e os sapos no açude. Tomando uma cerveja gelada na sua cadeira no deque. Levando Charlie para passear pela floresta no novo canguru que eles recém haviam comprado. A ligação de Jenkinson abaixou a sua bola. Ele pensava que estava indo bem, melhorando tanto sua qualidade quanto sua entrega, mas essa ligação não fez mais do que lembrar-lhe o quão perto ele estava de perder a fábrica, seu trabalho e tudo que ia junto.

Seis meses após a sentença de morte de Jenkinson para a fábrica, ainda não havia lhe ordenado levar a cabo o plano de fechamento, então ele achava que, em geral, sua estratégia para ganhar tempo estava funcionando – por um triz! Parecia que todo mês acontecia algo que podia ser visto como mais um prego no caixão. Felizmente, poucas das ligações quinzenais das sextas-feiras de manhã de Jenkinson eram tão ruins assim. Elas raramente duravam mais do que 20 minutos, e Jenkinson geralmente ficava perguntando "Por quê?" repetidamente sem dar muita orientação. Em retrospecto, Ward se sentia tolo por não ter obtido autorização para as poucas centenas de milhares de dólares para recondicionar as injetoras. Mas que diabos, pensou ele, revoltado. Eles pretendiam fechar a fábrica de qualquer jeito, então por que não gastar algum dinheiro? Não era o caso de que eles não estavam tendo progresso.

Ele realmente fora e voltara da Grécia? Naquele momento, parecia que toda sua vida era nada além de clientes zangados, taxas de defeito, percalços de cronograma, chefes reclamões e rumores persistentes do fechamento iminente da fábrica. Ward subitamente sentiu necessidade de passar um pouco do incômodo para outra pessoa.

– Anne-Marie – pediu ele à sua assistente pelo telefone, – por favor ligue para o gerente do banco da filial no centro. Eu gostaria de falar como ele agora mesmo.

– *Monsieur* Ward – a ligação retornou alguns minutos depois. – Meu nome é Antoine Fritsch. Eu sou o gerente da filial de Vaudon. A sua assistente me disse que o senhor queria falar comigo. Em que posso atendê-lo?

– Obrigado por me retornar a ligação, *Monsieur*. Eu sou o gerente de fábrica da Nexplas Automotive. O senhor pode me esclarecer uma coisa? Uma Mathilde Régnier ou Mathilde Weber foi ao seu banco pedir um empréstimo recentemente?

– Ah, eu tenho certeza de que isso é informação confidencial – respondeu o burocrata em uma voz obsequiosa. – Há algum problema?

– O problema é que alguém no seu banco recusou o empréstimo dessa senhora com base em que seu emprego na fábrica não era seguro, uma vez que a fábrica estava programada para fechar.

– *Monsieur*...

– Deixe-me terminar. Primeiro de tudo, a fábrica não está fechando. Segundo, como tenho certeza de que o senhor sabe, Vaudon é uma comunidade pequena, e eu esperaria que os seus funcionários fossem mais circunspectos. Terceiro, eu agradeceria muitíssimo se o senhor pudesse checar pessoalmente o pedido de empréstimo de Ms. Régnier, e, se o senhor achar a quantia solicitada razoável, eu ficaria grato se o banco pudesse ajudá-la.

– *Monsieur* – respondeu o gerente do banco, cheio de justa indignação. – Esta é uma questão puramente bancária, sinto-me incapaz de entender como o senhor poderia achar adequado nos influenciar nessas questões.

– Bem – respondeu Ward, com o máximo de despeito que pôde reunir, dando rédea solta à sua raiva, – até onde eu sei, nossa fábrica tem sua conta principal na filial regional de seu banco. Mudar de banco é decisão completamente minha, e tenho certeza de que seu escritório central ficaria muito desapontado ao saber que perderam um grande cliente por causa de sua *incapacidade pessoal* em agradar seu cliente, e por cometer uma indiscrição que na verdade poderia desencadear importantes repercussões, dadas as relações trabalhistas atuais.

Ward sorriu maldosamente com a respiração rouca que ouviu do outro lado da linha. Ele imaginou o homem furioso pesando o prazer especialmente francês de negar um pedido com a paranoia administrativa de envolver a matriz. Ward não era um valentão por natureza, mas sofrera mais do que o seu quinhão de humilhações mesquinhas quando se estabelecera na região, e não sentia qualquer culpa em passar o bastão de infelicidade do dia a esse pobre homem.

– É claro, *Monsieur* – a voz apertada finalmente respondeu. – Tenho certeza de que houve um mal-entendido. Cuidarei pessoalmente da questão.

– Estou certo de que você encontrará tudo em ordem – replicou Ward friamente. – Por favor, avise minha assistente quando a senhora Mathilde Régnier – Weber – quando seu pedido tiver sido recebido favoravelmente. Obrigado por sua ajuda.

"Bem," refletiu após desligar, "fiz o que pude. Agora vamos torcer para que consigamos manter a fábrica aberta!".

Ele não conseguia meter na cabeça o fato de que estivera tão perto de perder seu emprego sem nunca ter percebido. Longe como estava da alta direção, era difícil saber o que realmente estava acontecendo. Ele teria de ligar de novo para Lowell Coleman para se informar das coisas, mas o homem também não havia o alertado dessa vez. Certo, ele estava de férias – mas ainda assim... depois de todo o trabalho duro que estivera fazendo nesses últimos meses, ele se sentia realmente decepcionado. Ainda assim, ele se repreendeu, ninguém disse que seria fácil. Cabeça erguida e todo aquele papo, meu velho. Receba as pauladas e continue em frente. De qualquer jeito, o que ele tinha feito de errado?

Como um *flashback* de filme antigo, Ward pensava sobre a reunião crucial em maio, no dia após sua fatídica viagem a Frankfurt, quando ele reuniu sua equipe de gerência. Eles sabiam que a visita de Jenkinson não havia ido bem, e a ausência de Ward no dia seguinte havia abastecido a usina de rumores. Pela primeira vez, todos chegaram cedo à sala de reuniões, dispensando o costumeiro atraso de 15 minutos para a chegada em levas. Como às vezes fazia, Ward sentiu-se orgulhoso de ter uma equipe tão boa e rezou para não decepcioná-los. Malika Chadid, a recentemente nomeada gerente de qualidade; Olivia Stigler, a gerente de produção, com seus afetados óculos semiescuros; Stéphane Amadieu, o jovem controlador financeiro, o único para o qual terno e gravata ainda pareciam ser *de rigueur*; Carole Chandon, a vigorosa gerente de logística, uma trintona bonita que constantemente compensava sua aparência desafiando tudo e todos; e Matthias Muller, o gerente de manutenção, um homem de meia-idade temperamental com cabelo grisalho muito curto e um cavanhaque aparado.

Na opinião de Ward, Muller era uma das pessoas mais competentes ao redor da mesa, mas também um dos mais difíceis de gerenciar, não era um jogador de equipe. Fechando o círculo em torno da mesa em forma de U estavam o gerente de RH Deloin e Franck Bayard, o gerente técnico, um talentoso engenheiro que pensava merecer mais do que estar atolado no fim do mundo, mas que, de alguma maneira, ainda estava ali, ano após ano.

– O plano é fechar a fábrica – anunciara Ward.

– Mas ainda temos a chance de provar que merecemos mantê-la aberta – explicara, com as mãos erguidas, antecipando-se às suas variadas reações de desgosto e desânimo. – Antes de entrarmos no que foi dito com o CEO, eu gostaria de ouvir as suas ideias de por que ele considera que a fábrica não tem futuro.

Eles olharam uns para os outros, sem palavras, imaginando quem iria primeiro.

– São os malditos fundos de pensão – reagiu Muller veementemente, cruzando os braços agressivamente sobre a mesa, e caindo na sua costumeira arenga contra os financistas que faziam lucro. – É só lucro, lucro, lucro.

– Nós não somos rentáveis o suficiente?

– Lucratividade é parte do problema – concordou Ward, sério. – Mas apenas parte. Por que fechariam a fábrica, e não simplesmente fariam um *downsizing*?

– *Downsize* do quê? – provocou o gerente de RH, com um sorrisinho cínico. – Eles estão fazendo *downsizing* há anos, somos tudo que sobrou. Primeiro se corta a banha, depois o músculo.

– De fato, temos mais injetoras do que precisamos – contribuiu Chadid, com sua voz geralmente otimista agora soando sombria.

– Sem produtos novos! – exclamou Bayard. – Estamos perdendo volume com o fim dos programas ou com os veículos não vendidos, e não temos nenhum produto novo para compensar. Minha equipe está sentada fazendo nada a maior parte do ano. Sem produtos novos, valemos tanto quanto uma fábrica fechada. Os desgraçados mandaram tudo para a Polônia ou para a República Tcheca. Ou mesmo para Neuhof. Nós não levamos nada – concluiu ele amargamente.

– Verdade – concordou Ward, tentando ler o clima da sala e suas reações individuais. Eles estariam à altura da situação ou cairiam e poriam a culpa nas suas circunstâncias? – Nós não recebemos produtos novos. Por quê?

– Não somos custo-competitivos – murmurou o gerente de produção Stigler, inquieto em sua cadeira barata. – Nós sabemos que somos caros demais. E não vai melhorar, já que não estamos recebendo qualquer investimento.

– Provavelmente, mas não é essa a razão que me deram.

– Dá um tempo, Andy. Não faça isso! – explodiu Chandon. – Não somos crianças e não vamos ficar sentados aqui esperando esbarrar no que você quer ouvir. Eu, pelo menos, tenho coisa melhor para fazer.

– Vocês vão, sim, ficar aí sentados até descobrirem, droga! – devolveu Ward, com mais força do que o habitual, surpreendendo a todos. – Se o futuro da fábrica não é importante o suficiente para vocês usarem um pouco da sua massa cinzenta, é melhor encaixotarmos tudo e irmos para casa. Pensem nisso.

Eles simplesmente o ficaram olhando estupidamente, boquiabertos com sua súbita veemência, como se nunca o tivessem visto antes.

Sabia que era considerado por alguns como quase camarada demais, mas ele nunca vira sentido em se atritar com as pessoas. Porém, para um monte de pessoas inteligentes, eles estavam sendo frustrantemente lentos.

– Ouça-me com atenção – advertiu ele, com emoção. – Eu não vou passar por outro dia como o que passei com Jenkinson. De agora em diante ele está no comando, querendo vocês ou não. Eu, pelo menos, não tenho a menor intenção de ver esta fábrica fechada. Então, vamos fazer as coisas do jeito *dele*, e é isso. E seu jeito é nos abrir os olhos e tentar encarar o fato de que *não temos produtos novos vindo*! Assim, eu pergunto de novo, por quê?

– A nossa qualidade é um lixo, obviamente – riu Deloin inesperadamente no silêncio sepulcral que se seguiu aos gritos de Ward. Espiando-os por cima dos óculos, para maior efeito, se fazendo de macaco velho e parecendo, também.

– Como você pode dizer uma coisa dessas?

– Isso não é verdade! – gritaram Chadid e Stigler simultaneamente.

– É sim, *les enfants* – respondeu Deloin. – Claro que é. E nós também não estamos servindo aos nossos clientes.

Ward se recostou, atordoado, esperando por mais.

– Não ajam como se estivessem tão surpresos. Vocês se comportam como se nunca tivessem ouvido falar da indústria automotiva. A fábrica da Toyota em Valenciennes espera dos seus fornecedores ppms de um dígito ou menos. E onde estamos? Estamos em 40, em meses bons. Eles esperam entrega no prazo melhor que 99% – nós temos sorte se fazemos 95%. Como vamos comparar?

– Nós não fornecemos à Toyota – respondeu Stigler, emburrado.

– Pior ainda. *Eles* vendem carros. Lembrem-me de como se saiu o último sucesso dos nossos clientes.

– Metade do volume previsto – concordou Chandon, cuidadosa.

– Então vamos resumir – continuou o gerente de RH, como se tivesse gostado de jogar aquilo na cara. – Somos caros demais para as montadoras francesas desesperadas por cortar custos agora mesmo. Nossa qualidade não é boa o suficiente para os alemães, e não entregamos bem o suficiente para os asiáticos. Isso nos deixa como? Digam-me vocês. Não recebemos um produto novo porque não somos bons o suficiente *e* somos caros demais. Isso é tudo. Se eu fosse uma montadora e tivesse de aceitar o tipo de qualidade e serviço que oferecemos, eu me abasteceria na Romênia. Não vai ser melhor, mas ao menos vai ser bem mais barato.

– Jean-Pierre está certo – enfatizou Ward à sua equipe, olhando-os nos olhos, um após o outro. – Sim, é um lixo. Sim, vocês não gostam de ouvir isso. Eu com certeza não gosto. Mas temos de admitir – não somos bons o suficiente para conseguir mais peças. Nós, vocês e eu, não viemos fazendo nosso trabalho bem o suficiente para garantir a sobrevivência da fábrica.

– E como poderíamos? – gritou o gerente técnico, revoltado. – Nós não recebemos um dólar para investir.

– E não vamos receber um centavo – disse Ward. – Lembrem-se, o plano deles é nos fechar. Mas eu odiaria me render sem lutar. Então, estas são as condições do CEO. Primeiro, Jean-Pierre e eu temos de preparar uma cronograma realista para o fechamento. Não reclamem. Tem de ser feito. De modo que todos vocês saibam onde estamos.

– Segundo, Jenkinson me desafiou a melhorar drasticamente tanto a qualidade quanto o serviço. Se conseguirmos fazer isso, ele concordou em encontrar volume para pôr nesta fábrica – disse Ward, forçando a barra consideravelmente. Ele sabia que mentia muito mal. E precisava dar *alguma coisa* a eles!

– Eu posso fazer a minha parte facilmente – chiou Deloin no silêncio prolongado, cofiando sua barba pensativamente, como se estivesse satisfeito de que, finalmente, sua previsão obscura tinha se tornado realidade. – Deus sabe que já vi meu quinhão de fechamentos de fábricas. Então, meninos e meninas, como vocês vão fazer a sua parte?

Eles romperam em uma enxurrada de conversas, compartilhando o tema comum de que, sem uma séria injeção de dinheiro de volta na fábrica, nada de mais poderia ser feito.

– Chega! – berrou Ward. – Sem mais resmungos, sem mais "Não é minha culpa". Se trabalharmos juntos, conseguiremos. Eu sei que sim. Então eis o que vamos fazer:

– Primeiro, nem uma palavra sobre essa conversa sai desta sala. A versão oficial é de que precisamos melhorar serviço e qualidade drasticamente para conseguirmos novos produtos. Não há por que sobrecarregar os operadores com nossas ansiedades.

– E incompetências – acrescentou Deloin, crítico.

– Segundo – continuou Ward, ignorando o mais velho, – vamos fazer exatamente o que Jenkinson diz, gostem ou não. O primeiro passo é contêineres vermelhos para peças não conformes em cada célula.

– Ah, peraí – reclamou Stigler. – Nós já tentamos isso com o Alnext Business System. Nunca funcionou.

– Não – reagiu Ward. – *Nós* nunca fizemos funcionar. Nós os usamos como depósito de refugo, não admira que caíram em desuso. Desta vez vamos fazer o que for preciso. Começando hoje, quero que esta equipe de gerência vistorie as caixas vermelhas três vezes por dia: no meio do turno às 10 da manhã, às 4 da tarde e às 3 da manhã.

– Três da manhã – zombou o gerente de engenharia. – Você vai vir de madrugada, suponho.

– Realmente vou – estou me comprometendo a estar no chão de fábrica uma noite por semana, e agradeceria se vocês fizessem o mesmo. Ok. Admito que temos de elaborar um sistema para o exame do turno noturno, mas estejam lá para os dois turnos durante o dia.

– Outra coisa, antes que retifiquemos as peças defeituosas, espero uma relação diária detalhada do seu departamento de qualidade.

– Você quer que contemos cada peça ruim? – ganiu a gerente de qualidade. Seu rosto expressivo estava estarrecido, como se Ward tivesse pedido algo impossível.

– Cada uma daquelas porcarias!

– Andy! Você não entende. Eu simplesmente não tenho pessoal.

– Então largue todo o resto. E se for a única coisa que o departamento de qualidade faz o dia inteiro, que seja.

– Mas e os sistemas e certificações de qualidade? – perguntou ela, consternada.

– Primeiro, contar. Precisamos saber exatamente quais são os nossos problemas, e se não mudarmos *agora*, estamos liquidados. Então, me deem uma contagem. Se estiverem sofrendo pressão da alta direção, avisem-me, e lidarei com isso.

— Aha! – vibrou o gerente de manutenção, batendo na mesa. – É assim que se faz, rapaz. Finalmente estamos falando alguma coisa que preste.

— Terceiro – acrescentou Ward, – precisamos descobrir como melhorar nossa entrega no prazo. Tenho de admitir que não tenho qualquer ideia genial para isso. Carole, pense a respeito e dê uma sugestão.

A reunião foi acabando silenciosamente. Ward sabia que eles eram boas pessoas, e assim que tivessem digerido as novidades e aceitado o desafio, ele tinha certeza de que dariam resultados. Eles estavam acostumados a vê-lo resolver os problemas, normalmente ouvindo-os debater e argumentar. Desta vez ele tinha se imposto, e isso os surpreendeu. A sua aparente determinação em pendurar os sistemas e em continuar com o trabalho os tinha intrigado. Sistemas era o que eles faziam. Fazer as pessoas aplicarem os sistemas era o trabalho deles, não era? Ele concordou com eles que os sistemas mantinham a fábrica, mas no curto prazo ele tinha de dar a Jenkinson o que ele queria. Ele poderia se enforcar, mas eles o levariam ao cadafalso esperneando e gritando.

Agora, em seu escritório, Ward tinha de admitir que, em geral, eles haviam reagido. Eles tinham alguns resultados para mostrar a ele. Chandon surgiu com a ideia de deixar todas as peças para os caminhões prontas com um turno de antecedência, e conseguiu arranjar um código no sistema de programação para fazer isso. Foi trabalhoso, mas ela fez os operadores de logística checarem fisicamente a disponibilidade de peças nos depósitos de bens acabados dois turnos antes do carregamento, inserindo as peças faltantes no plano do próximo turno. Chadid atacara a questão da qualidade com seu vigor de costume, e instalou sacos plásticos nas caixas vermelhas. Após a análise no local do que era encontrado nas caixas durante a inspeção diária, os defeitos eram coletados uma vez por turno, levados à sala de reuniões principal e contados antes de serem levados à retificação. Eles tinham implementado as inspeções de caixa vermelha imediatamente após aquela reunião, apesar de que, desde então, o valor dessa prática tinha se tornado mais difícil de se ver. Eles se surpreenderam que o número de problemas destacados pelas inspeções logo sobrepujaram amplamente a capacidade da fábrica de resolvê-los. Os departamentos técnico e de manutenção tinham arregaçado as mangas e trabalhado feito cachorros, mas ainda não parecia haver um fim para os problemas. Como resultado, decidiram se concentrar primeiro nas ações mais simples e baratas, mas com o tempo novas questões surgiram. Por exemplo, parecia que a quantidade de reciclagem na mistura de materiais causava um grande impacto na qualidade das peças visíveis. A fábrica não usava sua própria reciclagem, mas a vendia a um terceiro. Infelizmente, a fábrica também tinha pouco controle sobre a qualidade dos grânulos plásticos que entravam – os fornecedores eram da jurisdição das compras centrais em Neuhof.

Ward acreditava fortemente em cinco palavras que ele guardara de um curso de treinamento em seus tempos de consultoria: planejar, organizar, recrutar, influenciar e controlar. No fim das contas, ele sentia que estes cinco sábios lhe haviam sido boa companhia. Por exemplo, ele reunira seu pessoal e eles planejaram as inspeções das caixas vermelhas, organizaram como eles lidariam com aquilo e decidiram quem compareceria. No início, ele tinha participado da maioria das inspeções para ter certeza de que elas aconteceriam, e eles haviam tirado delas uma incrível quantidade de pequenas coisas para consertar. Sua visão de gestão era reunir as pessoas certas, apontá-las na direção certa e deixá-las se virar. É verdade, ele geralmente tinha as pessoas que lhe davam em vez das que ele escolhia, e a direção nem sempre era fácil de escolher, mas no todo ele sentia que fizera um trabalho muito bom em tocar a fábrica.

Então qual era o problema? *Qual era o problema?* Ward ruminava a questão ao dirigir de volta para casa. Durante todo o jantar daquela noite, ele mal escutou Claire lhe contar sobre a bagunça que ela encontrara em sua volta da Grécia. O pai dela voltara ao comando durante sua semana nas ilhas, e ela realmente não conseguia entender como ele pudera ter tocado um negócio por todos aqueles anos, considerando o caos que ele criara em uns poucos dias. Qual era o problema?

– O problema– declarou ele subitamente à sua mulher, que, interrompida no meio de uma frase, levantou uma sobrancelha desaprovadora. – O problema é que o que estamos fazendo simplesmente não é sustentável.

– O que você quer dizer com isso? – perguntou ela gentilmente.

– Bem – gaguejou ele, subitamente ciente de que não estivera prestando atenção a nada do que ela disse a noite inteira, – melhoramos nossos resultados, mas não por um processo controlado. Não estamos trabalhando mais inteligentemente, estamos trabalhando mais duro. E não acho que algum de nós consiga manter esse ritmo de trabalho no longo prazo.

Ela concordou com a cabeça, servindo-lhe o fim de um belo vinho que seu pai havia lhes deixado como presente de boas-vindas à casa. Charlie consentira em ir dormir mais cedo. Eles foram jantar na varanda da frente, assistindo o sol se pôr nos campos abertos. Ela saboreava estas últimas tardinhas de verão antes que os dias ficassem menores e as chuvas viessem, anunciando o longo e tenebroso inverno, e pensou em como Andy parecia trazer trabalho para casa mais frequentemente nesses dias.

Por outro lado, ela se dava conta de como a situação era desesperadora, e não podia desaprovar seus esforços para melhorar as coisas. Não sabia se ficava aliviada ou preocupada ao vê-lo tão envolvido com a fábrica. Ela já o vira estressado antes, mas nunca tão profundamente envolvido com a fábrica a ponto de ele estar fisicamente presente em casa ainda que batalhando com suas máquinas de injeção e linhas de montagem.

– Estamos mais focados – ele pensou alto, – mas não estamos fazendo nada de diferente. Também, melhorar nosso serviço ao consumidor na verdade aumentou nossos custos. Na logística, Carole contratou um temporário por turno para ajudá-la na contagem. Ela também está mantendo mais inventário de produtos acabados. Na produção, estamos usando gente para fazer checagens 100% sempre que temos uma dúvida, o que também significa mais temporários. E ainda não conseguimos impedir que peças ruins cheguem aos clientes. E os caras técnicos e da manutenção estão se matando de trabalhar.

– Isso é ruim?

– Cai bem para os engenheiros – sorriu Ward. – Eles não têm nenhum projeto novo para trabalhar, que é o problema em primeiro lugar. Mas isso não pode ser bom no longo prazo. E a equipe de manutenção está jogando o jogo, mas já começaram a reclamar. Não me

surpreenderia se começássemos a ter um grande aumento em faltas por doença.
— Então, o que você pode fazer?
— Não sei — respondeu ele, infeliz. — Eu realmente não sei. Fizemos o melhor que pudemos, mas além disso... Espero que o maldito do Jenkinson tenha algum bom conselho quando aqui vier. Falei para você que quase fui despedido enquanto estávamos na Grécia?
— Sim, amor, você disse — disse ela, recostando-se nele e se encaixando em seu ombro.
Ele bebeu o final do vinho, pensativo. Os últimos meses trouxeram uma curiosa mistura de esperança e desencorajamento. Eles tinham melhorado a situação — mas esse ganho relativamente pequeno viera a um custo imenso. Era como se dar conta de que se você se esforçasse o bastante, poderia mudar o curso do Titanic, mas não o suficiente para desviar do gelo. O cabelo dela tinha um cheiro bom e limpo após sua ducha de depois do trabalho, e, quando ele o aspirou, percebeu a doce fragrância do crepúsculo no frescor do orvalho que surgia. Por fim, ao fechar os olhos, ele ouviu os sapos do açude coaxarem e disse para si mesmo que esta era a vida boa. Não esqueça disso, amigo.

— Ouça, Andy — disse Chadid, invadindo seu escritório. — Devo fazer as inspeções das caixas vermelhas sozinha? — protestou ela, acidamente.
— Não, é claro que não. Combinamos que seria qualidade, produção, manutenção e engenharia, no mínimo. Há algum problema?
— Sim. Ninguém está aparecendo, este é o problema — respondeu ela, irritada. Chadid era a única indicação gerencial que Ward fizera, apesar de que fora claramente uma obviedade. Ela era jovem, cheia de vida e transbordante de bom humor contagiante, mas Deus que os ajudasse quando ela estava em um de seus eventuais maus humores. Ela era inteligente, esforçada e trabalhadora. Era também muito divertida, com uma risada desbragada que fazia até as pessoas mais rígidas sorrirem. Filha de um condutor de metrô de Paris, crescera em uma zona barra-pesada na periferia de Paris. Ela se saíra bem na escola e fora es-

tudar engenharia na Universidade de Metz. Ela fora contratada como técnica de qualidade pelo predecessor de Ward, e quando o gerente de qualidade anterior se aposentou, ele lhe dera o emprego, passando por cima de duas pessoas que achavam que mereciam a promoção. Era excelente com os clientes, que geralmente gostavam dela e não a massacravam tanto quanto o cara anterior.

– Vamos achá-los – suspirou Ward. Desde que eles começaram a fazer as inspeções das caixas vermelhas regularmente, a assiduidade fora um problema. Assim que ele aliviou a pressão, as pessoas pararam de comparecer. Não estava se tornado parte da cultura da fábrica rapidamente, isso era certo.

Ward sempre se sentira sortudo com a equipe que herdara do seu predecessor. Stigler, o gerente de produção, era da região montanhosa de Vosges, mais para o leste, e acabara em Vaudon quando a Alnext fechara a fábrica onde ele era gerente de módulo. Apesar de ter ficado amargamente desapontado quando Ward foi nomeado gerente de fábrica depois de estar lá por pouco mais que um ano, Stigler acabou aceitando sua nomeação. Ele seguidamente brincava com Ward sobre seus lendários contatos com a alta direção (infelizmente não tão numerosos) e parecia, no fim, satisfeito em esperar que Ward prosseguisse para um novo trabalho mais alto. Ele chegava cedo e saía tarde, e mantinha as coisas unidas. Era bom em uma crise, e não tinha nada que gostasse mais do que bancar o herói e salvar o dia, o que *tinha* salvado o pescoço de Ward várias vezes. Eles nunca foram amigos do peito, mas se davam bem.

Eles encontraram Stigler em seu escritório, em profunda discussão com Chandon, a gerente de logística. Stigler deu-lhes uma olhada e imediatamente soube do que se tratava.

– Tá, eu sei, hora da caixa vermelha – disse ele, irritado. – Realmente temos de fazer isso todos os dias? Sempre vemos as mesmas coisas. Neste momento Carole e eu realmente precisamos resolver esse problema de reprogramação. Saarlouis está pedindo 30% mais peças para as próximas duas coletas, e não temos o suficiente em estoque.

– Vocês não previram isso? – perguntou Ward, apertando a mão de Chandon.

– Como se pudéssemos – desdenhou ela. – A demanda deles é uma bagunça.

– E o estoque de segurança?

– Era isso que estávamos olhando – retorquiu o gerente de produção. – Quanto temos e quanto podemos reconstituir.

– Eu não gosto de usar o estoque de segurança para casos como esse – disse Chandon, franzindo o cenho. – Segurança deve ser para segurança – apesar de estarem trabalhando juntos há anos, Chandon ainda era um mistério para Ward. Ela se mantinha isolada do resto do grupo. Ela morava por perto e ia para casa almoçar. Era extremamente reservada e não tinha qualquer amigo próximo no trabalho que se conhecesse. Ward sabia quase nada de sua vida particular além do fato de que seus pais viviam na região e que ela era divorciada e tinha um filho pequeno. Ela tinha sua mesa na área de logística, no outro lado da fábrica, e, para dizer a verdade, Ward raramente a via fora das reuniões gerenciais obrigatórias.

– Façam como acharem melhor – disse Ward, – mas agora realmente precisamos de Olivier para a inspeção das caixas vermelhas. Sinta-se à vontade para participar, se quiser.

– Acho melhor eu acabar isto – respondeu ela, laconicamente.

Ward nunca se acostumou completamente à facilidade com que os franceses rejeitavam qualquer instrução que não era dada obrigatoriamente, triplamente, e repetida ao menos três vezes por dia. Quando criança, quando seu pai lhe dizia para "sentir-se à vontade" para fazer alguma coisa, geralmente queria dizer agora, sem hesitações, sem desculpas. Aqui, definitivamente, queria dizer o que dizia: sinta-se à vontade.

Ward sentia-se sumamente confortável com sua equipe núcleo – os chefes de produção, qualidade e financeiro. Eles seguidamente almoçavam juntos em uma biboca ali perto. Não parecia grande coisa, mas a comida era boa e os donos eram amigáveis. Ele logo percebeu que o que os quatro tinham em comum era que todos eram estranhos à cidade bastante provinciana de Vaudon. O controlador financeiro era o caçula da turma. Recém-saído da faculdade de administração, Amadieu era do sul da França. Contratá-lo fora a última decisão de Blanchet antes de passar as rédeas a Ward. Ele tinha uma espécie de personalidade O Médico e O Monstro que às vezes era realmente hilária. No trabalho, ele era o consumado jovem executivo, ávido por aprender seu ofício a fim de conseguir coisas maiores e melhores – silencioso, cuidadoso, provavelmente entediado. Em particular, era falante e impetuoso. Ele se via como um pouco mulherengo e tanto Stigler quanto Chadid se revezavam em arrancar dele os detalhes de suas escapadas. Ward não sabia dizer se alguma coisa daquilo era verdade, mas a combinação das alfinetadas de Stigler e do humor malicioso de Chadid frequentemente dava-lhes ataques de riso. Profissionalmente, Ward rezava para que o sujeito soubesse o que estava fazendo, porque ele passava pouquíssimo tempo envolvido com os detalhes dos relatórios financeiros, que tinham ficado exponencialmente mais complicados durante o período da Alnext. Ele fez uma anotação mental para investigar isso mais a fundo. Jenkinson não parecia se importar muito com números, mas quando veio a hora do vamos ver, revelou-se que ele conhecia as finanças da fábrica até os pontos decimais.

Ward não conhecia o resto da equipe de gerência tão bem quanto conhecia seus amigos de almoço. O gerente de manutenção, Muller, nunca mostrara qualquer inclinação em juntar-se a eles no almoço. Não sendo uma personalidade fácil até mesmo nas melhores épocas, Muller dava a Ward a impressão de que desprezava todos eles, com o tipo de superioridade reversa operária que vem por ter lidado com homens e máquinas em toda a vida. Quanto ao novo executivo de melhoria contínua, era um jovem acanhado. Em várias ocasiões eles o haviam convidado para se juntar a eles, e às vezes ia, mas mais frequentemente comia um sanduíche em sua mesa. O gerente de RH, por fim, o último veterano que restava da equipe de gerência anterior, era também vice-prefeito de Vaudon, e muito mais ativo na política local do que no trabalho. Ward chegava a se sentir privilegiado de encontrá-lo em seu escritório e de obter uma audiência casual com o excelentíssimo. Isso o aborrecia de vez em quando, mas, no geral, o homem era inestimável quando se tratava de desfazer qualquer complicado embaraço local. Ele sempre sabia com quem falar e o que dizer. Em geral, Vaudon desfrutava de um longo período de relativa paz social, em grande parte graças à sua experiência e influência, assim como à inocência do próprio Ward nessas questões. Basicamente, ele seguia os passos de Deloin em qualquer problema espinhoso do pessoal.

Ward nunca soubera se Blanchet aprovara sua indicação a gerente de fábrica. Blanchet imediatamente o tomara como ajudante quando Ward se tornou executivo de melhoria contínua, e fez questão de ensinar-lhe o básico de como tocar uma fábrica. Ele era tanto bonachão quanto distante, cada vez mais isolado em sua própria fábrica à medida que os veteranos eram substituídos por uma geração bem mais nova. Por exemplo, ele mantinha uma sala de refeições separada para a gerência – essencialmente ele e Deloin – onde ele convidava outros membros da equipe executiva. Uma das primeiras ações de Ward como gerente da fábrica foi derrubar a parede e aumentar o refeitório de bufê. Ele se sentia culpado por não passar mais dos seus almoços com o resto da tropa, mas sempre se sentia desconfortável lá, sem saber direito como reagir à estranha mistura francesa de formalidade e informalidade. Blanchet sempre sustentara que manter uma distância apropriada dos trabalhadores da linha de frente era essencial para a autoridade do gerente da fábrica. "Eles nunca respeitarão você se não o temerem", fora seu conselho. Ward não acreditava em nada daquilo, mas ainda assim começara a almoçar fora quase todos os dias. Além do mais, era bom para a formação da equipe de gerência.

No fim, eles conseguiram arrastar Muller para a inspeção das caixas vermelhas. Ward baixou a lei dessa vez. As inspeções eram *compulsórias*, estava claro? Agora ele se frustrou ao constatar que a maioria dos problemas das caixas vermelhas era familiar, e os trabalhadores simplesmente não tinham tempo para lidar com essas questões – ou eles não sabiam como consertá-las. Como resultado, a inspeção pareceu um ritual vazio, uma repetição sem sentido de velhas questões.

Ward havia discutido essa questão com Jenkinson durante uma das ligações regulares que o CEO insistira em continuar a fazer. "Sim, nós vemos os mesmos problemas todos os dias,– então tendemos simplesmente a ignorá-los", explicara ele. "É por isso mesmo que você precisa fazer a inspeção todo dia. Assim, o seu pessoal não se acostuma a conviver com problemas sem tentar resolvê-los. O que quer que você faça, continue com ela."

Ward detectara um tema recorrente nas ligações, e sentiu que estava sendo testado: ele manteria o curso? Não tinha certeza se compartilhava a crença de Jenkinson de que fazer as pessoas se confrontarem com os mesmos problemas todos os turnos era a chave para resolvê-los. Mas ele se comprometera a isso, então ele se recusava a deixar aquela prática em particular cair. Quanto mais pensava a respeito, mais sentia que deveria se forçar a checar todos os dias se a inspeção estava ocorrendo, ou mesmo talvez participar de todas as inspeções. Isso já era um pouco demais, pois ele não queria que seu pessoal sentisse que os estava pressionando. Mas ainda poderia chegar a esse ponto.

– Eu sou Amaranta Woods – disse ela, estendendo uma mão firme com um sorriso brilhante. – A maioria das pessoas me chama de "Amy".

– Andrew Ward – respondeu ele, apertando a mão oferecida. – A maioria me chama de "Andy" – ele não sabia o que esperar, mas o que quer que fosse, não era ela. Amy era uma mulher baixa e gordinha com fortes traços latinos e uma força de espírito que irradiava dela como se tivesse engolido um holofote de 1000 watts. Ela estava vestida de um jeito esquisito para trabalho, usando um *tailleur* de alfaiataria formal, visivelmente caro, em cima de uma blusa branca, jeans com uma grande fivela caubói prata e turquesa, e sapatos de segurança gastos. Ele gostou dela imediatamente.

– Aqui está o que um bom homem me deu quando saí do táxi – disse ela, entregando uma folha amarela brilhante com "SALVEM VAUDON" escrito em letras garrafais na parte superior. Certamente, o líder sindical estava no portão entregando seus folhetos xerocados para todos os que entravam. Depois de cerca de uma semana, o comentário do banco devia ter circulado e voltado para incomodar. A única satisfação que Ward extraiu disso é que, de acordo com Anne-Marie, a Weber tinha conseguido seu empréstimo.

– Panfleto de sindicato – desculpou-se ele. – Eu nunca os leio – comentou, desviando-se do olhar que ela lhe dirigiu. Ela então sorriu.

– Phil realmente lamenta que não pôde vir, então me mandou – eu sou a consultora. Não me deixe pegar seu relógio emprestado, vou usá-lo para lhe dizer as horas!*

---

* N. de T.: Referência à frase atribuída ao executivo do ramo publicitário Carl Ally (1924 – 1999): "Um consultor é alguém que pega seu relógio emprestado para lhe dizer as horas e depois fica com o relógio", usada desde então pelos que questionam a eficácia e honestidade dos consultores.

– Sim, ele ligou. Está na China, certo?

– Ah, irmão, e como está – disse ela com leveza enquanto ele subia com ela as escadas para seu escritório. – Eles devem começar a produzir para a GM no fim do mês, e, é claro, não conseguem de jeito algum produzir uma peça decente. É um desastre total – ela concluiu com um sorriso otimista.

– Você não parece muito preocupada...? – perguntou ele cautelosamente.

– Ah, Phil vai resolver para eles. Ele, no fundo, é um engenheiro, é nisso que ele sempre foi bom. Ele se dá bem nessas coisas.

– Você conhece ele há tempos?

– Pode-se dizer que sim! – riu ela, nada mais dizendo. Sua risada era alta e clara, em contraste com sua voz curiosamente profunda e rouca.

– Ah – Ward pigarreou. – Não tínhamos certeza de como o dia ia andar, então não preparamos nada de especial. Como você gostaria de começar? Quer conhecer a equipe? Quer uma apresentação da fábrica e do que fazemos?

– Vamos fazer isso depois, sim? Vamos começar com...

– Uma volta pelo chão de fábrica – ele terminou por ela, sorrindo. O bom humor dela era contagioso.

– Eu adoraria uma xícara de café, também – acrescentou ela marotamente.

– Claro, claro – tossiu ele. – Mas tem que ser de uma máquina, lá embaixo. Nós, bem..., não temos café aqui em cima.

– Por mim tudo bem! Leve-nos.

Ward acenou para alguns técnicos que tomavam um cafezinho na área de descanso enquanto Amy fechava os olhos e sorvia a bebida escaldante. – Ah, Europa – disse ela com um sorriso lento. – Até o café de máquina é melhor do que o nosso.

– Você deveria ir à Itália. Seus expressos são excelentes.

– Vou parar na fábrica de Turim antes de pegar o avião para casa. Estou ansiosa.

Ele bebeu seu próprio café sem muito entusiasmo, achando-o medonho e imaginando o que fazer a respeito dessa mulher que o CEO tinha mandado para fazer... o quê?

– Então – disse ela, com seus grandes olhos negros fitando-o atentamente. – Phil pede desculpas por não estar aqui pessoalmente. Ele pretendia fazer um evento *kaizen* em Neuhof e depois chegar aqui, mas, de qualquer maneira, ele me disse que você se meteu numa fria. Qual é o seu lado da história?

Pego de surpresa, tentou explicar o que andavam fazendo. Amy escutou com concentração total. Quando ele terminou seu relato, ela perguntou se poderia observar uma das inspeções das caixas vermelhas.

– Claro – concordou ele, prontamente. – Há uma às 10. Em cerca de 45 minutos.

– Perfeito! Vamos dar uma olhada rápida na fábrica, então. Vocês não teriam uma troca de ferramentas agora mesmo?

– Hum, eu não sei, deixe-me verificar.

Qual era o problema com essa gente? Ward estava trabalhando tão duro com as caixas vermelhas que estava bastante seguro de que saberia responder perguntas óbvias sem sentir-se o trapalhão incompetente que parecera em frente ao seu CEO. Mas aqui estava ele, tropeçando na primeira pergunta detalhada. Este iria ser mais um longo e doloroso dia.

E de fato, na fábrica, ela era tão curiosa e incisiva quanto Jenkinson, apesar de muito mais simpática. Eles chegaram a dois operadores que trocavam uma ferramenta em uma injetora de 1.500 toneladas. Após pedir a Ward para que a apresentasse aos dois homens, Amy lhes deu um sorriso largo e então os observou intensamente. Ward passou os primeiros 10 minutos tentando não se encolher muito visivelmente. Seus homens passavam a maior parte do tempo fugindo do trabalho procurando isso ou aquilo, arrumando peças em desordem, ou simplesmente fazendo nada esperando que seu parceiro – do outro lado da grande máquina – completasse uma tarefa.

– Visitei uma fábrica da Toyota recentemente – disse ela de repente. – Eles tinham prensas de 4.500 toneladas. Do tamanho de uma casa. Do lado, tinham um display eletrônico mostrando o tempo de reposição: de cinco a sete minutos. Perguntei a eles sobre isso, e disseram que tinham um círculo de qualidade trabalhando duro para tirar a variação da reposição, para que ficassem mais consistentemente com cinco.

– Ah. Mas toda a instalação é projetada para fazer as trocas facilmente, presumo?

– Ah, sim. Imagine o tamanho do molde – do tamanho de uma caminhonete. Eles estão todos em trilhos automáticos e assim por diante. Na verdade, eles levam 50 minutos só para preparar a troca. Mas o importante é que, se investem 10% da sua utilização de injetora em trocas, podem ter tamanhos de lote de uma hora de produção. Qual é o de vocês?

– Não calculamos lotes assim, mas mudamos algumas injetoras uma vez por dia, a maioria uma vez a cada dois dias. Algumas nunca.

– Imagine o impacto sobre o inventário – disse ela inteligentemente.

Ward suspirou. Ele sabia disso! É claro. Por causa do custo em termos de tempo de injeção e pessoal, os tamanhos de lote tinham sido calculados para compensar o custo de se ter o inventário de peças. Poucas trocas de molde significavam inventários grandes, mas pouco tempo perdido com mudanças. Inversamente, como Ward compreendeu, ao se reduzir o tempo que levava para trocar ferramentas, poderia-se reduzir o tamanho do lote e, assim, o inventário. Em seus tempos de consultor de cadeia de suprimento, estivera em todos os treinamentos *lean* e ouvira tudo sobre a técnica SMED (troca de ferramenta em um dígito) direcionada a reduzir o tempo de troca, mas nunca havia considerado usá-la seriamente na sua própria fábrica. Até então.

– O incrível é que – continuou ela – aparentemente a Toyota já estava trocando ferramentas com uma média de 10 minutos lá nos anos 70! Eles até acharam uma empresa americana que construía injetoras projetadas para troca rápida, que estava quebrando porque isso não interessava mais a ninguém, então eles compraram todas as máquinas disponíveis para poder estudá-las. Estranho como podíamos ser tão cegos. Vamos dar uma olhada nas células de montagem, sim?

No caminho para o salão de montagem, ela parou para examinar com cuidado exagerado uma injetora de tamanho médio. Quando Ward percebeu os vazamentos de óleo, os canos sujos, a borra de plástico endurecido da última purgação na unidade de injeção, ele se sentiu um criminoso cujo carro estava prestes a ser revistado pela polícia. Amy passou alguns minutos assistindo o molde se abrir, a mão mecânica descer e pegar a peça, a mão voltar e o molde se fechar novamente para injetar outra peça. Cuidadosamente, ela pôs a mão na peça recém-depositada na esteira. Vendo que a peça estava apenas morna, ela a pegou, examinou-a cuidadosamente e a passou a Ward sem uma palavra.

Ward cerrou os dentes novamente. O segredo da injeção, ele sabia, era fazer os moldes operarem o mais rapidamente possível para maximizar a produtividade da injetora. A operação do molde podia ser otimizada em dois níveis. Primeiro, minimizando-se o tempo aberto "inútil" que o molde precisava para tirar a peça plástica, e, segundo, reduzindo-se a parte "efetiva" do ciclo em que o molde estava fechado. Quanto menor o tempo fechado, mais quentes sairiam as peças. O tempo de molde fechado tinha um impacto significativo na qualidade da peça e, para o plástico firmar, precisava esfriar o suficiente antes de ser extraído. Peças que saíam muito frias geralmente indicavam que a configuração do molde não estava otimizada, e ganhos de produtividade poderiam ser obtidos. Ele não sabia se isso era somente uma exibição da parte dela para impressioná-lo ou se ela realmente conhecia de injetoras. De um jeito ou de outro, ele podia ver a montanha de trabalho aumentando.

A montagem era ainda pior. Os operadores não estavam organizados em células, mas ficavam de pé, ou sentados, na frente de máquinas automáticas isoladas que adicionavam componentes à peça-base. Em alguns casos, a peça ia direto para o cliente após passar por somente uma máquina, mas na maioria dos casos as peças iam de uma máquina para a outra, acumulando inventário WIP entre cada máquina.

Amy pediu que ele a apresentasse a uma das operadoras que estava carregando e descarregando uma máquina automática para montagem de filtros de diesel. Ela, então, simplesmente ficou observando, sem falar ou olhar para ele. Só observando. Ward estava ansioso para seguir adiante. Sua cabeça estava zunindo com todas as coisas que eles tinham visto na fábrica e as mil e uma coisas que aguardavam no escritório. Antes, naquela manhã, Deloin o encurralara para sugerir que se ele quisesse tentar proezas, como a que fizera com o gerente do banco, poderia tentar passar por cima dele – era uma cidade pequena, afinal de contas. Ward não dera bola. O empréstimo fora aprovado. Ele não dava mais a mínima por pisar em calos. Tudo isso estava passando pela sua cabeça, e ele quase dançava de frustração, querendo seguir adiante. Mas ele simplesmente ficou ali parado. Por fim, ele se forçou a respirar fundo e tentar enxergar.

– Você está procurando os sete desperdícios, não está? – perguntou ele, só para dizer alguma coisa.

– Sim. Olhe – ela os contou nos dedos:

Produção em excesso: A senhora está produzindo muito ou cedo demais? Não temos como saber, porque não vemos o *takt time* visualizado em lugar algum.

Espera: Ela carrega a máquina, e então espera o ciclo terminar antes de descarregar a peça e carregar outra.

Transporte: Quando uma caixa está cheia, ela tem de carregá-la em torno de toda a estação para lá pô-la sobre o palete.

Processamento em excesso: Vejo as peças que não passam no teste se acumulando na caixa vermelha. Parece haver um monte. Aposto que muitas delas são falsos positivos – são rejeitadas pela máquina de teste, mas se você as passa de novo, elas são consideradas boas. Se esse é o caso, estão sendo testadas duas vezes em vez de uma.

Estoque: Ela tem mais peças à mão do que precisa para fazer o trabalho.

Movimentação: Desenhe um quadrado imaginário no chão e trace toda movimentação de pés que ela faz para pegar essa última peça. Então, desenhe outro quadrado imaginário na frente dela e olhe todo o movimento de mãos que ela tem de fazer para colocar os componentes na máquina. Por fim, verifique todos os movimentos de olhos.

Correção: A caixa amarela ali é para retrabalho, não é?

– Bolas! – explodiu Ward. – Se você tivesse ideia dos problemas com que estamos lidando! Quando chegarmos a esse nível de detalhes, estaremos com mais ainda. Não acredito nisso! – acrescentou ele, em pura frustração.

– É por isso que você fracassa – pronunciou ela com uma voz estranha.

Ele simplesmente ficou olhando para ela.

– Vamos, anime-se – disse ela, brilhante. – Essa foi a minha melhor imitação de Yoda. Sabe? Do *Guerra nas Estrelas*?

Ele a ficou olhando por meio segundo, e depois teve de rir. Ela estava certa: lá estava ele, em uma fábrica francesa, tomando lição de uma *cowgirl* mexicana citando *Guerra nas Estrelas*. A vida não podia ser mais estranha do que isso, podia?

– Mas estou falando sério – acrescentou ela, com um sorriso melancólico, – é porque vocês não veem as coisas pequenas em que estão atolados. Esse era o palpite de Phil, de qualquer modo, e acho que ele está certo.

A inspeção das caixas vermelhas revelou-se não menos constrangedora.

– Onde diabos está Olivier? – perguntou ele em francês, após apresentar Amy à equipe de inspeção das caixas vermalhas.

– Coisa melhor para fazer – respondeu Chadid com um dar de ombros indecifrável. Mais um problema, observou ele amargamente. O gerente de produção estava faltando cada vez mais às inspeções, e a gerente de qualidade estava reclamando disso. Ele teria de fazer alguma coisa a respeito. A logística tinha parado de comparecer às inspeções, e agora a manutenção dera para faltar também.

Eles estavam de volta na área de injeção, examinando os arranhões em uma capa de cabeça de cilindro. A equipe estava discutindo sobre a origem dos arranhões. Eles olharam o processo enquanto o operador pegava peças para colocá-las em um grande contêiner de saída. Ao fim, concluíram que nada havia para impedir as peças de cair do transportador onde o braço automático as coloca após extraí-las da injetora. Isto levou a uma discussão sobre o tipo de barreira a se instalar para impedir as peças de caírem no chão.

Amy ficara quieta até agora, ouvindo Ward traduzir a discussão. – Você pode traduzir para mim? – perguntou ela, depois de um tempo.

– Claro, vá em frente.

Ela tirou a peça das mãos do gerente técnico e caminhou até o operador. Pediu a Ward que a apresentasse, e então pediu para o operador mostrar o que havia de errado com a peça.

Ward deu graças por não ser um trabalhador temporário. Adrien Meyer estava na fábrica há algum tempo, e conhecia seu trabalho. Ele era um camarada alto e macilento, com olhos azuis salientes que lhe davam um constante ar assustado, mas na verdade ele era um sujeito estável, que fazia seu trabalho cuidadosamente e com poucas queixas. Ele apontou os arranhões e disse que achava que eram causados por algumas peças caírem da estação de trabalho.

– E por que você acha que isto acontece? – perguntou ela, suavemente.

– Bem – o homem alto hesitou, olhando nervoso para a equipe de gerência. Seus olhos grandes saltavam de um para outro, fazendo-o parecer mais assustado do que nunca. – Depois de um certo número de peças, tenho de trocar o contêiner. Este daqui. A empilhadeira traz um novo e leva o cheio embora, mas tenho de fazer a mudança com aquela empilhadeira manual, e pode levar um pouco de tempo. Às vezes as peças se acumulam, e algumas caem. Não acontece sempre – acrescentou ele, rapidamente, – mas pode acontecer.

– Obrigado, senhor – sorriu Amy. Então, virando-se para a equipe de gerência, ela acrescentou: – Então, por que as peças caem?

– Porque o operador está longe da estação de trabalho.

– Mas por quê?

– Porque ele tem de trocar os contêineres.

– E por que isso?

Todos eles se olharam, atônitos. Com certeza, tinha-se que trocar os contêineres, não?

– Porque os contêiners são muito grandes e difíceis de se lidar – disse Ward finalmente. – E os tamanhos dos contêineres são especificados pelo cliente, então não podemos mudá-los facilmente.

– Ok. Mas vocês poderiam organizar a área melhor – sugeriu Amy, pegando o caderno de Chadid. – E colocar os contêineres em estruturas móveis. Assim, se você criar uma área quadrada, você pode ter um contêiner cheio para ser recolhido aqui, um vazio esperando lá, e o que este senhor está enchendo agora, ali. Desse jeito, você minimiza a operação de troca de contêiner.

– Mas, na essência, Andy tem razão. O problema principal é que os contêineres são muito grandes e difíceis de serem lidados pelo operador.

– O que eu realmente estava tentando dizer? – perguntou ela a Ward um pouco depois, quando seguiam com a inspeção de caixas vermelhas.

– Perguntar por que cinco vezes?

– Sim, mas não é isso. Vamos, o que estou tentando dizer? Falar com o operador.

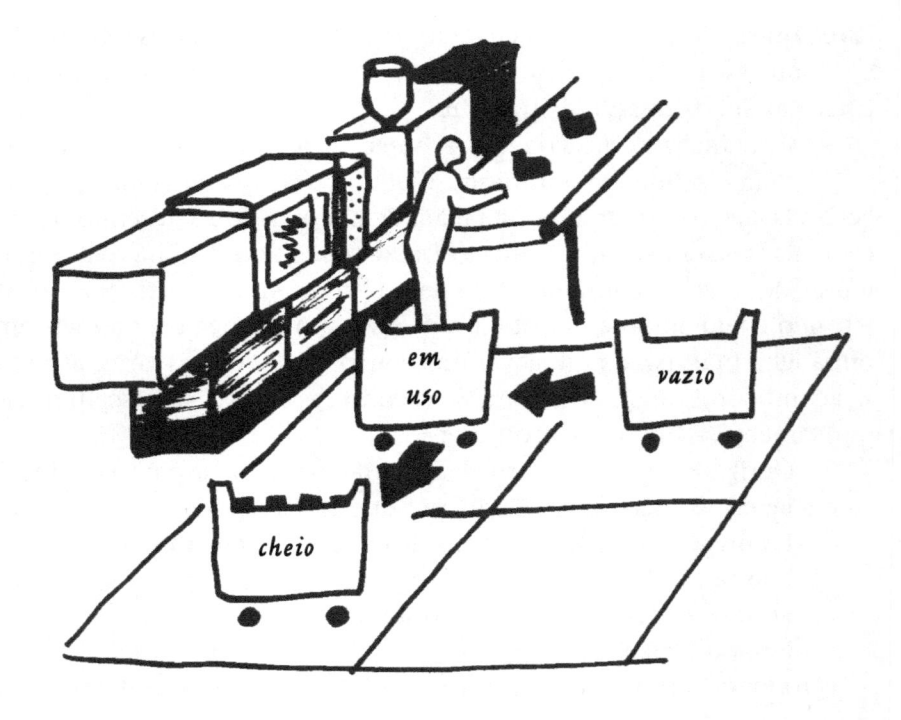

Ele estacou e ficou olhando para ela.

– Olhe para a sua equipe – ela acenou para o grupo em volta da próxima caixa vermelha da rodada.

– Olhe para eles! Estão todos em volta da caixa vermelha, discutindo as peças, de costas para o operador! Eles não falaram com o operador uma só vez! – exclamou ela, soando estranhamente zangada. – Esses caras passam toda sua vida de trabalho olhando e mexendo com peças. Eles sabem bem mais sobre o que acontece com as peças do que você jamais saberá. Eles têm cérebro, sabia?

Os dois continuaram a discussão no almoço na sala de reuniões da empresa.

– Você vem tendo problemas com o sindicato? – perguntou ela, enquanto eles mastigavam sem parar sanduíches de presunto e queijo. O pão pelo menos era bom.

– Na verdade não – respondeu ele, mastigando. – Eles me abordaram depois da visita de Phil, o que foi bastante justo. Falei para eles que o verdadeiro problema era pôr novos produtos na fábrica. Eles admitiram que nossos níveis de qualidade e serviço não eram muito competitivos, assim a ameaça meio que se esvaziou. Houve um incidente bobo recentemente, assim o fogo pegou de novo, mas nada muito sério. Espero – concluiu ele, mostrando seus dedos cruzados.

– Se eu conheço Phil, uma greve seria mais do que uma razão para fechar a fábrica – ela deu de ombros, arrancando uma careta de Ward. – Acredite, ele o faria, a qualquer custo.

– Me diga uma coisa – disse ele, tentando desviar a conversa daquele assunto delicado. – Você esteve organizando eventos *kaizen* em Neuhof, não é? Em vez de Phil? Ele faz isso habitualmente?

– Sim, ele organizou *workshops kaizen* com as equipes de gerência da maioria das fábricas na América do Norte, mas ele está meio lento na Europa. Antigamente, ele liderava cada *kaizen* pessoalmente e fazia a equipe de gerência comparecer em cada empresa que trabalhava. Então, ele estava seriamente chateado por não poder comparecer, mas ele odeia adiamentos ainda mais, daí o plano B: *moi*!

– Por que ele nunca programou um *kaizen* aqui? – queixou-se Ward. – Ele está tão convencido de que o futuro da fábrica é um resultado óbvio que nem se dá ao trabalho?

Isso a fez rir, uma gargalhada infantil tão diferente de sua voz de locutora de rádio.

– O que foi? – perguntou ele, ligeiramente irritado.

– Por que você acha que Phil faz o *kaizen* ele mesmo? – perguntou ela, se recompondo.

– Para fazer as pessoas entenderem o quão importante é? – disse ele, se mexendo nervosamente. – Liderar por exemplo, coisa desse tipo.

– Isso certamente é parte da coisa – concordou ela. – Mas isso é para eles. Por que *ele* faz isso?

Ele deu de ombros.

– Ele está procurando gente, entendeu? Ele está procurando liderança, envolvimento, alguém da equipe de gerência que vai entender aquilo, e em quem ele possa confiar. Ele faz essas coisas ele mesmo porque não confia em qualquer um de fora, então ele está tentando dar um gás, por assim dizer.

– Então, por que nós não?

– Você está devagar? Porque vocês já tentaram fazer alguma coisa quanto à sua situação, e ele espera que resolvam sozinhos sem ele ter de segurar a mão de vocês por todo o caminho.

– Você está falando sério? Mas ele parece achar que estou afundando.

– Ele acha. Você está. E é por isso que estou aqui! – ela deu um sorriso brilhante, transbordando uma autoconfiança irritante. – Vamos tentar esclarecer o seu problema, sim?

– O problema é que estou sobrecarregando os meus técnicos e não posso fazer isso para sempre, e ainda não estou impedindo que peças ruins cheguem até o cliente, é isso! – replicou ele, zangado.

– Então qual é o problema?

– Meu Deus, vocês... Eu não sei qual é o problema, ok? Se eu soubesse, eu diria!

– Veja dessa maneira – continuou ela, inabalada por sua súbita raiva. – Vamos começar com as questões de qualidade. Temos um diagrama de Pareto de problemas, ok?

Ela começou a desenhar no quadro. – Então, todos somos treinados para usar nossos recursos qualificados para resolver os problemas mais

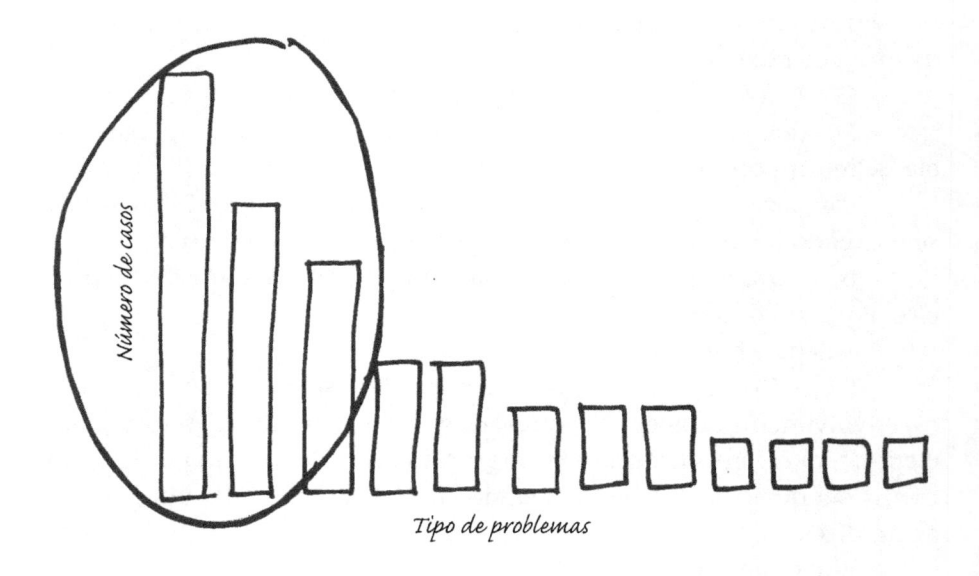

significativos, de acordo? – disse ela, circulando as três barras que desenhara para representar os 20% das questões que respondiam por 80% do número total de problemas.
– Certo. O uso mais eficiente dos recursos. Foco nos 80%. Certo? – disse ele, inseguro.
– Mas o que vocês vêm fazendo com as inspeções das caixas vermelhas?
Ele teve um branco completo. Ward, seu grande idiota, pense, pense, xingou-se. E, finalmente, veio a luz.
– Nós estamos descendo a curva de Pareto. Não estamos mais enfrentando somente as grandes emergências, estamos começando a nos preocupar com problemas menores.
Ela acenou, estimulando-o.
– É isso – continuou ele, empolgado. – Nós até formalizamos. Bem no meio de junho, ficamos presos a uma lista de ações que aumentava mais rápido que nossa capacidade em realizá-las; ficou ridículo. Cada inspeção de caixas vermelhas acrescentava mais itens ao plano de ação, e eram sempre os mesmos caras que deviam fazer alguma coisa. Eles simplesmente não podiam. Então, decidimos manter duas listas separadas. Uma com as ações abertas, e uma segunda, semanal, que listava prioridades para a semana seguinte conforme o acordado nas segundas-feiras pela inspeção de caixas vermelhas. Nós meio que apagávamos o quadro toda semana. Então, cada semana os caras técnicos tinham uma lista de ações para realizar, e eles seguiam a lista até o máximo que conseguiam, e depois basta!
– Refazíamos a lista na semana seguinte – continuou Ward. – Acho que mencionei isso a Phil, e parece que ele achou isso uma coisa inteligente. No fim, acabamos fazendo em uma base quinzenal, porque muita coisa precisava mais do que uma semana para ser feita, arranjando-se peças de reposição e assim por diante. Então, essa foi a maneira certa de abordar a coisa?
– Definitivamente inteligente – concordou ela. – E muito engenhoso. Mas resolveu o seu problema?
– Pôs as coisas para andar, mas tenho de concordar: não resolveu. Deu ritmo ao trabalho dos técnicos, e pelo menos eliminou todas as ideias estúpidas. Os itens restantes, como as roscas, sempre voltavam, então aca-

bei tomando-os como projetos especiais. No fim, a equipe técnica ainda está tão sobrecarregada quanto antes. Toda a pressão está sobre eles.

– Agora, o que tem de tão frustrante nas reclamações de clientes que vocês vêm recebendo ultimamente? Onde elas aparecem na curva de Pareto?

– Ah, mais ou menos por aqui – ele apontou o finzinho da curva. – Elas são, na maioria, casos únicos, o tipo de coisa que se vê quase nunca. Mas ainda assim elas fazem diferença.

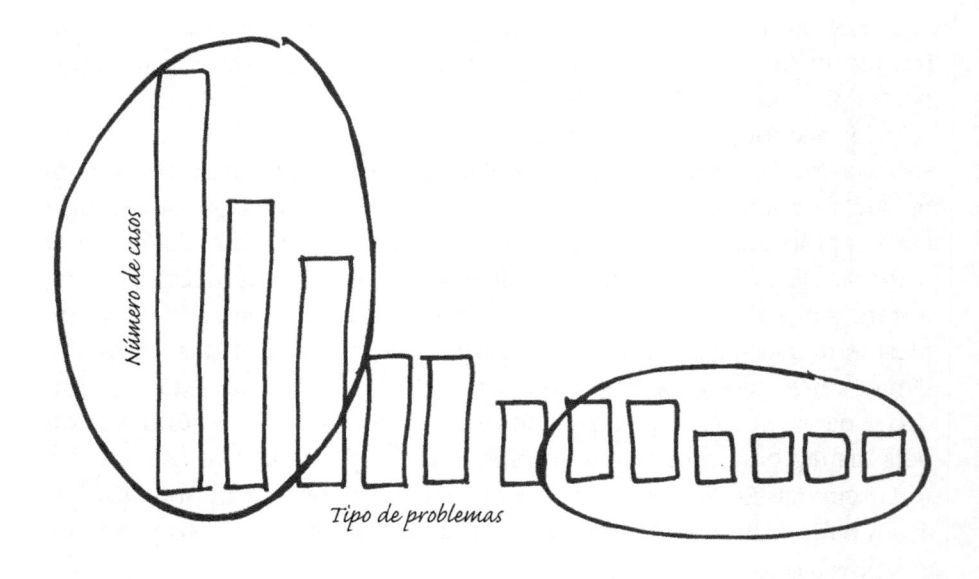

Número de casos

Tipo de problemas

– Qual é o problema, então? Você consegue explicar?

– Sei lá! Se eu quisesse resolver cada probleminha nessa curva, eu precisaria aumentar meus recursos técnicos exponencialmente.

– O que não seria muito *lean*, certo?

– Não, não seria – riu ele subitamente lembrando-se de Jenkinson dizendo a Beckmeyer cortar seu departamento de qualidade em um terço. Ele devia perguntar a Ackermann se eles tinham obedecido ou não. – Mas não consigo ver de outra maneira.

– Você é responsável por quantas pessoas?

– Da última vez que conferi, 452.

– Você está usando 452 cérebros? Ou apenas os dez cérebros ao seu redor e 442 pares de mãos?

– Não entendi – suspirou ele.

– Toda pessoa aqui pode resolver problemas. Mas você está direcionando todo o fluxo de problemas para a sua meia dúzia de técnicos. Você simplesmente não pode sustentar melhoria com este modelo.

– Mas quem mais está lá, os operadores? Você deve estar brincando!

– Brincando? Quem teve as coisas mais sensíveis a dizer durante a inspeção de caixas vermelhas todas as vezes em que fui perguntar?

– O operador, ok, mas...

– Por que não me reuni com seus supervisores? Acho que vi um ou dois andando pela fábrica. O que eles fazem o dia inteiro?

– Só tenho um em cada salão durante o dia. Antes tinha um supervisor por salão por turno, mas há dois anos a alta direção nos fez cortar custos indiretos.

– Eles não conseguem resolver problemas também?

– Eles resolvem – é que...

– ... eles não estão resolvendo problemas de *produto*, eles estão em volta de todo tipo de incêndios, não é?

– Ouça. Pare – explicou ele, agitando os braços com irritação. – Você vai ter de explicar isso para mim.

– *Todo mundo, todo dia* resolvendo problemas, essa é a única resposta ao dilema de Pareto. Você tem de visualizar dois fluxos na fábrica. Um: o fluxo de produto pela fábrica, que poderia ser melhorado, aliás. Dois: o fluxo de problema para a pessoa que no fim resolve o problema. A grande sacada de Phil quanto à gestão *lean* é que não se deve canalizar todos os problemas para o pessoal técnico-chave. Deve-se protegê-los para que trabalhem nas questões *realmente difíceis*. O que você tem de organizar é a resolução de problemas *na linha*.

– E você está dizendo que eu deveria pôr os operadores para resolver problemas? – perguntou Ward novamente, balançando a cabeça, incrédulo.

– Por que não? Eles passam a vida com peças e processos nas mãos.

– Ah, por favor! Soa bem na teoria, mas simplesmente não funciona. Nós tentamos ouvir os operadores – protestou Ward, – mas quando os envolvemos em grupos de trabalho, eles nada dizem.

– Este é o seu desafio. Você está fazendo as perguntas certas?

Ele começou a caminhar, sacudindo a cabeça. E pensar que também já fora um consultor. Ele se expressara assim tão deslocado das realidades das operações do dia a dia? Perdido na terra imaginária do jargão gerencial? Provavelmente, sim.

– Estou falando sério – insistiu Amy, com seriedade. – O conhecimento dos operadores é conhecimento manual, e não verbal. Eles têm muito a dizer sobre seus produtos e processos se você fizer as perguntas certas. Lembra da inspeção de caixas vermelhas na sua área de montagem? Houve uma discussão porque a equipe achou algumas peças boas na caixa vermelha. Eles partiram para cima da senhora na estação de trabalho, e ela disse que as peças eram do turno anterior. Eu fiz duas perguntas.

– Continue... – disse ele.

– "Você está com frequência nesta estação?" Ela disse que recém fora transferida para lá porque o seu equipamento usual estava estragado. Então, perguntei-lhe quando foi seu último treinamento com essa peça. Ela disse há dois anos, quando o produto foi introduzido. Eu me lembro. Esse é o seu problema. Em dois anos, ninguém se dispôs a trabalhar com ela e entender o que ela pensa da peça ou de como é feita.

– Qual é a ligação com o treinamento? – bufou ele.

– De que outra forma você vai ter a conversa? Com certeza não sentando o operador à mesa, apontando uma luminária para ele e perguntando: "Diga tudo o que você sabe sobre o produto". Não seja bobo. Você tem de trabalhar o produto com eles regularmente. Com a mão na massa. Nisso, questione cada gesto. Eles têm razões práticas para o jeito que fazem as coisas, eles dirão. Você tem de tornar fácil para os operadores dizerem quais são os problemas. Eles são a sua primeira linha de defesa; são os que precisam alertá-lo *antes* que você tenha um problema. Mas como isso não é natural, você precisa *organizar*!

– Vamos ver se entendi – murmurou Ward, repensando tudo. – Você está dizendo que problemas grandes podem ser resolvidos por engenheiros, como problemas do tipo *seis sigma*. Mas problemas pequenos deveriam ser resolvidos por operadores através de *kaizen*?

– Exatamente. Se não resolvidos, certamente detectados. Os seus operadores são sua primeira e última linha de defesa entre problemas pequenos e problemas grandes. Phil está sempre argumentando que a gerência perde seu tempo apagando incêndios, isto é compreensível porque se você não os extingue, toda a produção se queima. Mas se tudo que você faz é apagar incêndios, você terá incêndios cada vez maiores, com mais frequência. Você precisa de uma maneira de detectar as brasas no mato antes que virem um incêndio. Você nunca terá técnicos suficientes para fazer isso. Mas os seus operadores podem. Eles podem apagar as primeiras faíscas de um fogo antes que vire uma grande labareda.

– Entendo a teoria – concordou ele, lentamente – mas operadores, bem, operam. Como consigo que façam isso?

– Como eu disse, você tem de arranjar. Você tem de *organizar a resolução de problemas*, não só a *entrega de peças*. E isso começa com a *estabilidade básica* na fábrica.

– Como assim?

– Vamos voltar à montagem, eu lhe mostro.

Com a analogia do mato em mente, Ward tinha de admitir que essa área de montagem bagunçada parecia que ia ficar em chamas num instante. As máquinas de montagem estavam bem organizadas em fileiras, com um operador na maioria delas, mas estavam perdidas em um mar de contêineres de plástico amarelo, caixas de papelão, paletes de madeira vazios e assim por diante, com empilhadeiras chegando e saindo para recolher os paletes de produtos acabados. Amy olhou atentamente para o salão. Ward sorriu, pensando que preferia as críticas de uma californiana gente boa do que as de seu próprio chefe aterrorizado.

– Siga a analogia do incêndio – disse ela, sorrindo gentilmente.

– Estamos aqui. Podemos ver fogo?

– Nem de longe. Qualquer uma dessas estações poderia estar produzindo uma reclamação de cliente agora mesmo – reconheceu ele, cerrando os dentes. – Eu sei que tenho problemas porque tenho muitas peças ruins. Tenho cem lugares onde checamos a qualidade. Mas o maior problema é que ainda acabamos sendo surpreendidos pela não qualidade das nossas peças! Então, isso deve significar que os *poka-yokes* e inspeções por operadores que temos em ação estão falhando. Droga.

– Ahã. Você pode ter fogo no mato, mas não tem como vê-lo, sim? Aqui? – ela apontou para uma estação. – Ou aqui?

– Em qualquer lugar – concordou ele, vendo a área de maneira diferente. Ficava mesmo um pouco assustador quando se olhava daquele jeito.

– Mas veja, a floresta não está vazia. Você tem gente trabalhando aqui o dia todo. Os operadores na estação – talvez eles possam chamar o corpo de bombeiros.

– Mas esse é o problema. Como eles passam todo o tempo aqui, provavelmente não veriam também.

– Exato. Então, como podemos ajudá-los a fazer isto? – perguntou Amy, arrastando-o a uma estação. Ward petrificou-se, pois ela era ocupada por Sandrine Lumbroso, uma conhecida criadora de problemas que estava na fábrica há mais tempo do que qualquer um saberia dizer, e com quem Ward definitivamente não queria falar. Quando eles se aproximaram, Lumbroso ignorou o alegre *"bonjour"* de Amy e se curvou um pouco mais sobre seu trabalho, tentando virar completamente as costas para eles.

– Então, se eu sou uma operadora aqui – Amy perguntou a Ward, – como posso ajudá-lo a detectar um problema cedo?

– Tenho de estar muito familiarizado com as peças.

– Ou com a máquina.

– Sim, tenho que poder diferenciar uma peça boa de uma peça ruim, e ver se a máquina está operando normalmente ou não. Você está dizendo que temos de treinar mais os operadores?

– É claro, vocês têm de treinar muito mais os operadores – sorriu Amy. – Mas não do jeito que você acha. Vamos nos ater a esse pensamento primeiro: como você pode, pessoalmente, criar condições para os operadores estarem familiarizados com as peças e as máquinas?

– Entendo – eles deveriam sempre trabalhar com as mesmas peças, nas mesmas máquinas. Para detectar problemas eles têm de conhecer as peças e o equipamento até do avesso.

– Estabilidade básica – concordou ela, enfaticamente. – Você estabiliza os fluxos de valor por meio da sua fábrica, de forma que famílias claras de produtos são sempre trabalhadas nas mesmas máquinas.

– Muitas das nossas máquinas de montagem são dedicadas, mas isto significaria atribuir moldes às injetoras. Eu estou perdendo flexibilidade, não estou?

– Isto é o pensamento MRP – censurou ela. – O MRP existe para otimizar suas ineficiências...

– Peraí – interrompeu ele. – Isto é um pouco extremo.

– É mesmo? Pense: o MRP efetivamente automatiza suas soluções improvisadas. Uma injetora não está funcionando, sem problemas, o MRP direciona o produto para outra injetora que aceita o molde, de modo que você tem o tempo para consertar a injetora. Um componente está faltando? Sem galho, o MRP programa outra peça para montagem, para que você tenha o tempo para conseguir o componente e não ter de frear a fábrica.

– E?

– Obviamente – disse ela a Ward, mexendo os olhos, você não tem incentivo para manter as máquinas em funcionamento e operando e os componentes em estoque. Agora considere isso: se um produto pudesse ser conduzido por um conjunto fixo de máquinas, e você quer entregar aos clientes sem reter estoques, é melhor a máquina funcionar, e é melhor os componentes estarem disponíveis. Não acha?

Ward realmente estava pensando bem. Ele concordou. – Em vez de fazer peças com pessoas diferentes em equipamento diferente todos os dias, você está dizendo que eu deveria fazer os mesmos operadores fazerem as mesmas peças nas mesmas máquinas. Se eu fizesse isto você estaria sugerindo que haveria muito mais pressão para manter o equipamento rodando e consertar os problemas de qualidade imediatamente.

– É claro – confirmou Amy. – Tanto mais se as peças têm de ser direcionadas dentro de sua área designada. Enquanto o MRP lhe oferecer alternativas para fazer uma peça no tempo certo e no equipamento certo, então suas falhas, atrasos, retrabalho, tudo isto será aceitável. O que o sistema *just-in-time* faz, essencialmente, é forçar a fábrica a manter todos os sistemas ativos o tempo todo, senão todo o fluxo de valor para. Esta é uma pressão séria.

– Você está dizendo que eu tenho de me livrar do MRP – irrompeu ele em total descrença.

– Para planejamento do trabalho? É claro – respondeu ela, impassível. – Você precisará dele para outras coisas, como instruções para fornecedores e previsões e planejamento de capacidade de alto nível, mas não dentro do fluxo. O MRP é a sua causa de instabilidade número um.

– Podemos deixar isto para depois? – pediu ele. – Estou ouvindo o que você está falando, mas nesse momento não consigo sequer imaginar tocar esta fábrica sem o MRP. Seu eu *quisesse* estabilizar como as peças fluem pela fábrica, por onde eu começaria?

– Matriz de produto/processo.

– Uma resposta de consultor, com certeza – riu ele. – Quando em dúvida, desenhe uma matriz.

– É. Assim. Você lista verticalmente todos os seus produtos, até o número da peça, dos volumes altos aos baixos, e horizontalmente cada peça de equipamento que você tem. Me dê o seu bloco, eu desenho para você.

– Então você põe cruzes em todo lugar onde pode usar uma parte de um conjunto para trabalhar numa peça. No início, a matriz fica uma bagunça. O objetivo disso é criar famílias estáveis de produtos que passam por equipamento dedicado. Você também pode fazer uma checagem rápida de capacidade para ver se o tamanho do canal é grande o suficiente para o fluxo.

		Equipamento				
		P1	P2	P3	P4	P5
Peças	A		X	X		
	B	X	X	X	X	
	C			X	X	X
	D			X	X	X
	E	X	X	X		

– Entendo o que você está dizendo – concordou Ward cuidadosamente. – Não concordo, repare, porque não consigo imaginar como funcionaríamos sem alguma flexibilidade para cobrir panes e afins. Mas eu acho que entendo a sua ideia. A seguir você vai me dizer que os operadores deveriam estar sempre na mesma estação, trabalhando nas mesmas peças para ganhar o máximo de familiaridade que puderem com as peças.

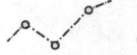

– E isso é surpreendente? Você pratica algum esporte?

– Eu? – riu ele. – Não, é contra a minha religião. Mas a minha mulher treina cavalos de salto. Por quê?

– Ela treina, é? Então aqui vai um grande problema. Se um cavaleiro está tentando ganhar um evento específico, deveria treinar todo os dia com um cavalo diferente em um tipo de percurso diferente para aprender a cavalgar "em geral", ou ele...

– ... andaria no mesmo cavalo no mesmo percurso todos os dias para conhecer as reações do animal e o terreno de cor. Você está certa, é bem óbvio. Mas não podemos manter os operadores nas mesmas estações todo o tempo.

– Por quê?

– Bem, nenhuma estação opera continuamente. Fazemos duas horas disso aqui, depois duas horas daquilo lá.

– Por quê?

– Porque... ok, entendi. Não estamos produzindo no ritmo do cliente, então estamos criando inventário, assim como movimentando o pessoal. É burro.

– A "flexibilidade" que você tem em mente não é a verdadeira flexibilidade. É manter para si a liberdade de movimentar o pessoal se uma estação não está funcionando, para que você possa manter suas eficiências ao trabalhar em outra coisa enquanto você leva o tempo que bem entender consertando o equipamento. Então, o que você realmente obtém é "flexibilidade" para o seu gerente de produção, não para seus fluxos de produto. Na verdade, é uma licença para aceitar desperdício.

– O Olivier vai se matar trabalhando – predisse Ward.

– O gerente de produção? Eles geralmente se matam – disse ela, sorrindo.

– Para manter a discussão, digamos que eu compre a primeira parte. Digamos que estabilizei os fluxos de valor na fábrica...

– E os clarificou.

– E os clarifiquei – resignou-se ele, sem ter certeza do que ela queria dizer com aquilo, – e estabilizei os operadores nas máquinas, o que, aliás, pode causar problemas ergonômicos. Não há absolutamente qualquer garantia de que o operador terá interesse em detectar problemas – ele pensou em algumas figuras difíceis que ele tinha na fábrica.

– Isto é porque eles estão abandonados.

– Que quer dizer o quê?

– Volte aos esportes. É fácil tentar trabalhar sozinho para quebrar recordes, você sabe, realizações solitárias?

– Bem difícil, eu diria. Exige muita determinação. Mas – pensou no clube de hipismo de Claire, – mesmo que eles cavalguem sozinhos, dificilmente trabalham sozinhos. Eles são parte de um grupo, muito provavelmente.

– Não um grupo – corrigiu ela. – Uma *equipe*.

– Acho que você tem razão. Uma equipe.

– Os caras nas trincheiras não vão além de sua obrigação por eles mesmos, ou por seus generais, ou pelo soldo. Eles o fazem por seus amigos.

– Equipes – suspirou ele. – É claro. Qual é o tamanho de uma equipe?

– Depende, menos que sete, mais que três. Costumo pensar cinco mais dois, menos dois. Menos que três não é uma equipe, é um par. Mais do que sete, o grupo tende a se fragmentar. Pense como se fosse beber em um bar, quantas pessoas conseguem manter uma conversa sem se fragmentar em subgrupos?

– Cinco provavelmente. Um pouco mais, fica realmente cheio.

– Então – disse Amy, contando nos dedos. – Primeiro, você tem de estabilizar seus fluxos de valor, fazendo conjuntos de produtos passarem por conjuntos de equipamentos.

– Segundo, você tem de organizar o pessoal para que eles trabalhem em equipes fixas.

– Mesmo se eles trabalharem em máquinas diferentes, independentemente? – perguntou Ward.

– O ideal é organizar células de produção para cinco pessoas; é claro, se você puder. Senão, você simplesmente reúne as máquinas em uma área desimpedida, também ajuda com o problema das doenças profissionais, já que as pessoas podem rotacionar na célula.

– Temo que haja um terceiro.

– Bom palpite. Terceiro, você tem de estabilizar a carga de trabalho, de forma que as suas *equipes* construam as *famílias de produtos* em um *ritmo* igual.

– Pense a respeito, Andy, se você tem um plano de trabalho repetitivo e faz os produtos nas mesmas áreas, com as mesmas equipes, então você começa a transferir um pedaço do ônus da resolução de problemas dos seus recursos técnicos para os seu gerentes de linha. A manutenção deveria estar lá para os incêndios de verdade, as panes malucas realmente inesperadas. A engenharia deveria se focar em arranjar um bom lançamento de novos produtos. Os seus supervisores de linha deveriam estar resolvendo a maioria das questões do dia a dia.

De repente, aquilo fez Ward rir – quase uma gargalhada. O alcance inesperado da imensidão da tarefa em mãos, assim como seu inescapável senso comum.

– O quê? – ela olhou-o desconfiada.

– Eu entendo. Não, de verdade, eu entendo – disse ele, recompondo-se. – Não estou rindo de você. Estou percebendo como temos de olhar por seus olhos. Estamos tão, mas tão longe disto. Você está certa: estamos seguindo o MRP e constantemente tentando ajustar a mão de obra a ele. Justo, consigo ver como estabilizar os fluxos de valor é algo que deveríamos estar fazendo. Também consigo aceitar que criar equipes estáveis de operadores é responsabilidade minha; afinal, é assim que organizo o meu pessoal. Também consigo aceitar que não pedi muito aos meus supervisores nesse estágio. Mas carga de trabalho estável! Você tem ideia de quantas referências nós temos? E do que nossos clientes fazem conosco? Eles chegam a duplicar pedidos de um dia para o outro!

– É mesmo? – perguntou a consultora, parecendo achar graça. – Vamos dar uma olhada na logística, então.

– Que bagunça! – exclamou Amy, divertida. – Olhe isso!

O depósito não parecia particularmente bagunçado para Ward. Era uma construção grande com corredores e corredores de pilhas de contêineres de clientes – grandes caixas de metal ou papelão empilhadas de três em três ou quatro em quatro – e várias cremalheiras de paletes de componentes. No pátio externo estava a tenda provisória que abrigava sacos de grânulos plásticos. A tenda fora adotada há quatro anos como uma medida temporária para dar à logística espaço para respirar, contudo havia se tornado uma extensão permanente e parecia bastante largada. No depósito propriamente dito, empilhadeiras andavam de um lado para o outro com descuido, buzinando umas para as outras em toda interseção e fazendo curvas rápido o bastante para fazê-lo extremecer.

– Quantos dias de estoque você tem aqui?

– No total? Cerca de 20.

– É, não admira que Phil me pediu para dar uma olhada.

Amy caminhou ao longo de uma cremalheira, conferindo as etiquetas nas caixas, e então exclamou: – Meu Deus, peças produzidas há três meses! – Ward sentiu uma mistura de despeito e incômodo com a descoberta de cada nova falha.

Chandon estava voltando ao cubículo de vidro que dividia com os outros operadores de logística quando ela avistou o gerente e a consultora entrarem pelo portão das empilhadeiras em vez de dar a grande volta e usar a porta para pedestres. Ela balançou a cabeça, exasperada. Andy era bom como gerente de fábrica; ele era fácil de trabalhar, apoiador e não muito exigente, mas lhe faltava completamente o bom senso.

– Andy! Quantas vezes eu pedi para *por favor* não trazer visitas não anunciadas para o depósito.

Ward se virou, suspirando, e viu a gerente de logística pisando firme na direção deles.

– Carole...

– Se ela está dizendo que é perigoso – completou Amy, – ela está certa.

– O que você disse? – desafiou Chandon, mudando para um inglês muito carregado. Ela não estava impressionada com a americana. E odiava consultores em geral. Gaivotas que entram, fazem cocô em cima de todo mundo e saem voando. Não era difícil explicar que alguém estava fazendo alguma coisa errado, era? Deixe-a vê-los fazer alguma coisa certa primeiro.

– Eu disse que concordo com você – repetiu Amy, com um sorriso proeminente. – Esses caras dirigem em volta de nós como se fosse, sei lá, Daytona.

– Nós seguimos todos os procedimentos de segurança – bufou ela.

Ward não sabia se ria alto ou buscava proteção. As duas mulheres se encaravam como lutadoras prestes a atacar. Ward observou para si mesmo que elas usavam o cabelo exatamente da mesma maneira: liso, pelos ombros, com uma madeixa puxada para trás da orelha. Era engraçado porque, fora isso, elas não poderiam ter aparências mais diferentes. Amy tinha um rosto redondo com traços fortes, uma boca grande que facilmente parecia zangada quando não estava sorrindo e grandes olhos negros que agora estavam longe de parecerem divertidos. Chandon, em pé como uma imagem espelhada, os olhos azuis faiscando e a boca uma habitual linha fina de fúria combativa.

– Hum – Ward pigarreou. – Eu estava dizendo que nossa demanda de clientes variava significativamente.

– Isso é verdade – concordou Chandon, levantando os olhos, incomodada.

– Você pode me mostrar onde guarda os produtos acabados de maior volume? – perguntou Amy.

– Eu teria de procurar.

– No computador?

– É claro que no computador – retorquiu Chandon. – Temos centenas de referências de clientes aqui, demais para eu saber onde cada uma está guardada. É para isto que temos computadores. O sistema aloca espaços para as referências conforme o espaço.

– Bom, facilitaria se elas estivessem em localidades fixas, não é? Imagine ir ao supermercado e ter de olhar no computador onde fica o leite.

– A discussão da localização fixa de novo, não! – latiu Carole para Andy, como se Amy não estivesse ali. – Eu pensava que havíamos concluído que simplesmente não temos lugar para ter um espaço por referência no depósito. Agora, se você quiser ampliar o depósito...

– Com todo o estoque que vocês têm, você deve estar brincando! – observou Amy.

Chandon encarou um depois do outro, claramente furiosa. – Andy, você vai ter de me desculpar, mas tenho trabalho de verdade para fazer. Não tenho tempo para ouvir consultores chegando e criticando sem saber nada sobre o trabalho que fazemos aqui.

– Estamos aqui para aprender, Carole – repreendeu Ward, tanto envergonhado quanto irritado com as duas mulheres. – E também não somos algum *benchmark* mundial em termos de giros de estoque.

– Bem, o que quer que seja – insistiu ela, – eu sugeriria que vocês levassem isso para a produção porque eu posso garantir que estamos fazendo nosso trabalho aqui.

– Tenho certeza de que estão – disse Amy gentilmente, o que pareceu enfurecer a outra mulher ainda mais. – E vi o que eu queria ver. Uma última pergunta. Posso ver as suas últimas remessas erradas a clientes?

– Siga-me, por favor – respondeu a gerente de logística, saindo marchando. Ela os levou a um grande escritório no fim do depósito, onde o pessoal de logística estava instalado. Ela se sentou irritada e puxou um arquivo de folhas impressas debaixo de sua mesa.

– Aqui, cada remessa perdida registrada.

– E?

– E o quê?

– Vocês as registram? Bem, isto é muito bom – mas o que vocês fazem a respeito delas?

Chandon não respondeu, seus olhos fuzilavam.

– Onde está a análise? – insistiu Amy.

Ward sabia que não havia uma. Ele suspirou profundamente.

– Alguma dessas peças de alto volume? – perguntou Amy.

Andy tirou a pasta das mãos de Chandon e rapidamente achou alguns números de peças que ele conhecia bem.

– A segunda na lista é uma tampa de plástico. Uma peça sem valor, mas muito solicitada. Nós a fazemos numa injetora que está claramente sobrecarregada.

– Nosso cliente nos pediu 20% mais peças do que esperávamos – defendeu-se a gerente de logística.

Amy nada disse e sorriu, como o cachorro que conseguiu o osso.

– Lamento por Carole – balbuciou Ward enquanto eles voltavam ao seu escritório. – Ela é realmente boa no seu trabalho, mas pode ser um pouco incômodo trabalhar com ela. Na verdade, ela se preocupa intensamente, quer sempre fazer um bom trabalho, mas isto às vezes a faz manter-se na defensiva, acredito.

Isto fez Amy rir. – Não peça desculpas por ela, Andy. Com certeza não a culpo. Na verdade, nós cutucamos todas as áreas da sua fábrica, e ela é a única a realmente mostrar interesse no que o gerente da fábrica poderia estar fazendo ali. Esta é uma reação bastante saudável. Quanto ao resto, não posso me incomodar com alguém pelo que não sabe, posso? Eu estaria fora do emprego!

– Você estava me dizendo que há três componentes principais para estabilizar a minha fábrica – recordou Ward, baixinho, tentando sintetizar o que eles tinham visto até ali. – Você se importa de rever isto?

– Claro:

– Primeiro, famílias estáveis de produtos indo por fluxos claros de valor.

– Segundo, equipes estáveis de operadores, trabalhando em células ou zonas de produção.

– Terceiro, carga de trabalho estável.

– É disso que me lembrava. Acho que consigo visualizar os dois primeiros, mas não falamos muito sobre o terceiro. Eu realmente não consigo ver como posso estabilizar minha carga de trabalho, considerando o tipo de variações de clientes que temos.

– Com estoques, é claro. Mas isto exigiria uma visão completamente diferente da logística. Antes de chegarmos lá, vamos falar sobre os benefícios dos primeiros dois itens.

– Acho que tenho isso claro – concordou Ward, – em teoria, pelo menos. Se o pessoal trabalhar continuamente nas mesmas áreas com as mesmas peças, eu poderia confiar em seus cérebros para detectar pequenos problemas antes que se transformassem em um incêndio completo – essa é a ideia principal, certo?

– Acertou!

– Acho que isso é exatamente o que Phil vem tentando nos fazer praticar. Mas ainda não tenho qualquer ideia de como fazer isso acontecer.

– Pense bem – disse ela, inteligentemente. – Você vai descobrir.

– É – duvidou ele. – É o que você sempre diz.

– Ponha seus pensamentos em ordem com calma, e me mande um *e-mail* ou me ligue dizendo o que você quer dizer – sugeriu ela.

– E a coisa da carga de trabalho?
– Ei, quando o copo está cheio, a água que você põe simplesmente derrama na mesa. Vamos dar o dia por encerrado, sim?

– De quantos consultores se precisa para trocar uma lâmpada?
– Ãh?
– Um, mas a lâmpada tem de realmente querer mudar!
Claire riu.
Amy estava regalando-os com uma série de piadas de consultor. Ward a convidara para jantar no calor do momento, Malancourt estando no caminho de volta para Metz, onde era o hotel dela. Ele teria tido tempo para pensar e repensar a respeito durante o caminho para a fazenda, mas de qualquer forma ela e Claire se deram de primeira. Acontece que Amy tinha uma filha de três anos, e elas embarcaram imediatamente numa daquelas conversas sobre horários de soneca e caretas bonitinhas que faziam o seu cérebro esquecer o trabalho. Assim, ele preparou a comida enquanto Claire agarrou Charlie e levou Amy para um grande *tour* pelas estrebarias. Outra boa surpresa de morar no interior na França foi que ele descobrira uma inesperada paixão pela cozinha. Ele agora cozinhava quase todos os dias que chegava em casa cedo o bastante, achando o picar e o mexer um jeito relaxante de afastar-se da fábrica e se focar na sua família. Ser um gerente de fábrica realmente podia consumir alguém se não tomasse cuidado, com demandas constantes e uma lista de preocupações que crescia mais rápido do que se pode resolvê-las.
– Isso está *tão bom*! – exclamou Amy com entusiasmo, servindo-se de outra porção de quiche *lorraine*.
– É só uma omelete.
– Não lhe dê ouvidos – protestou Claire. – Andy é um excelente cozinheiro.
– Você o deixou bem prendado, dá para ver – disse Amy com uma risadinha. – O meu é um caso perdido. Não consegue descongelar uma pizza no micro-ondas sem carbonizá-la.
– Como você faz com sua filha, estando fora trabalhando? – perguntou Claire.

– Não fico fora tanto assim – disse Amy, um pouco defensivamente. – E Mike é muito bom com ela. Ele leciona por perto, então tem horários fáceis. Ele adora passar o tempo com ela, de qualquer maneira, mas isso é tudo. É claro que ele nunca lembra de coisinhas como banhos e roupas limpas. Sempre que volto, ele me devolve uma pequena menina de rua, juro. Mas tento não ficar tempo demais longe de casa. Só estou fazendo esse bico aqui para ajudar Phil.

– Você o conhece há muito tempo? – largou Ward, o mais casual que pôde.

– Phil? Nossa, sim. Foi assim que conheci Mike: ele é o melhor amigo dele. Phil me contratou como gerente de RH para a ILM, a sua empresa anterior. Eram só duas fábricas na época, é claro.

– E como você passou para consultoria? – perguntou Claire, claramente intrigada por um percurso profissional tão diferente do dela.

– Fui uma boba, é isso que fui – respondeu ela alegremente. – Conheci Mike porque seu pai estava tutorando Phil em fazer o *turnaround* da empresa com toda essa coisa *lean*. Mike até escreveu um livro sobre isso depois. De qualquer forma, eu realmente me envolvi na época, com *kaizen* e tudo mais, mas depois de um tempo senti que não tinha mais para aprender. Estava ficando muito parecido com trabalho, sabe, não muito divertido – disse ela com uma careta. – Então, peguei um posto de consultoria em um grupo grande que queria começar uma prática *lean*. Isso não foi nem um pouco divertido. Eu achava que iria conhecer novos lugares, novas indústrias, e assim por diante, mas no fundo era tudo politicagem e fingir *lean*. Eca.

– Entendo o que você quer dizer – concordou Ward. – Eu fiz oito anos de consultoria em cadeia de suprimento. Mas eu não achava tão ruim. Eu viajava, isto era legal. E via vários negócios diferentes.

– Você está certo, acho – concedeu Amy. – Era simplesmente a época errada. Meu chefe era um cretino, e, na verdade, eu só queria estar em casa com o Mike em vez de passar semanas fora fazendo eventos *kaizen* em fábricas de fundo de quintal onde a gerência não dava a mínima.

Ela fez um intervalo, olhando para seu vinho e tomando outro longo gole.

– Mmm, isso é delicioso. Vocês devem vir para a Califórnia, temos uns vinhos muito bons lá... De qualquer forma, acontece que eu nada sabia do roteiro. Eu pensava que *lean* era acertar os processos com algumas poucas ferramentas e envolver as pessoas, o que eu fazia realmente bem, muito obrigada.

– Mas nisso Phil começa a se entusiasmar que *lean* é na verdade um método de gestão. Uma estratégia completa de negócios, não uma tática de produção. Então, eu jantava com Mike, Phil e meu sogro, que é o legítimo *sensei* que sabe tudo, e eles só falavam disso, enquanto eu fazia meus eventos *kaizen* sem perspectiva alguma. Isso era um saco.

– Quando vejo, Phil ouve falar de uma fábrica à venda no setor, e ele e Bob, o pai de Mike, vêm com um plano maluco de que, se pudessem triplicar os giros de estoque, eles conseguiriam liberar dinheiro suficiente do negócio para fazer a aquisição quase se pagar sozinha. Então eu me ouço falar: "E quem vai fazer os *workshops* SMED para vocês?".

– Então Phil me contrata de volta como diretora *lean*. Dava para acreditar? Mike e eu até bancamos um pouco das ações – nada de mais, mas realmente é diferente quando você é dono nem que seja de um pedaço pequeno do negócio, particularmente depois de trabalhar como consultora.

– Esplêndido – disse Ward.

– Incrível, você quer dizer. No fim, foi uma loucura. Nós adquirimos uma empresa por ano pelos próximos cinco anos. A coisa toda meio que foi sozinha. Eu trabalhava o lado *just-in-time*, enquanto Phil dava conta das coisas de engenharia; é nisso que ele é bom mesmo.

– E então? – perguntou Claire, hipnotizada. – O que aconteceu?

– Nada dá tão errado quanto o sucesso, acho. Desde o início, Phil tinha participação igual com seu amigo, um parceiro de longa data. Eles brigaram, eu nunca soube exatamente por que, mas no fim eles decidiram vender a empresa e seguir caminhos separados. Eu nunca tinha gostado muito do parceiro do Phil, mas ele era um verdadeiro homem de negócios. Ele conseguiu convencer dois grupos a adquirir a ILM, e, no fim, o ganhador pagou uma fortuna por ela. O trato original dizia para a equipe de gerência ficar por alguns anos para fazer a transição, mas a gerência nova era completamente ruim, eles simplesmente começaram a desfazer tudo que tínhamos feito; idiotas completos. Malvados, também. Então, no fim, largamos de mão.

— E foi assim que você se tornou uma consultora novamente? – perguntou Claire.

— Mais ou menos – Amy sorriu melancolicamente. – Quando Phil entrou nesse esquema novo, ele me perguntou se eu queria entrar, mas eu estava me sentindo um pouco exausta com os tempos frenéticos que tivemos com a ILM em expansão. Não que não fosse divertido, mas era trabalho. Então, com Andrea crescendo, eu queria mais tempo em casa. E tínhamos nos dado muito bem, então não tinha pressão para conseguir outro trabalho imediatamente.

— Mas – riu ela –, depois de alguns meses em casa, fiquei com um tal caso de síndrome do isolamento que Mike me implorou para arranjar um trabalho! No fim, finquei minha âncora como consultora independente. Eu faço mais trabalhos para Phil e uns outros caras que conheço dos velhos tempos. É bem legal – só pego os trabalhos que quero.

— Você conseguiu! – exclamou Claire, soando genuinamente impressionada, o que, Ward pensou ironicamente, não acontecia muito seguido.

— Você também! – devolveu Amy, entusiasmada. – Olhe essa bela casa que vocês têm aí! E o trabalho que estão fazendo com os cavalos, é tão empolgante. Verdade. Eu adoro.

— Que noite maravilhosa – disse Amy quando eles iam de carro pela noite, voltando a Metz. – Obrigado, Andy. E agradeça à Claire. O trabalho dela com os cavalos é maravilhoso!

— Uns animais brutos.

— Para com isso! Eles são tão lindos. Tão poderosos.

— Eles são bem bonitos de se olhar – cedeu ele, – e caros para caramba de se cuidar.

— Bonitos? "Bonito" não diz nem a metade. Tinha uma garota treinando saltos, e eu sentia minha perna tremer cada vez que ela pulava. Não consigo imaginar o que deve ser andar num. Eu sei o que quero de Natal! – riu ela.

Se fosse tão fácil, pensou Ward amargamente. Ele não quis dizer a ela o quanto os estábulos dependiam dele alimentar a família, mas o pensamento o incomodou.

– Amy – disse ele depois de um tempo, – não quero ser chato em relação a isso, mas preciso entender o que fazer com a nossa logística. Eu ouvi o que você disse sobre como o inventário é importante.

– Agora mesmo? Ah, tudo bem. A primeira coisa a fazer, sabe, é tirá-los do computador. Antes de reduzir o estoque, você precisa entender como o estoque se comporta, e o que o gera. Então, o primeiro passo é localizações únicas fixas para cada referência.

– Mas Carole tem razão – nunca teremos espaço suficiente. O *software* maximiza o uso de espaços vazios.

– Blá-blá-blá. Acredito que ela acredita nisto. Mas você tem de tentar descobrir.

Ela ficou em silêncio, e ele temeu ter pouco com que voltar para a gerente de logística Chandon.

– Olha, o segredo da logística é primeiro pôr o estoque no lugar certo, estabelecer o *lead time*, reduzir o *lead time* e, por fim, otimizar os custos de manuseio e transporte. Comece visualizando o seu estoque, e você verá que tem muitas peças que o cliente não quer agora que estão juntando poeira, ou pior, ficando obsoletas, e, por outro lado, você não tem as peças que precisa.

– O que você estava sugerindo na fábrica?

– Sim. Aludindo. Escute, como primeiro emprego, antes de eu ir trabalhar para o Phil, fui gerente de *fast-food* por alguns anos. Eu trabalhava lá para pagar a minha faculdade, então me ofereceram um posto e continuei por um tempo. Aquilo sim era trabalho de verdade.

– De qualquer forma, em uma lancheria, se tem um pequeno estoque dos mais pedidos, os que se põem nas ofertas ou os lanches prontos. Quando um cliente pede um, é atendido imediatamente com o pessoal do balcão se virando e pegando um do estoque. Então, o pessoal da cozinha faz um para repor no estoque, e assim por diante, certo?

– Concordo.

– Mas se você entra e pede picles extra, mas sem cebola, eles dirão "sente-se, por favor, e nós lhe levaremos". É claro, isto é custo extra para o restaurante, já que a ideia é que os fregueses se sirvam sozinhos. Mas estes são os menos pedidos. O que acontece daí é que o cara na cozinha termina o último mais pedido, põe no estoque, e vai preparar o seu pedido especial, que é então entregue a você. Em termos de *kanban*, o cartão de *kanban* de produção para um item menos pedido é posto diretamente no lançador.

– Ãh?

– Esqueça o *kanban*. A ideia é que o MRP funciona na base de que qualquer lacuna no estoque tem de ser preenchida. A mulher da logística acredita que se tem todas as peças em estoque sempre, não há como ela ser pega desprevenida. Mas, ao contrário, isso cria uma situação onde você guarda muitas peças das quais na verdade não precisa, e, por causa de lotes grandes e reposição lenta, você ainda assim perde entregas de itens de maior frequência. O segredo é inverter este pensamento e manter um estoque dos mais pedidos, que você repõe diariamente, e lidar com todos os outros como sob encomenda.

– Você está dizendo que se deve fazer os mais pedidos para estocar e os menos pedidos sob encomenda?

– Exatamente!

– Mas não tenho certeza de que temos tantos itens frequentes mais pedidos, parece que temos mais são itens com frequência intermediária.

– Ah, peraí. Vamos fazer uma aposta. Liste todas as referências que perfazem um volume cumulativo de 50% do seu volume total, e então me prove que elas não são mais do que 5 ou 10% das suas referências.

– Você acha mesmo?

– Nunca falhou até agora.

– Vou verificar isso amanhã cedo. Reposição de estoque para os mais pedidos e sob encomenda para os menos. Caramba!

– Mas – alertou Amy, – não é fácil. Você tem de aprender a fazer. Então, primeiro garanta que você visualiza os estoques das peças com as quais está lidando para entender o que acontece. Isso é o principal. Comece com o início da lista e produza-os todos os dias.

– Todos os dias? Isto vai ser um choque para o sistema.

– É, SMED. Se você não consegue trocar as ferramentas em menos de 10 minutos, você nem está no jogo... Aguente firme, Andy, não se perca nisso tudo. Primeiro, e mais importante, continue com o que você está fazendo com as caixas vermelhas, mas *envolva seus supervisores* – disse Amy enfaticamente. – A caixa vermelha nada mais é do que uma ferramenta para aprender sobre as peças – ela se virou para ele com a cara mais séria do mundo: – A coisa é fazer a gerência de linha assumir seus problemas, e ter uma oportunidade diária para discutir o que realmente está acontecendo com os especialistas do pessoal. Isso é crucial, entendeu?

– Acho que sim. Você está certa. Carole foi a única supervisora que apareceu quando estávamos na fábrica. Acho que posso ter um problema com os outros.

– Bom. Segundo, tente organizar células e equipes de operadores para que as pessoas aprendam a trabalhar juntas. Isto é muito, muito importante. Os operadores são essenciais para combater as primeiras fagulhas de problemas antes que virem incêndios furiosos.

– Usar todos os cérebros da fábrica, não apenas dez.

– Sim, mas você tem de organizar isto. Terceiro, *kaizen* é a chave. Você tem um executivo de melhoria contínua?

– Eu tenho um jovem faixa preta fazendo projetos *seis sigma*.

– DMAIC* de quatro meses? Definir, medir, analisar, melhorar, controlar? Nossa!

– Qual é o problema nisso?

– Nenhum, como tal. Mas não vai ajudar você a envolver seu pessoal de suporte e de linha; um cara trabalhando num canto e procurando soluções brilhantes.

– Não é como...

– Tá, tá. *Lean* é aprender fazendo. Não há *expertise* em *lean*, só experiência, como diz o *sensei*. Então se trata de ciclos. A sua equipe de gerência, os supervisores e os operadores precisam passar por muitos, muitos ciclos para entender o que melhoria contínua significa.

– Hum... – respondeu ele, sem expressar opinião, sentindo-se perdido.

– Então faça o cara fazer *workshops* de três dias, como eventos *kaizen*, sobre temas-padrão: balanceamento de linha, SMED, análises de qualidade, este tipo de coisa. Numa semana a preparação, e numa semana o evento. E mais outra, e outra, e outra.

– Com essa frequência?

– Provavelmente não é o bastante. Você precisa que cada um dos seus gerentes participe de no mínimo dois *workshops* por ano, en-

---

* N. de R.: Acrônimo em inglês para *define, measure, analyze, improve, control*.

tão quanto dá isto se você tem um membro da equipe de gerência por *workshop*?

– Contando os supervisores, você tem razão, eu provavelmente precisaria de 20 a 40 *workshops* por ano.

– E, no fim, você quer que todo operador na fábrica participe de um *workshop* por ano, então faça as contas...

– Mas isto...

– Ei, você que pediu!

– Verdade – concordou ele, cerrando os dentes. Como afinal ele faria para...

– Ao ataque, então! – berrou ela imitando voz de sargento, e depois riu.

– A abordagem de Phil à produção é bem simples – disse ela quando ele estacionou em frente ao seu hotel. Tinham-na posto no lugar mais caro da cidade, um monastério adaptado com quartos pretensiosos com vista para um amplo parque.

– Um, resolver problemas de qualidade. Dois, reduzir o inventário para liberar caixa. Três, diminuir custos eliminando todo o desperdício que você revelou fazendo o um e o dois. Ele já fez isto várias vezes, então apenas o siga, ele sabe o que está fazendo.

– Se fosse tão simples partindo de onde estamos... – suspirou ele.

– Ouça, isto não é física quântica. Ao definir o seu modelo *lean*, a Toyota pegou quatro obsessões simples. Uma é gerenciar locais de produção por meio de equipes estáveis de trabalhadores com múltiplas habilidades, de forma que você obtém tanto volume quanto flexibilidade de *mix*. A segunda é fazer todo mundo – *todo mundo* mesmo – se envolver com qualidade. A terceira é controle de processo *just-in-time* reduzindo-se continuamente o *lead time*, o que melhora drasticamente as taxas de retorno sobre vendas e *turnover* de capital, e a quarta é toda em volta de redução de custos com a eliminação do desperdício. Isto não pode ser difícil.

– É, bem fácil – concordou ele com um sarcasmo pesado.

– É fácil, mas você tem de resolver a coisa você mesmo. O segredo é não tentar fazer tudo sozinho. Você precisa envolver todo mundo, todo dia, senão você fracassa.

– Desculpe por convidá-la tão em cima – murmurou ele a Claire quando se deitava. Ela estava meio adormecida, quente e aconchegante. E tinha cheiro de casa.

– Está bem, querido – bocejou ela. – Na verdade, foi divertido. Ela é uma mulher impressionante.

– É – suspirou ele, enterrando o rosto em seu cabelo.

– Ei, amor, não fique tão deprimido. Foi tudo bem, eu achei; não foi?

– Ah, sim. Absolutamente.

– O que é, então?

Ele se virou e se deitou de costas.

– Na volta, eu percebi uma coisa, e é assustador.

– Hum?

– Toda essa coisa, não é a fábrica. Sou eu.

– Como assim?

– Sou eu! Eu tenho de reaprender tudo o que eu achava que sabia se quiser fazer o que estão pedindo. Tudo. Parece que eu estava todo o tempo com tudo de cabeça para baixo.

– Soa a adestramento – balbuciou ela, voltando a dormir.

– Tudo o que você pensava que sabia, você tem de reaprender de forma diferente todo o tempo. É isto que faz ser divertido!

– Aaaargh! – queixou-se ele para a noite.

– Eles estão certos – pensou ele, consigo mesmo, não conseguindo dormir com os pensamentos rodopiando e se chocando por sua mente. – Eu estou tentando tocar a fábrica, não estou gerenciando pessoas – percebeu ele. Amy acertara um lugar sensível. Ele agora via que passava o dia tentando manter as coisas nos eixos, mas nunca considerara ter de gerenciar todas as 450 pessoas na fábrica como *indivíduos*. Ele pensava nelas como pessoal, recurso, não como pessoas que podiam ajudá-lo a servir os clientes e ganhar dinheiro. Como se gerencia diretamente tantos assim? Estranhamente, ele achava a ideia empolgante, e até um pouco reconfortante depois da visita de hoje. Amy fora tão legal quanto possível e tentara amortecer os golpes, mas ele não era completamente burro, e sentira no caminho até o hotel que ela não tinha altas esperanças para a fábrica, não importando o quão otimista ela tentasse soar.

Ele se sentira realmente para baixo no caminho de volta, mas agora ao menos tinha algo novo em que trabalhar. Ele também percebia por que tentar estabilizar o ambiente de trabalho de cada pessoa ajudaria. Agora, também tinha uma percepção melhor de por que Phil havia insistido tanto em fazer a *linha* resolver problemas em vez de depender das funções de *escritório*. Ele não via como fazê-lo ainda, mas se sentia cheio de emoção em aprender algo novo, algo que ele nunca considerara antes. Cada operador contava, cada peça contava. É claro. Mas como?

Amy se jogou na luxuosa cama do hotel com um profundo suspiro. Ainda era muito cedo para ligar para a Califórnia, e ela ficou um pouco ali deitada, emburrada, olhando para o teto, sentindo-se exausta demais para se aprontar para dormir. Eles eram boa gente. E este era o problema. Andy parecia realmente ávido por fazer alguma coisa a respeito de sua fábrica, mas ele tinha um caminho tão, tão longo pela frente que ela duvidava que ele conseguisse sair daquele buraco. Ela simplesmente não conseguia imaginar como ele conseguiria adquirir um atitude *lean* para si mesmo e fazer a sua equipe de gerência se envolver a tempo. Ela se recompôs e começou a tirar seus artigos de toalete de viagem, pensando se dessa vez Phil tinha mordido mais do que podia mastigar. Sim, claro, como o rápido crescimento da ILM, eles tinham tornado *lean* mais fábricas do que ela poderia lembrar. Mas, em todos os casos, Phil tinha conseguido a transformação diretamente com a equipe de gerência em um estilo "do meu jeito ou rua".

Ela sabia que ele odiava fazer aquilo. Ele acreditava muito em desenvolver pessoas e promovê-las por meio da hierarquia, em vez da tendência de contratar e despedir, para cima ou para fora da maioria dos gerentes sênior. Ainda assim, ele aceitara, a partir de seus erros iniciais, que precisava atacar o negócio com força logo após a aquisição e forçar as pessoas a tomarem uma posição de início. Ele acabara concordando que é melhor ninguém que o cara errado.

Com essa nova empreitada, porém, ele fora engolido pela geografia, com fábricas em todo o mundo, e se enredara com tantas questões que tivera dificuldades para aplicar a sua fórmula. Também, ele não podia contar com as fileiras de devotos seguidores como na ILM. Na maioria dos negócios recém-adquiridos, ele sempre conseguira recrutar alguns gerentes-chave que já tinham tido sua aprendizagem *lean* em suas próprias operações, para sustentar a transformação. Com a Nexplas, ele tinha de construir tudo a partir do nada, e sem o tempo e os recursos para tal. O dia passado em Vaudon a fez se sentir realmente para baixo porque Phil pedira-lhe sua opinião sobre a fábrica – conseguiria ou não? Ela não sabia o que responder. Sim, eles estavam tentando, mas foram deixados de lado sem o tipo de apoio de que precisavam para fazer o *turnaround*.

Ward precisava estabilizar a fábrica, assim como aprender a envolver sua gerência média na resolução de problemas diária, e tudo ao mesmo tempo. Não era grande coisa quando se sabia como fazê-lo, mas ter de aprender isto fazendo, não era fácil. Ela se sentia culpada por não se comprometer a ajudá-los mais, mas simplesmente não conseguia se ver pegando um avião para a Europa todos os meses.

De qualquer forma, ela sabia o que Mike diria – eles já tinham tido essa conversa vezes suficiente. Seu marido era um psicólogo social cujo pai foi um dos primeiros norte-americanos a adotar o *lean* da Toyota e que se tornara um *sensei lean*. Mike tinha apresentado seu pai a Phil, e juntos tinham feito o *turnaround* de uma empresa, depois adquirido outras, e assim por diante. Ele focara sua pesquisa psicológica em tentar compreender o fundamento humano da abordagem *lean*: por que funcionava de maneira tão espetacular quando funcionava, mas isto muito raramente.

Ela sabia que a primeira coisa que ele diria era que o gerente da fábrica tinha de aprender a coisa por ele mesmo – este era o empecilho essencial ao sucesso *lean*. Os gerentes, do CEO para baixo, e especialmente os gerentes de fábrica, tinham de aprender isso pessoalmente. Eles não podiam delegar a aprendizagem. Eles não podiam comprá-la ou alugá-la. Eles tinham de passar pelas fases eles mesmos, no chão de fábrica. A partir desta premissa, ele argumentava que aprendizagem, de acordo com o melhor entendimento no campo, vinha de aprender fazendo e, então, confrontar as próprias perspectivas com outras. Ambas eram profundamente estranhas aos gerentes tradicionais. Primeiro, eles assumiam que o seu trabalho era fazer outras pessoas fazerem coisas e tudo que eles tinham de fazer era coordenar e motivar (ha!), e, segundo, eles ficavam muito incomodados quanto a realmente ouvir outro ponto de vista. Eles viam seu trabalho como comando e controle, dizer às outras pessoas o que fazer e pensar.

Na experiência dela, gerentes que tinham sucesso em transformações *lean* tinham o tipo de autoconfiança que lhes permitia se envolverem pessoalmente com experimentos de chão de fábrica sem se sentirem ameaçados por possíveis fracassos, e também tinham experiência suficiente para escutar a perspectiva de outras pessoas acerca de uma situação e aceitá-la cuidadosamente, sem rejeitá-la ou reagir desproporcionalmente. Andy parecia ter cabeça aberta e disposição, mas ela realmente duvidava que ele tivesse a experiência e a crença necessárias em si mesmo para assumir a transformação. Que bagunça! Bem, ela desejava-lhes sorte.

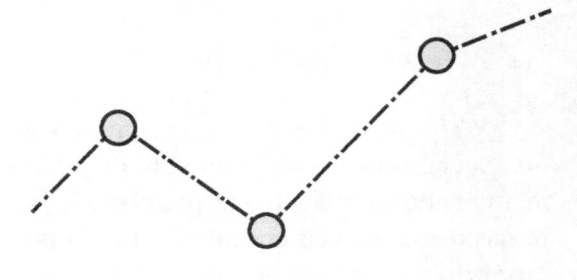

Capítulo Três

VÁ E VEJA

– Então, você finalmente foi visitar uma linha de um cliente, não foi?
– Hum, sim, senhor – respondeu Ward, sem jeito. – Ótimo discurso, aliás.
Phil Jenkinson franziu a testa e murmurou: – Falar em público. Odeio. Junto com a morte e os impostos*.
Ward não pôde evitar de sorrir. O grandão realmente não parecera estar muito bem na foto. Ao contrário de Jenkinson, Ward nunca tivera medo de falar em público. E, a julgar pela reação de Jenkinson, parecia que sua ansiedade estava ali para ficar. Não que o discurso não fora claro, Ward tinha de admitir que ele fora perfeitamente direto. O discurso, porém, soltara outros demônios para Ward, mais especificamente um medo de que os comentários de Jenkinson sobre levar a produção para mais perto das localidades de montagem dos clientes poderiam ser más notícias para Vaudon. Vários dos seus produtos poderiam talvez ser realocados para a Europa Oriental.
– Eu queria falar com você sobre isto – disse Phil, como se lesse seus pensamentos. – Você tem alguns moldes que eu gostaria de transferir para Breslávia.

---

* N. de T.: Alusão à célebre observação norte-americana de que "garantido, só a morte e os impostos".

Ward praguejou para si mesmo. Ele estava começando a abominar qualquer conversa com o maldito do Jenkinson. Não tanto porque o homem era desagradável, mas por causa de seu jeito abrupto de lançar surpresas desagradáveis aos outros. Tendo herdado o peculiar senso de humor britânico de seu pai, Ward achava a maioria das pessoas divertidas de algum jeito. Mas ainda estava por descobrir alguma coisa remotamente engraçada nesse CEO. Ele era fisicamente imponente – mais alto do que Ward, e um homem muito maior – e quase nunca sorria, brincava ou fazia comentários inapropriados. Ele nem sequer ouvia a si mesmo falando como esses tipos "alfa" costumam fazer. Apesar de não parecer haver qualquer maldade no cara, ele parecia demonstrar igual ausência de tato. Se ele não fosse assustador para diabo, Ward teria achado o sujeito chato. Mas lá estava ele, nervosamente imaginando que péssimas notícias iriam atingi-lo, novamente.

– Mas primeiro me conte como foi na fábrica de montagem de carros – continuou Jenkinson, sem tomar ciência do que Ward poderia sentir sobre seus comentários. Antes, Ward tinha apresentado seu plano para fechar a fábrica ao comitê executivo, salientando as dificuldades de se desativas uma fábrica na França. Ninguém fez comentários. Com certeza o CEO deve perceber que enviar peças para a Polônia passaria um forte sinal de que ele pretendia espremer o trabalho de Vaudon, peça por peça.

– Fascinante – respondeu Ward, conseguindo organizar seus pensamentos. – Sim, *fascinante* em vários aspectos. Então, fui dar uma olhada naquela reclamação que discutimos no verão, os arranhões na peça da tampa do motor.

– Eu lembro – concordou Jenkinson, parecendo interessado.

– Bem, tenho de admitir que eles tinham razão quanto à peça ser visível. Apesar de nunca ter sido descrita como tal no contrato, a peça realmente aparece claramente assim que se levanta o capô. Os arranhões são visíveis.

– Clientes em primeiro lugar – deu de ombros Jenkinson.

– De fato. Então, começamos a conversar sobre a causa provável e chegamos à conclusão de que é um problema de embalagem; as peças são danificadas durante o manuseio, não na montagem. Então, concordamos em fazermos alguns testes para vermos se conseguimos encontrar um conserto rápido. Na verdade, desenvolvemos uma solução promissora; precisamos que os caras de suas compras aprovem este plano, contudo, e isto são outros quinhentos.

– Bom trabalho. Me ligue se as coisas emperrarem. Agora me diga: o que mais você concluiu desta visita?

– Bem – disse Ward cuidadosamente, – nós, minha gerente de logística e eu, tivemos um desentendimento com Amy quando ela apareceu. Amy parecia pensar que é tarefa nossa gerenciar variações de demanda dos clientes. Replicamos que a demanda dos clientes era tão maluca e bagunçada que ninguém jamais conseguiria *nivelar* isto.

– E? – perguntou o outro homem com um sorriso divertido, enquanto parecia visualizar a cena mentalmente.

– Perguntei ao gerente de produção do cliente – continuou Ward, cerrando os dentes. – E ele confirmou o que Amy disse. O volume de produção diária total deles é completamente estável dentro de pelo menos um mês.

– Mas eles têm questões de *mix*? – sugeriu Jenkinson, olhando astutamente para Ward por cima dos óculos.

– Sim. Eles embaralham os carros após a pintura quando selecionam as carcaças a serem retrabalhadas, e eles também têm problemas de peças faltantes, o que os leva a mudar a sequência de montagem no último momento.

– Logo... volume estável no mês, mas variação no *mix* diário? Qual era a visão de Amy disto?

– Ainda não falei com ela a respeito disso, mas acho que ela dirá que deveríamos poder *nivelar* o *mix*, certo?

– Absolutamente. Fale com ela a respeito. Ela tem um monte de truques para fazer o *nivelamento* funcionar.

– Acho que você estava certo, no fim – suspirou Ward. – Acabou que eram aqueles 50% das vezes em que eu estava errado.

– Parabéns, é assim que se aprende. Acontece comigo toda hora – concordou Jenkinson, dando um breve sorriso. – Acostume-se. Mas que outra conclusão você pode tirar por ter visitado seu cliente?

– O cliente sempre tem razão?

– Não – bufou o CEO. – Felizmente, a regra do "errado 50% das vezes" se aplica aos clientes também.

– Fazer o que você me manda fazer? – arriscou Ward, sem nenhuma ideia de que resposta se esperava dele. Ele realmente odiava esse jogo de pergunta e resposta. O cara claramente sabia o que queria ouvir, mas o fazia trabalhar por aquilo.

– Há! Isto seria legal, para variar: alguém que faz o que lhe mandam!

– O que é, então?

– *Genchi gembutsu* – explicou Jenkinson, usando a expressão japonesa. – *Vá e veja* você mesmo para descobrir fatos na fonte para entender a verdadeira natureza da questão. Essa é provavelmente a prática gerencial mais importante em *lean*: *ir ao lugar de verdade para ver a coisa de verdade*.

– *Vá e veja* – repetiu ele seriamente, encarando Ward – é a chave para a gestão *lean*. No fim, é tudo questão de opinião.

– Opinião? – repetiu Ward, sentindo que a conversa lhe escapara novamente.

– Sim, negócios é questão de opiniões. Se a sua opinião está correta, e você age de acordo com ela, você ganha dinheiro. Se a sua opinião está errada, você perde dinheiro. Se a sua opinião sobre como os mercados se comportam é melhor do que a minha, você tem a vantagem competitiva, certo?

– Acho que sim.

– Então as questões são: como se desenvolvem opiniões melhores? Como se desenvolve discernimento? E para isto não há substituto para a experiência. Como se diz, o bom senso vem da experiência, e a experiência... – ele fez uma pausa para mais efeito – vem do mau julgamento.

– *Vá e veja* na fonte para aprender, é isto que você está dizendo? Então, todo o debate sobre *nivelamento* nem é a questão aqui – o que realmente importa é arranjar qualquer tipo de resposta indo ao chão de fábrica?

– Sim, sim. O lugar de verdade, a coisa de verdade, as pessoas de verdade. Dados são claramente importantes, mas todos os relatórios do mundo não o ajudarão a compreender verdadeiramente algo como a experiência direta. É costume na Toyota você lavar as mãos três vezes por dia.

– O quê? Lavar as mãos? O que isto tem a ver com...

– Você lava as mãos antes do café da manhã – sorriu Jenkinson, – porque você foi ao chão de fábrica e tocou em algumas peças. Então,

você lava as mãos antes do almoço, porque você desceu ao chão de fábrica e tocou em algumas peças. E você lava as mãos antes da janta...
– ... porque você foi ao chão de fábrica antes de sair da fábrica?
– Eu achava que era puro folclore, mas se todos os meus gerentes de fábrica simplesmente fossem ao chão de fábrica antes de checar seus *e-mails*, pelo menos metade dos meu problemas desapareceria!
– Não só o gerente de fábrica – concordou Ward culpadamente, reconhecendo que checar seus *e-mails* era exatamente a primeira coisa que fazia ao chegar ao escritório. – Mas todos os outros gerentes também.
– E isso não se aplica apenas à produção, mas também às vendas, às compras e à engenharia.
– É por isto que você acha tão importante visitar clientes quando eles têm uma reclamação?
– Sim. Para entender a verdadeira natureza da questão. E também, é claro, para desenvolver relacionamentos. Sabe, há muita raiva nesse setor – observou Jenkinson amargamente. – Eu acho a raiva o comportamento mais contraproducente. Na verdade, estou convencido de que na raiz de toda discussão raivosa há um mal-entendido. As pessoas discutem porque não pegaram todos os fatos. Elas discordam sobre o que deve ser feito porque não concordam sobre qual é o problema. Então, *vá e veja* também tem a ver com escutar: escutar os clientes sobre como usam nossas peças, escutar os operadores sobre como as montam, escutar os fornecedores sobre como as produzem, e assim por diante. Você *vai e vê*, por si mesmo, e escuta a pessoa que faz o trabalho de verdade.
– Andy, oi, desculpe por me intrometer – disse Lowell Coleman, se esgueirando entre os dois. – Phil, posso dar uma palavra? Wayne falou com o setor de compras da Ford, e precisamos discutir a posição deles.
– Em um instante, deixe-me terminar com Andy, e já estarei com você.
– Andy, bom ver você. Nos vemos depois – disse Coleman, apontando o indicador com uma arma e transformando o gesto numa saudação.
Jenkinson assistiu impassível à saída do homem mais velho. Coleman estava sempre impecavelmente arrumado, com elegantes cabelos brancos e ternos bem-cortados. Ward olhou de um para o outro e não pode evitar perceber que o gerente de cadeia de suprimento parecia mui-

to mais CEO do que Jenkinson, que aparecera no evento corporativo anual com as suas calças e camisa jeans habituais. O sujeito vestia algo além daquilo? Provavelmente não. Ele muito provavelmente racionalizara seu guarda-roupa como fizera como todo o resto.

Jenkinson tirou os óculos e os limpou com seu lenço, com o olhar distante. Aglomerados de pessoas estavam se formando e se desfazendo enquanto os melhores e mais inteligentes de todo o império Nexplas fofocavam junto de suas bandejas de refeitório. Ward percebeu que Jenkinson aparentemente repelia interlocutores casuais, e que um vácuo os isolara do resto da multidão.

– Continue – tossiu Ward. – Manda brasa.

– Polônia – disse Jenkinson, voltando o olhar para cima pensativamente. – Você manda algumas peças para Mlada na República Tcheca, não é? Gostaríamos de que você as realocasse para a fábrica na Breslávia, que é muito mais perto; eles estão ali na fronteira.

– Mas... isso retiraria um grande pedaço das minhas vendas – reclamou Ward, esperando não estar soando resmungão. – E a diferença de custo de mão de obra na Polônia já não é tão grande.

– Não se trata só de custo – respondeu o CEO, indiferente, – mas também de se produzir perto do cliente.

"Então eu pego as peças para as montadoras francesas em Flins ou Sandouville atualmente sendo produzidas na República Tcheca ou na Polônia?", pensou Ward amargamente, nada dizendo.

– É o seguinte: eu gostaria de que você manejasse a transferência pessoalmente.

– Você quer dizer, eu fico com a responsabilidade de transferir peça da minha fábrica para Breslávia? Não me leve a mal, mas não deveria ser ao contrário?

– Deveria. No entanto, eu gostaria de que você o fizesse. A transferência deve estar completa dentro deste ano fiscal; logo, funcionando até março, no máximo. Por favor.

Ward simplesmente fez que sim com a cabeça, imaginando o que poderia estar por trás *daquele* pedido. Novembro, dezembro, janeiro, fevereiro: era melhor ele se apressar.

– Eu realmente preciso ir, mas tem uma outra coisa – continuou Jenkinson, quase provocando uma careta de Ward. – Você conhece Mark Neville?

– Claro. – Mark Neville era o gerente da fábrica norte-americana de Bethany. Ele era um negro grande que devia ter de largura o que ele tinha de altura. Ward ainda se recuperava da primeira vez que o vira, anos atrás, em seu tempo como consultor de cadeia de suprimento para Coleman. Neville o fizera parecer um completo idiota na frente do grupo de treinamento. Eles se encontraram novamente em um evento corporativo, onde se sentaram à mesma mesa, mas pouco se falaram. Embora tivessem feito parte da mesma filial na estrutura anterior, o estilo de gestão da Alnext nunca estimulara muita cooperação entre as fábricas. Neville era gerente de engenharia de fabricação na época, ou gerente de produção, ele não lembrava direito. Subitamente lhe ocorreu que Mark devia ser o cara a quem Jenkinson dera a fábrica de Bethany depois de despedir o gerente de fábrica anterior. Papagaio!

– Se você tiver tempo – continuou Jenkinson, – que tal estender sua estada aqui até segunda-feira e visitar a fábrica?

– Se você quiser – respondeu Ward, levantando uma sobrancelha surpresa. Ele praguejou mentalmente por ter de passar mais tempo longe de casa, mas ele tinha certeza que Claire não teria problemas com aquilo. Afinal, era ela que o encorajava a reagir rapidamente às "sugestões" de Jenkinson. – Dê uma chance ao cara – dizia ela. – Eu acho que ele é bem-intencionado.

– Bom! Está fechado, então – exclamou o CEO, batendo as palmas com uma força surpreendente, fazendo vários ternos olharem. – Eu tenho de ir ver o que está comendo Wayne por dentro. Tenho certeza de que você pode fazer as combinações diretamente com Mark. E, Andy, pergunte-lhe quanto tempo ele passa no chão de fábrica!

Enquanto se acomodava para as apresentações, Ward pensou ironicamente que houve um tempo em que gostava dessas conferências de executivos da alta direção. Na época, era ele quem falava, e não o que tinha de obedecer. Agora que desertara para as operações, ele tinha de admitir o quão ridículo ele devia ter sido com seus modelos de cadeia de suprimento, teorias de "plano mestre", e conversa, conversa, conversa. Ele pegou rapidamente seu prato de plástico com comida morna, esperando que o local tivesse sido escolhido por conveniência e espaço em vez de por *glamour*. Era um hotel enfadonho perto da imensa fábrica de Rexington onde a alta direção fora realocada. Ward observava os executivos perambulando em volta dos bufês. Havia pouquíssima ética de trabalho em equipe na divisão. Ele pensou que a gerência da Nexplas iria tentar criar mais cultura corporativa agora que estavam por conta própria, mas ele ainda não vira muito sinal disto. Nos primeiros tempos após a venda, houve uma imensa mobilização para criar uma imagem corporativa apropriada com documentos, um modelo gráfico para todos os eslaides de *PowerPoint*, e uma eliminação encarniçada de qualquer coisa com o logo da Alnext. Desde este empurrão inicial, houve pouca coisa mais.

A apresentação do CEO fora direta. Eles tinham apresentado um aumento constante na produtividade e uma acentuada diminuição nos ppms de clientes, embora a tendência estivesse suavizando. Eles tinham tomado uma surra do inventário: após uma rápida redução inicial, os estoques tinham lentamente voltado aos níveis iniciais. Muitos puseram a culpa nos incrementos de estoque necessários para cobrir o verão, mas Jenkinson fora firme quanto a isto.

– Reduzam os tamanhos dos estoques – repetira ele. – Leiam meus lábios: reduzam os tamanhos dos estoques.

A má notícia de verdade era a lentidão da demanda dos clientes. Klaus Beckmeyer, o recém-nomeado gerente regional da Europa, apresentara a previsão revisada. Muitos carros estavam vendendo com a metade do volume antecipado, senão menos. Isto fez Ward se sentir distintamente vulnerável. Antes de Jenkinson ter se interessado diretamente pelas operações das fábricas, Kent Reed, o antigo gerente de filial, empurrara para Ward um "orçamento ambicioso" (leia-se "ridículo") com expectativas de vendas absolutamente irreais. Ward pensou sobre isso à luz das conversas bimensais que iniciara com Jenkinson. Estas conversas telefônicas focaram a vida operacional da fábrica: reclamações, ppms, redução de efetivo, inventário, com pouca menção ao orçamento. Agora, pelo que Ward entendeu, Beckmeyer tinha responsabilidade orçamentária pelas fábricas europeias, o que faria dele o chefe de Ward – no papel, pelo menos. Ward sentia que Jenkinson estava cometendo um grande erro deixando o processo orçamentário sair da linha com seu controle "mão na massa" das questões operacionais, mas, ei, é a empresa dele, afinal.

Ward também ficara muito interessado pela apresentação de *status* da fábrica chinesa. Logo antes do *spinoff* da divisão, um golpe de Wayne Sanders e o vice anterior da divisão fora convencer uma das Três Grandes a terceirizar uma família de peças na China, onde eles encontravam preços que não apenas desafiavam qualquer concorrência, mas, diziam alguns na época, desafiavam as leis da gravidade também. O projeto agora estava deslanchando, e o gerente de programação andava tentando parecer confiante, mas parecia que Jenkinson tinha de estar na China dia sim, dia não. Estava uma verdadeira bagunça, e não era uma que parecesse poder ser consertada por qualquer "transformação *lean*". De qualquer modo, Ward sorriu para si mesmo, ele tinha problemas que chegue. Qualquer coisa que retesse os olhares da gerência longe de Vaudon era música para seus ouvidos.

Quando eles se reuniram novamente na sala de conferências após o horrível almoço, Ward estava ansioso com a próxima plenária. Jenkinson pedira a seu velho mentor, Bob Woods, que falasse sobre "gestão *lean*". Woods era uma espécie de lenda no setor automotivo – o primeiro ocidental a implementar um sistema de produção ao estilo Toyota fora da Toyota. Ward tentara achá-lo na multidão do almoço, mas não conseguira. De ouvir Amy Woods descrever seu sogro, Ward esperava um tipo de cruzamento entre um vagabundo de praia e um mestre de aikidô japonês. Durante o jantar em Malancourt alguns meses antes, Amy os regalara com uma imitação das primeiras visitas de Bob Woods à velha fábrica de Jenkinson. "Estou vendo o seu depósito, filho", ele disse bem no meio do chão de fábrica de montagem, "mas onde está a fábrica?" Segundo ela, depois de se aposentar da profissão de executivo automotivo, ele passava a maioria dos dias mexendo em um velho iate de madeira, com o qual ele ocasionalmente velejava ao redor da baía de São Francisco. Ela poetizara liricamente sobre velejar sob os pilares vermelho-enferrujado da Golden Gate ao pôr do sol. Amy os fez rir relatando como o Woods pai apareceu na fábrica em suas roupas "estou pintando meu barco de novo", o que fez os operadores lhe perguntarem por que o novo zelador estava tão enfezado. Diziam que ele mantivera muitos contatos automotivos e alguma influência no setor, e aparentemente foi por meio dele que o fundo de investimento contratara Jenkinson como CEO para a *venture* da Nexplas.

O homem que no fim assumiu o microfone no estrado não parecia muito um vagabundo de praia, estava mais para um mestre velejador de uma escuna de um filme dos anos 50. Ward notou que ele devia fazer compras na mesma loja que Jenkinson, pois usava as mesmas calças bege e uma camisa naval de botão com ombreiras. Woods tinha as costas retas como uma tábua e olhava para os altos escalões reunidos da Nexplas com olhos azuis pálidos sob sobrancelhas brancas. Seu rosto era bronzeado e curtido; um rosto duro, com um nariz aquilino e lábios finos. Ele parecia envelhecido sem ser idoso, e tinha um hábito quase juvenil de afastar feixes de cabelos brancos com um gesto automático que não era mais necessário. Quando ele começou a falar, podia-se ver que ainda havia uma boa dose de luta no velho.

– Gestão *lean* é radicalmente diferente de tudo que vocês conhecem – Bob Woods começou sem um olá, obrigado ou a piada pós-almoço obrigatória. Ele continuou sem fazer pausa, indiferente às pessoas que claramente esperavam uma colorida introdução e ainda não haviam se sentado. – *Lean* é servir melhor os clientes com menos pessoal, menos estoque e menos despesas de capital. Isso se faz gerenciando-se melhor os seus processos, e com pessoas que sabem o que estão fazendo e criam valor, ou seja, sem o pessoal extra e esperas e desperdício de tempo e dinheiro.

Ele fez uma pausa e olhou para todos como se estivesse desafiando pessoalmente cada um.

– Portanto, não é para os fracos. Phil me pediu para falar com vocês sobre gestão *lean*. Eu acredito que falar assim é uma perda de tempo, porque ou vocês entendem fazendo ou não entendem. Mas vou dar uma chance.

– Nos negócios, há essencialmente três maneiras de se fazer as coisas. A primeira é fazer gerentes gerenciarem um departamento fazendo seu pessoal desempenhar várias atividades. Fazer esse ou aquele projeto, não importando se a empresa realmente se beneficia ou não, este é o nosso trabalho. Vamos auditar. Vamos mandar uma *newsletter*. Vamos implementar um novo sistema de *software*. Em alguns casos, isso funciona muito bem. Se você tem de construir as grandes estradas de ferro do Oeste, você precisa assentar tantos quilômetros de trilhos por dia e manter os trilhos igualmente espaçados. É isso. O resto é uma questão de jogar pessoas para dentro. Mas na maioria dos negócios modernos, as atividades não são tão fáceis, e simplesmente insistir em implementar este sistema ou exigir adequação a aquele procedimento, achando que vai ajudar, é uma maneira muito, mas muito desperdiçadora de trabalhar. Ninguém quer fazer perguntas porque são todos apenas uma roda na engrenagem.

– Muitas pessoas se deram conta das limitações dessa abordagem de "jogar pessoas para dentro", então inventamos uma segunda maneira de fazer as coisas, que é dar incentivos por resultados financeiros. A ideia é simples: não interessa como você faz, mas se atinge os números, você ganha sua parte. Senão, bom... vamos achar alguém que faça. Isso em geral é mais eficiente do que o primeiro método, porque ao menos motiva as pessoas a se esforçarem bastante, mas dificilmente é mais eficaz, e desperdiça os talentos das pessoas. Todo mundo faz o que é pago para fazer, nada mais, nada menos, e desde que você atinja metas e o seu chefe ganhe o bônus, todo mundo fica feliz. Pensar não está no plano de bônus e, portanto, só acontece quando há uma bronca para resolver, daí todos viramos gênios. Foi assim que a maioria de nós fez sua carreira. Atinja os números, senão... Infelizmente, o progresso de um indivíduo se dá à custa de outro – o que também é incrivelmente desperdiçador.

– A Toyota desenvolveu uma maneira radicalmente diferente de gerenciar. A sua abordagem é misturar tanto atividade quanto resultados por meio do pensamento *PDCA*. O essencial é *fazer equipes resolverem problemas juntas*. A Toyota identificou alguns problemas típicos, e impulsiona as pessoas a resolverem esses problemas localmente em detalhe cada vez maior. Isso é importante de entender se vocês querem aprender. Não há soluções automáticas. Não se pode comprar sistemas *lean*. Você tem de motivar sua equipe a resolver as coisas testando novas ideias e testando hipóteses, constantemente. Trata-se de questionar pressupostos. De fazer perguntas. Eventualmente se chega a processos estáveis que funcionam na maior parte do tempo, e as exceções são a base para a resolução de problemas e a melhoria. Você também faz as pessoas começarem a ligar e usar seus cérebros, um objeto útil raramente usado nas nossas organizações hoje.

– Para realizar processos *lean*, você tem de fazer todo mundo *pensar* sobre como eliminar desperdício, todos os dias – disse Woods, desafiando a todos com um olhar glacial.

– O que aprendemos da Toyota é obter maior *satisfação do cliente* por meio do uso do *Sistema de Produção Toyota*, sustentado pelo *Modelo Toyota* de gerenciar. Eu vou tentar resumir estes três temas para vocês. Mas tenham em mente que no fundo é tudo senso comum, que, infelizmente, não é muito comum.

– Sem dúvida, vocês todos estão familiarizados com a *satisfação do consumidor*. Vamos definir isso: entregar no prazo, peças boas, e ao menor custo possível. Trabalhar com segurança e manter o moral. Qualidade. Custo. Entrega. Segurança. Moral. Agora, o singular da abordagem da Toyota é que eles realmente acreditam que o valor para o cliente é criado no chão de fábrica, por todos os funcionários, e não apenas nas torres de marfim da engenharia e *showrooms* de vendas.

– Essencialmente, são duas perguntas que se fazem:

– *Os nossos produtos ou serviços resolvem consistentemente os problemas dos clientes?*

– *O nosso pessoal consegue resolver seus próprios problemas para garantir isto consistentemente?*

– Em última instância, eu acredito que o segredo da estratégia *lean* pode ser definido como revolucionar mercados ao oferecer produtos ou serviços melhores a um custo de produção menor, obtendo assim crescimento e lucratividade e excluindo os concorrentes, que teriam custo demasiado alto para alcançar satisfação equivalente junto aos clientes. Eu lembro vividamente de quando a Toyota lançou o Camry nos mercados da América do Norte. Todos o vimos como um produto com "engenharia demais" para sua faixa de preço. As montadoras alegaram que a Toyota, não estando onerada pelo custo de aposentadorias, tinha investido mais por carro do que realmente podiam. Isso pode ter sido verdade, mas obscureceu a outra parte da equação, que a Toyota sabe produzir mais variedade e maiores tolerâncias sem sofrer o salto equivalente nos custos de fabricação por causa de sua maestria dos processos de produção. O Camry foi um de muitos produtos que revolucionaram o mercado, como foi o Lexus (que criou uma marca de alto luxo do nada – vendendo mais do que todos os competidores de luxo desde o primeiro dia) ou o Prius (que foi contra a prática convencional da indústria ao oferecer aos clientes uma resposta "verde" por meio de motores híbridos), e agora o Scion. É difícil competir com tais produtos porque eles são exatamente o que os clientes querem e têm custos de produção relativamente baixos que permitem à empresa fixar um preço competitivo e, ainda assim, ter lucro. Como vocês podem ver, *"lean"* deriva de uma maneira fundamentalmente diferente de abordar os problemas de negócios e de buscar resolvê-los.

Woods parou por um tempo, olhando demoradamente nos olhos da plateia. Ward não tinha certeza para aonde isto estava indo, mas certamente colocava *lean* em uma perspectiva diferente para ele. Sempre entendera *lean* como um monte de técnicas na fábrica, como *"entrega just-in-time"*, não como uma estratégia de engenharia. Mas sim, claramente a Toyota não se tornara a nº 1 só controlando custos. Ela fazia carros que as pessoas compravam.

– O meu *sensei* da Toyota – continuou Woods, – trabalhou diretamente para Taiichi Ohno, e ele me falou que Ohno se sentia muito desconfortável com a ideia que o *Sistema Toyota de Produção* deveria ser escrito. Ele sentia que isso tinha de ser vivido todos os dias no chão de fábrica, vendo-se resíduos e procurando eliminar o desperdício. Ele sentia que documentá-lo só levaria a mal-entendidos e mataria a criatividade.

– O irônico é que isso foi exatamente o que aconteceu; não dentro da Toyota, mas da indústria como um todo. Para ser honesto, por grande parte da minha vida profissional eu não "entendi". Quando comecei a entender, passei o resto da minha carreira combatendo os burocratas que queriam transformá-lo num jogo de documentação. Aquele com os maiores manuais de treinamento era o mais *lean*. De qualquer modo, no fim o *Sistema Toyota de Produção* – STP – foi documentado e veio a ser formalizado em três grandes blocos.

– O primeiro é *autoqualidade*, ou *jidoka*: pare o que quer que esteja fazendo agora em vez de produzir uma segunda peça ruim. Esta é uma noção nuclear no STP, que remonta a Sakichi Toyoda, que construiu teares automáticos no fim do século XIX. Ele foi um gênio que inventou teares que paravam sozinhos quando um fio se rompia. Pare e entenda o problema em vez de continuar rodando e selecionar as peças ruins. É o óbvio ululante, mas mesmo um século depois pouquíssimas pessoas fazem isto. Por quê? Porque é incrivelmente difícil de fazer. Eu estava há pouco conversando com um cara chamado Eric, para quem dei seu primeiro emprego nos maus tempos, e que, desde então, entrou para a Toyota. Ele me falou sobre como é ser gerente assistente no comando de duas linhas de montagem.

– Vocês todos já ouviram falar do sistema de parada automática de linha. Se um operador detecta um problema que não pode ser consertado dentro de um minuto, toda a linha para. Então, começa a tocar a música, e fica cada vez mais alta até que a linha esteja andando novamente, de forma que todo mundo sabe quando há um problema. Eric está a algumas horas no emprego quando a linha para. Então ele reúne os supervisores e um dos seus melhores engenheiros, e vão para onde o operador sinalizou o problema. Eles entendem o problema, e põem a linha para funcionar de novo. Então, porque estão na Toyota, eles começam a perguntar o primeiro "por quê"? Por que a linha parou?

– Eles ainda estão debatendo isto quando a linha de montagem para de novo em algum ponto mais para baixo. Duas linhas param em um curto período de tempo, então Eric está realmente sentindo a pressão e está prestes a apressar sua equipe para ver o que está ocorrendo, quando o seu coordenador japonês o agarra pela manga e diz: "Fique aqui, não terminamos os *Cinco Por Quês*. Nós ainda não compreendemos a causa-raiz". "E a parada de linha?", pergunta Eric. "A linha vai se ativar sem você", responde o coordenador japonês. "É mais importante que entendamos a verdadeira causa da primeira falha". Nesse ínterim o líder de equipe mais para baixo na linha coloca em ação uma contramedida imediata, permitindo que os indivíduos explorassem o problema.

– Então, vocês são todos caras da produção e sabem avaliar como isso pode ser difícil. Deixe o incêndio queimar, entenda a verdadeira causa do problema primeiro. Há várias maneiras de se fazer isto, mas, essencialmente, parar e entender o que causou o defeito em vez de passá-lo linha adiante é um pilar central do STP.

– O segundo pilar é o famoso sistema *just-in-time* – JIT. Muitas pessoas imediatamente pensam isso como caminhões chegando com peças no momento exato em que elas são necessárias, sem estoque. Na verdade, é mais complicado do que isto.

– O verdadeiro foco do sistema é produzir para a demanda do cliente, o que é representado pelo *takt time* (com que frequência uma peça deve ser produzida dentro do tempo de produção disponível). A maneira ideal de se fazer isto é com *fluxo de uma só peça*, o que significa movimento contínuo de produto sem interrupção, essencialmente produzindo para clientes que estão demandando produto quando eles querem, na quantia que querem. Se você tem variação demais na fabricação, como panes, operadores faltando, componentes ruins, ou na demanda do cliente, então você tem que manter algum estoque, mas você mantém somente o suficiente para cobrir esta variação, e daí você continua melhorando para reduzir a variação.

Eu ainda me lembro, 20 anos atrás, quando vi as linhas da Toyota no Japão pela primeira vez. Eles faziam diferentes modelos passarem pelas mesmas linhas de montagem. Em vez de investirem em linhas dedicadas e criarem imensa capacidade excedente como fazíamos, eles calculavam um *takt time* por modelo. Um era produzido a cada dois minutos, o outro a cada cinco, um terceiro só sairia a cada hora, e assim por diante. Em média, a linha produzia um carro por minuto, mas olhando a sequência de montagem, percebi que eles a tinham organizado de maneira que os operadores ainda podiam seguir um ciclo estável, então veículos de baixo conteúdo de trabalho eram intercalados com os de alto conteúdo de trabalho e assim vai. Eu estava fascinado. Eu disse a eles: "Entendi: longo/curto/longo/curto". Eles disseram: "Sim, e então podemos usar o *kanban* para conseguir as peças dos fornecedores".

– O que *kanban* tinha a ver com aquilo? Demorei muito para entender, mas me dei conta de que a sequência de montagem dos veículos era projetada para que não só os ciclos do operador fossem estabilizados em longo/curto/longo/curto, mas a procura por componentes dos fornecedores fosse estabilizada pela maneira em que o *kanban* refluía para os processos anteriores. A sequência era calculada para que uma peça opcional específica fosse montada a um *takt time* regular também, e assim se *demandasse niveladamente* o processo de fornecimento. Fiquei com a cara no chão. Esses caras estavam realmente pensando em todo o processo e em como ele era todo conectado.

Não surpreendentemente, as células de fornecimento podiam trabalhar num fluxo de uma só peça, pois eles tinham uma demanda tão regular. E tudo fechava porque, trabalhando em uma peça por vez, eles precisavam parar o processo sempre que achavam algo de errado nele.

– Fluxo contínuo, parada por alerta de qualidade; fluxo contínuo, parada por alerta de qualidade – Woods fez uma mímica com as mãos. – Este é o achado central do STP. Gerenciar as equipes de modo que elas fiquem obcecadas por resolver problemas de fluxo contínuo ou problemas de qualidade. E para isso você precisa de estabilidade. Se o processo é estável, você pode trabalhar nos desvios para melhorar a constância do sistema. A estabilidade depende de *trabalho padronizado*, que significa ter maneiras repetíveis e entendidas por todos de fazer as coisas. Você faz da maneira padrão, daí quando um problema se apresenta, você o conserta, e então muda o *trabalho padronizado*. Assim, *trabalho padronizado* e *kaizen* são juntos a base do STP.

Ward tinha se sentado na fileira da frente, curioso em relação a Woods, e agora se surpreendia lançando olhares furtivos aos vizinhos, esperando que estivessem tão perdidos quanto ele. Vislumbrou braços cruzados e carrancas profundas. Jenkinson parecia perdido em pensamentos novamente, como se tivesse se isolado em seu próprio planeta particular, assistindo os acontecimentos se desdobrarem de longe. Ward se aborreceu ao ver que Sanders, sentado na primeiríssima fila, a alguns assentos do CEO, estava respondendo *e-mails* em seu *Blackberry*. Sanders era um homem baixo e magro, com uma dose excessiva de ambição e carisma, que sempre o fazia parecer irreal. Como Coleman ao seu lado, ele estava sempre impecavelmente vestido. Para ele, parecia que *business casual* significava um caro terno italiano, sem gravata. Ele exibia um bronzeado permanente e o incansável sorriso do vendedor profissional. Fora o homem forte atrás do trono no regime anterior, e Ward imaginava como ele estaria se dando com Jenkinson. Ele lembrava que Amy mencionara que Jenkinson pegara o trabalho da Nexplas por causa de um rompimento com o seu sócio anterior, que ela descrevera como o perfeito vendedor barato.

– *Trabalho padronizado* e *kaizen* são dois lados da mesma moeda – continuou Woods. – A palma e as costas da mão. Eu levei muito tempo para entender, mas isto é fundamental para se entender o STP. Por um lado, sem padrões não pode haver melhoria. *Trabalho padronizado* significa essencialmente que cada atividade de trabalho é dividida em uma sequência fixa de ações. Se as pessoas não entenderem o seu trabalho bem o suficiente para projetar e seguir a sequência, elas nunca melhorarão as coisas. No máximo, elas acompanharão a mudança só para mudar. *Trabalho padronizado* não é só o que fazemos, mas como fazemos, de forma que obtenhamos os resultados esperados. Para entender como, precisamos entender como as pessoas trabalham na prática. Mais importante, precisamos procurar a variância positiva, a pessoa que cumpre a tarefa melhor e mais eficientemente do que as outras, porque descobriram um truque útil.

– *Trabalho padronizado* não é obrigar a concordância absoluta dos trabalhadores. Este é provavelmente um dos maiores mal-entendidos que encontrei ao tentar aplicar o STP fora da Toyota. *Trabalho padronizado* é concordar em como o trabalho deve ser feito melhor, para ver melhor os problemas. *Kaizen* é incentivar os operadores e os supervisores da linha de frente a resolver todos os problemas que aparecem como lacunas no padrão: algo que impede você de manter o ciclo padrão. Isto é um problema. Pode ser solucionado, geralmente sem investimento, usando-se as ideias das pessoas.

Woods fez nova pausa, deixando aquilo ressoar.

– Mas a verdadeira surpresa é que padrões não podem ser mantidos sem *kaizen*. Todas as firmas que conheço atribuem suas dificuldades de execução ao fato de que as pessoas simplesmente não seguem as regras ou mantêm os padrões. Imagine só! Que grande surpresa. Por que as pessoas deveriam seguir regras? Por que deveriam se ater ao procedimento, entra dia, sai dia, quando as condições locais fazem isso ser quase impossível? A percepção fundamental sobre *kaizen* é humana: você pode forçar alguém a fazer alguma coisa, mas você não pode forçar interesse. Você não pode forçar as pessoas a pensar, elas têm de estar interessadas, e isso é com elas. Nós todos somos resolvedores de problemas natos. Esta é a chave. Encorajando *kaizen*, podemos despertar o resolvedor de problema em cada um, todo dia. Quando as pessoas começam a se interessar em resolver seus problemas, também começam a se ater aos padrões porque sabem que é a melhor maneira de trabalhar. Atletas seguem padrões rigorosos, porque eles querem bater seu melhor tempo todas as vezes. Eles são *comprometidos* – disse Woods agitado e enérgico, a paixão tomando vida.

– E este é o verdadeiro alvo do STP: fazer todo mundo se comprometer para que a resolução de problemas de todos os dias torne-se a inovação de todos os dias, e, por sua vez, em maior valor para os clientes, o que trará prosperidade mútua entre a empresa, seus funcionários e a sociedade em geral.

Ward se mexeu na cadeira. Por mais que odiasse que pregassem para ele, sentiu-se estranhamente tocado pela profissão de fé do velho. Mas era um pouco demais – ele ainda tinha problemas com a noção de que *kaizen* era necessário para comprometer as pessoas em seguir os padrões. Certamente, a indignação moral francesa por ter que se conformar a *qualquer* padrão não iria ajudar, pensou ele ironicamente. A ideia de que ele conseguiria engajar trabalhadores franceses em *kaizen* o fez sorrir levemente. Era, contudo, uma perspectiva nova. E Woods realmente parecia acreditar nela.

– Gestão *lean* é criar um sistema para fazer as pessoas pensarem – repetiu Woods. – É fazer pessoas antes de fazer coisas. E pensamento melhor leva a produtos melhores. Isto deve ser compreendido. Por anos, tentamos copiar as ferramentas *lean* da Toyota procurando por modos mais eficientes de fazer as coisas, e fracassando; não percebendo que o sistema andon, ou mesmo o JIT, não são mais do que técnicas, cujo propósito principal é clarificar os problemas fundamentais da produção. As ferramentas são de tanto auxílio na resolução de problemas quanto um telescópio para barrar chuvas de meteoritos ou um microscópio para erradicar vírus. As ferramentas são nada mais do que maneiras rigorosas de destacar questões em operações *normais*. Os *sensei* sempre disseram: o verdadeiro *lean* não se trata de aplicar ferramentas *lean* a todo processo, mas sim de desenvolver uma mentalidade *kaizen* em todo funcionário. Nós não os ouvimos porque não queremos ouvi-los. Não se pode acordar alguém que está fingindo dormir!

– Então – disse Woods, após outra longa pausa. – A Toyota vem se expandindo além da sua base natal nos últimos 20 anos, e eles se depararam com os mesmos problemas para fazer o STP ser aplicado apropriadamente que nós, no Ocidente, tivemos em copiar o STP. Como em qualquer outro problema, eles vêm trabalhando loucamente para resolvê-los experimentando uma série de contramedidas. Estas contramedidas focaram a cultura – como as pessoas se comportam, que é o maior desafio de todos, até mesmo para a Toyota. Sem os princípios e valores comportamentais apropriados, o STP pode ser totalmente mal-aplicado e não conseguir entregar resultados. Olhem com que frequência os concorrentes da Toyota fracassaram, às vezes espetacularmente. Como disse um *sensei*, pode-se criar uma imagem de Buda e esquecer de pôr alma nela. Como no STP, os valores foram originalmente passados adiante de um modo mestre-discípulo, de chefe para subordinado, sem nenhuma declaração escrita no caminho. E assim como com o STP, foi discutido internamente que formalizar os valores os sufocaria e levaria a maiores mal-entendidos. Mas assim que eles acabaram escrevendo os princípios básicos do STP, a Toyota pôs o Modelo Toyota por escrito para educar novos ingressantes.

– No fim, o que surgiu foi um Modelo Toyota baseado em dois pilares: melhoria contínua e respeito pelas pessoas. Melhoria contínua se divide em três princípios básicos:

1. *Desafio*: Ter uma visão de longo prazo dos desafios que devem ser enfrentados a fim de realizar a sua ambição – o que precisamos aprender, em vez do que queremos fazer – e, então, ter ânimo para enfrentar este desafio. Para isso, temos de desafiar a nós mesmos todos os dias para vermos se estamos atingindo nossos objetivos.
2. *Kaizen*: Nunca é bom o bastante, nenhum processo pode ser visto como perfeito, então as operações devem ser melhoradas continuamente, buscando-se inovação e evolução.
3. *Genchi gembutsu*: Ir à fonte para ver os fatos por si mesmo e fazer as decisões certas, criar consenso e garantir que as metas são alcançadas na melhor velocidade possível.

Respeito pelas pessoas é menos conhecido fora da Toyota e envolve essencialmente dois princípios definidores:

1. *Respeito*: Levar os problemas de todos os *stakeholders* a sério, e fazer todos os esforços para criar confiança mútua. Assumir a

responsabilidade para outras pessoas alcançarem seus objetivos. Provocante, eu acho. Como gerente, devo assumir responsabilidade para meus subordinados alcançarem o alvo que estabeleço para eles.
2. *Trabalho em equipe*: Desenvolver os indivíduos por meio de resolução de problemas. A ideia é desenvolver e engajar as pessoas por sua contribuição ao desempenho da equipe. Equipes de chão de fábrica, a fábrica inteira como uma equipe, e a equipe Toyota no princípio.

– Então – repetiu ele, – Phil me pediu para apresentar o Modelo Toyota como eu o entendo e o mais próximo possível de como ele me foi passado pelos meus vários *sensei*. Tenho certeza de que vocês todos estão sentados aqui pensando: "O que diabos isto quer dizer?". Tenho grande respeito por Phil, mas, para ser franco, não acho que isso possa ser feito. Só aprendi com anos e anos de prática e com *feedback*, e no fim alguma coisa acabou entrando na minha cabeça dura. De qualquer maneira, eu vou tentar, mas só posso dar-lhes a minha visão pessoal dos valores da Toyota. Eles não necessariamente são os valores da Nexplas. Na verdade, não acredito que valores possam ser copiados e colados, são o resultado de uma história comum, um aprendizado compartilhado. A intenção de Phil, creio eu, ao me pedir para apresentar o Modelo Toyota hoje, é fazer vocês perceberem que há um *sistema de gestão* que está por trás do *sistema de produção*. A explicação da própria Toyota para o seu sucesso é que eles fazem carros de qualidade aplicando o *Sistema Toyota de Produção*, que é sustentado pelos valores do *Modelo Toyota*. Tanto Phil quanto eu acreditamos que o ponto de partida no *lean* é se dar conta de que isso não é só uma tática de produção, mas uma estratégia de negócios completa. Eu estou aqui hoje para fazer vocês contestarem seu sucesso em *lean* e questionarem seus próprios pressupostos gerenciais.

Ward sentiu a agitação coletiva na sala. Isto estava ficando próximo demais para ser confortável. O que o homem estava dizendo? Que a razão por que não obtemos resultados não é que *lean* era difícil de fazer... mas que nós simplesmente não *entendemos*? Isto, é claro, era exatamente o que Woods estava dizendo, e era doloroso de ouvir.

– As pessoas vêm a mim – sorriu ele maliciosamente – dizendo: "Claro, eu adoraria fazer essa coisa *lean*. Mas você não entende. Os meus clientes são completamente insensatos. Os meus fornecedores não conseguem me entregar uma peça boa. A minha gerência não entende nada. O meu pessoal nunca quer fazer o que lhes mandam. Então, por favor, vá e fale com meus clientes e diga-lhes para fazer *lean*, e depois fale com meus fornecedores e diga-lhes para fazer *lean*. Aproveitando, que tal convencer a alta gerência de que eles devem fazer *lean*? E o meu pessoal também".

Woods fez uma pausa de efeito dramático, e continuou. – A vida seria ótima se pudéssemos pôr a culpa nos outros, mas infelizmente a jornada *lean* começa com vocês bem aqui nesta sala. Cada um de vocês. Muitos tentam, poucos conseguem. Aqueles que conseguem, o fazem de maneira espetacular. São os gerentes que aprendem a desafiar seus próprios pressupostos gerenciais, todo dia no chão de fábrica, e que aprendem como gerenciar para obter *lean*. Eles aprendem a engajar seu pessoal em resolver problemas todo o tempo, de forma que os processos podem entregar mais valor aos clientes, com menos recursos.

– Para concluir, eu não gosto da palavra "cultura", porque ela significa uma coisa diferente para cada um. Crenças compartilhadas. Comportamentos comuns. Caprichos nacionais. Tudo acima, e nenhum. Ainda assim, cultura é a última fronteira para se criar crescimento sustentável. Além de sistemas *lean*, além dos comportamentos gerenciais sustentando este, você precisa criar uma cultura *lean*, junto. É improvável que duas culturas sejam iguais, mas eu estudei a Toyota e fui ensinado pelos seus *sensei* por muito tempo, e aprendi algumas coisas que valem a pena compartilhar.

– Primeiro, é uma cultura onde os gerentes sênior continuamente vão aos locais de trabalho e ouvem diretamente seus funcionários.

– Segundo, é uma cultura onde as ferramentas *lean* são usadas todo dia para visualizar questões potenciais, de forma que todo mundo pode perguntar "por quê?" até que uma causa-raiz seja identificada e uma contramedida seja aplicada. Então, eles checam até que estejam certos de que esta é a maneira certa de resolver este problema particular.

– Terceiro, é uma cultura de "problemas primeiro". Os executivos sênior recebem as más notícias dos seus funcionário porque eles as tratam séria e respeitosamente. Quando revela um problema, a equipe recebe agradecimento, não é esculhambada ou mandada ficar quieta e seguir com o trabalho. Tentem um dia desses: agradeçam a alguém por surgir com um problema novo.

– *Vá e veja*. Pergunte: "Por quê?'. Demonstre respeito.

Woods fez outra pausa, encarando todos firmemente, até que as pessoas começaram a se mexer em seus assentos, sem muita certeza se ele tinha acabado ou não. Ele virou sua cara de águia para lá e para cá, aparentemente querendo atrair o olhar de cada pessoa.

– Phil acha que é preciso que lhes digam – rouquejou ele. – Acredito que muitos de vocês vão entender bem, e o resto não vai, não importa quanto seja explicado ou com que frequência. O que quer que vocês façam, porém, não tentem cortar e colar a cultura da Toyota. Já foi tentado, sem muito sucesso. De qualquer modo, não confundam Toyota e STP. STP é um ideal que a Toyota almeja e de que, nos seus melhores dias, chega perto, é por isto que queremos entender por que eles fazem as coisas.

– A minha experiência é que vocês têm de tentar, e tentar, e repetir e repetir para vocês mesmos os princípios básicos. Toda vez que um dos seus funcionários resolve um problema, eles sabem mais. Toda vez que resolvem um problema juntos, não só melhoram seus processos, mas também aprendem juntos como uma equipe. Toda vez que eles consertam um processo ou encontram algo para acrescentar a um produto, eles constroem o sucesso da sua empresa. Vocês são a gerência. Vocês aqui, todos nesta sala. Há nada mais. Se vocês trabalharem juntos para mudar seus comportamentos para criar um ambiente de trabalho em que cada funcionário possa agregar valor aos produtos, acredito que vocês se beneficiarão como a Toyota se beneficiou. Mas é com vocês descobrir como. Juntos.

– Obrigado. Boa sorte.

Aplausos desanimados e incertos saudaram a conclusão de Woods. Ward estava entre os poucos que bateram palmas com entusiasmo. Todo mundo sempre reclama que os oradores em conferências nunca dizem nada de novo. Bem, quando eles dizem, a plateia não parece gostar muito também, pensou ele, sentindo o incômodo dos seus companheiros gerentes. Quando Woods desceu do estrado, Jenkinson juntou-se ao seu mentor. Ward se adiantou para se apresentar, mais de curiosidade do que qualquer outra coisa.

– Bob, ei, este é Andrew Ward, da nossa fábrica francesa – disse Jenkinson, enquanto vários verdadeiros crentes (ou fariseus corporativos) disputavam sua atenção.

– Ah – disse o mais velho, reconhecendo-o imediatamente. – O homem com o rancho. Amaranta nos contou tudo. Isto eu tenho de ver.

– Ãh, é mais o lugar da minha mulher, na verdade. E não é exatamente um rancho, está mais para um local de hipismo.

– Imagine só! Um hotel-fazenda no meio da França. Bela terra de vinhedos também, ela disse.

– A melhor – concordou Ward, confuso, não sabendo bem se estava sendo provocado. – Espero que você nos visite quando puder.

– Cuidado com o que pede – disse o velho com um súbito sorriso extraordinário, como o brilho do sol em um rosto de pedra. – Posso muito bem fazer isto. Phil está sempre insistindo para que eu faça um *tour* por essas fábricas europeias. Ele mencionou que vocês vêm progredindo em qualidade?

– Mês ruim em setembro – disse Ward com uma careta. – Ficamos surpreendidos com um monte de queixas dos meses de verão...

– Muitos temporários? – interrompeu Woods com um gesto conhecedor.

– Sem treinamento suficiente – respondeu Ward, pesaroso.

– Pode acreditar!

– Ei, posso ser lento, mas estou captando a mensagem: *kaizen, kaizen, kaizen*?

– Você captou – concordou o velho. – O segredo é sustentar o *kaizen* ao longo do tempo.

– Ainda estou lutando com essa – admitiu Ward.

– Trata-se de pessoas! – disse Woods. – E de estar no chão de fábrica. Fica mais fácil no dia em que você aceita que você mesmo, pessoalmente, tem de ser responsável pela compreensão que todos têm de seus trabalhos.

Ward fez que sim. Ele concordava, em princípio, mas lutava com a forma como ele próprio poderia treinar mais de 400 pessoas, afinal.

– Vá à *gemba*! – pronunciou Woods enigmaticamente, à moda verdadeiramente *sensei*, usando a palavra japonesa para chão de fábrica.

– O g*emba* é um grande professor.

– Andy, aí está você! – exclamou Coleman. – Estive procurando por você em todo lugar.

Ward levantou os olhos, surpreendido. As pessoas estavam enchendo novamente o auditório para a próxima apresentação – alguma coisa sobre definição comum de indicadores-chave em todo o grupo – mas ele estava perdido em pensamentos, olhando sem ver o seu café intocado. A fala de Woods havia reacendido o seu senso de inadequação. Ele pensava ter entendido a maioria das palavras da apresentação do velho: todos os conceitos *lean* básicos que ele ouvira a vida inteira, mesmo que a coisa da gestão do "Modelo Toyota" fosse novidade. Mas o comentário lateral de Woods de que "o chão de fábrica é um grande professor" fez Ward pensar se ele realmente sabia como fazer alguma destas coisas no chão de fábrica. Claro, ele tivera progresso nas questões de qualidade. Outubro fora muito melhor. Mas ele tinha de encarar: ele não tinha a menor ideia de como implementar um sistema puxado *just-in-time*. Ou mesmo um "parar-no-primeiro-defeito". Como se podia parar um processo contínuo, como injetoras, em caso de defeito, se pô-las para funcionar de novo só criaria mais peças ruins no arranque? Até mesmo na montagem, ele temia que parar no primeiro defeito significaria que suas linhas seriam paradas toda hora, o que contradizia a ideia de *trabalho padronizado* contínuo para o operador. Quanto ao *trabalho padronizado* em si, ele fora treinado em toda a documentação, mas nunca o vira realmente aplicado em lugar nenhum, e, para ser franco, ele não tinha ideia de onde procurar. Talvez ele pudesse pedir para visitar uma fábrica da Toyota?

– Por que a cara feia? – inquiriu Coleman.

– Só pensando – respondeu Ward, trocando de marcha mental. Eles não tinham tido tempo para uma conversa de verdade durante a conferência, e, olhando de perto, o seu velho amigo parecia cansado. Havia um traço de ansiedade sob o sorriso cortês e a afabilidade característica. Ward respeitava muito o homem e acreditava dever-lhe seu emprego.

Coleman sempre o tratara como um protegido e ensinara-lhe muito do que ele sabia sobre negócios em mercados globais.

– Não se torture por ter de transferir peças para a Polônia. Era só uma questão de tempo.

– Jenkinson realmente pretende fechar a fábrica? – perguntou Ward, subitamente alarmado. Coleman raramente dizia as coisas de cara, nisto ele era completamente o oposto de Jenkinson. Mas as suas indiretas eram carregadas.

– Sempre foi o plano – deu de ombros, Coleman. – E ele costuma fazer o que diz. Mas não o vi mencionar isto ultimamente. Ele está lutando em muitas outras batalhas, de qualquer modo. Quanto às peças que mencionamos: estamos revendo sistematicamente como movimentamos componentes ao redor do mundo e tentando simplificar nossas cadeias de fornecimento. Me pediram para diminuir pela metade o número de localidades pelas quais um produto tem de passar antes de chegar a um cliente. A meta é redução de *lead time*. Assim como ao mesmo tempo reduzir o custo por unidade, é claro – acrescentou ele ironicamente.

– De qualquer jeito que você corte – considerou Ward sombriamente, – não parece nada bom para Vaudon.

– Vamos encarar, meu velho, você está entre a cruz e a espada. Sanders ainda é inflexível em que temos de sair completamente das áreas de alto custo e migrar nossa produção europeia para o Leste. Você notou como Beckmeyer anda zangado?

– E Jenkinson?

– A sua preocupação é mais com os clientes de vocês. Quais são as perspectivas de médio prazo deles, falando nisso? Ele vê uma vantagem em ter uma fábrica francesa fornecendo às montadoras francesas, mas as vendas deles não andam muito agitadas ultimamente...

– Nem me fale! Eu tive de revisar a previsão para baixo duas vezes esse ano – respondeu Ward.

– E é difícil se relacionar com as montadoras alemãs. Os custos de produção na França podem ser mais baixos do que na Alemanha, mas ainda são altos demais. Você sabe disso.

– Não me lembre.

– Seja justo, Andy, você fazia aquelas simulações comigo. Não leve tão pessoalmente, são só negócios. Essa indústria selvagem está ficando mais dura a cada ano. Precisamos cortar custos drasticamente e esperar que sobrevivamos.

Enquanto Ward refletia, outra preocupação surgiu.

– Lowell, me diga uma coisa – começou ele, incertamente. Afinal, a última coisa que ele queria era pôr a ideia errada na cabeça de qualquer executivo sênior, mesmo o seu mais antigo aliado. Mas, no fim, perguntar constrange só por um momento. Não perguntar pode deixar constrangido para sempre. – Lembra de quando Kent Reed ainda era gerente de filial nessa época do ano passado? Quando fizemos os orçamentos?

– Com certeza. O que você tem em mente?

– Bem, com Jenkinson andando tanto pelos Estados Unidos na época, Reed nos fez concordar com orçamentos realmente ambiciosos.

– Ambiciosos, sim, um pouco; mas é assim que fazemos as coisas irem para frente. Apesar de todo o bem que fez para ele – acrescentou ele amargamente. – Ele trabalhou como um cachorro para a divisão por anos, e Jenkinson se livrou dele sem pensar um instante.

– Você estava lá na sessão do orçamento. Ele praticamente me apontou uma arma para a cabeça e me forçou a assinar coisas que nunca vão dar certo.

– É como se joga o jogo. Todos sabemos disso. Qual é a sua preocupação?

– Bem, até agora fui meio que poupado porque fiquei com as peças romenas que se atrasaram na transferência. Mas elas estão indo nesse exato momento. E agora estou perdendo peças para Breslávia. Eu realmente estou preocupado em atingir as metas sob estas condições. E não tenho qualquer controle sobre alguma destas decisões.

– Isto é tudo que está atormentando você? – Coleman desfez de sua preocupação com um gesto rápido de pulso. – Não se preocupe com isto. Se há uma coisa que podemos dizer em favor do nosso CEO, é que ele sabe exatamente o que está acontecendo nas suas fábricas. Todos sabem que você está dando o melhor de si. Você vai ficar para lá de bom, você vai ver. Não perca sono por causa disso.

Para lá de bom? Ward frequentemente se incomodava com a afetação de Coleman com expressões curiosas. Lá onde?

"Você não pode carregar o peso do mundo nos ombros", censurou-se Ward, respirando fundo. Era um belo dia quente de outono, e ele estava perdido em algum lugar em meio a colinas íngremes, dominando um longo e estreito lago. No meio do caminho para Bethany, ele parara o carro no Belvedere Bald Eagle e saíra para se esticar após várias horas de direção. A luz era de tirar o fôlego, diferente de qualquer coisa que ele já tinha visto na Europa, e as árvores vermelhas e douradas brilhavam em toda sua glória, resplandecentes contra o céu azul sem nuvens. Ele se abriu para a sensação da floresta, saboreando os últimos dias de sol puro depois das primeiras geadas, e antes do inverno se instalar. O ar estava cheio de aromas, um início de frio subia das águas azul-petróleo do lago.

Ele preferira dirigir de Rexington a Bethany em vez de ir de avião. Antes fazia muito isto, recordou ele melancolicamente. Nos tempos gloriosos da consultoria, ele alugava carros nos mais remotos locais de produção dos seus clientes e ficava no fim de semana após o trabalho pelo simples prazer de dirigir em lugares estranhos. E lembrava da emoção da descoberta, misturada com o insistente medo do desconhecido, do estranho, do imprevisível – assim como do ocasional momento puramente mágico de atordoante beleza exótica. Ele, em grande medida, parara de viajar após se estabelecer na França. Claire não podia deixar Malancourt muito seguidamente ou por muito tempo, e quando eles conseguiam sair era mais para visitar os pais dele ou em Richmond ou em Aix. A fuga desse verão para a Grécia fora um luxo raro. Ele se sentia bem por estar na estrada aberta novamente, e resolveu que se sentir bem seria bom o bastante por agora.

Por algum tempo, dirigindo pelas tortuosas estradas do interior, por cidadezinhas e campos com celeiros vermelhos, Ward brevemente recuperou aquela sensação de despreocupação satisfeita. Neste exato momento, ele se recusava a possuir qualquer coisa – filho, casamento, fábrica. Ele deixava que possuíssem a si mesmos e crescessem a seu próprio ritmo, seguindo seu próprio caminho. Por enquanto, libertado pela estrada aberta, ele se agarrava à sua liberdade mental inventada como se reencontrasse um velho amigo.

Até que Claire ligou para seu celular e disse para ele não se preocupar: Charlie estava com febre. Vírus sazonal, tinha dito o médico.

Deveria estar bem quando ele voltasse. Nada para se preocupar. Droga! Para onde fora a sua vida? De volta no carro e com a música berrando no rádio, liberdade era, de fato, apenas outra palavra para nada mais a perder. Em um raro momento de iluminação, Ward percebeu por que as apostas pareciam tão altas. Ele agora tinha muito com o que se preocupar e muito a perder.

– Eu tenho que perguntar – disse Ward, desconfortável. – Quanto tempo você realmente passa no chão de fábrica?

Mark Neville se fingiu de sério por alguns instantes, fazendo-o se sentir um idiota, mas então, subitamente, sorriu largamente.

– Phil pediu para você me perguntar, estou certo? Estou sempre reclamando para ele que com todas as coisas de direção que temos de fazer, não tenho tempo suficiente para o *gemba*.

Apesar do seu físico imponente e um pouco ameaçador, Neville se revelara um homem genial com uma confiança tranquila que Ward tanto invejava como lamentava. Neville era um pouquinho mais baixo que o inglês, mas parrudo o suficiente para segurar dois Andrews comprimidos num só, com espaço de sobra. Músculos impressionantes saltavam de uma camisa branca de mangas curta que contrastava fortemente com sua pele escura. Ele tinha sobrancelhas espessas e um grosso bigode negro que o fazia parecer mais um leão de chácara do que um gerente de fábrica.

Vendo-o novamente, Ward lembrara-se vividamente do seu primeiro encontro. Faria o quê? Cinco anos? Ele era parte de um grupo de *trainees* a quem Ward iria transmitir a teoria da gestão superior de cadeias de suprimento na manufatura da classe mundial, nada menos, uma incumbência de consultoria para Coleman. Em retrospecto, ele tinha de admitir que a coisa devia soar forçada para gerentes operacionais, para não dizer simplesmente estúpida. Quando ele tolamente chamara o grupo às falas por não cooperar porque tudo isto era, na verdade, para o próprio bem deles, Neville se inflamara e estourara, dizendo que as duas maiores mentiras nos negócios eram "o cheque está no correio" e "eu sou da direção, e estou aqui para ajudar", recebendo um viva do grupo. O pai de Ward sempre sustentara que, se você não sabe rir de você mesmo, você está perdendo a melhor piada que tem por aí, mas ele ainda se sentia culpado pelas bobagens metidas que ele tinha espalhado durante seus tempos de consultoria para pessoas que sabiam mais do que ele.

– Com todos os relatórios e tal – disse Neville –, passo, no mínimo, duas ou três horas por dia no meu escritório.

– Duas ou três? – certificou-se Ward, pasmo. – Eu tenho sorte se consigo passar pelo menos uma hora na fábrica todos os dias. Sempre tem alguma outra coisa para eu fazer.

– Sim, nem me fale. A verdade é que vou direto para o chão de fábrica e não leio os *e-mails* até depois do almoço. Às vezes nem almoço.

– Mas o que você realmente faz no chão de fábrica todo este tempo? – soltou Ward.

– *Kaizen*, é claro.

– Agora me perdi. Eu pensava que *kaizen* era fazer os operadores contribuírem aos processos e aos produtos. Eu estou toda hora ouvindo que não deveria usar somente os dez cérebros ao meu redor e centenas de mãos, mas...

– Todos os cérebros no negócio. É, é um bordão do Phil. Mas isto é o mais importante. Como gerente de planta, você tem de incentivar o *kaizen*. Não vai simplesmente acontecer sozinho.

– Não devo me envolver eu mesmo, mas mandar fazer? Delegar *kaizen*, você quer dizer?

– Não exatamente... Escute, por que não vamos ao *gemba*, será mais fácil de explicar – propôs Neville enquanto bebia seu café. Ward imitou, abençoando o homem por ter sua própria máquina de expresso. Esse era o primeiro café decente que ele tomara a semana inteira e, em troca disso, estava pronto para ser ensinado e apadrinhado até dizer chega.

Quando eles entraram na fábrica pela área das injetoras, Ward imediatamente percebeu como esta fábrica era diferente da sua. Como em Vaudon, havia duas dúzias de injetoras de alta a baixa pressão de fechamento, algumas células de montagem e estações de trabalho individuais de montagem. Os produtos eram muito parecidos também – em sua maioria, peças plásticas de motor. Fora isto, ele sentia que estava em um planeta industrial diferente. Impressionantemente, a fábrica era organizada para o fluxo. As peças saíam das injetoras em uma variedade de cremalheiras engenhosamente projetadas, ou em contêineres ou em suspensores rolantes, que chegavam às estações de montagem diretamente. Ward se impressionou ao ver como todo sistema de fluxo era feito de simples tubulação branca emendada, sem nenhuma automação à vista. A fábrica também parecia muito mais eficiente em mão de obra. Diferentemente de qualquer fábrica que ele tinha visto até então, Ward não via pessoas simplesmente circulando. Aqui, os operadores estavam trabalhando em suas estações. Fora isto, a fábrica parecia não ter pessoal.

Alguma coisa mais estava faltando... Ward de repente se deu conta de que não havia empilhadeiras andando pelas áreas das injetoras e de montagem. Em vez disto, componentes e peças eram trazidas por pequenos trens feitos de tubulação branca. Ao contrário das empilhadeiras, que traziam paletes inteiros de componentes de vez em quando (e mesmo assim dificilmente na hora certa) na sua fábrica, estes trens circulavam continuamente, trazendo pequenas quantidades constantemente. Abruptamente, Ward compreendeu o comentário de Jenkinson sobre abolir as empilhadeiras no chão de fábrica quando eles discutiram o acidente com a empilhadeira no verão. Neville confirmou que empilhadeiras estavam restritas à área de carregamento para pôr grandes componentes de clientes dentro dos caminhões. Ward percebeu que a área fora organizada para maximizar o uso de empilhadeiras descarregando-se os contêineres vazios antes de se carregar os cheios. Todos os outros materiais na fábrica eram transportados por pequenos trens.

Ele imaginava como Neville tinha conseguido obter uma devolução constante de contêineres vazios dos seus clientes. Em Vaudon, este era outro incômodo constante. Visto que as montadoras não devolviam contêineres com segurança com cada caminhão que vinha pegar peças, eles estavam constantemente em falta de contêineres para clientes, e tinham de trabalhar com caixas de papelão, ou subitamente ficavam lotados com contêineres vazios que não podiam nem guardar.

Outra diferença visível era que, diferentemente de Vaudon, não havia um operador por injetora tirando as peças do transportador, consertando quaisquer defeitos menores deixados pelas fases anteriores do processo, e colocando-as na embalagem apropriada. Aqui, transportadores ligavam grupos de injetoras onde uma equipe de operadores pegava as peças que vinham juntas em um só transportador e as colocava no contêiner certo, e então punham os contêineres no corredor certo.

– Nós tentamos agrupar os operadores – explicou Neville, mostrando com suas mãos imensas, – para encorajar o espírito de equipe, mas também para que, se fizermos uma melhoria de produtividade, possamos reequilibrar a linha com uma pessoa a menos. Se elas ficam isoladas em frente à injetora, não importa o quanto você melhore a estação de trabalho, você nunca pode tirar um terço de uma pessoa.

– Pode apostar – concordou Ward, entusiasmado em esboçar o arranjo na contracapa do guia de viagem que ele tinha no bolso da camisa. – A produtividade de vocês é duas, talvez três vezes a minha. Uau.

– É – o homem deu de ombros, se depreciando. – Não aconteceu da noite para o dia, digo isso à você. Aqui estamos, a célula Toyota.

Ward montava praticamente a mesma peça para um cliente diferente. Novamente, a montagem da sua fábrica não tinha nada a ver com isso. Para começo de conversa, a montagem não estava em uma única célula. Os engenheiros de processo franceses tinham separado um pouco do trabalho feito na injetora, com o resto da montagem espalhado por várias estações de trabalho. Aqui, em contraste, toda a montagem ocorria em uma célula estreita, onde três mulheres trabalhavam com todos os componentes necessários à mão, trazidos a elas por vários engenhosos porta-paletes. Ward contou mentalmente o número de pessoas envolvidas em produzir esta peça em Vaudon, e ficou horrorizado ao chegar a seis ou sete, na melhor das hipóteses.

– Logo quem – murmurou Neville sombriamente para si mesmo, espantado em ver Ward demonstrando o que aprecia ser interesse sincero na sua fábrica. O cara era um protegido de Coleman e, como tal, não confiável, lembrou Neville para si mesmo. Ele ainda estava se recuperando de toda a bobageira corporativa que ele tivera de engolir ao longo dos anos de idiotas como Ward e todos os outros consultores. Como jovem engenheiro de produção, no que parecia ser outra vida, Neville tivera a oportunidade de trabalhar em um projeto liderado pela Toyota para desenvolver uma célula *lean* na fábrica. Ao longo dos anos, ele tivera que engolir o seu ódio e ver uma equipe de gerentes após a outra se perder completamente e sistematicamente destruir valor por meio de pura arrogância do raciocínio superficial e da visão extrema de curto prazo. Jenkinson tinha sido um inesperado fôlego novo, mas se Neville fosse um apostador, ele jogaria no fracasso de Jenkinson em transformar a empresa – ele não sabia contra o que se opunha.

Agora, ironia suprema, o mesmo Jenkinson havia mandado o exemplo perfeito dos gerentes que Neville detestava para ser treinado com ele. "Inacreditável", suspirou ele, mentalmente. Ward não tinha qualquer conhecimento operacional antes de ser nomeado gerente de fábrica, e mesmo na sua função anterior de sei-lá-o-quê de cadeia de suprimento ele era um peso leve. Neville achava que Jenkinson os tirava de qualquer lugar, mas se ele fundamentava suas esperanças de salvar a empresa em palhaços como este inglesinho, ele ainda tinha muito pela frente. Ele tomou um longo e calmante fôlego e pensou novamente em como explicar cores para um cego.

– É isso o que faço o dia inteiro – explicou Neville, com o sorriso indulgente de alguém que sabe que você é a piada da vez. – Eu fico na frente de uma célula e observo.

Ward olhou para ele, confuso, apesar de o outro homem ter lhe virado seu ombro largo e estar dando atenção total à célula.

– Oi, gente – disse ele, desinteressadamente. – Oi, Sam, Brianna, Judy.

– Dia, Mark – acenaram eles de volta, sem interromper seu ciclo.

Ward ficou olhando para a linha, mas a achou tão otimizada que mal conseguia ver algum problema. Ele procurou exemplos dos sete desperdícios apontados por Amy Woods: *produção em excesso, espera, transporte, processamento, estoque, movimentação* e *correção*. Mas ele não conseguia ver qualquer interrupção no fluxo do balé de trabalho que os operadores estavam apresentando diante dos seus olhos. As três mulheres trabalhavam de maneira regular, coordenada, sem se apressar ou esperar. Era incrível.

– Judy – disse Neville, depois que vários minutos de intensa observação tinham se passado, fazendo Ward perceber que havia perdido a concentração e estava pensando em estações de trabalho em Vaudon em vez de, bem, *olhar*. – Parece que quando você pega a peça de cima à sua frente, você bate o pulso no contêiner. Isto acontece seguido?

As três mulheres pararam o que estavam fazendo, se viraram para o gerente da fábrica, e então olharam para o porta-palete como se o vissem pela primeira vez. Sim, parecia que as peças chegavam um pouco alto para o membro mais baixo da equipe.

– Você pode me mostrar? – perguntou Neville.

– Claro, Mark – respondeu ela, pegando o componente. Como era de se esperar, ela esticou o braço e bateu o lado de baixo do punho quando mexia na caixa.

– Só acontece quando a caixa está quase vazia; quando está cheia, não há problema.

– Judy, você sabe mais do que isso. Isso ainda quer dizer que você bate o seu pulso várias vezes por hora. Você sabe o que penso sobre lesões relacionadas a trabalho. Eu preferiria que ninguém desenvolvesse uma síndrome do túnel carpal.

– Ah, Mark, está tudo bem. De verdade.

– Não está, não. Me diga por que isso acontece.

– Eu sou baixinha! – respondeu ela imediatamente, com um largo sorriso. Ela realmente era baixa, uma mulher com aparência italiana com cachos pretos e esmalte pink brilhante nas unhas.

– Você é – franziu o cenho uma de suas colegas, uma matrona com tez pastosa e uma cara um pouco azeda. – Mas eu tenho o mesmo problema. Você tem de esticar mais o braço, o que vai causar fadiga, você vai ver.

– Então qual é o problema? – perguntou o gerente da fábrica.

– A caixa está muito alta? – sugeriu a terceira mulher, uma lourinha jovial.

– Porta-palete no ângulo errado?

– Sim, mas lembrem que tivemos que pô-lo ali porque senão ele atrapalha a máquina.

– Ou o contêiner é muito grande, talvez?

– Moças... – começou Neville, levantando suas grandes mãos.

– ... deem uma sugestão – elas riram em uníssono. – Como sempre.

– Por favor, deem uma sugestão – concordou ele, acenando preocupado. – Primeiro falem com Pete, e depois com Martha, sim?

– Claro, Mark.

– Pete e Martha? – pensou alto Ward enquanto eles se afastavam da linha.

– Pete é o líder de equipe desta célula e da próxima célula, onde temos outros três operadores. Um cara não apareceu hoje de manhã, então Pete o está substituindo. Senão ele teria aparecido conosco. Martha é a supervisora da área.

– Qual é a sua proporção de supervisores?

– Depende da atividade. No total, eu tenho um supervisor de turno para cada 40, 45 pessoas. Mas aqui na montagem eu tenho supervisores assistentes para 15 ou 20 pessoas. O ideal para um líder de equipe é uma equipe de cinco, mas neste departamento eu estou um pouco abaixo do padrão. Um líder de equipe coordena de seis a sete pessoas.

– Uau, isto é muito mais gerência de linha de frente do que eu tenho!

– É o que todo mundo diz – deu de ombros Neville. – Mas eu acho que vale a pena em termos de produtividade. E eu mal tenho pessoal de suporte, no fim.

– Então, deixe eu entender. É isto o que você faz o dia inteiro? – perguntou Ward. – Andar por aí e pedir sugestões?

– Em resumo – concordou Neville com um sorriso superior. – Quando eu não estou com um cliente, em um fornecedor, ou brigando com os idiotas da engenharia, aí sim. Na fábrica, é isto o que eu faço. Surpreso?

– Hum. Bastante. Quero dizer, a fábrica é muito impressionante. É que, bem... foi assim que você chegou lá? É difícil de acreditar.

– Acho que sim. Mas é essencialmente o que faço. Olha, para ser honesto, é um pouco mais estruturado do que só pedir sugestões. Há muitas outras atividades que precisam acompanhar isto. Eu também vou e falo com o supervisor para garantir que eles vejam o problema. O papel deles então é trabalhar com a equipe na base do *trabalho padronizado* e fazer clarificarem o problema. Então, se um membro da equipe sugere alguma coisa, o supervisor os ajuda a explicar exatamente como a sua sugestão afetaria a situação. Assim que está mais claro, eles combinam um intervalo de tempo para experimentar a ideia, com cartões e tudo que tem direito. Então, o supervisor ajuda o operador a fazer a *checagem* do *PDCA*.

Se a ideia funciona, o operador precisa convencer os outros membros da equipe. Eles têm de convencer os turnos da tarde e da noite também. Só então consideramos a sugestão aceita. Na verdade, o processo de sugestão aqui é uma grande parte do trabalho do supervisor, e estou sempre checando.

– Você está conseguindo que façam o seu próprio *PCDA*? – perguntou Ward. – Eles *planejam* a ideia, experimentam-na, *checam* e *agem* de acordo com ela com os outros membros da equipe, certo?

– Claro. Eu tenho mais o que fazer da minha vida!

– Uau! – exclamou Ward. – Eu queria poder fazer isso com os meus caras.

Neville lançou-lhe um olhar de soslaio, mas nada disse. Ele lembrava de todas as vezes que todo mundo lhe explicara que ele nunca alcançaria o nível de produtividade da Toyota porque seus funcionários não eram japoneses e tinham a cultura de trabalho errada, ou não eram selecionados tão rigorosamente quanto na Toyota e não tinha a atitude certa, ou não eram treinados pela Toyota nisso ou naquilo e tinham alguma outra falha de caráter. Ele se deu conta, na época, de que se os funcionários se conformassem com as piores expectativas gerenciais, nunca desapontariam. Gente era gente em todo lugar. Quanto demoraria para a gerência entender isto?

– Você não imagina como são os franceses – acrescentou Ward defensivamente, aproveitando a desaprovação do outro. – Como você aprendeu a fazer isso? – perguntou, enquanto caminhavam de volta para o escritório aberto da fábrica.

– Esta fábrica tem um pouco de história com *lean*. Quando eu entrei como um jovem engenheiro de produção, muito antes da Alnext comprar a fábrica, a empresa original já vinha fazendo *just-in-time*; eles já tinham até ganhado algum prêmio por isso. Era uma fábrica muito maior então, e eles tinham conseguido levar para Georgetown algumas peças para o início da produção da Toyota. Faróis, essencialmente. Na época, a Toyota tinha combinado de nos ajudar a aprender o STP, e eles mandaram alguns dos seus engenheiros sênior para trabalhar nas células Toyota conosco. Eles acharam que era um bom treinamento para eles também. Eu era o engenheiro de produção local que foi designado para o projeto.

– Vinte anos atrás?

– Quase – disse o homem com um sorriso melancólico. – Era um trabalho fascinante. Os caras já tinham organizado a fábrica em células grosseiras, mas isso nos levou a um nível completamente diferente. A célula de montagem ainda enrolava os vidros de farol em uma embalagem protetora e colocava-os em caixas grandes de papelão que eram levadas por empilhadeiras. A Toyota nos fez comprar pequenos contêineres de plástico com compartimentos especiais, cabendo apenas cinco peças em cada. Então, eles nos disseram que, apesar do caminhão da Toyota vir apenas uma vez por dia, teríamos que levar caixas a um lugar especial na expedição a cada meia hora, alguns contêineres por vez. Por fim, eles queriam lotes de 25 peças, e depois mudar, nada mais.

– Vinte e cinco peças? – repetiu Ward, abismado. – Cinco contêineres?

– Você ouviu bem: cinco contêineres e troca – enfatizou ele com um gesto de corte. – Cinco contêineres e *troca*. Mas eles não deixavam que gastássemos mais do que 15% do nosso tempo de produção com as trocas. Era realmente um desafio.

– Como você resolveu isto?

– Lentamente. Lutamos uma batalha ferrenha cada centímetro do caminho, mas acabamos aprendendo como fazer. E, no processo, eles nos fizeram parar a cada peça ruim para entender o problema. Essa é a situação da célula: eles estão removendo um número fixo de contêineres a cada meia hora, mas se uma peça está com defeito, eles não produzem uma segunda até eu ter checado a linha e descoberto o que deu de errado. Eu quase vivia naquela célula, acredite em mim.

– E o resto do seu trabalho?

– Bem, isto é um problema, com certeza. Mas a gerência na época achava que era importante aprender essa coisa do JIT. Eles ficaram muito desapontados porque tudo que fazíamos era um trabalho muito detalhado cuja relevância não viam na época. Por exemplo, acabamos modificando todo o equipamento para que os próprios operadores pudessem fazer as trocas na célula sem ter de depender dos montadores. Era uma fábrica tão grande, ninguém se dava conta das implicações naquela época.

– Implicações? Houve uma lição maior?

– Você quer dizer, além de produzir *just-in-time* e parar a linha em vez de funcionar com problemas de qualidade? – riu ele. – Irmão, a primeira que aprendi é como é fácil dizer, mas difícil fazer. Parar a linha, por exemplo, fácil de dizer. Mas, de início, a linha é parada toda a hora, e você não sabe se são problemas reais ou não. Então, você trabalha com compromissos, sabe, tantos defeitos desse tipo e assim por diante.

– Mas o que realmente aprendi foi a importância da equipe. Essa não foi uma lição fácil, entenda. Com tudo que estávamos fazendo na linha, se mudávamos um operador, tínhamos de recomeçar todo o treinamento e as explicações. Como a demanda da Toyota era tão regular, conseguimos ter uma equipe bem estável no fim, e estes caras eram realmente comprometidos, sabe. Eles apareciam faça chuva, faça sol. Eu lembro de uma garota que tivemos de mandar para casa porque ela vinha trabalhar com uma febre muito alta. Ela não queria deixar a equipe na mão. No fim, levei o crédito por muitas das mudanças, mas a gerência nunca percebeu que a maioria das ideias vinha dos próprios operadores.

Ele fez uma pausa quando estavam prestes a reentrar na área da gerência. – Espere – disse o grandão. – Vamos voltar à linha, vou mostrar-lhe algo.

A cabeça de Ward estava rodando, e ele sentia o agora familiar vazio na boca do estômago. Como alcançar 20 anos de experiência? Neville havia parado o motorista do trenzinho para explicar alguma coisa que Ward não pegou.

– De qualquer forma – Neville voltou à sua história enquanto caminhavam de volta pela fábrica. – A gerência ficou realmente impaciente, pois, apesar de conseguirmos impressionantes ganhos de produtividade na célula, parecíamos não estar aprendendo algo de *"just-in-time"* como ele era entendido na época. Não usávamos realmente *kanbans* na célula, só trazíamos um número fixo de caixas em um tempo fixo e etc. Então, eles discutiram isso com a Toyota e nos mandaram um *sensei* do seu centro de desenvolvimento de fornecedores. Aí era outra coisa. O cara veio e só falava de "células". Tivemos de pôr toda a fábrica em células. Ele não falava muito em inglês, então havia um monte de problemas de tradução, mas meio que entendíamos que ele voltaria até que tivéssemos toda a montagem organizada em células, como fizéramos com a linha Toyota. Foi o que fizemos, e eu fui encarregado de todo o projeto. Foi dureza: eu tive de brigar com todo o mundo, desde a gerência até os supervisores e o sindicato. Mas no fim, conseguimos.

– E daí?

– Estoques na fábrica – suspirou ele. – Cada célula tinha de ter seu próprio minissupermercado de itens frequentes e um corredor especial para os menos pedidos. O princípio era claro, apesar de ser uma revolução: as peças tinham de ser estocadas *após o processo de fabricação*, não antes. Em essência, cada célula tinha de ter sua própria produção, um pequeno estoque de peças, se quiser, e células de clientes vinham e retiravam o que precisavam. O principal problema prático era que isso significava se livrar de toda a embalagem grande e transferir a fábrica inteira para caixas pequenas. Isso ficou uma loucura, então eles abandonaram todo o projeto da fábrica e me tornaram gerente de módulo de uma área menor, onde me deram o OK.

Eles estavam de volta à célula, e Neville abanou para os operadores que olharam para cima e acenaram, mas não interromperam seu ciclo.

– Esse era o próximo grande passo – disse ele, apontando a uma longa tubulação onde cartões de *kanban* estavam presos e pendurados em uma fila organizada.

– Neste ponto, estávamos fazendo quadros de *kanban*, sabe, pondo cartões em um quadro pintado de verde para OK, amarelo e vermelho para "fazer mais". Já que estávamos tocando tão regularmente a linha da

Caixa de preparação dos lotes

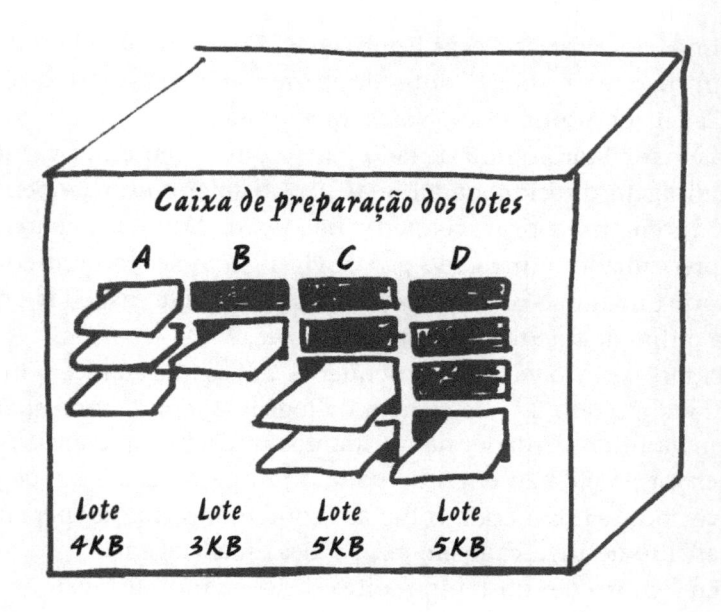

A	B	C	D
Lote 4KB	Lote 3KB	Lote 5KB	Lote 5KB

Toyota, nós nunca demos muita bola, mas na minha área maior o *sensei* me fez colocar toda a parafernália de caixa de *nivelamento*, *kanbans*, lançador de filas, todo o troço.

Ward olhou para os cartões pendurados, tentando entender o que estava acontecendo. Cartões plásticos estavam presos em maços de cinco, e dispostos em uma fila de espera.

– Entendi – disse ele afinal, cautelosamente. – Vocês estão reproduzindo a sequência de consumo, é isto?

– Por aí. Uma caixa é levada do estoque de fábrica para lá, e o cartão é posto nesta caixa de constituição do lote aqui.

– Assim que se chega aos cinco cartões, eles são presos com um clipe e postos no lançador. Nós ainda não estamos no nível da caixa, mas, sim, estamos tentando chegar o mais próximo possível de produzir na sequência de consumo. O ideal é um por um, em sequência.

Ele voltara a observar a linha intensamente, e novamente Ward não tinha qualquer ideia do que procurar, o que era realmente desconcertante. Afinal, ele já era gerente de fábrica por três anos completos!

– Nós ainda estávamos no meio da implementação quando a fábrica foi vendida para a Alnext – suspirou Neville, franzindo o cenho. – Então, nos unimos ao setor de Peças Internas, e, na época, aquele imbecil do Coleman era o responsável – antes de eles terem o bom-senso de chutá-lo para a Cadeia de Suprimento. Nossa, que idiota.

Coleman? Ward olhou de lado para o outro, tentando ver se havia uma mensagem direcionada ali, mas não, o sujeito estava apenas revivendo o momento, e provavelmente não ligaria Ward a Coleman. Ward estava preocupado e intrigado por ouvir alguém ser tão crítico do seu mentor, de quem não ouvira algo de ruim antes. Ele suspeitava que Neville era o tipo de sujeito que nutria rancores.

– Então, o burro vê todas as pequenas caixas que eu recém tinha implementado e o fato de que alguém da logística tem de vir e apanhá-las a cada meia hora (verdade, não tínhamos um trem na época), mas de qualquer forma ele não entende nada do impacto dos lotes pequenos, não ouve nada, e nos manda voltar aos contêineres grandes para minimizar o trabalho desperdiçado em fazer todas estas viagens.

– Eu lembro de um tempo antes disto quando estávamos funcionando com *kanban*. A máquina quebra no meio da madrugada, e me acordam. Então, eu pergunto quanto estoque eles têm na sua frente para entregar à Toyota.

– Na época, mandávamos um caminhão a cada duas horas. "Três horas", eles me dizem. Então eu dou tchau à minha mulher e, apesar de não estar contente com aquilo, vou para a fábrica e tento arrumar a bagunça.

– A mesma coisa aconteceu alguns meses depois, quando voltamos aos lotes grandes. Eles me acordaram no meio da madrugada por causa de outro problema de equipamento, e eu perguntei: "Quanto estoque vocês têm?". "Três dias", eles dizem. Então eu falo para eles: "Vão para o inferno. Me deixem dormir. Vejo vocês de manhã".

Ele riu inesperadamente. – Engraçado, não?

Ward sorriu obedientemente, sentindo-se completamente perdido.

– De qualquer forma, incomodei tanto que eles me transferiram de volta para a engenharia de produção. Mas então as coisas acabaram ficando tão ruins com a nova gerência que simplesmente me demiti. Eu já estava cheio de produção mesmo e queria experimentar outra coisa. Mandar em mim.

– Sério? O que você fez?

– Ah, comecei a tocar uma cadeia de lavanderias de autosserviço na cidade.

– Não funcionou?

– Funcionou bem – sorriu ele largamente. – Só ficou chato depois de um tempo. Nada de mais acontece com lavanderia.

– Então você voltou para a fábrica?

– Sim. Por meus pecados. De uma certa maneira, eu estava realmente satisfeito por ter saído. A gerência da Alnext tinha cortado os quadros da fábrica pela metade, e toda esta gente estava sem emprego. Bethany é uma cidade muito pequena, e eu conhecia todos estes caras. Com certeza, gostei de não ser parte deles quando veio a ordem. Mas, no fim, o que sobrou da fábrica estava uma zona completa, e eles tinham arranjado algum outro burro incompetente para tocá-la. Então alguém se lembra de mim, e eles me perguntam se quero assumir como gerente de produção. "Que diabos", digo eu a eles, "por que não?".

Ward se surpreendeu por começar, inesperadamente, a gostar do sujeito. Este era um cara de produção, de fio a pavio – a coisa de verdade. Enquanto Ward brincava de consultor, curtindo a emoção dos voos na classe executiva, *lounges* de aeroportos, cafés da manhã de negócios e todas as várias *ego trips* de se reinar sobre meros gerentes de operação, Neville estava aprendendo *lean* do jeito duro, sendo aprendiz de consultores da Toyota, resolvendo problema em cima de problema, nunca sabendo como o panorama geral um dia seria. Ele tinha merecido sua fábrica. Ele se importava.

E agora Ward percebia que ele também estava começando a se importar – e ele não tinha certeza se gostava da sensação. Quando ficou sabendo que os dias de Vaudon estavam contados, ele entrara em pânico e implorara por tempo, certo de que conseguiria se safar daquela bagunça. Mas quanto mais ele aprendia sobre Jenkinson, mais se convencia de que espetáculos corporativos de mentirinha não seriam o suficiente. *Fingir lean* não seria bom o bastante, não importando quão boa fosse sua conversa. Então Ward tentara com mais empenho – e fracassou. E agora ele via uma fábrica tão mais à frente na jornada *lean* que a sua *tas de boue* – monte de lama, como se diz na França. Havia algo nessa coisa *lean* que era difícil de definir, mas definidora ao mesmo tempo. Algo que dava a

Neville essa mistura chocante de arrogância casual e profunda humildade. Algo que você tinha de merecer, não algo em que você pudesse dar um jeitinho. Porcaria.

– E então você começou com *lean* de novo na fábrica?

– Quê? – perguntou o outro gerente de fábrica, que estava completamente focado na célula, com seus enormes braços cruzados.

– Não, pior que não. Eles me tiravam o couro com todas as broncas que eu tinha de resolver e todos os programas corporativos a implementar. O grande projeto era o novo lançamento de um *software* de MRP. Então eu nem tentei. Foquei em reconstruir células e estabilizar os operadores em equipes. Nos anos ruins, eles cortavam todos os supervisores e reduziam-nos a um por dia, com áreas imensas.

– É isso o que eu tenho – concordou Ward. – Para otimizar a taxa direto/indireto.

– É, todas essas coisas aí. Daí eu reuni os veteranos remanescentes e reformei um grupo de supervisão sólido; então, tentamos espalhar as ideias para os líderes de equipe, mas era um briga diária com o gerente da fábrica. Ali! – exclamou ele, acenando em direção à equipe.

– O quê? – perguntou Ward.

– Peça ruim!

De fato, o operador tinha recém posto uma peça na caixa vermelha, bem debaixo do nariz de Ward, mas ele estava tão absorvido pela conversa que nem o vira.

– E o líder de equipe está fazendo peças na outra célula. Deus, uma pessoa falta e todo o esquema vai pelos ares, isso eu digo a você. Normalmente, toda vez que eles põem uma peça ruim na caixa vermelha, o líder da equipe vem dar uma olhada para verificar se a causa pode ser achada.

– O que aconteceu?

– Não temos certeza. Sempre recebemos algumas peças ruins depois da reposição. Esta equipe tem um círculo de qualidade. Eles se encontram uma hora por semana, com hora extra paga, para tentar descobrir o que causa a peça ruim, mas ainda não conseguimos.

– A reposição? – deixou escapar Ward.

– Claro, você não os viu pegarem outro conjunto de cartões da fila de espera? Sempre que eles fazem isso, eles têm uma reposição. É isso que eu queria que você visse.

Ward mordeu a língua. Na verdade, ele nem notara que eles estavam trocando de produção. Ele estivera observando a célula e perdeu completamente a troca de produção. Ele não estava *enxergando*. Quando pensava em toda a lenga-lenga de Vaudon, onde todos os componentes tinham de ser esvaziados da referência antiga e depois preenchidos novamente, e então um montador tinha de estar lá para mexer nos gabaritos e tal, ele entendia por que, mas ainda assim ficava chocado em como ele era ruim em *enxergar* o chão de fábrica. Se esse homem conseguia, com certeza ele poderia aprender!

– Sem preparadores – disse finalmente Ward. – Mas e quanto aos componentes? Você não tem de limpar a linha dos componentes do produto anterior antes de recomeçar?

– Não mais – sorriu Neville, claramente satisfeito. – Olhe, temos todos os componentes para todos os modelos na linha...

– Em caixas bem pequenas – completou Ward, batendo na testa, finalmente enxergando o arranjo da linha. – Droga.

– É isso aí!

– Droga, droga, droga! – xingou Ward, ainda completamente chocado pelo fato de ele simplesmente não ter visto a troca acontecer. Ele estava no chão de fábrica, OK, mas não estava sequer olhando. *"Vá e veja"*, censurou-se ele, não "vá e pareça um maldito burro".

Ele se virou para Neville: – E todas as suas células funcionam assim?

– Não exatamente – fazendo uma cara estranha. – Mas estamos chegando lá. Aos poucos. Fazer as pessoas se envolverem em equipes e achar os supervisores e líderes de equipe certos ainda é a parte mais difícil do trabalho. Desenvolver pessoas leva tempo. E lembre-se, faço realmente isso somente há um ano, mais ou menos.

– Jenkinson?

– É. Quando fiquei sabendo que íamos sofrer um *spinoff*, eu me preparei para me demitir de novo. O gerente da fábrica e eu estávamos toda hora aos berros; eu achava que mais uma troca de gerência iria significar ainda mais cortes.

– Geralmente significa – murmurou Ward, o que lhe valeu outro olhar longo e calmo, mas nenhuma outra reação.

– Daí Phil Jenkinson entra na fábrica com seu parceiro Bob Woods. A única coisa que Phil quer ver é o que está acontecendo na linha da

Toyota. Por que estamos recebendo tantas reclamações deles sobre as remessas? O gerente da fábrica começa a argumentar que a Toyota perfaz menos de 10% do volume total da fábrica, ele não tem recursos para cuidar de cada vontade deles. Nesse ponto, o consultor, Bob Woods, diz: "Eu não tenho tempo para isso – me mostre a linha".

– Ele disse isso?

– Você conhece o homem? Então eu o levo à linha, e começamos a discutir o trabalho que eu tinha feito com os faróis (quando ainda os tínhamos) e o que eu estava tentando fazer com a célula existente. Chegamos à linha atual da Toyota, que é outra peça, já que não fazíamos mais os faróis. E Woods começa a reclamar do tamanho do lote. Eu começo a ficar P da vida com o animal. Ele não consegue ver o que estamos fazendo? Então eu peço para os caras pararem a linha e demonstrarem a reposição. "Aí, ó", eu digo a ele. "Olhe. Menos de 10 minutos." Ele olha para mim e diz: "Um fôlego!".

– Um fôlego?

– É – riu ele. – Zero de tempo, sabe? A reposição deve acontecer enquanto o líder da equipe segura o fôlego. Woods viu que estávamos tentando fazer a troca existente ficar mais rápida, *sem chegar a questionar o método em si*. Portanto, um fôlego. Com esse tipo de equipamento, a troca deveria ser instantânea. Isso era exatamente o que tínhamos alcançado com os consultores da Toyota nas células de farol durante todos aqueles anos, então eu começo a rir e pergunto como ele acha que deve ser feito. "Não pergunte a mim", diz ele. "Pergunte a eles!"

– Quando vejo, recebo um telefonema de Phil me perguntando quanto eu demoraria para ter a fábrica inteira em sistema puxado. "Dois anos", eu digo para ele. "Você tem um", diz ele, que é como descobri que ele tinha chutado o meu chefe e eu tinha sido promovido a gerente de fábrica.

– Muito agradecido, Mark – disse Ward, despedindo-se. – Gostei muito de ter vindo. Pelo menos entendo por que Jenkinson está tão empenhado em fechar a minha fábrica. Estou profundamente deprimido – mas muito esclarecido – disse ele, tentando fazer um pouco de humor negro.

– Phil quer fechar a sua fábrica? – perguntou o outro gerente de fábrica, olhando para ele compenetradamente.

– E agora eu sei o porquê – admitiu Ward, sentido. – Estou tão longe disso que é assustador. E não aprendi isso tudo nos últimos 20 anos também. Não tem jeito.

– Phil não me parece o tipo de cara que gosta de fechar fábricas.

– Bem, ele recém tirou mais peças – queixou-se Ward, não mencionando que ele recém tinha apresentado o plano completo para desativar a fábrica dentro do próximo ano fiscal. – Mandou-as para a Polônia, sabe, baixo custo – explicou ele inabilmente. – E olhe o número de pessoas que ele despediu desde que assumiu!

– É – riu Neville sombriamente. – Tudo que se vê nas fábricas são postos em aberto. Se bem que nem tanto agora. Você conhece a posição dele?

– No quê?

– É melhor ter ninguém do que ter o cara errado – sorriu ele, obviamente achando aquilo de alguma forma engraçado.

– Vem falar de desenvolver pessoas depois! – replicou Ward, soando mais amargo do que ele gostaria. Mas realmente, pensou Ward, todo esse barulho para "fazer pessoas antes de fazer peças", e depois a realidade é que cabeças estavam rolando a torto e a direito. Liderança, pff!

O outro homem deu-lhe um dos seus longos olhares.

– Eu sou daqui mesmo, sabia?

– O quê, de Bethany?

– Minha cidade natal! Mas naquela época era bem maior. Então era também um lugar bastante dividido em pobres e ricos.

Ele estalou os dedos distraidamente, olhando para longe por um segundo. Ward imaginava para onde aquilo estaria indo.

– Assim, eu conheci um cara na escola. Rapaz inteligente, bom em matemática e física, realmente interessado em engenharia. Queria ir para a universidade. Mas todos os seus amigos estavam vagabundeando, e, bem, você sabe como é. Ele começa a faltar às aulas. Ainda recebe boas notas, mas não aparece muito. Daí, um dia ele roda em uma das matérias-chave para a sua aprovação na universidade. Então ele implora ao professor, dizendo que as notas dele não são tão ruins, mas o professor está mordido porque ele não anda aparecendo muito em aula ultimamente. "Mas eu realmente quero aprender", apela o garoto. "Sim, mas me deixe ensinar", diz o professor.

– Você acha que é isso? – pergunta Ward. – Jenkinson tenta ensinar, mas ninguém quer aprender?

– Tente ao contrário: não se pode ensinar alguém que não quer aprender. Primeiro você tenta mudar as pessoas, daí você muda as pessoas – grunhiu ele. – Quanto às peças para a Polônia? Entendo o que você está dizendo, mas para cá ele trouxe de volta algumas peças da China. A fábrica está completamente cheia. Quando ele me deu o trabalho, fizemos um trato simples: eu dava-lhe produtividade, e ele me dava volume. Ele não me deixou na mão até agora.

– Você vai fazer mais trabalho para a Toyota?

– Ah – ele fez um careta. – O júri ainda está deliberando. Eles estavam nos considerando para a nova linha de SUV, mas Phil não quer reduzir o preço, que eles consideram alto demais. Ele lhes disse que poderia abaixar o preço dos carros menores, mas que, considerando a margem dos veículos de linha superior, ele achava que o preço pedido era apropriado. Então, eles não estão felizes, e é uma grande confusão porque o nosso departamento de vendas tinha prometido a eles um preço mínimo para essas peças, e agora eles dizem que estamos faltando com a palavra, e isso é ruim para a confiança e tal. O resumo da ópera, eu não sei. Nesse meio-tempo, ele também está pedindo para nos ajudarem a ampliar o *kaizen* nas linhas existentes. Ainda não tivemos uma resposta quanto a isso, mas eu espero que eles nos mandem alguém. Estou chegando ao limite do que sei aqui, e posso muito bem ser desafiado novamente.

– Pena que não podemos trocar – sorriu Ward. – Porque eu tenho desafios de sobra!

– Não é tão difícil – Neville piscou de volta. – Só leva tempo. *Vá e veja. Kaizen.* Um problema por vez, essas coisas. Tenha fé!

– Vamos lá, Franck, hora das caixas vermelhas – estimulou Ward. Eles estavam trabalhando há horas no seu plano ambicioso de transformar os fluxos de produtos em verdadeiras células. Franck Bayard, o gerente técnico, era de Estrasburgo, perto da fronteira alemã. Graças a seu alemão fluente, tinha passado seus primeiros anos trabalhando com a engenharia de produção central em Neuhof. Como resultado de várias reorganizações, Bayard voltou à França para pegar o trabalho de gerente de engenharia em Vaudon, mas nunca fora feliz com aquilo. Ele era bom no que fazia, mas estava ficando amargo à medida que o tempo passava. Ward sabia que ele tentara várias vezes achar outras posições, mas sem muito sucesso. A escassez de novos produtos em Vaudon não ajudava seu humor ou suas perspectivas, e estava sempre vindo com argumentos cada vez mais esotéricos para manter sua equipe de engenharia completa. Ward suspeitava que ele era parcialmente ligado ao lugar pelo fato da sua mulher lecionar em Metz, e como funcionária pública não podia se mudar com muita facilidade. Ele era um camarada do tipo sério, totalmente desprovido de senso de humor que Ward pudesse detectar, o que tornava difícil trabalhar com ele. Para ser justo, ele era o engenheiro total. Era só lhe dar um belo problema técnico difícil que não exigisse falar com ninguém e ele se atracava como um cão num osso, e acabava arranjando uma solução elegante. Obrigá-lo a fazer as caixas vermelhas vinha sendo uma espécie de constante queda de braço, que Ward sabia estar perdendo.

Ward estava passando muito mais tempo com o engenheiro ultimamente. Entusiasmado com sua visita a Bethany, decidira criar células de produção semelhantes na sua própria fábrica, *c'est fini*. Porém, a matriz de produto/processo não fora tão fácil de se estabelecer como ele havia suposto. Eles tinham criado algumas células onde os produtos obviamente atravessavam a área de montagem e voltavam por uma estação depois da outra, mas isso levou a numerosos problemas de volume. Algumas células acabaram ficando mais do que saturadas com o trabalho, enquanto outras trabalhavam apenas por um turno. Mapeando os fluxos de valor para cada família de produtos e criando uma matriz de produto/processo, eles tinham conseguido criar um grande plano para refazer a disposição de todo o salão, o que Ward queria discutir com Jenkinson.

Nesse meio-tempo, eles tinham conseguido rearranjar as estações de trabalho, criando algumas células completas. Isso fora um trabalho muito mais árduo do que o esperado. Felizmente, Bayard se envolvera muito com o projeto. Ele fragmentara a sua pequena equipe para trabalhar na resolução de problemas advinda das caixas vermelhas, e mudou a disposição da fábrica. Como de hábito, ele tendia a trabalhar sozinho e decretava como as células deviam ser montadas, o que causava tensões com Olivier Stigler, o gerente de produção, o que respondia arrastando os pés em termos de atribuir recursos ou reprogramar a produção para as mudanças acontecerem. Ward acabou tendo que se envolver mais pessoalmente com o projeto do que planejara. Não tanto porque ele podia contribuir ao trabalho de *layout* que Bayard estava fazendo, mas porque ele tinha que constantemente intervir entre Bayard e Stigler para garantir que as coisas fossem feitas. Ele esperava que, obrigando os dois homens a estarem presentes nas inspeções duas vezes ao dia e trabalharem juntos nas questões, eles desenvolveriam uma relação melhor, mas não funcionara assim. Bayard simplesmente ficara mais retraído do que nunca nas inspeções, enquanto que Stigler ficara mais imprudente com suas piadinhas venenosas sobre engenharia de produção. Que gente!

– Você *checou*?
– Hum. *Checou* o quê, senhor?
– Para com isso, Andy, me chame de "Phil". Todos chamam. *Checou* se investir nas novas roscas foi a coisa certa a fazer. Eu paguei por elas, lembra?

Ward mordeu o lábio, estremecendo de infelicidade. Errado de novo! É claro que ele deveria ter pensado em *checar*. Ele já conhecia seu chefe bem o bastante para adivinhar que ele lembraria de ninharias como algumas centenas de milhares de euros aqui e ali. Saco!

– Funcionou muito bem. Nossa taxa ppm desceu consideravelmente – meteu-se Stigler. Como Jenkinson viera de Neuhof de manhã e fora diretamente para o chão de fábrica após uma breve olhada nos principais indicadores da fábrica, Stigler parecia determinado a exibir para o CEO o trabalho que eles tinham feito.

– Que bom que funcionou – disse Jenkinson lentamente. – Mas era *necessário*?
– É claro...
– Um momento, Olivier – cortou Ward. – Não checamos isso realmente. Tudo que sabemos é que estamos fazendo menos peças ruins nas

duas injetoras onde trocamos as roscas, mas não fizemos realmente a *checagem* do PCDA.

Stigler engoliu o resto do seu argumento, mais uma vez desapontado pelo gerente da fábrica. "Pelo amor de Deus, Andy, tenha um pouco de fibra", ele queria lhe dizer. "Não role como um bom cachorrinho toda vez que o chefe assovia. Se não defendermos a fábrica, ele nos desligará de verdade." Ele estava impressionado que Ward não via o perigo real em que estavam e a necessidade imperiosa de defender a fábrica. Ele temia que pagariam caro pela inexperiência de Andy desta vez.

– Por que não agora? – disse Jenkinson, tirando os óculos e esfregando os olhos. O *jet lag* deve estar pegando ele, pensou Ward. Quando ele falara com Hans Ackermann sobre quando esperar o CEO, o executivo de melhoria contínua de Neuhof tinha alegremente dito que a visita de dois dias de Phil fora excruciante como sempre. De acordo com ele, Beckmeyer fez o que Jenkinson queria ao pé da letra, mas nada mais, e se recusou completamente a se interessar pelo espírito da coisa. Jenkinson continuou pressionando, mas Beckmeyer fez apenas o suficiente para não desobedecer formalmente às instruções. Como resultado, a visita à fabrica foi um processo demorado e frustrante, que Ackermann comparara a uma queda de braço mental. "Ao menos eu tenho mais liberdade para fazer as coisas", disse o amigo de Ward.

– Quem sabe? – perguntou Jenkinson.

Após um rápido debate, eles atravessaram o galpão das injetoras rumo ao departamento de manutenção. Felizmente, foi impressionante. Matthias Muller, o gerente de manutenção, era um caso sério, mas tinha as coisas nos eixos. Ele havia desprezado a tentativa de Ward de introduzir os Cinco Ss (de novo) na fábrica no passado, mas a sua própria área estava organizada, ordenada, limpa, padronizada e disciplinada. Jenkinson olhou ao redor e acenou com a cabeça, parecendo incomumente satisfeito.

– Onde está Matthias? – perguntou Ward a um dos caras da manutenção, sentado em frente a um computador.

– A de 650 toneladas está operando novamente. Ele está dando uma olhada na troca.

Eles acharam Muller checando as conexões dos canais de água, de cara fechada, junto aos dois montadores. Ward xingou ao ver como a abordagem de Muller era insegura – ele estava literalmente com meio corpo dentro da injetora, checando o molde – mas sabia que era melhor nada dizer. O camarada simplesmente riria dele.

– Segurança primeiro, por favor – disse Jenkinson com um suspiro. – *Sécurité*. – Ele repetiu em francês arrevesado.

Muller levantou a vista, franzindo o cenho por ter sido interrompido.

– *M'sieur* Jenkinson? – saudou ele, oferecendo o pulso para o cumprimento, e depois limpando o óleo das mãos no jeans.

– Segurança! – repetiu o CEO.

– *La sécurité, oui* – reconheceu o gerente de manutenção, parecendo incomodado. – Sempre falo para esses caras checarem se os canais não ficam em cima das barras de ligação quando eles religam a injetora, mas eles nunca ouvem – disse ele enquanto os dois montadores olhavam zangados. Muller tinha cinquenta e poucos anos e parecia compensar sua queda de cabelo mantendo-o aparado rente e deixando um cavanhaque grisalho, que ele cofiava distraidamente. O cara era um bom mecânico, mas um absoluto pé no saco: teimoso como um asno, e não muito polido. Ele fitava desafiadoramente para Jenkinson, que estava olhando para o molde aberto.

Ward apressadamente explicou que o CEO queria saber se, em retrospecto, o investimento nas novas roscas tinha sido necessário. Ele estava genuinamente curioso quanto a como Muller reagiria. O taciturno técnico não respondeu imediatamente, mas considerou a pergunta, esfregando o queixo com o pulso. Trabalhar com Muller era como esquentar leite. Assim que você olhava para o lado, ele fervia.

– Absolutamente... – começou Stigler, recebendo uma sobrancelha erguida do sujeito da manutenção. Nenhuma simpatia ali.

– Para a 19, definitivamente – cortou Muller. – Esses cretinos da engenharia colocam uma peça de policarbonato em uma injetora com uma rosca para fins gerais. Eu sempre disse a eles que nunca iria funcionar. Com a zona de compressão pequena e a alta taxa de compressão, cisalha o material e cria calor excessivo na zona de compressão por meio da fricção. O calor estava nos causando uma taxa de rejeitos de 10% nas peças. A rosca que temos agora é projetada para policarbonato, e a nossa taxa de refugo está em menos que 2%, então era definitivamente a coisa certa a fazer. Estou dizendo isso desde o início da produção.

Ward traduziu o melhor que pôde, com Jenkinson escutando atentamente.

– Quanto à segunda – pensou alto Muller, apertando os lábios, – tenho de dizer que não tenho certeza. As taxas de rejeição caíram um pouco, mas não tanto quanto eu esperava. Eu tinha bastante certeza de que todos os nossos problemas vinham da rosca porque ela parecia bem gasta, e tínhamos peças ruins com todo o molde que usávamos. Mas consertamos isso, e tem um molde que ainda está fazendo a maioria do nosso refugo. Então, estou tentando descobrir o que está acontecendo. Ainda temos bastante manchas.

– Você verificou o alinhamento das placas dianteiras? – perguntou Jenkinson quando Ward terminou de traduzir.

Muller vacilou, olhando para o CEO enquanto Ward traduzia a pergunta, e então deu um sorrisinho. – Eu deveria, não deveria? – disse ele lentamente. Stigler sufocou um suspiro paciente.

– A pergunta é – insistiu Jenkinson, – nós investimos desnecessariamente na nova rosca para a segunda injetora? Aceito o seu argumento para a primeira. Mas e quanto à segunda?

A tradução de Ward desencadeou uma acalorada discussão entre o gerente de produção e o gerente de manutenção. No fim, Muller simplesmente deu de ombros com insolência e calou-se. Jenkinson ignorou a ceninha a ergueu as sobrancelhas para Ward.

– Você está certo – admitiu ele. – Não podemos dizer com certeza. Ajudou, mas talvez não fosse a causa-raiz.

– É. Vocês gastaram dinheiro antes de descobrir exatamente qual era o problema. Dinheiro que vocês poderiam ter gasto em outra coisa com mais benefício. De acordo?

– *Plan, do, check, act* – concordou Ward. – Estamos bem em *plan* e *do*, mas sempre rodamos no *check*. Irritante para caramba.

– Roma não foi feita em um dia – replicou Jenkinson pacientemente. – Com certeza, vocês deveriam ter planejado o *check* no estágio do *plan*. Erros não são problema desde que você aprenda com eles. É claro, neste caso a instrução de vocês foi bem cara – ele sorriu, tirando o veneno do comentário. – Por favor, agradeça ao Sr. Muller em meu nome, e parabenize-o pela ordem da sua área de manutenção. Eu dificilmente vejo uma tão organizada. Agora, precisamos convencê-lo a usar mais gestão visual!

– Sem problemas – respondeu o homem em inglês quando Ward terminara de traduzir, recebendo o elogio sem expressão, e saindo com pressa com um aceno econômico depois de perguntar se ainda precisavam dele. Stigler o olhou se retirando, mas manteve-se quieto. Ele nunca fora muito extrovertido e tinha um jeito de se manter em um estado que tornava sua raiva uma fúria gelada, o que o deixava arredio e irritado por dias a fio.

Para frustração de Ward, o gerente de produção subitamente pediu licença, dizendo que tinha uma ligação agendada com um fornecedor. Ward suspeitou que o sujeito tinha simplesmente inventado uma razão para sair. Jenkinson o observou ir sem fazer um comentário, ainda assim Ward sentiu como se estivesse falhando em algum tipo de teste. Qual era o problema dessa gente afinal? Já era incomum suficiente ter um CEO que mostrava interesse na produção, que dirá um que realmente entendia alguma coisa daquilo. Ele poderia atribuir a reticência de Muller ao seu domínio limitado do inglês, mas a atitude negativa de Stigler era uma decepção.

– Eu acho que tenho de saber muito mais sobre essas injetoras – admitiu ele, nada à vontade. – Não pensei em checar o alinhamento das placas dianteiras –Ward sempre acreditara que podia gerenciar a fábrica sem ter de saber muito sobre os detalhes técnicos. Ele estava ficando cada vez mais convencido de que esta abordagem simplesmente não colaria. Não era que a matéria o assustava; afinal, ele era formado em engenharia. É que com todo o resto...

– Provavelmente não é a causa real – deu de ombros Jenkinson. – Eu sugeri isso só para fazer o sujeito pensar. Ando trabalhando muito com engenharia nos novos projetos, e estes problemas sempre aparecem. O argumento sobre o policarbonato com certeza parecia verdadeiro.

– Então – disse Jenkinson, lançando um olhar para a área das injetoras. – Como está indo esta fábrica?

– Progresso lento – respondeu Ward, com uma careta. – Não sei se você viu, mas pusemos dois quadros centrais na entrada do galpão: um diz a data do último acidente e o número de dias sem acidentes, e o outro é um "muro da vergonha".

– Muro da vergonha?

– Sim, reclamações de clientes, o que as causou, o que estamos fazendo a respeito delas, quando e assim por diante. Com base no *vá e veja*, agora faço um *briefing* gerencial diário no chão de fábrica, junto do quadro, focado nas reclamações dos clientes. Nossas ppms e reclamações vêm caindo, e se nada der errado nos próximos dias, novembro será o melhor mês da nossa história. O nosso refugo agora é menos que 2% das nossas vendas mensais.

– Vindo de 4%, muito bem. Mas...

– Sim, ainda é muito alto, concordo. O pior é que é tão frágil! Para ser franco, estou um pouco assoberbado com tudo que estamos tentando fazer. Ouvi o que Amy disse, então agora, após o *briefing* gerencial de qualidade pelas manhãs, fico um tempo com cada um dos supervisores. É trabalho duro. Como resultado de observar a fábrica de Bethany, estamos agora tentando organizar todos os nossos processos de montagem em células fechadas. Não sei se é a coisa certa a fazer, mas adotei o método de agrupar os operadores; mesmo que seja apenas uma operação e depois direto para o cliente.

– Criar equipes estáveis, isto está certo. É óbvio quando o produto passa por várias estações de trabalho, mas em muitos casos não é tão fácil. Quando é uma linha de produção longa, acabamos fragmentando a linha em zonas de cinco a seis pessoas. Por outro lado, com equipamento automático grande, definir a equipe não é natural, então trabalhar com zonas é o jeito certo.

– Ótimo. Nós elaboramos um plano para rever o *layout* da fábrica durante o feriado de Natal. Posso mostrar para você, se quiser.

– Ah. Eu preferiria que você não fizesse um movimento grande – respondeu Jenkinson. – *Kaizen, kaizen, kaizen*. Mudança gradual é importante, mas só depois que você sabe exatamente o que está fazendo. Na minha experiência, se você tenta mudar completamente o *layout* da fábrica antes de ter feito o *kaizen* de cada célula, uma por vez, você acaba tomando decisões bobas, das quais você se arrepende. Melhor fazer uma coisa de cada vez e aprender.

– Oh – exclamou Ward, pego de surpresa. – Sem *layout* de Natal?

– Sem.

– Bem, o lado bom é que isso quer dizer que eu tenho um feriado de Natal!

– Neste setor – riu subitamente o CEO, – pouco provável.

– O meu problema de verdade é que estou em todo lugar – explicou Ward. – Eu fiz o que Amy sugeriu, então agora temos um evento *kaizen* a cada três semanas liderado pelo camarada da melhoria contínua, e sim, ele é direcionado a ensinar os supervisores a entender melhor suas áreas, então há um deles em cada sessão.

– E quanto à sua própria equipe de gerência?

– Hum. Ainda não. Devo tornar obrigatório?

– Isso é com você. Mas pense: quem você mais precisa educar sobre *vá e veja* e *kaizen*?

– Certo – concordou Ward, estalando a língua. – Daí temos as inspeções de caixas vermelhas. E a criação de células. Tudo isso em todo lugar, e, para falar a verdade, me sinto sobrepujado. Estamos tendo resultados de qualidade, é claro, e um pouco de produtividade, mas nada como o que eu vi em Bethany. Quanto aos estoques, a gerente de logística está experimentando puxar peças de uma injetora, mas isso é um grão de areia no deserto.

– Entendo o que você quer dizer, pode deixar – continuou Ward. – Temos de melhorar na parte *check* do *PDCA*. Neste momento estamos com toda essa atividade louca, mas não tenho certeza de quais resultados esperar nos números. E não sei por onde começar em termos de *checar*. É isso aí. Soterrado, por assim dizer.

– O segredo – explicou Jenkinson, – é antecipar o mecanismo *check* na fase *plan* do *PDCA*.

– Estou boiando.

– Considere tudo que você faz como um experimento científico. Se você está testando uma hipótese, você sabe de antemão o que está procurando, antes de fazer o experimento, não? Uma das lições-chave para se realizar *PDCA* apropriadamente é preparar o *check* enquanto você está identificando o problema e preparando o experimento. Em vez de *do* e *check*, você está meio que fazendo *check* e *do*. Aprender é tão importante quanto os resultados. Então, quando você *planejar*, planeje para a *checagem*.

– *Vá e veja* – disse Jenkinson em seu tom de preleção, – é mais do que simplesmente uma coisa útil de se fazer. É uma técnica de gestão. Algumas pessoas, como Mark Neville em Bethany, foram expostas a isso sua vida profissional inteira e não conseguiriam pensar em fazer nada além disso.

– Mark parece estar fazendo nada além disso!

– E ele tem os melhores resultados do grupo, tenha isso em mente. A fábrica dele é de longe a mais lucrativa, mesmo com produtos que não têm bons preços. *Vá e veja* é o jeito que ele toca a fábrica, e não poderia ser de outra forma. Na verdade, quando forçado a gerenciar de uma maneira diferente, ele se demitiu. *Vá e veja* é o bilhete de entrada para a gestão *lean*; o que eles chamam de "cacife inicial" em Las Vegas. Você nem pode entrar no jogo sem ele, que dirá competir. Sem praticar *vá e veja* todos os dias, você só vai ficar na superfície, e não terá resultados.

– Eu tenho de admitir que acho difícil. Mesmo quando faço o *vá*, eu luto com o *veja* – confessou Ward, pensando para si mesmo que até o *vá* era uma luta: sempre havia tantas outras coisas clamando sua atenção. Incontáveis reuniões, novas exigências de relatório de Neuhof quase que diariamente, fornecedores devendo, problemas de pessoas para resolver, infinitos telefonemas e *e-mails*. Todos os dias, Ward se determinava a passar várias horas no chão de fábrica, como Neville fazia, mas inevitavelmente via o dia escorrendo sem ele ter ido e visto.

– *Vá e veja* é uma técnica de gestão – explicou Jenkinson,– uma técnica com quatro dimensões claras:

– Primeiro, trata-se de *formar uma opinião testando hipóteses*. *Vá e veja* é a única maneira de saber se estamos certos ou se temos concepções erradas. A despesa com a rosca da segunda injetora foi um fracasso de *vá e veja*: você não tinha conhecimento o bastante para saber se era coisa certa a fazer ou se eles deviam trabalhar mais para esclarecer o problema primeiro.

– Segundo, trata-se de *construir consenso fazendo as pessoas concordarem sobre o problema* antes de debater a solução. A maior parte dos conflitos que vejo no negócio envolve gerentes discutindo sobre soluções quando eles não concordam sobre qual é realmente o problema. Como resultado, a solução imposta não agrada a ninguém além daquele que a defendeu, e as pessoas resistem à implementação. Se eles não compartilham uma visão comum do problema, porque elas deveriam comprar a solução?

– Terceiro, trata-se de *alcançar as metas na velocidade desejada checando-se regularmente onde as pessoas estão* na sua implementação e ajudando-as se elas têm dificuldades. Desta maneira, podemos aprender a ligar metas de alto nível com implementação detalhada no chão de fábrica e a descobrir onde estão as verdadeiras dificuldades. E desenvolvemos um melhor julgamento de onde e como investir recursos.

– Quarto, trata-se de *delegar poder às pessoas envolvendo-as*. Envolver os operadores começa por compartilhar os objetivos da empresa com eles e resolver os problemas que os incomodam imediatamente. O envolvimento da gerência de nível médio pode ser visto em quão bem eles mantêm o sistema de gerência visual. Frequentemente, as pessoas na empresa ficam presas por precisarem ou de uma autorização ou de um empurrãozinho que é fácil para a gerência sênior, mas difícil para eles. *Vá e veja* é pensar: "O que posso fazer para melhorar essa estação de trabalho ou desembaraçar essa situação?".

– Olhe, você vive dizendo que é injusto esperar de Vaudon o nível de produtividade de Bethany porque as circunstâncias são diferentes, certo? – indagou Jenkinson.

– Bem, hum, sim, acho – murmurou Ward.

– Então vamos treinar o *vá e veja*. Vamos testar isso.

– Como?

– *Vamos* à linha que produz as peças que você viu em Bethany, e *ver*, que tal?

Essa era a primeira célula em que Ward e Bayard tinham trabalhado, tentando recriar o que ele vira nos Estados Unidos. Configurar essa célula havia sido fonte de debates intermináveis, em grande medida porque as práticas tradicionais da Alnext sustentavam que as operações devem montar em fluxo com as injetoras, se possível. Ward se desviara disso ao separar a montagem da injeção, e, como resultado, o operador da injetora ficava esperando por grande parte do ciclo, fazendo Stigler reclamar, argumentando que eles estavam perdendo eficiência. Ward reconheceu que ele tinha razão. O próximo passo planejado por Ward foi agrupar os operadores nas injetoras com o tipo de transportadores que ele vira em Bethany, mas ele não tinha aberto este segundo front, ainda. Nesse meio-tempo, todas as operações de montagem foram agrupadas em uma célula de produção, com cinco operadores no meio. Ward não quisera esperar por um trenzinho, então, nesse ínterim, pôs uma sexta pessoa para carregar e descarregar a célula com componentes de um supermercado improvisado ali por perto. Ele se deu conta de que isso ia contra o princípio básico de ter estoque de produto acabado no local de produção, mas não mais do que uma hora de componentes à mão. Ele esperava que Jenkinson chamasse sua atenção a respeito, mas ele não via qualquer outra maneira de criar a célula nas poucas semanas antes da visita do CEO.

– Então, o que você vê? – perguntou Jenkinson, enquanto eles assistiam os cinco operadores pôr e tirar as peças do equipamento. Acha que o sujeito pelo menos os parabenizaria por ter criado a célula, pensou Ward, brabo, mas não, nem uma palavra. "Bom trabalho" simplesmente não fazia parte do seu vocabulário.

– Sete desperdícios?
– Correto. Eu costumo procurar primeiro por:
- Movimento dos pés.
- Movimento dos mãos.
- Movimento dos olhos.

– Mas sete desperdícios está bom. Qual é a coisa óbvia aqui?
– Temos todos os três – disse Ward. – Movimento de pés: eles andam uma boa distância em torno da estação de trabalho. Movimento de mãos: eles têm que se esticar para manusear as peças. Movimento de olhos: as coisas estão todas postas em volta da posição da peça na máquina, então eles têm que olhar em volta toda hora. Entendo.

Os operadores estavam bastante distantes uns dos outros, e apesar de Ward ter conseguido fazê-los trabalharem de pé, para que pudessem se mexer livremente dentro da célula, todos tinham colocado mesinhas no meio do processo, onde eles acumulavam peças em vez de passá-las um para o outro em um *fluxo de uma só peça*. Na verdade, Ward inicialmente insistira em aproximar muito mais as máquinas, como ele vira em Bethany, mas os operadores se rebelaram e lutaram por seu "espaço", dizendo que precisavam de espaço livre para se mover, ainda que isso criasse passos adicionais em seus ciclos.

— Sem *fluxo de uma só peça* — disse Jenkinson, apontando para as pilhas de peças em processo. — Sem *fluxo de uma só peça* fica difícil ver se a linha está adequadamente balanceada. Mas observe atentamente.

— Me dê licença por um segundo — disse Ward, avançando e explicando em francês aos operadores quem era Jenkinson, e que eles estavam simplesmente observando a organização da célula que eles recém tinham refeito, pedindo a eles que não trabalhassem mais rápido do que o normal, por favor, mas que continuassem no seu ritmo normal. Os operadores deram olhares de lado para o homem grande, mas acabaram voltando ao seu ritmo normal.

— Você notou como o terceiro cara na esquerda é muito mais rápido do que os outros?

Ward tinha notado. Na verdade, ele já tinha percebido antes. O nome do operador era Thierry Fernandez, um trabalhador temporário. Ele fora muito participativo durante a criação da célula, e Ward considerou lhe oferecer um emprego de turno integral, mas Jean-Pierre Deloin, o gerente de RH, rapidamente derrubou esta ideia argumentando que o jovem operador tinha problemas sociais. De fato, hoje ele ostentava sinais de um olho roxo.

— Ele é um temporário — tossiu Ward. — Bom trabalhador, mas, ah, acreditamos que sua vida particular seja um pouco pesada.

— Ele aparece para trabalhar no horário? Alguma ausência de última hora?

— Não desde que está conosco — admitiu Ward, lembrando de ter tido a mesma conversa com Deloin.

— Ok! — disse o CEO animadamente. — Vamos *ir e ver*, então. Vamos tentar. Você pode pedir para eles pararem de trabalhar por um minuto e me apresentar a este cavalheiro?

— Ah, *le grand patron* — disse o jovem, apertando hesitante a mão de Jenkinson. Ele não parecia ser nada mais do que um jovem magricela de olhos escuros e cabelo à escovinha.

— Você é treinado em todas as estações? — perguntou Jenkinson, por meio de Ward.

O homem fez que sim com insegurança, sem certeza do que era esperado dele.

– Por alguns ciclos, eu gostaria que você fizesse a peça inteira sozinho, levando-a por todo o processo. Eu cronometrarei você, se não for problema?

– *Pas de problème* – respondeu o jovem, enquanto Ward começava a rezar para que isso não desencadeasse outra crise sindical. Toda a questão do tempo e do cronômetro era altamente sensível na fábrica, e ele não conseguira convencer nem Deloin nem Stigler de que essa era uma briga que valia a pena. Mas com o próprio CEO, *que sera, sera!*

– Andy, você pode anotar os tempos enquanto eu os falo? – perguntou Jenkinson, começando a cronometrar com o seu imenso Rolex. Vinte ciclos depois, era claro que Thierry Fernandez tinha produzido 30% mais peças do que a produção média total que aparecia no quadro de produção dividida por cinco. Com o canto do olho, Ward tentou captar as reações dos outros operadores que estavam de pé observando intensamente, as quais variavam de vazias a claramente desaprovadoras.

– Está certo – disse Phil. – O conteúdo de trabalho médio é de 358 segundos. Qual é o *takt time*?

– Ahm, a demanda do cliente é de 450 peças por dia, e estamos funcionando em dois turnos. Então o *takt time* é 840 dividido por 450, hummmm, 112 segundos?

– Então o número ideal de operadores é o *conteúdo de trabalho* dividido pelo *takt time*, isto é 358 dividido por 112, cerca de 3,2, certo?

– E estamos funcionando com cinco, sim – assentiu Ward, cerrando os dentes.

– E você não acha que esta célula pode funcionar com quatro – lembrou Ward, com um sorriso lento. – Que é precisamente o que viemos testar aqui. Então agora eu gostaria de pedir que a equipe trabalhasse sem o sr. Fernandez aqui, seguindo estritamente as regras do *fluxo de uma só peça*. Pode explicar isso a eles?

Ward foi até a equipe e deixou bem claro que aquele homem alto de calças largas e camisa de lenhador era de fato o CEO da empresa, rezando para que essa turma não visse isto como a oportunidade perfeita para se retirar e começar uma greve espontânea – o que, dados os planos de Jenkinson, sem dúvida levaria à rápida liquidação da fábrica. Tentando esconder suas preocupações do seu tom de voz, explicou que o CEO queria pôr a célula para funcionar com apenas quatro pessoas. Eles poderiam fazer isso, por favor? Ele então explicou cuidadosamente que eles tinham de trabalhar com um *fluxo de uma só peça*. Eles tinham de tirar as peças das mãos uns dos outros, uma por vez. Se a pessoa adiante não estava pronta, eles deveriam parar e esperar.

– Agora, sr. Fernandez – continuou Jenkinson, inocente das tensões que ele estava criando na equipe e fazendo Ward traduzir, – eu vou pedir para o senhor ficar dentro da célula, mas não faça qualquer peça o senhor mesmo, mas ajude alguém que esteja tendo dificuldades com o ciclo. Nós vamos fazer algumas peças e depois discutiremos o que vimos. O senhor pode nos dizer algo que estejamos fazendo de errado, ou que não está bom na célula.

Fernandez parecia completamente intrigado, mas assentiu mesmo assim e disse que tentaria.

– Comece! – gritou Jenkinson, observando atentamente.

O início foi um desastre. Jenkinson parava o trabalho muito seguidamente e discutia com Fernandez, por meio de Ward, o que ele achava que estava indo mal, e então pedia a Ward para continuar a traduzir para os outros operadores na linha. Ward, traduzindo de cá para lá, estava pasmo em ouvir como a maioria dos comentários do jovem era perspicaz. Os outros membros da equipe claramente se ressentiam de ter que aplicar o que Fernandez estava sugerindo, transmitido pelo próprio *grand patron*, o chefão, mas eles jogaram o jogo com disposição suficiente. À medida que o tempo passava, Ward se preocupava com as consequências sociais com as quais teria de lidar. Mas no fim ele se resignou, era a empresa de Jenkinson, não dele.

Para surpresa ainda maior de Ward, Jenkinson permaneceu na célula as duas horas necessárias para estabilizar a produção com quatro operadores. Neste meio-tempo, Ward havia chamado o gerente de produção e o gerente de manutenção. Muller entrou no espírito do momento e estava fuçando com o equipamento ali mesmo enquanto eles discutiam melhorias. Na maioria dos casos, ele estava se comunicando diretamente com Jenkinson por meio de movimentos manuais. Por outro lado, Stigler continuava a parecer claramente infeliz – provavelmente sentindo, assim como Ward, que ele teria de herdar toda a bagunça depois que Jenkinson saísse.

Era difícil não gostar ativamente de Jenkinson, assim como era fácil realmente odiar Muller por causa de ele ser do contra. Era bastante engraçado ver ambos discutirem com linguagem de sinais e mexer no equipamento, enquanto os operadores faziam peças e Ward e seu gerente de produção ficavam só em volta da ação. Ele ainda não vira seu CEO perder a calma, ou ser qualquer coisa que não infalivelmente educado. A sua própria impassibilidade era inquietante. O que o assustava no homem era a sua abordagem implacável à gestão. Agora mesmo, novamente, ele estava demonstrando um argumento fazendo, e não falando. Ward não era burro. Ele estava aprendendo a lição. Mas as suas entranhas se retorciam com o pensamento de todas as consequências incontroláveis que esta nova exibição de tutano gerencial criaria: para os operadores, para a fábrica, para ele mesmo. No seu próprio jeito quieto, Jenkinson era o pior valentão que ele encontrara até agora em sua carreira. Ele sentia que estava sendo constantemente empurrado para andar cada vez mais perto da borda, e que pena se ele caísse, levando tudo com ele. Era como ser levado pela mão rumo a uma ponte estreita por um homem gentil escondendo uma arma nas costas. Ward incomodamente reconhecia que temia seu chefe, não tanto por seu temperamento ou por qualquer uma das razões comuns e aparentes, mas pelos passos irrevogáveis que ele estava forçando-o a tomar mais rápido do que ele se sentia pronto, desde cuidar da transferência do molde para a Polônia até este pequeno exercício de exibição de agora. Não é o que eles me forçam a fazer, disse a marionete. São as mãos deles dentro de mim.

Lembrar de forçar o *fluxo de uma só peça na montagem para ver variações no processo*, observou Ward para si mesmo, e prospectar o verdadeiro potencial de produtividade. Fazendo isso em toda a fábrica, posso ter uma ideia de quanta produtividade tenho sob meus pés.

– Obrigado a todos, vocês são uma grande equipe! – exclamou Jenkinson ao fim, sorrindo radiante e de maneira incomum aos operadores reunidos, que sorriram de volta, tanto reticentes quanto admirados. Eles sabiam que isso só levaria a mais produtividade, mas Ward duvidava que eles já tivessem, alguma vez em suas vidas profissionais, trabalhado ao lado do CEO da empresa. Somente Deus sabia o que eles achariam daquilo no fim, mas quando Fernandez voltou ao seu lugar na equipe, eles certamente estavam fazendo as peças mais rápido, e Ward fizera pilhas de anotações sobre os detalhes que eles aprenderam durante o exercício.

– Então? – disse Jenkinson enquanto eles se afastavam da célula.
– É sustentável? – perguntou azedamente o gerente de produção.
– Isto – replicou o CEO, virando-se subitamente para ele e falando com cuidado exagerado – é exatamente o seu trabalho. O único debate hoje é se é exequível ou não. Acredito que provamos que é? Não acha?
– Você provou – concordou Ward, perdido em pensamentos. – Nós também precisamos pensar cuidadosamente em como explicar tudo isso aos operadores.
– É claro que sim – concordou Jenkinson, com bastante confiança. – Mas, novamente, não é para isso que eu pago você? – acrescentou ele insensivelmente. – Olhe, a coisa mais fácil a fazer é tirar aquele cara jovem da linha e pô-lo para trabalhar em outra célula. Ele provavelmente trabalhará mais rápido lá também, e você aprenderá com ele.
– E garanta que os operadores restantes mantenham o ritmo – concluiu Stigler, ainda insatisfeito.
– A coisa não é com eles – corrigiu Ward acaloradamente. – É com *a gente*. Você viu a quantidade de variação na linha causada pelos obstáculos que pusemos ali. Os falsos positivos na máquina de testes, os componentes faltantes, a distância, o soldador que não fecha. Peraí, cara, esse é nosso trabalho.
– Uma coisa por vez – disse Jenkinson, levantando a mão enquanto o gerente de produção lançava um monte de coisa em francês para Ward. – Andy, nós estávamos discutindo *vá e veja*. O primeiro princípio do *vá e veja* não é passivo – você vai e descobre se você está certo ou não. Trata-se de formular hipóteses e então tentar, tentar, tentar.
– Uma das coisas mais difíceis de se entender da Toyota, ou de qualquer outra empresa *lean* exemplar, é que as suas operações podem ser vistas como uma *série contínua de experimentos controlados*. Sempre que a empresa faz alguma coisa, ela testa uma hipótese por meio da ação. É a própria rigidez das operações que torna a flexibilidade possível. Para tal, a empresa ensina o método científico aos seus trabalhadores por meio de *PDCA*, e assim os estimula a se envolver com uma ampla experimentação.
– *Vá e veja* é sobre trabalhar com as próprias pessoas e experimentar coisas. Se você fizer papel de bobo, que pena. Você vai superar. Trata-se de se envolver com o desenvolvimento de conhecimento. Agora

sabemos muito mais coisas sobre produzir essa peça do que sabíamos esta manhã. Isso é o que Mark Neville passa seus dias fazendo, acredite em mim. Ele sabe mais sobre produzir peças do que nós três juntos. Ele opera milagres porque sabe tanto *como* fazer quanto como habilitar seu pessoal a fazer. O meu ponto é que conhecimento é científico. Ele é empírico, gerado no lugar real, com pessoas reais e peças reais. E ao fazer isto entra dia, sai dia, você desenvolve o raciocínio para fazer as decisões adequadas. Você precisa ir ao local e ver a coisa antes de tomar uma decisão. E que maneira melhor der ver do que se envolver? Lembre-se: você não pode ser um engenheiro se não está lavando as mãos três vezes ao dia.

– A chave é ouvir a pessoa que está fazendo o trabalho, especialmente ouvir acerca dos problemas que ela está encontrando naquele momento. Se você toma decisões ao ler relatórios ou ouvir as análises do seu pessoal de suporte, você corre o risco de cometer erros sem sequer perceber.

– Como investir em duas roscas de injetora quando só preciso de uma?

– Exatamente. Eu não estou dizendo que a análise abstrata não pode ser importante. Mas os fatos são a chave para compreender se a nossa análise está correta ou não. *Vá e veja* trata de desenvolver conhecimento de negócios por meio de experiência em primeira mão, com a mão na massa.

– O segundo aspecto do *vá e veja* é *criar consenso quanto aos problemas com os quais nos deparamos* – continuou Jenkinson enquanto eles atravessavam a área das injetoras. – Por exemplo, qual é o principal problema aqui?

– Produtividade – respondeu Ward imediatamente, relembrando do sistema de Bethany para melhorar drasticamente a produtividade das injetoras.

– Manutenção – contradisse Jenkinson. – Estou constantemente tendo de fazer essas máquinas velhas voltar a funcionar. Elas estão caindo aos pedaços. Faz anos que não há investimento nesta fábrica, e muitas das injetoras estão completamente acabadas.

– E agora não haverá investimento, acredite – replicou o CEO, ainda que não rudemente.

– Pessoalmente, acho que a qualidade continua sendo nossa questão número um – continuou ele. – As suas caixas vermelhas estão transbordando com problemas básicos, como manchas nas peças ou materiais faltando. Qualidade e trocas demoradas, o que resulta em lotes grandes e estoques enormes. E não podemos aumentar o número de trocas até que vocês controlem melhor a qualidade, porque senão teremos um sem-número de peças ruins.

– Três pessoas, três opiniões – observou Ward.

– O que precisamos – exclamou o gerente de produção Stigler, – é de *software* de supervisão, para que possamos monitorar em tempo real como cada injetora está se comportando.

– Lá vamos nós – desfez Jenkinson. – Já estamos discutindo sobre soluções antes de concordarmos quanto ao problema. Acredito que esta fábrica já usou todos os seus créditos de investimento não orçamentários para este ano, não é?

Ward chutaria Stigler, se pudesse. Siga com o programa, pensou Ward. Ele queria gritar para ele que não se gastará um centavo com esta fábrica até que ela apresente resultados visíveis. Ele estava amargamente frustrado: Stigler realmente acreditava que precisava de *software* novo e equipamento e outras bugigangas e investimentos para fazer a fábrica funcionar, mas ele parecia não ter consciência de que, cada vez que ele abertamente pedia dinheiro, custava-lhes credibilidade aos olhos de Jenkinson. Por um lado, Ward não podia culpar seu gerente de produção por ser direto, e se recusava a pedir-lhe que fosse mais político (o que também lhe conferiria a mácula de puxa-saco, o pior defeito de caráter do ponto de vista francês); pelo outro, Stigler consistentemente recusava a reconhecer que Jenkinson poderia estar certo.

– E se você acha que vou investir um centavo nessa fábrica – acrescentou o CEO, como se estivesse lendo a mente de Ward, – considerando a capacidade em excesso que vocês têm, você está sonhando.

– Como concordamos quanto ao problema, então?

– Nós *vamos e vemos*.

Eles caminharam lentamente pela área. Jenkinson parava em cada injetora, apertando a mão do operador, olhando para dentro da caixa vermelha, mexendo em peças rejeitadas, andando em volta da injetora e parando para observar os vazamentos sob as unidades injetoras, apontando para a tubulação emaranhada e os controles bagunçados.

Nisso, Ward lentamente começou a enxergar suas injetoras sob uma nova luz. Elas estavam sujas. Estavam velhas. Estavam abandonadas. Claro, a maioria delas funcionava, mas tinham uma cara encardida para caramba. Até a tinta estava descascando na maioria delas. Stigler tinha razão, concluiu ele com desânimo. Não há como consertar isso sem gastar mais dinheiro com estas injetoras. Mas nunca vamos conseguir a aprovação.

Jenkinson observava um braço mecânico tirar uma peça do molde e então, como Amy havia feito anteriormente, pôs sua mão sobre as peças ejetadas no transportador para verificar o quão quentes elas saíam da injetora, como um meio de aferir o tempo de ciclo – normalmente, quanto mais frias elas estavam, mais tempo elas tinham ficado na injetora.

– Sobre o que podemos concordar com base no que vemos?
– Além das injetoras parecerem bem ruins? – indagou Ward.
– Estão mesmo – concordou Jenkinson.
– Mas você continua cortando pessoal de manutenção! – exclamou Stigler, agitando os braços, exasperado.
– Cale a boca! Ouça! Aprenda! – Ward finalmente estourou com o homem, que o olhava aturdido. Chocado por terem gritado com ele, Stigler empalideceu e estreitou os olhos atrás dos óculos ridículos, e então ficou de tromba com uma carranca profundamente ofendida. Ward imediatamente se sentiu culpado por ter perdido a cabeça, mas ouvir seu gerente de produção dar vazão essencialmente às suas próprias queixas provocou o seu ataque.

Jenkinson continuou como se não tivesse ouvido nada. – Retorne às coisas essenciais que precisamos aprender. Processo e...

– Resultados. Sim, eu lembro. Obter bons resultados de processos controlados.

– Ok. No caso das injetoras, podemos dizer que o *processo* está controlado?

– Não totalmente – concordou Ward, tentando se recompor. – Certamente não, se comparado com Bethany. Vemos as injetoras funcionando, mas é difícil distinguir o que está sob controle e o que não está, apenas olhando para elas.

ACOMPANHAMENTO DA PRODUÇÃO

	Produção	Paradas programadas	Trocas	Problemas de organização	Panes	Observações
6:00						
6:30						
7:00						
7:30						
8:00						
etc.						etc.
12:00						
12:30						
13:00						
13:30						
14:00						
TOTAL						

Nº da peça	Tempo padrão do ciclo		Nº de peças boas		Tempo produtivo	
		X		=		+
		X		=		+
		X		=		+
				TOTAL		
			UTILIZAÇÃO GERAL DO EQUIPAMENTO			

– E quanto aos *resultados*?

Ward pensou a respeito. – Nós medimos as injetoras em funcionamento. Mas sei o que você vai dizer: no computador.

Jenkinson sorriu: – Então não conseguimos ver junto à injetora quais são os resultados, certo?

– Certo.

– O que significa que as pessoas que trabalham na injetora também não conseguem ver o desempenho da injetora?

– Sim, sim, você tem razão.

– Ok. Não concordamos quanto ao problema principal porque não temos gestão visual o bastante. Gestão visual é ver juntos, para que saibamos juntos e atuemos juntos, do operador ao CEO.

– O que eu preciso implementar, então?

– A primeira coisa que precisamos é um controle visual de como a injetora está executando. Podemos esboçar um roteiro de produção como este.

– E assim por diante... Desta maneira, o operador consegue controlar e explicar o que acontece na injetora em incrementos de cinco minutos. O principal é fazer que o pessoal na injetora observe o que realmente acontece em grande detalhe. Aí podemos começar a distinguir, injetora por injetora, se perdemos tempo por causa de rejeitos, trocas, tempo desligado, falta de trabalho, manutenção planejada, e assim vai. Com isso, podemos criar diagramas de Pareto semanais das causas para a perda de utilização *em cada injetora*. Assim, quando *vamos e vemos*, podemos discutir qual é realmente o problema.

– E pelo outro lado, deveríamos poder ver se todas as métricas-chave estão sob controle diretamente na injetora – ajuntou Ward.

– Exatamente. Precisamos visualizar tanto os resultados quanto o processo, para que possamos esclarecer problemas e estarmos de acordo quanto ao principal que precisamos focar. Concordamos nisso?

– Claro que sim, você é o chefe – disse o gerente de produção rancorosamente.

O que diabos havia de errado com o sujeito? Não se fala assim com o seu CEO. Ward estava tentando controlar sua irritação, e não conseguia imaginar por que Stigler estava sendo tão cretino. O cara não era o biscoito mais recheado do pacote, mas era normalmente um trabalhador bom, sólido. Por que ele estava sendo tão difícil? Aquilo era mais do que simplesmente afirmar sua opinião. Era muito perto de ser simplesmente agressivo.

– Eu sou – afirmou Jenkinson, com um sorriso que não era lá muito feliz. – E apesar de não poder forçá-lo a obedecer, posso forçá-lo a concordar.

Isto é o principal. Eu estou no comando, então a minha voz vai ser mais alta do que a de vocês. Mas não os forçarei a fazer algo que achem que seja errado, e eu *sim* agradecerei toda vez que vocês compartilharem um problema.

Stigler teve o bom senso de parecer constrangido e nada dizer. Ward soltou a respiração, aliviado por ver o gerente de produção parar sua briga com o maioral da empresa.

– De qualquer forma, estou sustentando que a segunda dimensão do *vá e veja* é criar consenso em torno de qual é o problema principal. Como vocês apontaram – enfatizou ele, olhando para Ward e Stigler alternadamente, – isso não é uma democracia, então o que a gerência diz sempre vai prevalecer. Mas vocês têm de olhar pelo outro lado. Se a gerência tem de forçar a questão, significa que a gerência fracassou em criar consenso: esse é um claro fracasso gerencial.

– O que faz a execução difícil, então – concluiu Ward, – porque as pessoas não se convenceram da necessidade de mudança, certo.

– É isso aí, Andy. Sempre que forço alguém a fazer alguma coisa, perco sua inteligência no processo. O que é complicado, porque a única maneira de aprender é fazendo, então estou empurrando as pessoas para a piscina para ver se elas vão afundar ou nadar, o tempo todo. É a vida!

Ward estava olhando para a área das injetoras quando teve um momento de clara revelação. Naquele momento ele *via* as pessoas, não só as máquinas. Ele via os operadores nas suas estações, o supervisor correndo procurando por algo, o motorista da empilhadeira lutando para manobrar um contêiner colocado de maneira incomum, os técnicos discutindo uma peça de conjunto. Ele via todos eles. E se deu conta de que Jenkinson estava pedindo-lhe que assumisse responsabilidade pelo seu envolvimento, não somente sua concordância. Ele sempre pensara sobre gestão em termos de fazer as pessoas *fazerem* coisas ou *aplicarem* sistemas. Agora ele tinha de fazê-los concordarem sobre qual era o problema. O que levou à próxima revelação: ele não tinha a menor ideia de como fazer aquilo.

– O terceiro aspecto do *vá e veja* – continuou Jenkinson, enquanto Ward combatia internamente o seu medo de inadequação, – é garantir que as coisas estão progredindo no ritmo correto para alcançar nossas metas. A jornada da fábrica tem alguns compromissos no caminho que ela não pode perder. Eles são impostos pelo negócio, não por nós. Entregas para clientes, peças de programas novos, revisões de orçamento, etc. Assim como um pagamento de juros tem de ser honrado no banco, metas *têm* de ser honradas. Geralmente, a gerência toca todos os projetos que pode ao mesmo tempo, e daí o que quer que aconteça, que aconteça. Como não escolhemos entre os projetos, tentamos enfiar todos eles goela abaixo, e, no fim, somente alguns são realizados, e muitos entram pelo cano.

– Eu não via desse jeito – riu Ward, desconfortável – mas sim, pode-se dizer isto. É certamente o que descobrimos quando começamos com as caixas vermelhas. Havia tantas coisas para se fazer ao mesmo tempo que acabamos completamente atolados, até que aprendemos a refazer a lista de prioridades a cada duas semanas.

– Isto é inteligente – concordou Jenkinson, – mas faz a ação tender para o urgente. Nós também precisamos ter firmemente em mente o que é importante. Não é ou/ou. Quando entro em uma fábrica, tenho duas perguntas na cabeça:

– O que poderia ser feito para melhorar a lucratividade *hoje*?

– O que precisa ser feito para a fábrica crescer *em dois anos*?

– O que vocês fizeram com as caixas vermelhas certamente responde à primeira questão, e deve ser generalizado para a melhoria do fluxo e das estações de trabalho. Mas também precisamos focar o projeto-chave no qual a fábrica tem que ter sucesso. Senão, já era.

– Como conseguir peças novas? – arriscou Stigler, relutantemente sendo atraído para a conversa de novo.

– Absolutamente. O que precisamos fazer para conseguir peças novas? Quem devemos convencer? Fazendo o quê?

– Bem – admitiu Ward –, você foi bem claro a esse respeito: a fábrica que alcançar o seu objetivo de 10% de economia com mão de obra direta, 50% de redução de ppm, 20% de redução de estoques e 50% menos de despesas de capital, vai conseguir peças. Não vejo como poderíamos alcançar isso, mas se eu entendo o que você está dizendo, devemos *ir e ver* como estamos indo na obtenção destes objetivos. Certo?

– Certo. Na verdade, somente a partir do *vá e veja* desta manhã que eu tive alguma ideia de como vocês estão indo. Se vocês continuarem com os esforços atuais, estou confiante de que vocês reduzirão suas rejeições de qualidade pela metade ao longo deste ano, senão mais. Na produtividade, vocês obtiveram alguns números, mas o trabalho que fizemos na célula me diz que vocês ainda estão tateando no escuro, assim como a nossa conversa sobre a utilização das prensas. Quanto às despesas de capital, vocês já usaram o orçamento do ano. O que agora precisamos checar é como vocês estão progredindo com o estoque.

– Ah. Logística.

– Vamos *ir e ver*!

– Olhe – interrompeu o gerente de produção. – Essa não é mais a minha área. Tenho muitas coisas para fazer. Tudo bem se eu deixar vocês aqui?

– Não, absolutamente não está OK! – devolveu Ward zangado, fitando Stigler com total descrença. – E não, você nada tem de melhor para fazer do que ver a fábrica com o seu CEO e o seu gerente de fábrica!

Stigler parecia que tinha levado um tapa, mas então ele fez um gesto de ombros bem francês e os seguiu para o galpão da logística. Ainda rilhando os dentes, Ward ligou para a gerente de logística dizendo para ela esperar por eles, imaginando que tipo de recepção ela daria.

Este era um dia de surpresas. Após a cena de adolescente mimado de Stigler, Carole Chandon, a bruxa que cuidava da logística, recebeu-os como reis. Não havia como negar sua boa aparência, e Ward tinha uma teoria própria de que ela desenvolvera seu jeito brusco e sem sorrisos para ganhar o respeito da rapaziada casca grossa que dirigia as empilhadeiras, que tinha uma espécie de cultura de macho caubói. O que quer que fosse, funcionava. Se ela se convencia de alguma coisa, ela ficava martelando aquilo até que saísse do seu jeito. Eles tiveram uma longa conversa após a visita de Amy sobre como ser rude com a alta direção ou seus consultores não era uma boa estratégia, e ela parecia ter levado aquilo a sério.

Depois de oferecer-lhes café, ela os levou ao fim do depósito, onde mandara delimitar uma área pintada de amarelo no chão, de frente para uma parede mais distante. De propósito ou não, ela ignorou as teatrais sacudidas de cabeça de Jenkinson enquanto eles atravessavam o depósito cheio até o teto de cremalheiras e pilhas de contêineres. A famosa tirada de Bob Woods, "Estou vendo seu depósito, mas onde está a fábrica?", veio à mente de Ward enquanto ele contemplava a quantidade de estoque que tinham.

– Aqui – explicou ela, – pensamos sobre os comentários da consultora e tentamos algo diferente. Essa é uma peça que vai direto da injetora para o cliente, então não há montagem.

– Quantos caminhões por dia?

– Alto volume, dois caminhões por dia, levando ambas as referências: direita e esquerda. Em vez de pôr as peças que saem da produção no espaço alocado pelo *software* de gestão de depósito, pedi às empilhadeiras para trazerem os contêineres para cá.

– Você consolidou os caminhões nesta área?

– Se você assim preferir. – O seu domínio do inglês surpreendeu Ward. Ele sempre tratou com ela em francês e estava espantado que ela fosse tão fluente. É claro, ela tinha um sotaque carregado e uma sintaxe estranha, mas as suas ideias comunicavam claramente.

– O que aconteceu?

– Primeiro, era claramente impossível. Estávamos produzindo uma peça para dois dias, e então as outras para mais dois dias. O lugar estava lotado o tempo todo. Todo mundo reclamava.

– E? O que você aprendeu?

– Estava mal – disse ela, tirando uma madeixa de cabelo negro do rosto com um movimento muito feminino, quase coquete. – Apesar de eu ter muito estoque, ainda assim conseguia perder entregas. Incrível!

Ela começou a gesticular com as mãos, imitando um estoque sendo preenchido.

– Eu produzo as peças direitas por dois dias – explicou ela, erguendo a mão direita. – Mas, ao mesmo tempo, estou enviando esquerdas nos caminhões – ela abaixou a mão esquerda. – Então, ao fim da rodada de produção de direitas, eu tenho muitas delas, mas estou quase sem esquerdas. Então há uma reposição, e eu começo a produzir esquerdas – ela fez movimentos de mão opostos. – A mesma coisa acontece no fim do lote de esquerdas, eu fico com pouquíssimas direitas.

– Absolutamente – concordou Jenkinson com um sorrisinho inteligente. – E então?

– É estúpido. Se alguma coisa acontece, como uma mudança de última hora, ainda assim posso perder uma entrega, mesmo tendo um estoque médio de três dias. Então, comecei a pensar e pedi para os caras da produção produzirem as duas peças todos os dias. Em princípio, eles não querem. Mas eu não desisto. Eles ainda assim não querem. Então nós vamos ao *M'sieur* Ward, e ele diz: "Façam o que ela está dizendo".

Ela começou a gesticular rapidamente, demonstrando tamanhos de lote menores.

– Agora temos menos estoque, e a entrega é mais confiável, pois consigo criar uma rede de segurança melhor. Cabe tudo na zona.

– Excelente – elogiou Jenkinson. – Qual é o seu próximo passo?

– Trocas uma vez por turno e, então, em linha com os caminhões dos clientes. Mas a produção não quer. E agora a produção quer voltar a uma vez por semana; trocas demais, eles dizem.

– Isso é pura bobagem – exclamou em francês o gerente de produção. – Estamos fazendo mais mudanças nesta única referência do que, bem, sei lá!

– Temos problemas de capacidade na injetora?

– Não, nenhum. É uma máquina de 600 toneladas, e só o que ela faz são essas peças. Eu não sei por que a engenharia não surgiu com um molde de duas cavidades como de costume.

– Então, qual é o problema com o que Carole quer?

– É um pesadelo organizacional! – continuou Stigler, sua fúria crescendo novamente. – Os montadores têm de trocar essa injetora toda hora, e, nesse meio-tempo, outras trocas não estão sendo feitas. Eu não tenho montadores suficientes para brincar disso só para satisfazer a direção.

– Deixe-me adivinhar – interrompeu o CEO. – Sem capacidade suficiente? Sem montadores suficientes? Muitas peças ruins no reinício após cada troca?

– Montadores – confirmou Ward.

– *SMED* – disse Jenkinson firmemente ao gerente de produção. – Troca de ferramenta em um dígito. Reduza o seu tempo de *setup*. Faça isso. E faça o que ela está dizendo.

— Certo — respondeu Stigler, acalmando-se novamente, ainda que o seu expressivo dar de ombros não prometesse nada de bom, como Ward percebeu. Dizia algo como: dane-se a produção, não dou a mínima.

— Muito bem, Carole — disse Jenkinson, virando-se para a mulher, que chegou a sorrir de volta; um sorriso de Chandon? — Qual é a próxima peça a que você vai aplicar isto?

— Esta é a coisa certa a fazer, então?

— Absolutamente. Quando você vai fazer isso com uma segunda peça: área de armazenamento dedicada e produção diária?

— Ainda não sei — respondeu ela incertamente, olhando para Ward. — Nós ainda estamos experimentando isso. A coisa é difícil com a produção.

— Quando vocês começaram isto?

— Depois da consultora vir? Setembro?

— Quantas referências de injeção vocês têm no total?

— Cerca de 300 rodando regularmente — respondeu Ward. — E sim, 20 referências são 50% do nosso volume. Nós verificamos depois que Amy foi embora.

— Eu tenho de dizer para ela não estragar a minha diversão — sorriu Jenkinson, com uma rara demonstração de humor. — Ela está espalhando as minhas piadas. De 5 a 10% das suas referências perfazem metade do seu total, esta é uma aposta que gosto de ganhar. Portanto, 20 referências... dois meses por referências, isso significa que terei um sistema puxado funcionando para os pedidos mais frequentes dentro de 40 meses? Totalmente inaceitável. O futuro desta fábrica vai ser decidido muito antes disso. Vocês têm seis meses, no máximo.

— Três por mês? — perguntou a gerente de logística, assombrada, mas pegando rápido.

— Vocês me mostraram que sabem o que fazer, agora é uma questão de vontade, nada mais, nada menos.

— Impossível! — exclamou o gerente de produção.

— Há o *possível* — devolveu o CEO, contando nos dedos, — há o *impossível* e há o *não impossível*. Eu lhe digo que este é claramente o caso de um não impossível, porque isso já foi feito.

— Não diga: em Bethany?

– Lá, sim, e em outros lugares. Então, pessoal, agora é hora de fazer por merecer os seus salários. Eu quero esta fábrica em modo puxado o mais rápido possível. E quero a redução de estoques resultante. Descubram como.

Ward olhou de Chandon para Stigler. Ela sorria de satisfação cada vez mais fracamente, e o outro homem estava lívido, murmurando para si mesmo. Ela era inteligente o suficiente para entender que quaisquer que fossem os problemas que teria em organizar fisicamente seu estoque por referência – algo que ela se recusara terminantemente a considerar no passado – , eles desapareciam em comparação a ter que trocar cada injetora na fábrica uma vez por dia, ou mais – até uma vez por turno.

– Isso demonstra o terceiro aspecto do *vá e veja*. Agora temos um objetivo, e vocês podem vir regularmente para ver se este objetivo será alcançado em tempo. Está claro?

Ward fez que sim, mudo.

– É tarefa da gerência ver se o pessoal está dando o melhor de si, e ajudar se eles emperrarem. Claro, às vezes esses objetivos são ambiciosos, às vezes tentamos passar por uma porta que é simplesmente estreita demais. É aí que a gerência tem de intervir para ajudar a forçar a porta. *Vá e veja*.

– O quarto aspecto do *vá e veja* é delegar decisões às pessoas ao envolvê-las – disse Jenkinson. – As relações gerenciais são fortemente assimétricas: como gerente, você tem a impressão de que vê as pessoas que se reportam a você todos os dias, mas, individualmente, elas veem você raramente. Como resultado, quando elas encontram você, o momento é muito significativo para elas, assim como a chance de você decepcionar e ignorar as pessoas, mesmo que inadvertidamente, de uma maneira que indispõe e magoa. Como errar o nome de alguém. Ou chamar a atenção de alguém, mesmo se for de brincadeira e sem maldade. Ainda assim pode incomodar.

– *Vá e veja* é o momento de envolver os trabalhadores ao fazê-los entenderem o objetivo global da empresa. É a história do pedreiro na beira da estrada que pensa que está cortando uma pedra, levantando um muro ou construindo uma catedral. Mesma ação, envolvimento diferente.

É difícil discutir esse tópico nesse estágio na fábrica, porque a gestão visual ainda é fraca demais para se ter discussões aprofundadas com os trabalhadores sobre seu serviço.

– O que você quer dizer? Não foi isso que fizemos na montagem?

– Em certa medida – respondeu Jenkinson, empurrando seus óculos e de fato ficando constrangido. – Mas tenho de confessar alguma teatralidade lá. Eu estava querendo passar uma ideia. Ter conversas assimétricas com operadores que sejam instrutivas e também não os ponham em desvantagem exige *trabalho padronizado*.

– Como assim? – indagou Ward, verdadeiramente perplexo.

– Bem, uma das primeiras coisas que Taiichi Ohno fez na sua fábrica na Toyota foi postar a sequência de trabalho padronizado em cada estação de trabalho. Você simplesmente estende uma corda de varal através da estação e pendura uma folha de papel com a sequência padrão, *takt time*, tempo de ciclo, e estoque padrão em processo. Me dê o seu bloco. Parecido com isso.

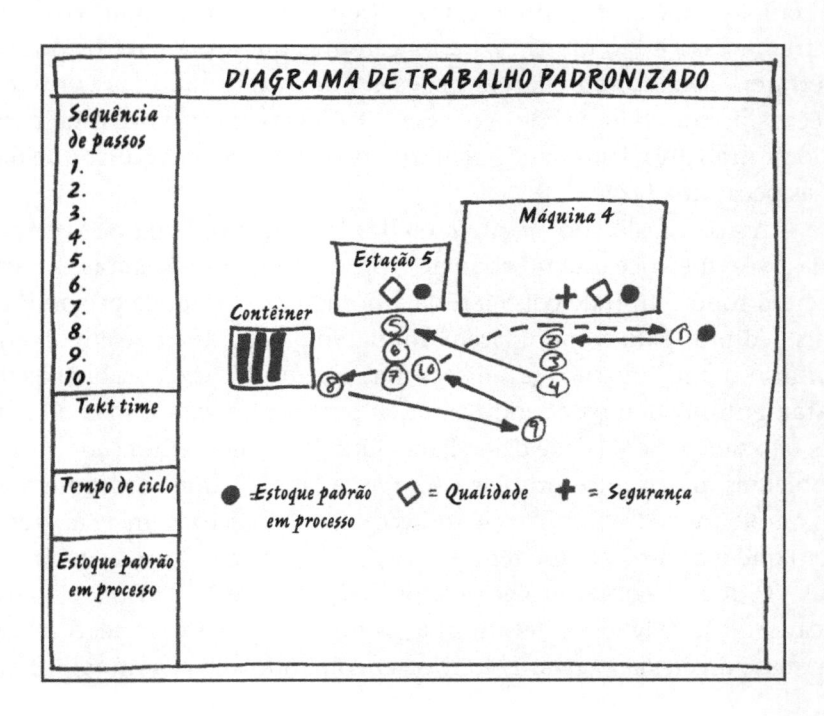

	DIAGRAMA DE TRABALHO PADRONIZADO
Sequência de passos 1. 2. 3. 4. 5. 6. 7. 8. 9. 10.	Máquina 4 Estação 5 Contêiner
Takt time	
Tempo de ciclo	● = Estoque padrão em processo ◇ = Qualidade ✛ = Segurança
Estoque padrão em processo	

– Você pegou a ideia, mas vocês criarão o seu próprio diagrama. Dentro do *Sistema Toyota de Produção*, a principal tarefa do supervisor é criar essas folhas de *trabalho padronizado* com os operadores. A razão é que o documento cria uma base para discussão com o operador. Ele torna a conversa simples. Posso perguntar à operadora por que não seguiu a sequência padrão, e ela pode mostrar que está sem contêineres, então ela tem de andar pela estação de trabalho para consegui-los. Isto cria a oportunidade perfeita para um acordo: eu resolvo o problema dos contêineres faltantes, e os operadores se comprometem a seguir a sequência padrão tanto quanto possível e a contribuir com outros problemas e sugestões.

Jenkinson olhou para Ward, Stigler e Chandon e viu que já estavam de olhos vidrados. Havia sido uma sessão longa e eles tinham muito para digerir. Ele claramente estava hesitante se devia continuar a discutir o tópico.

– Vamos deixar assim. *Vá e veja* é uma oportunidade para os gerentes sênior estabelecerem uma relação direta com os funcionários da linha de frente. Isso é tão crucial para os gerentes quanto é para os políticos apertarem as mãos e beijarem bebês em ano eleitoral. Para confiar em você, as pessoas têm de conhecer você. Para verem que você está interessado no trabalho delas. Que você *vai e as vê*, não só a máquina que usam ou as peças que fazem.

– A ação básica do *vá e veja* é abordar um problema por operador toda a vez que você está no chão de fábrica. Nós pedimos para esses caras fazerem todo o tipo de coisa a toda a hora, e quanto mais progredimos, mais pedimos para eles mudarem, mudarem, mudarem e se envolverem. O mínimo que podemos fazer é resolver alguns dos seus problemas imediatamente. Podemos perguntar o que precisam, é claro, mas no início eles não sabem bem o que dizer. Para ajudá-los a ver melhor seus próprios problemas, precisamos primeiro "limpar a janela", que se resume a criar um ambiente de trabalho onde todos os problemas tornam-se aparentes. Meio que o oposto do que temos agora na logística em nossa volta.

– O que... – começou a gerente de logística, mas Jenkinson, claramente cansado, apaziguou-a, levantando as mãos defensivamente. A imagem era quase divertida, o gigante loiro se encolhendo atrás da moreninha.

– Não fique chateada. Olhe ao redor. Não estou dizendo que está mal gerenciado. Estou dizendo que não há absolutamente qualquer maneira de ver se há um problema ou não. Essas peças, por exemplo – disse ele, apontando para uma caixa de papelão empoeirada, – estão aqui há... – ele leu a etiqueta, – seis meses. É um problema ou não?

– Eu... não sei – respondeu ela, mordendo o lábio.

– Ninguém sabe até *checar* – explicou ele. – Esta é a ideia. Para envolver as pessoas, precisamos tornar fácil para elas *irem e verem*. Precisamos criar um ambiente visual onde todos conseguem ver.

– A gestão visual deve responder a três perguntas-chave:
1. Todos conseguem ver se é uma hora boa ou uma hora ruim?
2. Todos conseguem ver qual é o método padrão?
3. Todos conseguem ver o que as pessoas que trabalham aqui acreditam ser o seu problema principal?
4. Todos conseguem ver o que estão fazendo a respeito?

– Então – falou ele novamente, após organizar o pensamento. – Nós envolvemos as pessoas dizendo a elas quais são nossos objetivos e ajudando-as a resolver os problemas miúdos de seus trabalhos. Tenham em mente que estas questões "menores" podem ser muito importantes para elas, já que podem ocorrer em todo o ciclo. Para isso, o envolvimento da gerência deve ser "limpando a janela", o que eles proveem auxiliando a qualidade do ambiente de trabalho e da gestão visual. OK?

– Está claro – concordou Ward, ambiguamente.

– Por fim, quando estamos no chão de fábrica, ou no dos clientes, ou no *showroom*, nos fornecedores, basicamente em qualquer lugar onde há trabalho, encontramos *pessoas*. Estamos constantemente buscando a variância positiva, o cara que faz alguma coisa um pouco mais inteligente, que se esforça um pouco mais. Procuramos pessoas para desenvolver. Esta é a chave definitiva do *vá e veja*. Nós desenvolvemos a capacidade de enxergar as pessoas de que precisaremos para crescer, porque o trabalho e o envolvimento delas nos sustentarão no longo prazo.

– Thierry Fernandez – murmurou Ward, com um lampejo de compreensão.

– Ou Mark Neville. Ou muito outros. Independentemente de onde estou ou no que estou trabalhando, há sempre um único pensamento na minha cabeça: quem parece promissor? Quem aparece cada manhã? Quem resolve os problemas? Quem pensa em algo inteligente? Estas pessoas são o meu futuro seu eu conseguir envolvê-las e desenvolvê-las.

Ward pensou que seu chefe tinha começado a falar sozinho. Os gerentes da fábrica francesa se entreolhavam enquanto o CEO se calava, perdido em pensamentos. O silêncio se dilatou e permaneceu, e todos pareciam relutar em rompê-lo. Finalmente, uma empilhadeira buzinou para eles saírem da frente.

Jenkinson se mexeu e suspirou, e disse: – Devemos usar coletes laranja se vamos andar pela área das empilhadeiras.

– E aqueles que não parecem? – perguntou Chandon inesperadamente.

– Que não parecem o quê?

– Promissores. Que não fazem o que você diz. Se envolver?

– Nós treinamos – respondeu ele, resignadamente. – Esperamos.

"Eles deixarão você ensinar?", pensou Ward, lembrando-se da história do tempo de escola de Neville.

Ward levou o CEO de volta à entrada principal. Ele tinha sugerido um almoço, mas Jenkinson estava preocupado em não perder o voo. Eles ficaram na porta de vidro na entrada da fábrica olhando o dia frio de fim de novembro. Uma chuva pesada estava caindo, e apesar de ser a hora do almoço, lá fora a luz estava fraca como de noite. Jenkinson vestia um casaco muito preto e muito comprido que parecia terrivelmente elegante e caro por cima das suas roupas de trabalho casuais de sempre. Olhando sombriamente pela vidraça inundada de chuva, o casaco o deixava vagamente sinistro, como um personagem saído de um filme do *Poderoso Chefão*, pensou Ward irreverentemente, ou Bruce Wayne-Batman em trajes civis.

– Obrigado pela visita – disse ele. – Tem certeza que não quer tomar algo antes de pegar a estrada? Um café?

– Estou bem – respondeu Jenkinson, ainda que seu sorriso cansado dissesse o contrário. – Você já foi a Breslávia?

– Eu deveria ter ido semana passada, mas aí me disseram para cancelar porque o gerente da fábrica tinha deixado a empresa.

– Isso. Estamos trazendo um interino até acharmos um novo gerente de fábrica polonês.

– Você ainda quer que eu vá em frente?

– Sim – disse ele, parecendo surpreso por Ward hesitar. – Deve ser feito antes do fim do ano.

– Tudo bem – concordou Ward, duvidando.

– A propósito, onde estavam os seus supervisores hoje? – perguntou Jenkinson, voltando à fábrica.

– Hum...

– Lembra do que falamos em Neuhof? Você não pode fazer sozinho. Confie no seu pessoal. Você tem de envolver seu pessoal de linha. Este é o segredo.

– Concordo. Foi o que eu vi em Bethany. Supervisores fazendo *trabalho padronizado* e líderes de equipe rebalanceando suas linhas uma vez por semana. Sim, é que...

– Olhe, o resto está bem como está. Você está aprendendo, talvez não tão rápido quanto eu gostaria, mas está. Mas você *não pode fazer isso sozinho*. Não vai dar. Você precisa desenvolver uma pirâmide de pessoas competentes e engajadas para sustentar o *kaizen*. Não vai funcionar de nenhum outro jeito.

– Eu sei – concordou Ward, quase admitindo que simplesmente não tinha o jeito. Ele não sabia como fazer. Esses caras, bem, eles simplesmente não queriam se envolver.

Jenkinson observou a chuva cair sobre o pátio da fábrica mais um pouco, como que medindo os passos até o seu carro e se preparando para encarar algumas horas na direção nesse temporal.

– Andy – disse ele, ao fim. – Eu sei que você está se esforçando. E admiro o quanto você quer salvar a fábrica. Mas não perca a perspectiva. Pode já ser tarde demais.

O que diabos ele estava dizendo?

– Não estou dizendo que é – emendou Jenkinson, lançando-lhe um olhar de lado. – Mas tudo está muito tenso, agora. Então ouça. Você está procurando a mudança gradual. Não vai funcionar, não de imediato. Você vai se exaurir, e ficar construindo castelos de areia que vão desmoronar. *Kaizen* primeiro. Envolva mais pessoas. Faça elas fazerem as coisas miúdas – caixas vermelhas, *SMED, fluxo de uma só peça*, melhoria das estações de trabalho. Mude-as como você está tentando mudar a si mesmo. Daí a mudança gradual virá facilmente. Está ouvindo o que estou dizendo?

– Acho que sim – respondeu Ward, incerto.

– Sempre nos ensinaram a tentar a grande mudança logo de cara. Procurar soluções globais para problemas globais. Mas não funciona. Sempre dá errado, pois não entendemos a situação bem o suficiente. Sem *vá e veja* suficiente. Portanto, pense diferentemente: foque o *vá e veja* e envolva quantas pessoas você conseguir no *kaizen*. Pequenos passos frequentes. Dez vezes 10% em vez de uma vez 100%. Tente. Aprenda junto. Rapidamente. O que acontecer, aconteceu, mas o aprendizado nunca vai ser desperdiçado, OK?

"E isso era para fazer eu me sentir melhor?", pensou Ward.

– Qual *é* o seu problema? – perguntou Ward irritado, fazendo o gerente de produção entrar em seu escritório. Ele tinha feito o *debrief* da visita do CEO com a equipe o melhor que pôde, frustrado com a falta de reação deles. Nenhum pergunta, nenhum sugestão, nem mesmo um comentário maldoso sobre o chefão. Stigler, em particular, ficara olhando emburrado para suas anotações, rejeitando todas as tentativas de estabelecer contato visual. Qual era o problema deles? Como a reunião acabou não com um estrondo, mas com um murmúrio, Ward chamou o gerente de produção para o seu escritório.

– *Meu* problema? – estourou o outro homem. – Você ouviu como falou comigo?

– Você ouviu como *você* falou com o CEO?

– É claro – disse ele, com um feio sorrisinho sarcástico. – Então você está do lado dele, né? Típico.

– Do lado? – repetiu Ward, espantado. – Você não fica *do lado* de um CEO, seu idiota. Você faz o que ele manda.

– Ele vai fechar a fábrica de qualquer jeito – retorquiu Stigler acaloradamente. – Você não vê? Você sabe tão bem quanto eu. Todo esse negócio é uma porcaria hipócrita.

– Pode ser – mas ainda assim vamos fazer o que ele manda, e ao pé da letra!

– Você não entendeu o jogo? – apelou o gerente de produção. – Ele está nos sacaneando! Ele está nos dando objetivos impossíveis, e ações impossíveis, *para que a gente fracasse*. Assim, quando ele fechar a fábrica, cai tudo na nossa cabeça. Olhe como ele desautoriza você na frente de todo mundo. Não sei como você pode ser tão frouxo a ponto de deixá-lo fazer isso. Ninguém fala assim comigo na frente do meu pessoal.

Seu argumento fez Ward parar. Ele de repente se deu conta de que não conhecia Stigler tão bem quanto achava. Após quatro anos trabalhando com ele, não sabia dizer se o sujeito estava tentando encobrir as lacunas apontadas na sua área ou se estava sendo sincero em achar tudo um showzinho.

– Você simplesmente *não pode fazer isso* em uma fábrica como essa! Ele é apenas mais um norte-americano destrambelhado que nada sabe sobre as nossas relações de trabalho – continuou Stigler zangadamente. – Indo diretamente aos operadores, nos expondo completamente no nosso próprio chão de fábrica. O sujeito é maluco. Como vamos manter autoridade depois disso?! Nós mal nos aguentamos na superfície, e vem ele e nos empurra para o fundo. Estou dizendo: ele vai nos culpar por fechar a fábrica.

– Por que ele deveria se importar? – perguntou Ward. – Você não acha que ele tem coisas melhores para fazer do que ficar na fábrica se ele está quase a fechando?

– Não seja ingênuo – replicou ele, com pena. – Fale com os veteranos. Isso é a primeira coisa que eles fazem quando fecham uma fábrica. Absolutamente todo mundo desfila por aí para mostrar que o futuro está garantido – e daí a guilhotina desce – acrescentou ele com um golpe. – Pergunte por aí. Você tem que saber. Nós podemos não saber de produção *lean* por aqui, mas em sermos desativados somos especialistas. Eu aposto que todo mundo nesta fábrica já passou por ao menos um fechamento de fábrica. Todo mundo menos você.

– Ok. E também não pretendo – respondeu Ward, firmemente, esperando ter ocultado o quão abalado na verdade estava.

Malancourt, Malancourt, o nome soava como um romance, e às vezes como uma maldição. Vinte anos atrás, os pais de Claire tinham comprado o que era uma casa de campo habitável, uma outra edificação grande, um estábulo decadente e uma variedade de edificações em ruínas, torres redondas desmoronando e restos de muros antigos. O pai de Claire tinha de certa forma estragado o lugar ao construir um imenso abrigo para guardar 40 e poucos cavalos do outro lado da estrada, e uma enorme escola de equitação a céu aberto. Ainda assim, o lugar mantinha um charme único, que prendera Ward imediatamente. Após o acidente de seu sogro, os pais de Claire tinham se mudado de volta para a cidade, já que ele agora só caminhava com uma bengala, em meio a dores. Ironicamente, depois de sobreviver a quedas de cavalo por anos, ele se machucara caindo de uma colheitadeira combinada, ao ajudar um amigo a terminar a safra. No início, Claire e Andy se contentaram em reprojetar a casa de campo, abrindo um amplo espaço de estar, como um *loft*, substituindo os azulejos tradicionais por tabuões e instalando janelas novas na verdejante elevação a oeste, nos fundo da construção.

Mas, à medida que o tempo passava, Claire idealizava uma revitalização completa de Malancourt, em que eles transformariam a segunda construção em uma pousada e melhorariam a reputação do centro com a esperança de atrair mais dinheiro. Ela fora incitada, e no fim apoiada financeiramente, por um amigo de infância rico que aprendera a montar ali mesmo, e que lentamente atraíra Ward para a visão dela para o lugar. Ele resistira no início, achando a quase obsessão dela pelo esquema bastante desanimadora. Mas no fim, com Claire dirigindo sua considerável energia para embelezar o local, ele cedera, também contribuindo nos fins de semana, até começarem a ver algo ótimo surgir do amontoado de pedras velhas e hera retorcida.

Mas a dura realidade era que, na sua forma atual, Malancourt pertencia mais aos bancos do que a eles. O lugar estava completamente hipotecado, e eles tinham tomado empréstimos adicionais para os projetos de construção. No fim, tudo girava em torno de ele trazer para casa dinheiro o bastante para pagar todos os abutres. Ele começara a discretamente procurar outros trabalhos na região depois que Jenkinson lhe dissera que pretendia fechar Vaudon, e ficara bastante claro que o seu histórico o qualificava ou para gerenciar outra fábrica – o que podia ser em qualquer lugar na França, apesar de ser improvável de ser achado nessa região castigada – ou em sedes corporativas em uma cidade grande como Paris ou Londres. Malancourt o prendia à fábrica com a mesma firmeza de uma grande pedra atada ao seu pescoço.

Os estábulos principais estavam escuros quando Ward entrou pelas portas do abrigo. O edifício era pouco mais que um imenso depósito feito de blocos de concreto: duas alas de baias de frente uma para a outra, cobertas com um telhado de chapa ondulada – quente no verão, frio no inverno. O pai de Claire havia caiado o exterior da construção, para fazê-lo parecer um pouco decente, mas nunca fizera o interior, onde as paredes ainda exibiam o deprimente cinza sujo dos blocos de concreto. Uma fileira de grandes lâmpadas pendendo de um só fio trançado no alto das baias dava uma luz difusa e cavernosa. A chuva estrondosa tamborilava constantemente no telhado metálico.

– Oi, amor, chegou cedo?

– Sim, visita do Jenkinson. Estamos todos destroçados. Fiz o *debriefing* com a equipe e dei por encerrado.

Claire estava sozinha no estábulo, se debruçando na porta de uma baia e olhando para o cavalo escuro lá dentro.

– Vem e me abraça – disse ela.

Ele a enlaçou com os braços, beijando seu pescoço.

– Você está todo molhado! – protestou ela, mas não se soltou. Ela cheirava a trabalho honesto e cavalos.

– Acho que ele está pondo mais peso na pata direita de trás – sussurrou ela. – Mas não achei nada de errado. Vou ter de ver de manhã.

– Você faz isso todas as noites?

– Isso o quê?

– Dá uma olhada em todos os cavalos?

– *Mais oui*, eu vejo se a baia está pronta para a noite e dou uma boa olhada neles. É mais tranquilo a essa hora. Eu sei o que olhar durante o dia, quando montam neles.

O grande baio deu um passo à frente e expirou na direção deles. Claire pegou a grande cabeça e esfregou distraidamente a testa. Pelo menos ela não falava com eles, como muitos dos seus clientes faziam. Ela dizia que não precisava, porque ela jurava que as criaturas eram telepáticas.

Eles conseguiam farejar o humor, ela acreditava, e reagiam fortemente a qualquer emoção que era projetada: medo, calma, raiva, alegria, pressa, empolgação. O espelho da alma do cavaleiro, disse ela uma vez.

– Você deveria estar fazendo o meu trabalho – sugeriu amargamente Ward.

Ela riu e se voltou em seus braços para olhar para ele. Na luz turva, seus vívidos olhos azuis pareciam quase pretos, e ele se maravilhava como, mesmo após todos os anos em que estavam juntos, ele ainda conseguia se perder no olhar dela. Ela tinha olhos perfeitos. Seu rosto era um pouco estreito demais, seus traços, um pouco fortes demais para serem chamados de belos, mas seus olhos, seus olhos eram hipnotizadores.

– Bobo! O que faz você dizer isso?

– Você seria melhor nele do que eu. *Vá e veja*. É isso que você faz o tempo inteiro. Eu queria poder dizer que caminho pelas minhas injetoras antes de ir para casa à noite e olho para ver se elas estão funcionando direitinho.

– Não é a mesma coisa, fale sério.

– Mas estou falando – disse ele, puxando-a em sua direção, e encaixando a cabeça dela sob seu queixo.

– Ela se aconchegou nele, enterrando o rosto em seu peito.

– Temos de pegar Charlie na Madame Collet—murmurou ela.

– É, vamos.

Ela odiava ouvi-lo assim tão para baixo. Era tão atípico. Ele sempre contava a história de como se apaixonara por ela à primeira vista e como ela dissera o mesmo, mas ele não acreditava naquilo. O que uma mulher daquelas veria num Zé Mané como ele? Ela nunca lhe dissera a verdade. Nunca lhe falara do medo. Da preocupação. Viver entre os cavalos, amando-os e amando o hipismo apaixonadamente, mas tendo de lidar com o medo constante, incômodo e obsessivo de quedas infelizes, de acidentes bizarros, da sua égua favorita tendo de ser sacrificada quando ela tinha 12 anos, de um cavaleiro não voltar de um simples passeio na floresta. Ela sabia que era atraente para muitos homens. Ela podia escolhê-los em Londres. Mastigá-los e devolvê-los. Mas quando conheceu Andrew, ela lembrava de ter ficado atordoada, impressionada, maravilhada. O medo passara. Perto dele, não havia nada além de leveza. Um fluxo constante e suave de bons sentimentos. Nada profundo ou sério de início. Uma coisa fácil e doce. No momento em que o viu, ela se sentiu como se voltasse para casa.

Ela não ousava dizer qualquer coisa, porque ela sabia que era para ela que ele estava trabalhando tanto para salvar uma fábrica que nem merecia. Mas isso o estava mudando. Ele tinha perdido sua marotice, o seu lado gazeteiro que verdadeiramente acreditava que boas maneiras e um toque de charme o salvariam de qualquer coisa na vida. Ele tinha começado a se preocupar. Ela odiava como a ideia soava, mas ele estava crescendo. Ela rezava para que ele não envelhecesse também. Ela não suportaria isto. Malancourt valia pagar aquele preço?

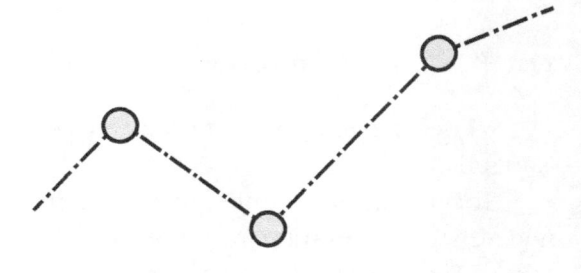

Capítulo Quatro

GERENCIAR SIGNIFICA MELHORAR

– Para que pagam você? – perguntou Bob Woods ao gerente de produção. Aturdido por esta pergunta inesperada, Olivier Stigler piscou várias vezes sem responder, sua boca abrindo e fechando como um peixe fora d'água. – E você também, falando nisso – disse ele, voltando-se para Andrew Ward.

Era uma manhã congelante de fevereiro, e os visitantes se atrasaram quatro horas para chegar à fábrica por causa de um grave acidente na estrada. Jenkinson finalmente convencera seu *sensei*, Woods, a visitar as fábricas europeias. Eles pararam em Vaudon após visitar Neuhof, e estavam a caminho de Mlada e então Breslávia. Woods, que Ward ficara sabendo que odiava viajar, estava aparentando sua idade e rabugento como o diabo. Ele se apresentou à equipe da fábrica como um "consultor *lean*", ponto final. Pela primeira vez, Jekinson era o CEO de cabo a rabo, completo com terno de alfaiate e gravata vistosa. Ward presumiu que ele andava fazendo visitas a clientes. Woods, por outro lado, vestia uma jaqueta surrada e jeans gastos. "A Califórnia faz você esquecer o que é frio de verdade", ele ficava murmurando. Ele dera um olhar inamistoso para a fábrica e aparentemente se convencera de que o lugar estava perdido.

– Você não tem algo para dizer em sua defesa? Para que pagam você? Não sabe?

Tocar a fábrica, o que que você acha?, pensou Ward irritado, mas nada disse. Ele jurara para si mesmo não deixar eles o incomodar dessa vez. Sem ofensa. Uma coisa que ele aprendera com essas visitas de CEO, pensou ele ironicamente, é tomar um carão em público. Jenkinson estava se contendo hoje, cedendo o terreno ao seu mentor. Se os outros achavam que Jenkinson era um osso duro, agora eles estavam aprendendo. Woods era muito pior. Onde o chefe era estável e persistente, como uma geleira rolando em uma planície, o velho era áspero e abrasivo, constantemente desafiando e, em poucas palavras, um saco.

Mais uma vez eles estavam em volta de uma caixa vermelha na área das injetoras. Ao contrário das visitas anteriores, Ward se excedera ao preparar esta visita. Ele garantira que os três supervisores estariam presentes, além da equipe de gerência. Quando o grupo se reuniu atrás dos líderes, Ward se recordou de *rounds* de hospital, com a multidão de estudantes seguindo o professor. A analogia era mais extraordinária agora que ele tinha recentemente imposto jalecos brancos para a gerência no chão de fábrica. Somente Jean-Pierre Deloin, o gerente de RH, havia o ignorado. Os supervisores usavam camisas cinza, como sempre. Ward planejava conseguir camisetas com logotipos para todos os operadores de turno integral, mas o gerente de recursos humanos o demovera de ir tão rapidamente para questões pessoais. Os franceses, argumentara, tinham noções diferentes do que constituía seu espaço pessoal *versus* o profissional, e se ofenderiam se lhe dissessem como se vestir para o trabalho. Ward cedera.

– Eu sou pago para garantir que os operadores façam bem seu trabalho – respondeu finalmente Stigler, dizendo o que eles queriam ouvir.

– Boa resposta – reconheceu Woods. – Então – apontando para a caixa vermelha, – estamos em condições normais?

– O que você quer dizer? – perguntou Ward, intervindo e se esforçando para não parecer irritado. A caixa tinha não mais do que seis ou sete peças não conformes, um total que refletia um progresso espetacular nesse produto específico. Esta vitória não viera facilmente. Quando Ward deu a Matthias Muller, o gerente de manutenção, responsabilidade direta sobre a manutenção de moldes assim como a manutenção de máquinas, o gerente de manutenção de moldes estabelecido se sentira insultado e parara de ir trabalhar, alegando uma depressão mental clinicamente comprovada. Este drama psíquico fora perturbador para os três técnicos de manutenção de moldes, mas Muller atacara o problema com furor, e ajudara a acalmar todos ao conseguir resultados drásticos. Apesar da saída do gerente de moldes tê-los deixado em desfalque, Ward era ambivalente quanto ao seu retorno.

– Quantas peças vemos aqui? – perguntou Woods.

Stigler teve a boa vontade de pegar as peças e passá-las adiante para inspeção. – Sete – disse ele.

– Então... sete peças ruins são condições normais para essa hora do turno? Ou não? – pressionou Woods.

– O que você quer dizer com condições? – indagou Ward.

– Condições – repetiu Woods, dando de ombros com irritação.

– O estado de algo, sabe, como é em relação a aparência, qualidade, funcionamento – esse tipo de coisa. Sete peças ruins desta injetora é o estado normal desta injetora a essa hora? Se não, qual *é* o estado normal da injetora nesse exato momento?

Carole Chandon, que tinha uma boa relação com os três supervisores, fora solicitada para traduzir. Ward esperava que ela fosse sensível na hora de formular as frases. Denis Carela era um cara durão, com seus cinquenta anos, e parecia ter saído diretamente de um filme preto-e-branco da sua juventude. Ele tinha seu espesso cabelo grisalho em um topete com gel, e exibia seu corpo em forma com uma coleção infinita de camisetas curtas Harley-Davidson. Ele falava com um permanente torcer irônico de lábios que realmente irritava. Ward ouvira falar que o cara tinha duas daquelas motos grandes, e sabia desmontar qualquer máquina de cabeça para baixo. Ele era um excelente técnico e se dava bem com o gerente de manutenção, Muller, com que ele trabalhava há anos. Infelizmente, ele tinha uma rixa forte contra gerentes. Carela ficara do lado dos operadores em todos os conflitos trabalhistas desde que a Alnext adquirira a fábrica, e Ward pisava em ovos perto dele. Ele certamente não confiava nem um pouco nele. Léa Mordant, a supervisora de montagem, era uma mulher jovem de trinta e poucos anos. Ela fora promovida a supervisora pelo antecessor de Ward, que vira um potencial que Ward não descobrira. Mãe de dois filhos, eternamente incomodada, Mordant tinha olheiras o tempo todo. Ela se dava bem com os operadores de montagem, que eram mulheres na maioria, mas Ward achava que ela exemplificava resistência à mudança. Ao menos ela tinha o bom senso de pedir ajuda a Carela em questões técnicas. O supervisor do turno da noite, Afonso Sanches, tinha nascido em Portugal e viera a Vaudon depois de trabalhar para a grande fábrica química vizinha, que havia fechado. Ele era um homem baixo e magro, com zangados olhos negros e um bigode com pontas torcidas. A prática de *vá e veja* de Ward o envolvera a passar algumas horas com o turno noturno ao menos uma vez por semana, o que revelara que Sanches comandava o turno noturno com a força de sua personalidade, desde que nada muito técnico ocorresse. Contudo, ele não gostava de trocas de ferramentas, e Ward sabia que isso definitivamente seria um problema.

– Está muito melhor do que antes – disse Carela agressivamente, – se é que é isso o que ele está perguntando.

– Tenho certeza de que sim – replicou Woods após ouvir a tradução. – Mas está *normal*? Eu deveria esperar sete defeitos desta peça às 3 da tarde toda sexta-feira? Essa é a minha pergunta.

– Nós não sabemos, ok? – estourou Ward, exasperado. Ele odiava o modo como Woods e Jenkinson continuavam a perguntar algo que todos já sabiam a resposta até que alguém efetivamente a pronunciasse. – Estamos olhando as caixas vermelhas uma vez por turno, mas não estamos nesse nível de detalhe.

– O que significa que este cavalheiro aqui – acenou para Carela, que agora estava visivelmente emburrado, – não sabe se tem de intervir ou não.

– Acredito que não.

– Você compreende que qualquer problema pode ser resolvido se não for reconhecido como um problema – disse Woods, tanto como pergunta como afirmação.

– Mas nós resolvemos o problema – protestou o gerente de produção. – Você não tem ideia de quantas peças ruins tínhamos antes aqui.

– Quem resolveu o problema? – inquiriu Jenkinson suavemente. Quando Chandon traduziu a pergunta, criou-se uma tempestade de discussão em francês.

– O sr. Muller resolveu – explicou ela. – Denis disse que eles conversaram a respeito, mas no fim foi Matthias quem se deu conta de que as saídas de ar do molde tinham ficado cheias de resíduos com o tempo.

– O molde acabou deformado? – concordou Jenkinson. – O fechamento constante do molde fez as saídas de ar ficarem mais rasas, certo?

– Sim – retrucou Ward. – A manutenção limpou cuidadosamente o molde e resolveu grande parte do problema.

– Limpou o molde? Deveria ser a função da manutenção resolver esse tipo de problema? – perguntou Woods a Ward.

– Ha! – exclamou Muller, com uma expressão incomumente satisfeita.

É claro! Ward teve vontade de responder que a manutenção deveria manter. Mas ele segurou a língua. Jenkinson e Woods sempre voltavam a este tema: quem resolve qual problema? Como? Quando?

– Você quer dizer que a produção deveria resolver esse tipo de problema? – perguntou ele ao fim.

– Limpar o molde? *Hellooo*, o que *você* pensa? – disse Woods ironicamente. – É claro que é um problema da produção! Você não acha que poderíamos usar os técnicos de manutenção para tarefas mais importantes? Como realmente consertar as injetoras.

Chandon traduziu diligentemente, o que causou duas reações iguais e diretamente opostas.

– Com certeza, posso fazer isso se eu tiver o pessoal – disse Carela, com um sorriso que parecia dizer que isso era uma ideia básica. Ele não era burro o suficiente para esperar qualquer coisa sensata da gerência. Ele já estivera naquela situação antes – já tinha visto tudo, feito tudo. Até ganhado a camiseta.

– Essa é função da manutenção – disse Stigler ao mesmo tempo, parecendo indignado.

Enquanto Woods e Jenkinson olhavam para Ward, nada dizendo, Ward tinha certeza de que eles tiveram toda uma conversa em silêncio.

– Então – disse Woods, após um longo intervalo, virando a peça ruim que recebera de um lado para o outro, olhando-a de todos os ângulos. – Qual é o problema com este filtro?

Ward examinou a peça por todos os lados, e não conseguia enxergar nada que fosse obviamente fora de conformidade. Temos muitas ma-

neiras de fazer você falar, disse ele mentalmente ao plástico sem graça.
– Qual é o problema dela? – perguntou ele ao operador, que continuara a encher as embalagens com peças tiradas do transportador enquanto ficava de olho – e ouvido – atento nos procedimentos.

– Traços de talco – explicou relutantemente o operador, interrompendo seu ritmo de trabalho para mostrar uma leve mancha esbranquiçada em um lado da peça. Eles não conseguiam enxergar por eles mesmos? – Eles não conseguem acertar a mistura do material, e nós sempre recebemos destes.

– E isto seria um defeito para o cliente? – pensou alto Ward. O operador deu de ombros e voltou ao trabalho, com as peças continuando a cair regularmente da injetora. Quanto menos interação com a gerência, melhor, no que dizia respeito ao operador.

– Qualidade? – perguntou Woods. – É um defeito?

Malika Chadid apanhou a peça cuidadosamente, manuseando-a como se ela mordesse. – Eu teria de verificar – respondeu ela com uma voz estranhamente velada. Ela geralmente era a pessoa dominante no recinto. Grande e atraente, sua personalidade exuberante geralmente tomava as rédeas, mesmo em um ambiente predominantemente masculino. Ward raramente a via tão amedrontada. Onde Chandon era gelo, ela seria fogo. O que provavelmente faz de mim água morna, pensou Ward ironicamente.

– Então o operador diz que esta é uma peça defeituosa – mas você, a gerente de qualidade, *teria de verificar?*

Sua face ruborizou e seus lábios se apertaram, formando uma fina linha de indignação, mas ela não retrucou. Ward tinha todas as razões possíveis para tê-la em alta consideração. Os clientes gostavam dela. Eles passavam em qualquer auditoria ISO ou de clientes sem grandes problemas por causa do seu trabalho duro, atenção a detalhes e dedicação. Mas desde que ele começara a passar tanto tempo no chão de fábrica, ele tinha de admitir que raramente a via na *gemba*, fora para as inspeções de caixas vermelhas. E mesmo aí ele tinha de chamar muito a atenção, apontando que garantir que a inspeção se desse na hora marcada com as pessoas certas era responsabilidade direta e principal dela. E então ela seguia estas ordens, do seu jeito estável e organizado, mas sem muito entusiasmo.

– Vou esclarecer isto para vocês todos – intrometeu-se Jenkinson. – Andy, se você pudesse traduzir...

– *A produção precisa aprender a resolver seus próprios problemas*. Vocês têm muita gente inteligente aqui: operadores, supervisores, vocês mesmos. Ponham os cérebros para funcionar. A produção resolve seus próprios problemas.

– Mas para isso, os especialistas funcionais devem ajudar as pessoas na produção a entender o que é um problema e o que não é um problema. O que espero de um gerente de qualidade – disse ele, acenando para Chadid, que se fechou ainda mais, – é alguém que saberá me dizer a diferença exata entre uma peça boa e uma peça ruim, e o que no processo cria o problema. Os operadores precisam ver amostras-padrão. Eles precisam ser treinados em inspeção de peças.

– *Eu* preciso treinar operadores? – deixou escapar ela, seus olhos escuros faiscando.

– Certamente. Você e a sua equipe. Você pode desenhar um circuito visual de inspeção – disse ele, pegando o bloco de Ward. Ele fez um esboço do filtro e um circuito de partes de qualidade a se checar em sequência.

– E cada dia vir ao chão de fábrica para garantir que você compartilha do mesmo entendimento de o que é uma peça boa e uma peça ruim com os operadores. Se queremos ouvir as ideias deles, precisamos dizer-lhes exatamente o que nós e eles estamos procurando. Está claro?

– Nada me agradaria mais – exclamou o supervisor de injetoras, amargamente. – Mas tenho muita coisa para fazer. Gosto de resolver problemas, é interessante. Mas simplesmente não temos tempo.

– O que mais você tem para fazer? – perguntou Woods por meio de Chandon, que parecia mais intensa do que nunca. O jaleco era no mínimo dois tamanhos maior do que o dela, fazendo-a parecer estranhamente frágil. Mas ela estava acompanhando cada diálogo atentamente, mordendo o lábio inferior inconscientemente, com concentração.

– Papelada, agendamentos no sistema, planejamento de turno, lidar com materiais, e – tudo. Cinco ou seis anos atrás, decidiram que deveríamos ser "autônomos", o que foi apenas uma maneira de eles jogarem toda a carga em cima de nós. Antes eu ficava muito mais tempo com cada pessoa no turno todos os dias. Mas agora não posso.

– Bem? – perguntou Woods, virando-se para Ward.

O gerente de fábrica assentiu cautelosamente: – Temos de pensar nisso. A produção resolve os problemas da produção, é isso que você está dizendo? Parece óbvio quando dito assim...

– Vocês precisam organizar um *fluxo claro de resolução de problemas* – explicou Jenkinson mais uma vez. – Os operadores precisam ter uma compreensão completa das condições normais, de forma que sempre que há um desvio, eles sabem que é um problema. *Vá e veja* não é somente para a alta gerência. É para *todo mundo*. Isso inclui operadores, em particular, como eles aprendem a olhar as peças e a olhar o equipamento que usam. Como todos os operadores podem reconhecer que têm um problema? A primeira indicação de que algo não está certo será o momento em que uma peça apresenta um defeito. Se a peça está errada, alguma coisa está dando errado no processo. Mas olhem para a injetora. Ela está em condições normais?

Todos eles se viraram para olhar para a pobre e velha injetora nº 7. Este venerável cavalo de batalha estava batido, maltratado e, Ward tinha que admitir, nada limpo.

– Se a injetora está um lixo – fuzilou Woods, – como posso saber se tenho um problema ou não? É claro que não posso.

Ward meio que esperava uma explosão dos dois cascas-grossas, Muller e Carela. Para sua surpresa, eles pareciam chateados, mas nada disseram. No máximo, ele achou que eles pareciam envergonhados.

– Você está dizendo que... – disse Ward, respirando fundo, – que eu sou pago para fazer todos trabalharem nas condições certas...

– Para que você produza peças boas no *takt time* e com custo mínimo, sim. E com segurança, também.

– Para isso, preciso organizar um sistema onde todo mundo possa ver o que são condições normais, a fim de que possam reagir aos problemas.

– Sim: um problema é definido com um *desvio entre a situação atual e o padrão*. Qualquer coisa que está fora das condições normais é considerada um problema.

– E a produção deve aprender a resolver todos os seus problemas.

– Sempre. Sim – assentiu Woods. – Esse é o segredo. As funções de especialista devem ser preenchidas por verdadeiros especialistas, e não apenas técnicos especializados. Eles auxiliam quando o problema se revela intratável, que é depois de fazermos uma tentativa prática de resolvê-lo. Não preciso de especialistas em manutenção ou *seis sigma* ou engenharia para me dizer que os meus moldes estão sujos. Porém, preciso de especialidade em manutenção para consertar uma pane inesperada ou para ajudar em grandes revisões.

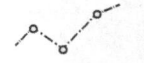

– Tá bem, tá bem! – disse Ward, levantando as mãos em resignada frustração. – Ajude-nos. Como fazemos?

– Calma, filho – respondeu Woods com um sorrisinho estreito. – Você já está fazendo isso. Um pouco, quer dizer.

– Agora, antes de tudo você tem de ter clareza sobre quais problemas que você quer que seus operadores percebam. Vamos tentar essas cinco maneiras de pensar a respeito:

Primeiro, *segurança* – Estamos trabalhando com segurança ou não?

Segundo, *qualidade* – O que é uma peça boa? O que é uma peça ruim?

Terceiro, *entrega* – Estamos adiantados? Estamos atrasados? Conseguiremos a tempo?

Quarto, *equipamento* – Está em bom estado? É provável que quebre? Cuidamos dele o bastante?

Quinto, *produtividade* – Podemos manter um ciclo padrão estável sem sermos interrompidos? Estamos fazendo algum trabalho desnecessário?

– Portanto, segurança. As áreas seguras e inseguras são visualizadas? Parecido com placas de trânsito. Então, qualidade. Vocês têm as caixas vermelhas em ação, mas poderia ser muito mais preciso. Você também precisa de padrões escritos claros sobre o que entra na caixa vermelha e o que não entra, assim como um plano de treinamento contínuo e prático para os operadores.

– Entrega. Vocês estão usando um quadro de acompanhamento de produção com objetivos por hora, mas não vejo comentários que identificam ou explicam a diferença entre o objetivo e a realidade. Também não vejo o horário planejado da troca de ferramentas.

– Equipamento: a injetora tem de estar limpa e codificada por cores para que qualquer um que olhe para ela consiga detectar anormalidades. Todos concordamos que há muito trabalho a ser feito nisso. Vocês começaram com os filmes de produção para visualizar onde estão os problemas recorrentes, mas cheguei alguns e quase não há comentários. Nós queremos as observações diretas das pessoas!

– Por fim, produtividade. A sequência padrão de trabalho deve ser desenhada pelo supervisor e os operadores e exibida na estação de trabalho. Isso permite que todo mundo veja se o operador tem de fazer ações desnecessárias, como desbastar a peça para tirar as manchas criadas por ajustes ruins da injetora etc.

– É claro, tudo isso seria muito mais fácil se os seus clientes estivessem tirando as peças necessárias de cada máquina e célula. Você teria um supermercado no fim de cada processo, e o número de contêineres de cada peça lhe diria se você está em condições normais ou não.

– Não acho que ele entende a nossa situação – desdenhou o supervisor. – Ele quer que a gente resolva problemas, é o que fazemos o dia todo. A questão é que problemas não permanecem resolvidos. Eles voltam, e voltam de novo, e, assim, depois de um tempo se aprende a viver com eles.

– Precisamente – exclamou Woods quando ouviu a tradução. – Esta é a ideia. Você trabalha em problemas o dia todo, mas não os resolve de verdade. Você rodeia o problema, não o atravessa. Resolver os sintomas não ajuda. Até que você alcance a causa-raiz, é certo que o problema retornará.

– Ok, então – desafiou Carela. – Quando você considera que um problema está resolvido? Na vida real, alguma coisa sempre dá errado.

– Nós concordamos – assentiu Woods com um daqueles raros sorrisos proeminentes que o transformavam completamente, removendo toda a casmurrice para expor o humor abaixo. – É claro que algo sempre dá errado. É a vida!

– Resolução de problemas quer dizer descobrir quais condições gerenciar ao menor custo para o maior impacto. A maior vantagem com o menor gasto. Existem dois aspectos fundamentais da resolução de problemas:

1. Reagir imediatamente para que o processo geral retorne às condições normais, e;
2. Descobrir a causa-raiz do problema: o fator que pode ser gerenciado ao menor custo (de dinheiro e tempo).

– Sim, claro, alguma coisa sempre dá errado. Olha, eu posso trocar o fusível a cada vez que ele queimar, ou, em vez disso, posso verificar se a bomba não está sobrecarregando o circuito. Uma maneira de encarar o problema é gerenciar a substituição de fusível, o que sempre acaba voltando. Outra maneira de encarar o problema é manter a bomba em boas condições de funcionamento. Nós nunca realmente "resolvemos" problemas; trocamos as condições que temos de gerenciar. Trocando o fusível toda vez que ele queima, eu gasto tempo, esforço e material "resolvendo" um problema que vai sempre voltar. Gerenciando a bomba de forma que o fusível não queime, eu invisto esforço *mental* para descobrir que condições precisam ser gerenciadas no lugar de trocar a peça. Em vez de gerenciar os fusíveis, eu gerencio a bomba. Para achar o fator certo a gerenciar, preciso perguntar "Por quê?" cinco vezes.

– Vamos tomar o problema de limpeza de molde de vocês. O que vocês estão fazendo atualmente é gerenciando um fluxo estável de peças *ruins* – explicou Woods. – Isto exige esforço, organização e, no fim, pessoas. Correto?

– Elas precisam ser coletadas e contadas – concordou Carela, depois da tradução.

– E precisamos garantir que elas não escapem e cheguem ao cliente, também. É tudo esforço. Agora, por que temos peças ruins?

– Já vimos isto. As saídas de ar do mole ficam entupidas com o travamento repetido.

– Verdade, mas pare e tente decompor isto, aos poucos. Por que vocês têm peças ruins?

– Saídas de ar entupidas.

– Por que vocês têm saídas de ar entupidas?

– Travamento repetido – o que é inevitável com esse tipo de molde.

– Por que, então?

– Porque os moldes não são limpos com a frequência necessária, ou bem o suficiente – exclamou Muller impacientemente.

– Ok, concordamos – continuou Woods sem vacilar. – Mas por quê?

– O que você quer dizer com "por quê"?

– Pense com cuidado. Por que temos peças ruins *agora*?

– Porque a manutenção não limpa os moldes com regularidade suficiente, é óbvio – respondeu o gerente de produção, fazendo Muller se enfurecer. Ward rapidamente pôs a mão no braço dele, para evitar outra explosão.

— Por quê? — Woods prosseguiu diretamente para Muller.

— Porque estamos atolados de coisas para fazer, por isso! — respondeu o cara da manutenção, com raiva. — Eu gostaria de ter tempo para mexer com coisas tão detalhadas, mas você simplesmente não entende tudo que é preciso só para manter as injetoras funcionando.

— Aha! — exclamou Woods, voltando-se para Carela. — Agora você vai entender. Nós saímos de uma situação em que precisávamos gerenciar peças ruins e fomos para uma situação em que precisamos gerenciar a limpeza das saídas de ventilação do molde. Você percebe?

— Acho que sim — respondeu o supervisor cautelosamente. — O problema não desapareceu, porque isto significaria reprojetar o molde. Mas nós podemos ou nos ocuparmos com peças ruins, ou nos ocuparmos com uma manutenção de molde mais precisa. Não estamos gerenciando as mesmas condições, como você disse. Sim, eu entendo a sua ideia.

— Então, quem deveria fazer isto? — perguntou Woods.

— O fascinante — pensou alto Ward, — é que o setor de qualidade está tratando do problema agora, como parte do processo das caixas vermelhas. Mas, na verdade, precisamos levar a gestão das condições para mais perto das pessoas que realmente tocam o processo. A produção, certo?

— Não há uma resposta definitiva — concluiu Jenkinson, — tudo depende de como você aloca seu pessoal. Mas, em última instância, o ponto de Bob é crítico. Os problemas quase nunca são resolvidos completamente. Mas podemos mudar de um problema caro de manutenção geral para problemas mais focados, que custam menos no total, apesar de envolverem pessoas diferentes. É exatamente por isso que precisamos trabalhar juntos nisto.

— Gerenciar um processo significa entender exatamente quais *condições* no processo precisam ser gerenciadas com cuidados — repetiu Woods. — Bons gerentes têm um entendimento claro do que move o processo e, portanto, empregam o mínimo de esforço para manter o processo andando o melhor que pode. Por outro lado, gerentes ruins gastam dinheiro e desperdiçam esforços nas condições erradas e acabam tanto com mau desempenho quanto com operações custosas.

Kaizen é o segredo para descobrir, constantemente experimentando e refletindo, *quais condições podem ser gerenciadas com o máximo retorno*, e quais importam muito menos. Resolver um problema implica aprender a substituir uma *atividade de manutenção de alto custo* no processo por *uma de baixo custo*. Não existem milagres: trabalho é sempre trabalho. Mas podemos aprender a trabalhar com mais inteligência ao gerenciarmos as condições certas. Com o ponto de apoio certo, eu posso erguer o mundo.

Ward tinha tentado traduzir a discurso de Woods o melhor que pudera, e não sabia o quanto dela ele tinha conseguido comunicar, apesar de Carela parecer incomumente pensativo. Para Ward, contudo, a chave tinha sido virada. Ele subitamente sentia que entendia o que se queria dizer com "gestão visual". Quando ele olhava para a injetora, ele não tinha qualquer ideia do *que* ou *como* verificar. Ele não tinha um indicador mental dizendo: "Se você encontrar manchas nas peças, verifique a pressão de injeção aqui, a temperatura lá ou a pressão de fechamento acolá". Não havia padrões de referência para dizer quais eram os parâmetros corretos para se controlar, e quais deveriam ser os valores corretos.

É claro que ele não poderia engajar as pessoas na resolução de problema se os problemas não eram aparentes! E obviamente ele não poderia fazer isso sozinho, então teria de envolver sua equipe de gerência. Ele sempre pensara *kaizen* como um evento do tipo *workshop* em que um grupo de especialistas com alguns operadores simbólicos tentavam rapidamente melhorar a situação. Ele nunca visualizara *kaizen* com uma atividade contínua, ainda que isso fosse exatamente o que Mark Neville tentara lhe explicar em Bethany.

"Para que ele era pago?" A pergunta não era só para dar um show. Ele de repente "percebeu" que as expectativas de Jenkinson e Woods em relação ao papel de um gerente de fábrica *eram* radicalmente diferentes das suas. Eles não estavam interessados em implementar sistemas e fazer relatórios *per se*. Acima de tudo, queriam que ele criasse o tipo de ambiente de trabalho onde problemas pudessem ser resolvidos pelas pessoas que realmente trabalhavam no processo.

Produzir pessoas antes de produzir peças significa fazer todo mundo resolver problemas todos os dias. Para resolver problemas, as pessoas pri-

meiro têm de conseguir resolver problemas, entendeu Ward. O trabalho da gerência era salientar quais condições tinham de ser mantidas, e fazer isto visualmente, de forma que qualquer um pudesse verificar a qualquer hora se *um processo estava em boas condições para funcionar corretamente ou não* – e se não, saber como responder para devolver o processo a uma boa condição. Brilhante. Esse novo entendimento sobre o que se esperava que ele fizesse com seu chão de fábrica lhe deu um lampejo de esperança.

– E quanto a apagar os incêndios? – disse ele, interrompendo o que quer que estivesse sendo dito enquanto seguia a sua linha de pensamento. – Fazer tudo isto toma tempo e esforço, e parece que passamos o dia apagando indêndios.

– Isso ainda é o seu trabalho, filho – respondeu Woods, com um sorrisinho divertido. – Veja dessa maneira. Se você não apaga o incêndio, poderá sair queimado. Isto é fato. Mas – disse ele levantando um dedo, como um pregador ameaçando com fogo e enxofre –, se tudo que você faz é apagar incêndios, você terá mais deles, e maiores, e no fim você passou em branco pela empresa.

– Gerenciar uma fábrica é uma mistura de apagar incêndios e melhorar as condições. Geralmente, gerentes de fábrica passam 80% do seu tempo bancando o herói, tratando das grandes crises e salvando o dia, e 20% tentando melhorar as coisas. O segredo é reverter as proporções. Se você emprega a maioria dos seus esforços com melhorias, você terá menos incêndios para resolver, e eles se tornarão menores.

– Certo – resumiu Ward. – Visualizamos a produção, para fazer os problemas aparecerem sempre, e daí o quê?

– Resolva-os um por um – respondeu seu CEO. – A sua taxa de progresso depende de quão rápido você consegue passar pelos *ciclos PDCA*.

– Por que não tentar consertá-los todos de uma vez? – exclamou Chandon. – Se sabemos que temos um problema, deveríamos consertá-lo imediatamente, não?

– Não fosse o *vá e veja* – respondeu Ward, imaginando o que o seu CEO achava de ser chamado de burro, Jenkinson sequer piscara. – Sem grandes planos. Sem mudanças graduais. Precisamos fazer as coisas uma de cada vez porque precisamos entender os efeitos do que fazemos.

– Peraí, filho – corrigiu Woods. – Uma coisa por vez é um departamento, está certo. Mas não deixe as pessoas acharem que somente uma coisa acontece por vez na fábrica. Tem muito trabalho paralelo que você pode fazer, desde que uma pessoa ataque um problema por vez. Também, lembre que você precisa reagir imediatamente para pôr o processo de volta em boas condições de funcionamento. Isso não é resolver o problema propriamente dito, mas voltar ao padrão.

– É claro. Então, revelamos problemas e, depois, os resolvemos um por vez. Isso é tudo? Soa um pouco...

– O quê? – indagou Jenkinson.

– Eu não sei – considerou Ward. – Fraco, acho. Considerando a malhação que sofremos toda vez que você nos visita. Sem ofensa, Phil, mas você faz muito mais do que revelar problemas, você também nos dá um belo empurrão.

– Ok...

– O que diabos é isso?! – ganiu Woods, olhando para uma injetora mais adiante na linha, enquanto o grupo lentamente se deslocava pelo corredor.

– O que é agora? – perguntou o gerente de produção, mal-humorado. Stigler ainda não entendia. Ele se contivera muito mais dessa vez, mais ainda reagia a toda pergunta como se sua competência, na verdade, sua honra, estivesse sendo questionada.

– Isso! – gritou o velho, como se testemunhando um crime capital, apontando para uma injetora aberta.

– Nada – desdenhou Stigler. – Troca de ferramenta.

– Você tem uma injetora com as mandíbulas abertas dizendo "Me alimente, me alimente", e você acha que é nada! – berrou Woods, escandalizado.

– Ele tem razão – concordou Jenkinson calmamente, limpando seus óculos e franzindo profundamente o cenho. – Eu vivo ouvindo pedidos por mais injetoras.

Após um diálogo acalorado entre Stigler, Carela e Muller, o gerente de produção explicou que os montadores tinham encontrado um problema com uma conexão e estavam trabalhando em uma outra coisa enquanto aguardavam que a manutenção resolvesse o problema – o que era improvável de acontecer estando Muller *não disponível*, é claro. Ele não pôde resistir à deixa, insinuando que poderíamos todos estar trabalhando se não fôssemos forçados a continuar com esse circo.

– E você concorda com isso? – Woods perguntou diretamente ao supervisor das injetoras. Carela entendeu antes que Ward terminasse de traduzir, e com um sorrisinho irritante deu de ombros majestosamente e disse:

– O que posso fazer? Os montadores não são minha responsabilidade.

– Como assim?

Mais dar de ombros. Mais sorrisinhos superiores.

– Os montadores se reportam a mim – disse Stigler abruptamente.

– Ah, por favor! – exclamou Woods. – Eu pensava que esta fábrica tivesse se dado conta de como as trocas são importantes! E deixamos isto acontecer! Phil, pelo amor de Deus!

– Eu sei, eu sei – concordou Jenkinson, esfregando o queixo. – Eles estão aprendendo.

– Aprendendo? Neste ritmo, estaremos todos mortos antes que eles aprendam.

– Nós não precisamos disso – berrou Muller, com a cara vermelha, o que fazia o seu cavanhaque parecer ainda mais fortemente branco. – Não, Andy, não tente calar a minha boca. Não me importa quem são eles. Não precisamos aguentar esse tipo de abuso, não depois do trabalho que estamos fazendo nos últimos meses. Estou velho demais para essa merda.

– Você *vai* calar a boca! – Ward se ouviu gritando, – e você *vai* aprender. Ou vai *embora*!

Perder as estribeiras era tão incomum para Ward que todos congelaram e ficaram olhando para ele boquiabertos. Ele podia ver Muller se retesando para uma briga, e se ele conhecia o sujeito, ele os abandonaria. Muller abriu a boca para falar, mas nada saiu. Ele fitou Ward com olhos esbugalhados, os olhos aumentados pelas lentes.

– Se você nos der as costas agora – rosnou Ward, – não precisa voltar. Estou falando sério.

– Ninguém fala assim comigo, rapaz – replicou Muller, com os dentes cerrados. Ao lado, Stigler ria baixinho. Chadid parecia chocada, e olhava para Ward com desaprovação silenciosa, como se o visse sob uma luz nova.

– Bem, é melhor se acostumarem enquanto estiverem se comportando como malditos pirralhos mal-educados – berrou Ward. – Todos vocês sabem que o futuro desta fábrica está em jogo, e estou cheio, CHEIO dos seus espetáculos toda vez que alguém diz alguma coisa que vocês não querem ouvir.

Ele via que Muller estava claramente surpreendido com a sua explosão – essa era a primeira vez em todos os anos de trabalho juntos que Ward tinha de fato latido de volta para uma das frequentes exibições de temperamento de Muller. E em público, ainda por cima. Por um segundo, Ward se preocupou que mencionar o fechamento da fábrica abertamente teria sabe lá Deus que consequências, mas agora ele estava farto demais para se importar. Que fechem o maldito lugar e o despeçam.

– Escutem – disse ele. – Eu já disse a Olivier. Nós calamos a boca. Nós escutamos. Nós aprendemos. Não me importa se vocês gostam ou não, mas vocês vão ter o devido respeito pelo seu CEO e seus convidados nesta fábrica. Segundo, ficar escandalizado porque uma injetora está ociosa e a reposição foi interrompida é exatamente o que deveríamos sentir! Certamente, é assim que me sinto agora.

– Precisamos mudar a nossa atitude ou aceitar as consequências – bramiu ele, sentindo a raiva correndo em suas veias como uma bebida forte. Ele estava tão brabo que sentia as pernas bambas.

– *Si on ne peut plus rien dire*! – disse Muller a meia voz, incapaz de não ter a última palavra.

– É claro que vocês podem dizer o que quiserem – disse Ward em inglês, rangendo os dentes e tentando esfriar a cabeça. – Mas vocês o dirão de maneira calma, controlada e construtiva. Está claro?

– Debater, sim. Discutir, não – acrescentou Jenkinson, mais frio impossível. – Vou ouvir. Mas espero que todos vocês me ouçam também.

– Os montadores ainda não voltaram – observou Woods com prazer. – Vocês podem discutir o quanto quiserem, mas a injetora ainda está ociosa, e vocês podem se convencer o quanto quiserem, mas entendam que não estão convencendo a nós.

– *Ei, merde*! – explodiu o supervisor das injetoras, murmurando depois algo em francês que Ward entendeu vagamente como "onde diabos estão esses caras", e saindo a passos firmes para procurá-los.

– Olhem – disse Jenkinson, retomando o controle da situação após alguns poucos momentos de silêncio, – Andy estava simplesmente perguntando se visualizar a produção e revelar todos os problemas sempre era suficiente para sustentar o *kaizen*. Como todos vocês viram, não é suficiente. A gerência tem de *intervir*, também.

Ele fez uma pausa, olhando para cada um deles, um por vez, para convencê-los o máximo possível.

– *A gerência precisa intervir*, e tornar a pessoa certa consciente do problema com que está se deparando. Aqui, vemos que temos várias camadas de problemas. No nível de Andy, vejo que esta fábrica não está controlando o tempo de trocas com seriedade suficiente. Não há relógio ou cronometragem visível, não há reação rápida, não tenho certeza de que qualquer um de vocês esteja levando a situação tão a sério quanto Bob e eu. Acreditem em mim: vocês deveriam.

– Segundo, você, Olivier, não está focado o suficiente na sua organização de trocas. As trocas, em um chão de fábrica, são a coluna vertebral da atividade. Não se iludam. Peças fáceis, de alto volume, posso pôr na China. Não me importa se elas ficam meses atravessando o oceano em contêineres. São peças de alto volume e fáceis de fazer. A única razão que eu teria para fazer peças aqui é porque tenho peças de baixo volume, customizadas, que preciso entregar para um cliente local, então faz sentido ter um local de produção por perto. Entenderam? Cada vez mais, os únicos pedidos que esta fábrica vai receber são as peças de baixo volume, tecnicamente difíceis. Por isso, ouçam com atenção: *a troca é o trabalho de vocês*. Isto quer dizer que vocês precisam conseguir fazer a peças difíceis com boa qualidade. Nós simplesmente não vamos ter estoques enormes de raridades. Então é melhor vocês virarem especialista em trocas rapidamente.

– Ainda mais considerando a capacidade ociosa da fábrica – completou Woods. – As únicas peças que vocês têm chance de conseguir são as que os outros não querem, o que usualmente significa peças pé no saco em lotes pequenos. Enquanto vocês pensarem em termos de lotes grandes e programarem suas injetoras de acordo, vocês nunca ocuparão toda a capacidade.

– Você pode esclarecer isso? – perguntou Ward, intrigado.

– Pense da seguinte maneira – explicou Woods. – Qual é o seu menor tamanho de lote?

– Algumas injetoras nós trocamos agora uma vez por turno – disse Chandon. – Cerca de sete horas.

– O que acontece então se tenho uma peça para vocês que corresponde a uma hora de produção por dia?

Ela pensou a respeito cuidadosamente antes de responder. – Eu terei de produzi-la uma vez a cada sete dias. Provavelmente farei uma vez a cada duas semanas.

– Então você escolhe ter duas semanas de estoque apesar de ter capacidade ociosa de injetoras!

– Não entendo.

– Acho que peguei – disse Ward lentamente. – Já que não conseguimos produzir em janelas de uma hora por vez, não podemos pegar peças de volume baixo facilmente, então ficamos presos com a nossa capacidade ociosa. É isso que você está dizendo?

– Bob tem mais razão do que você pensa – destacou o CEO. – A primeira coisa que fiz quando peguei esse trabalho foi auditar a capacidade total. Os gerentes ainda estão pedindo novas injetoras enquanto ainda temos capacidade para dar e vender, só que ninguém sabe como realmente usá-la. Independente de como vocês os dividam, lotes pequenos são a tarefa de vocês.

– No meu trabalho anterior, em um dia bom, trocávamos uma injetora de 1.000 toneladas em oito minutos, e fazíamos lotes de menos de duas horas de produção. Constantemente, fazíamos trocas entre 10 e 15 minutos. Para os itens menos pedidos, chegamos a sessões de meia hora – insistiu Woods. – E isso faz mais de 10 anos.

– Caramba – murmurou Ward, pensando que o seu tempo médio de troca devia ser algo entre 40 minutos e duas horas.

– Vamos voltar ao ponto principal – disse Jenkinson com determinação. – Sim, *kaizen* começa tornando-se a produção visível para ver todos os problemas. Mas aí a gerência deve intervir para atribuir tarefas definidas e fazer o acompanhamento, é assim que *vá e veja* e *kaizen* se complementam. Não se pode ter um sem o outro.

– *Kaizen* assume várias formas. A ideia é fazer todo o mundo, todos os dias, contribuir para melhorar processos e produtos. Temos discutido uma forma de *kaizen*, que é a de reagir a toda situação anormal e fazer os supervisores e as equipes resolverem problemas um por um. Uma segunda forma são os *workshops kaizen* que todos nós já fizemos: três dias de uma equipe multifuncional focando um problema específico.

– Estamos fazendo estes *workshops*.

– Sim, e é isso o que vamos *ir e ver* agora. Mas, primeiro, permita-me delinear os quatro modos de organizar *kaizen* que conheço:

1. *Reagir a problemas diários* por visualizar os problemas e por ter a gerência intervindo para focar nas questões-chave.
2. *Fazer workshops multifuncionais* sobre temas específicos, com formatos padronizados, como *fluxo de uma só peça, SMED, 5S*, etc.
3. *Círculos de qualidade* reúnem os operadores de uma equipe regularmente para resolver um problema detalhado, orientados pelo seu supervisor e com ajuda ocasional do pessoal especialista.
4. *Sugestões individuais* por parte dos operadores, orientados e apoiados pelo seu supervisor, de forma que eles esclareçam o problema que estão tentando resolver, experimentem eles mesmos as suas soluções, verifiquem os benefícios e convençam todos os outros membros da equipe.

– É importante compreender que todos os quatro tipos de *kaizen* exigem não apenas *vá e veja*, mas *trabalho em equipe* também. *Kaizen* é impossível de se sustentar sozinho. *Trabalho em equipe*, tanto em termos de todas as funções trabalharem juntas como da hierarquia trabalhando junto.

Jenkinson procurou as palavras por um longo momento, olhando para dentro de si. Ele era um homem grande e, às vezes, parecia retirar-se e crescer ao mesmo tempo, como se lançasse uma espécie de sombra sobre eles todos. Ward pensou se estava testemunhando carisma. Ele se acalmara, sua respiração ficando mais leve e seu pulso não mais disparando. Ele realmente não sabia o que pensar do seu chefe. O sujeito obviamente não ficava à vontade em público, um orador lento e pachorrento sem nada da energia de, bem, Woods, por exemplo. Mas, por outro lado, ele tinha uma espécie de estabilidade de intenção que sempre impressionava.

– As discussões que testemunhei hoje, eu as penso como uma falta de *trabalho em equipe*. Especialistas em funções passando a culpa para os outros. Níveis hierárquicos incapazes de encarar seus problemas juntos sem drama. Entendam isso. *Kaizen* vai dar os resultados que vocês esperam, mas somente se vocês superarem suas próprias dificuldades com dois aspectos-chave da gestão *lean*: *vá e veja* e *trabalho em equipe*.

– Em frente – disse Woods impacientemente, batendo os pés. – Vamos dar uma olhada nos *workshops kaizen* deles.

– Qual é o problema que vocês estão tentando resolver?
– Estamos implementando um *kanban*, senhor.
– Estou vendo, não sou cego – grunhiu Woods. – Mas *qual é o problema que vocês estão tentando resolver*?
– Temos esse quadro aqui, e toda vez que um contêiner é tirado do supermercado de peças acabadas da célula, o cartão no contêiner vem para cá. Quando os cartões alcançam a zona amarela, o operador sabe que tem de produzir mais dessa referência.
– Eu já vi alguns *kanbans* na minha vida, filho. Entendo o que vocês estão fazendo. Mas qual parte da frase "Qual é o problema que vocês estão tentando resolver" não está clara?

Sebastien Martin, o jovem executivo de melhoria contínua, ficou paralisado como um cervo sob os faróis de um carro, incapaz de responder. O ataque de Woods parecia totalmente injusto. Martin estivera fazendo um esforço imenso para expandir a sua formação *seis sigma*, e estava fazendo inúmeros *kaizen*. Ward trabalhara com ele para definir um evento padrão de três dias, com alguns eslaides de treinamento para o grupo e então uma sequência de atividades: *sete desperdícios,* cálculo do *takt time*, medição de 20 ciclos, cálculo do conteúdo de trabalho, reprojeto de células e resolução de problemas com os operadores. O jovem tinha mantido o exaustivo ritmo de um evento a cada três semanas, com uma semana de preparação, uma semana de evento *kaizen* e uma semana de estabilização da célula. Ele era uma figura reservada e cautelosa que precisava de várias tentativas antes de se sentir confortável para falar de qualquer assunto. Colocá-lo sob os holofotes assim simplesmente faria ele murchar. Ainda assim, Ward pensou que a melhor tática era deixar Woods provar seu ponto de vista e depois recolher os pedaços.

– Você está tentando resolver um problema de produtividade? – perguntou Woods, com paciência fingida. – Um problema de qualidade? Um problema de estoque?

– Estoque – disse o jovem apressadamente. – Estamos tentando reduzir o estoque.

– Viu? Agora, de que maneira este quadro ajudará você a reduzir o estoque?

Isso causou um branco terrível em todo mundo, inclusive em Ward. Ele não sabia responder à pergunta, e esperava que Woods não o chamasse.

– Isso é estúpido – disse Chandon num inglês com sotaque. – Nós estamos tentando criar um *loop* puxado da logística até aqui na montagem. Não serve?

– Não é este o ponto! – irritou-se Woods. – Não fazemos as coisas porque queremos! Nós tentamos resolver problemas. Senão, você acaba fazendo coisas tolas e se perguntando por que será que não consegue resultados. Então, mais uma vez, qual é o problema que vocês estão tentando resolver? Redução de estoque? Ok. Como isso reduz estoque?

Profundos e coletivos olhares vazios.

– Que diabos, que tipo de estoque o *kanban* procura resolver?

Mais vazio acompanhado de maior silêncio.

– Qual é o pior desperdício em *lean*? Vocês pelo menos leram os livros, espero! – perguntou Woods.

– Produção em excesso – disse Ward, com um sorrisinho. – Essa eu sei!

– PRODUÇÃO EM EXCESSO! Sim! Somos sempre tentados a produzir mais rápido do que a demanda do cliente. Dá mais segurança caso tenhamos panes, peças ruins, ausências e assim por diante. Como resultado, usamos mais mão de obra e equipamento do que precisamos, e assim que isso está embutido no sistema, não conseguimos tirar. Correto? Assim, se aceitamos a produção em excesso, acabamos... com a sua fábrica. Mais paletes e contêineres do que o necessário. Mais caixas em toda parte. Mais empilhadeiras. Depósitos maiores, tendas, tudo. Em última instância, não conseguimos fazer *kaizen* de verdade porque a produção em excesso esconde todos os problemas, o que...

– Torna improvável que os resolvamos – completou Ward, assentindo. – Acredito.

– É o que eu esperaria – resmungou o velho. – Agora, como o seu *kanban* vai parar a produção em excesso?
– Bem... – Ward pensou alto, – o operador não pode produzir mais cartões do que ele tem.
– Não pode mesmo? O que aconteceria se ele produzisse?
– Algumas das outras referências entrariam no vermelho – observou a gerente de logística.
– E daí? O que é que tem? E se duas referências entrassem no vermelho ao mesmo tempo no quadro?
– Ele teria de escolher o que produzir em seguida, acho.
– E isso ajuda a não produzir em excesso?
– Está bem, não claramente – concordou Ward pensativamente.
– Esclareça o problema, Andy – insistiu Jenkinson. – Bob está certo. Todas essas ferramentas devem esclarecer o problema – não resolvê-lo. Qual é o problema que vocês estão tentando resolver?
– Certo. O que estamos tentando fazer é produzir as cinco referências nesta estação de trabalho *just-in-time*.
– O que significa...?
– Tira uma, faz uma – disse Chandon, franzindo o cenho. – Reposição de estoque.
– E? O que está faltando?
– Sequência! – exclamou Ward. – Em sequência. Era isso o que vi em Bethany e não conseguia lembrar, estava me incomodando todo o tempo.
– Sim. Reposição do estoque em sequência. Este é o princípio. Produzir uma por uma, em sequência.
– Você não produz em excesso porque você visualiza a fila de espera, e então você sabe o de tem que fazer em seguida.
– O que se usava em Bethany? – perguntou Jenkinson pacientemente.
– Eles não tinham este quadro – recordou Ward, fechando os olhos e fazendo força para lembrar. – Eles tinham uma espécie de tubo onde penduravam os *kanbans*. Um sistema de filas.
Por que eles sempre tropeçavam nas próprias pernas assim? Ele já tinha visto aquele filme antes, e estava começando a realmente dar nos nervos dele. Não é que ele não soubesse as respostas. Era só uma questão

de ligar os pontos. – Precisamos visualizar a sequência de produção, é claro, é isso o que importa. E você tem razão, vi isso em Bethany. Por que nunca vejo estas coisas óbvias? É irritante!

– A verdadeira dificuldade é se fazer as perguntas certas – concordou Jenkinson com um traço de exasperação. – O que sempre discutimos quando olhamos para qualquer atividade?

– Que resultados esperamos dela.

– Isso. Então, se vocês tivessem se perguntado que resultados vocês esperavam deste quadro idiota...

– Teríamos nos perguntado que problemas estávamos tentando resolver. Eu teria estabelecido metas de redução de estoque. Teríamos questionado todo o princípio da coisa.

– E você podia ter telefonado para Mark Neville, em vez de esperar que aparecêssemos e víssemos isso – queixou-se o CEO.

– Você, rapaz – chamou Woods, encarando o pobre Sebastien Martin, que estava ficando vermelho de fúria. – Não deixe que a sua gerência faça isso com você. Sempre que você tiver de fazer um exercício *kaizen*, siga a lista de verificação:

1. Qual é o problema que estamos tentando resolver?
2. Que resultados esperamos?
3. Qual é o princípio que devemos aplicar?
4. Conseguimos os resultados que queríamos? Senão, por que não?
5. O que aprendemos? Onde mais isso se aplica?

Escreva isso, escreva isso agora. Você não vai ter o seu CEO segurando a sua mão todos os dias, sabe.

– *Plan, do, check, act* – murmurou Ward.

– É claro, *PCDA*! Vocês achavam que os *workshops kaizen* eram para quê? Achar respostas ao acaso? – exclamou Woods, metendo o dedo na ferida. – Agora, os rapazes e moças poderiam me mostrar um *workshop* onde vocês têm de fato algum resultado?

– Aqui – disse Ward. – Aqui eu acredito que fomos bem.

Eles se reagruparam em frente a uma célula de montagem onde três operadores estavam ocupados montando peças. Os operadores por um segundo pareceram surpresos de ver tanta gente, mas eles tinham sido instruídos, ainda bem, e não interromperam seu ritmo. Jenkinson fez questão de entrar na célula e apertar a mão de todos, enquanto Woods só olhava, pétreo.

– Essa peça aqui – explicou Ward, passando uma peça adiante, – é muito semelhante a uma produzida na fábrica de Bethany. A célula deles trabalha com três pessoas. Nós tínhamos antes seis. Depois da visita de Phil, concordamos que era possível melhorar a produtividade por meio de *kaizen*, então escolhemos esta célula por causa da diferença em relação a Bethany.

– Esta é a maneira certa de apresentar um problema: uma diferença em relação a um padrão – aprovou Jenkinson. – Bom. Continue, por favor.

– Sim, nosso problema foi claramente definido em termos de alcançar o padrão de Bethany. Mas, então, nos demos conta, depois de sua última visita, que não era só uma questão do número de pessoas, mas de seguir a verdadeira demanda do cliente.

– O andamento das vendas determina o andamento da produção – concordou Woods.

– Primeiro, tivemos ainda que criar a célula agrupando operações. Passamos de seis para cinco pessoas neste estágio. Então, calculamos o *takt time*, medimos 20 ciclos para cada operador e desenhamos uma folha de balanceamento de linha, que foi exposta para todos verem...

– Isso mostrou muita variação nos ciclos de trabalho, principalmente por causa de questões de fornecimento. Quando criamos a célula, montamos uma estante para um pequeno estoque de componentes ao longo do corredor. Os operadores tinham de interromper seus ciclos e ir buscar peças. Assim, como discutido na última vez que você veio, forçando *fluxo de uma só peça* na linha, resolvemos problemas óbvios de balanceamento simplesmente discutindo isso com o pessoal na linha.

– O que aconteceu com aquele cara jovem? – perguntou-se Jenkinson. – Sabe, aquele com o... – disse ele, apontando para seu olho.

– Temporário. Alguns dias depois ele não apareceu. Nunca descobrimos qualquer coisa pela agência.

– Pena. Tinha potencial.

Ward nunca realmente descobrira o que havia acontecido, mas suspeitava que os outros operadores tinham incomodado Fernandez por ele tê-los exposto na frente da gerência, o bastante para preferir trabalhar em outro lugar.

– Então, baseados no cálculo do *takt time* e na medição do tempo de ciclo, concordamos quanto à quantidade mínima de trabalhadores necessários. No fim, chegamos a três pessoas.

– Não estou vendo trabalho padronizado – disse Woods, franzindo o cenho.

– Você tem razão – suspirou Ward. – Ainda não divulgamos o trabalho padronizado.

– E não acho que suas metas representam o conteúdo de trabalho – insistiu Woods.

– Como assim?

– Olhe as metas no quadro de análise de produção. Esta é obviamente uma linha milagrosa, já que em algumas horas os operadores conseguem alcançar a meta. Você disse que vocês concordaram quanto a uma quantidade mínima de trabalho, não foi?

– Sim. E é isso que está na meta.

– Então, como eles alcançam a meta? É realmente a quantidade mínima de trabalho?

– Não exatamente – hesitou Ward. – Nós trabalhamos com a engenharia de produção, que determinou qual seria um ritmo razoável de trabalho.

– Então não é o conteúdo de trabalho, de acordo?

– Hum... Se você diz – cedeu Ward, sem muita certeza de qual era a questão.

– Então. Vamos resumir – disse Woods. – Vejo que a meta não está baseada no verdadeiro conteúdo de trabalho e também vejo que não há trabalho padronizado divulgado. Como vocês poderão fazer *kaizen*?

Ward olhou de Woods para Jenkinson, perdido. Pela primeira vez, ele achara que tinha feito do jeito certo. Ele estava obviamente esquecendo de alguma coisa.

– Vou dizer de outra forma – o CEO se intrometeu. – Vocês tiveram um ganho de produtividade, certo?

– Tivemos.
– Então, quando vocês vão baixar para duas pessoas?
– O quê? – soltou Ward, sem acreditar. – Nós melhoramos a eficiência em mais de 50% desde que começamos a trabalhar nesta célula! Você espera que façamos mais?
– Se chama melhoria contínua – Woods sorriu maldosamente, – não melhoria de-uma-vez-por-todas. Tem uma razão para isso. Nunca está bom o suficiente.
– "Melhoria após melhoria", dizia meu *sensei* repetidamente – levou adiante o velho, erguendo um dedo no ar, enquanto eles todos olhavam descrentes. – É esse o espírito *kaizen*. Até que se deem conta de que *gerenciar significa melhorar* e melhorar ainda mais, vocês simplesmente não entenderão nada de gestão *lean*.

– Na última vez que vim a esta fábrica – disse Jenkinson no *debriefing*, de volta à sala de reuniões, – discutimos as quatro dimensões de *vá e veja*. Vejamos: vocês melhoraram o serviço ao cliente, a qualidade, e fizeram alguns esforços na produtividade e na disponibilidade das máquinas. Mas observem que, até agora, não estou vendo qualquer efeito nos seus resultados.
– Nosso volume... – protestou o gerente de produção.
– Me poupe – disse o CEO, levantando a mão. – Todos temos problemas. Eu tenho experiência suficiente com isso para saber a diferença, e apesar de parabenizá-los por suas atividades, não estou vendo resultados nos números. Se quisermos ter sucesso, precisamos desenvolver o espírito *kaizen* em cada funcionário.
– Isso significa compreender a gestão visual:
Visualizar a produção
Revelar todos os problemas, a todo momento
Resolvê-los um por um
Melhorar as práticas gerenciais.
– Isso também significa que a gerência precisa *ir e ver* e intervir quando um problema aparece, envolver as pessoas certas, esclarecê-lo, e garantir que uma ação imediata seja tomada *e* a causa-raiz seja buscada incansavelmente. Esse é o primeiro aspecto do espírito *kaizen*: tor-

nar as condições normais visuais, de forma que todos possam enxergar situações anormais e saber imediatamente quem precisa resolver qual problema. Isso não acontecerá se vocês, nesta sala, são estiverem determinados a sustentá-lo, todos os dias. Portanto, problemas em primeiro lugar.

– O segundo aspecto diz respeito ao ritmo dos eventos *kaizen*. Vocês estão fazendo o bastante? Estão envolvendo gente o bastante? Minha regra de ouro é a de que todo operador deve fazer parte de um evento *kaizen* ao menos uma vez por ano. Seja como for, o importante é entender que *kaizen* não é uma coisa que fazemos em cima do trabalho, é o trabalho. Vocês *kaizenaram* uma célula. Muito bom. Mas deveríamos parabenizá-los por simplesmente fazer o seu trabalho? As únicas perguntas são: funcionou? O que foi aprendido? Por quem? Quando vocês vão fazer de novo?

– Olha, vocês podem se sentir deprimidos e pensar que somos loucos e esperamos demais. Mas deixem-me dizer o que espero. Eu quero que vocês percebam que, nesta empresa, *gerenciar significa melhorar*. O *status quo* não é uma opção, porque todo processo evolui no tempo, e a concorrência não para. Nesse momento, tenho certeza de que vocês estão fazendo esforços excepcionais para fazer o *turnaround* desta fábrica. Por favor, entendam que eu reconheço e valorizo isso. Contudo, não é o que busco. A tarefa de vocês é reorganizar seus próprios trabalhos de forma que *kaizen* seja o alicerce do que vocês fazem. *Gerenciar significa melhorar.*

– Já foram? – perguntou Sandrine Lumbroso, sentada pesadamente à mesa do refeitório no intervalo.

– Acho que sim – confirmou um dos outros operadores. À medida que as equipes lentamente se estabilizavam, começaram a se sentar em equipes durante o intervalo, e todos olharam com surpresa quando a operadora veterana se juntou a eles. Melindrosa como era, não era particularmente benquista, apesar da maioria respeitá-la como macaca velha na fábrica.

– Ha! Eles ficaram no seu pé de novo. Desde os primeiros *kaizens*, eles sempre acabam indo à sua célula.

– Eles não são tão maus – respondeu a magra mulher de meia-idade sentada do outro lado da mesa. – Eles quase sempre vêm cheios de chorumelas – discutindo por horas sobre o óbvio.

– Mas e o aumento no salário? Desde que eles fizeram esses *kaizens*, nenhum de vocês teve tempo nem de respirar.

– Ah, sei lá. Mas eles melhoraram um monte de coisas na célula. O trabalho está mais fácil.

– Não acredito no que estou ouvindo, Sylvie! Você é uma representante do sindicato, afinal! – exclamou Lumbroso, levantando a voz com uma entonação maldosa. – E você está defendendo a produtividade?

– Não estou defendendo nada – retorquiu Sylvie Barras, desconfortável. – Estou aqui para fazer peças, e se pudermos fazer mais peças sem trabalhar mais, sou a favor. É isso que vai proteger os empregos de nós todos, no fim.

– Sem trabalhar mais, ha! – devolveu a outra mulher ironicamente. – Até parece. Sempre tínhamos tempo para um cigarrinho e um papo. Agora não vemos nenhum de vocês mais. E você quer que a gente acredite que você não trabalha mais. Você não aguenta mais, isso sim.

– Para com isso – interveio uma mulher mais jovem. – Eu concordo com Sylvie. Nós não trabalhamos mais, apenas temos muito menos interrupções. Quero dizer, não vejo o tempo passar, juro. E não estou tão cansada quando chego em casa no fim do turno. Lembram de como os ombros doíam depois de um turno completo?

– É. E o meu pulso, de ter que pôr esses componentes para dentro – assentiu a mulher do sindicato.

– Bá! Eu não acredito nisso – disparou a mais velha. – Vai acabar mal, vocês vão ver. Toda essa história de "melhoria". Já vi isso quando eu fazia TVs para os coreanos. É só um jeito de aumentar a produtividade em cima de nós. Ouçam o que estou falando. Vocês vão ver, vocês vão ver.

– Se você diz – murmurou Barras, pegando sua bandeja e saindo. Ela nunca gostara de Lumbroso, mas tinha medo de que a macaca velha tivesse razão. Ela na verdade tinha gostado do trabalho de *kaizen* feito na célula – e ela via a razão para aquilo. Claro, significava brigar com aqueles engenheiros tapados, mas no fim eles costumavam pegar no tranco.

Afinal, eles eram apenas pessoas; então, o que eles sabiam? Todavia, ela se preocupava com como tudo aquilo iria acabar. Eles tinham conseguido uma rápida melhoria de produtividade, e ela não discutia a necessidade de redução de custos na fábrica, mas se perguntava o quão justo era aquilo, e se algum dia haveria algum retorno para os operadores. Ela também sabia que, como líder do sindicato, estava pedindo confusão ao participar ativamente na iniciativa de gestão do *kaizen*. Bem, pensou ela. Desde que a ergonomia melhore.

Levando os dois para a cidade, Ward não conseguia parar de se intrigar com o nível de detalhe com que eles se envolviam em cada visita. Tudo que lhe haviam ensinado sobre gerência era que era preciso se distanciar das especificidades miúdas das operações para se ter a "perspectiva maior", e deixar os subordinados tratarem das suas coisas. Mas aqui tanto o CEO quanto seu consultor estavam passando um tempo considerável entrando em um nível de detalhe que surpreendeu até o gerente de manutenção. Ele fora treinado para desenvolver suas habilidades de análise geral – olhar para a situação de maneira global e achar uma solução geral para um problema geral. Era extremamente desorientador ver esses dois abordarem as questões com microscópio e pinças, em vez dos costumeiros pronunciamentos estratégicos. Na verdade, ele se perguntava se Jenkinson tinha de fato alguma visão estratégica. O sujeito parecia estar bem seguro quanto ao que fazia na maior parte do tempo, e certamente conduzia a empresa de modo deliberado, mas era difícil ver para aonde ele os estava levando. Toda aquela coisa de *kaizen* detalhado era muito legal, mas Ward não via como isso faria o *turnaround* da empresa.

Na verdade, ele não estava certo sequer de que aquilo salvaria a sua própria fábrica. Apesar de que ficara na ponta da sua língua o dia todo, ele tomara muito cuidado para não perguntar sobre o *status* do plano de fechamento de Vaudon. Jenkinson nada dissera, e Ward relutava em entrar nessa discussão por medo de precipitar os acontecimentos. Mas ele tinha aguda consciência de que, apesar de todo o trabalho duro que eles estavam fazendo desde o verão, seus resultados financeiros não demonstravam melhorias espetaculares. Um pouco disso era culpa deles mesmo. Por exemplo, Muller tinha obtido uma melhoria real na disponibilidade das injetoras, o que convenceu Ward de que eles deveriam conseguir progressivamente eliminar os turnos de hora extra nos fins de semana. Ainda assim, por uma mistura de cálculos errados e mal-entendidos entre a programação de logística e a programação de produção, horas extras eram necessárias semana sim, semana não. Em grande medida, ele tentou tirar esperanças do fato de que nenhum anúncio tinha sido feito.

Ele também tivera que mediar um conflito cada vez maior entre Franck Bayard e Stigler em relação ao que deveria acontecer com todas essas pessoas liberadas dos processos. Com o apoio do engenheiro de produção, eles tinham obtido cerca de 20% de redução da mão de obra nas células em quase todos os *workshops kaizen* ministrados pelo jovem Martin – mesmo levando-se em conta as precauções de que Woods tinha reclamado. Mesmo assim, este aumento na produtividade não aparecia nos números. Ward começara a se perguntar se a produção estava fazendo uma brincadeirinha idiota de operar as células com o número pós-*kaizen* de operadores mas sem realmente resolver os problemas, assim tendo peças de menos ao fim do turno e compensando depois com horas extras. Isso também explicaria a resistência incompreensível de que a produção estava oferecendo estabilizar os operadores em equipes fixas, como Amy Woods tinha explicado. Mais uma questão que Ward precisava investigar, o que o levava de volta ao impasse básico de que ele não conseguiria fazer tudo isso sozinho. Contudo, talvez Jenkinson e Bob Woods estivessem certos. Talvez somente verificando cada caso específico em detalhes é que se poderia realmente entender o que estava acontecendo.

– Vocês vivem falando em gestão *lean* – disse Ward, – mas tudo que vocês nos dão são mais ferramentas. Eu pensava que as ferramentas não importavam.

Ao seu lado, Bob Woods riu com gana.

– Há uma história *zen* que diz que antes de estudar o *zen*, você vê a montanha como uma montanha. Quando você estuda o *zen* atentamente, não vê mais a montanha como uma montanha. Mas quando finalmente entende o *zen*, você vê a montanha como uma montanha.

– Bob – riu Ward, – tenho certeza de que é muito profundo. Mas não tenho a menor ideia do que você está falando.

– Quando você começa a estudar *lean*, é só ferramentas. O que é justo, porque vocês tem de chegar ao problema de alguma maneira. Então, quando você estuda *lean* há anos, se dá conta de que não são se trata de ferramentas, mas de uma atitude gerencial.

– Como *vá e veja*, e espírito *kaizen*?

– Exatamente. Mas quando finalmente entende, você se dá conta de que o que importa são as ferramentas, no fim. Não as ferramentas em si, mas como você aplica as ferramentas para obter resultados.

– As ferramentas são uma maneira de se ter um chão – acrescentou Jenkinson, – uma "entrada" para o problema. É por isso que aplicar as ferramentas rigorosamente é tão importante. As ferramentas enquadram o problema de uma maneira *lean*. Elas não dão qualquer resposta, mas se você as usa com a atitude apropriada, elas lhe possibilitarão esclarecer as questões de uma maneira que você não tinha antes. Por outro lado, se você usar as ferramentas com a atitude errada, elas não vão resultar em muita coisa.

– Foi assim que vocês britânicos conquistaram o mundo – entrou Woods. – Os nativos aprendiam rapidamente sobre mosquetes e como atirar com eles, mas nunca entenderam as salvas de tiros e a organização subjacente que isso exige. Então, eles nunca conseguiram vencer as túnicas vermelhas nas trocas de tiros – assim, tudo que as armas de fogo fizeram por eles foi fazê-los morrerem um pouco mais devagar.

– Eles também estavam em menor número do que o homem branco – retorquiu Ward.

– Filho, quando o dedo aponta para a lua, é a lua que você tem de olhar, não o dedo – retorquiu Woods, mal-humorado. – Me processe por uma má analogia, mas a ideia é que as ferramentas são a exteriorização de um modo de pensar. Se você as usar com a mentalidade errada, você ficará absorvido pelas ferramentas em si, e não pelo que elas podem trazer.

– Focar no dedo, não na lua para que ele aponta – concordou Ward.

– O que todos já fizemos, repetidas vezes. Mas, por outro lado, você tem de usar as ferramentas. Você não pode descartá-las – elas são técnicas padrão de análise para abordar situações repetitivas. Então, é claro que tem sempre mais e mais ferramentas, não há tantas maneiras de se resolver um problema de matemática. Se você não conhece a técnica padrão, você talvez fique à deriva por muito tempo antes de chegar à solução certa ao acaso.

– Incrível! Exatamente como Amy disse – exclamou Bob Woods, com entusiasmo. – Olhem aquilo.

À luz clara do dia congelante, sob um pálido céu azul, Claire estava em um amplo círculo de areia molhada escura em meio ao clarão da neve ao redor. Com seus cachos em desordem flutuando atrás de si, ela estava muito ereta, em frente a um enorme e possante garanhão cuja cor castanho-escuro parecia preta contra o campo embranquecido atrás da pista de corrida. O animal dava patadas no chão enquanto ela puxava o cabresto, o longo chicote mantido imóvel em sua mão. Ward já vira isso muita vezes, mas nunca deixava de ficar impressionado com o sangue frio da sua mulher em face da força do animal. Ele podia muito bem imaginar como a imagem "a bela e a fera" podia afetar os visitantes, com ela parada ali, imóvel, encarando o grande cavalo cujos flancos brilhantes fumegavam de suor no frio congelante. Eles ficaram olhando, hipnotizados.

– Terango é o orgulho de Malancourt – explicou ele, segurando o jovem Charlie, que, enrolado em suas roupas de inverno, parecia um filhotinho de urso. – Ele é bom demais para uma instalação pequena como essa, mas pertence a uma grande amiga de Claire. Filha de um ricaço local que casou com alguém mais rico ainda. Os dois aprenderam a montar com o pai de Claire, e ela nunca pensaria em deixá-lo em qualquer outro lugar. Ela se envolveu muito em ajudar Claire em melhorar o lugar, e patrocina a competição anual que nos põe no mapa.

– Incrível – exclamou Woods quando o cavalo se afastou novamente, escoiceando o ar. Claire era impressionante quando fazia aquilo. Parando, retrocedendo, avançando, projetando aquela calma implacável que no fim, Ward sabia, venceria o animal. Ela exercitara-o com a corda de manhã, mas agora era a hora de pôr a sela, e o baio premiado sempre fora manhoso.

– Opa! Calma – disse Claire, calmamente, enquanto o cavalo balançava brutalmente a cabeça de um lado para o outro, bufando pelo focinho.

– Eles precisam ser exercitados regularmente – explicou Ward. – Infelizmente, no inverno eles não são montados tanto quanto deveriam, então eles ficam realmente agitados quando saem.

Os dois norte-americanos ficaram lado a lado no frio cortante. Um sorrisinho alegre apareceu no rosto de Woods, tirando vários anos dele. Jenkinson estava o mesmo sujeito meditabundo de sempre, incongruente em seu casaco de caxemira preta.

– Escutem – tossiu Ward, sentido-se congelado até aos ossos. – Tenho de levar esse mocinho para casa e arranjar alguma coisa para o nosso almoço. Sintam-se à vontade para ficar aqui. Ela logo montará, e vale a pena ver.

– Não queremos incomodar – agitou-se Jenkinson, parecendo desconfortável. – Quando decidimos adiar nossa viagem para Praga esta noite, Bob insistiu para que passássemos aqui esta manhã. Parece que a Amy disse maravilhas sobre o lugar. Não queremos forçar nada. Vamos indo.

– Que isso – desfez Ward. – Não é incômodo algum. De qualquer maneira, Claire me fez jurar que eu traria vocês para o almoço, ela quer muito conhecer vocês dois.

– Tem certeza?

– Claro. Vocês sabem, né? – brincou Ward. – Nunca discuta com uma mulher com um chicote! Vamos, Charlie, pare de se retorcer, estamos voltando.

– Aí está, isso vai esquentá-los – disse Ward, servindo uma taça de espumante aos dois.

– Hum! – engasgou-se Woods, rindo. – Isto que é bebida de homem! Eu achava que era vinho. O que tem aqui?

– Conheci uma garota polonesa que tomava um pouco disso no café da manhã – piscou Ward. – Coquetel local: colocamos um pouco de licor *Mirabelle* no vinho branco. Conhaque de ameixa.

– Excelente – murmurou Jenkinson. – Infelizmente, estou dirigindo – disse ele, pondo o copo na mesa depois de um segundo gole.

– Bem, eu não estou – sorriu Woods. – Coisa boa.

– Sua mulher estava demais! – disse Jenkinson, admirado. A julgar pelo comentário dos dois, Ward tinha a sensação de que Claire tinha se exibido um pouco, mostrando suas habilidades de equitação. Ele sabia como ver de perto o grande cavalo ser guiado em suas manobras podia ser de tirar o fôlego, e não se surpreendeu que Jenkinson e Woods estivessem tão impressionados.

– Mantenho a minha opinião – disse Woods, seus olhos enrugados brilhando. – Amy tinha razão, isto é um rancho.

Eles estavam sentados, com café e bebidas, ao lado das janelas que davam vista para os fundos da casa. A vista descortinava um prado em elevação faiscando de branco com a neve nova da noite, descendo um declive suave até um regato estreito ladeado de amieiros desfolhados. Do outro lado, o campo subia lentamente até a densa floresta. No outro extremo, as árvores formavam uma linha escura entre o branco da nevada e o azul brumoso do céu, iluminado por um aguado sol de inverno, desfazendo todos os contornos em uma aquarela em tamanho real.

– Tabuão – disse ele, apontando para o assoalho. – Nada mais a declarar. Duvido muito que veríamos tabuão em uma casa de campo francesa tradicional.

– Ideia da Claire – disse Ward, apontando com a cabeça para sua mulher, que estava tentando convencer o agitado Charlie de que não havia escapatória para a soneca da tarde. – Ela também mandou derrubar todas as paredes para fazer somente uma sala e instalou essas janelas nos fundos. Quando os pais dela viviam aqui, eram só pequenos aposentos.

– Garota sensível!

– Bob – hesitou Ward, fazendo uma pausa para trazer a conversa de volta para o trabalho. – Posso perguntar uma coisa?

– Vá em frente.

– O que você quis dizer sobre as metas que temos nos nossos quadros de análise de produção. Por que ter metas alcançáveis é um problema? Eu achava que todos os objetivos tinham de ser, vejamos...

– SMART* – riu Jenkinson. – *Específicos, mensuráveis, alcançáveis, razoáveis e limitados em tempo*, certo? Dá para ver como esta teoria funcionou bem para a Alnext, não?

– Voltando à sua ideia de que as opiniões importam? – perguntou Ward.

---

* N. de R.: Acrônimo em inglês para *specific, measurable, achievable, realistic, time-constrained*.

– Certo. Mas a verdade nesse caso é que também acreditamos em específicos, mensuráveis, alcançáveis, razoáveis e limitados em tempo.

– Hum... – disse Ward pensativamente, – específicos e mensuráveis, consigo ver, pois estão na célula. Limitados em tempo também, já que são metas por hora. Mas vocês estavam reclamando por elas terem sido atingidas.

– Temos uma visão diferente da coisa – explicou Woods, – o que, novamente, é uma questão de perspectiva e às vezes difícil de transmitir. Para nós, estas metas não são objetivos assim como você as vê. São padrões.

– *Um padrão é o melhor desempenho conhecido* – continuou Jenkinson. – Então, vemos o tempo do melhor operador ao longo de alguns ciclos, como fizemos na última vez que estive aqui. Ou você tira a média de cinco vezes seguidas dos operadores na linha. Ou você pega o real conteúdo de trabalho: a soma dos tempos mínimos de 20 ciclos. Independente do modo que você escolhe definir o padrão, o importante é que você tenha uma medida realista do melhor tempo alcançável com esta célula nas condições atuais.

– Mas quão realista é esperar que as pessoas mantenham esse tempo por uma hora seguida? Ou mesmo oito.

– Essa é a ideia por trás do espírito *kaizen* – replicou Jenkinson, chegando perto do tema. – Como podemos alcançar nosso melhor tempo em todo ciclo? Problemas são definidos como diferenças entre o padrão e o real, lembra? Então, precisamos ver o padrão a todo momento.

– Isso é um pouco duro, não?

– Você não está dando aos seus operadores um bônus por peça, está? – perguntou o CEO, subitamente preocupado.

– Não, é claro que não.

– Nesse caso, como pode ser duro? O problema principal é o "fator estou me lixando", você com certeza o reconhece na sua fábrica! Precisamos desenvolver o espírito *kaizen*, todo o tempo. E como correr todos os fins de semana e saber que, em média, você consegue dar a volta no parque em 30 minutos. Em dias bons, quando tem sol e você está se sentindo maravilhosamente bem, a corrida leva 20 minutos. Em dias de chuva, quando o caminho está enlameado e o ânimo está baixo, mas você ainda tem determinação para correr, ela pode levar 40 minutos. Nada de mais.

Por outro lado, se você decide correr em competição, tempo "médio" é a pior meta possível. Atletas profissionais tentam melhorar seu tempo *sempre*. O mesmo princípio se aplica ao trabalho. Se cinco ciclos consecutivos revelam um potencial de 1500 peças por turno, então esta é a meta. Não uma meta para apenas os operadores atingirem, mas um objetivo para a equipe inteira, supervisor, e os gerentes da fábrica também alcançarem e superarem. O que o gerente da fábrica pode fazer para que a equipe atinja seu objetivo? As respostas virão do *kaizen*. Mas você precisa estar por dentro do seguinte: enquanto todo mundo envolvido simplesmente se lixar quando foi um dia ruim, nenhuma ferramenta *lean* no mundo vai poder ajudar.

– Mas e todas as coisas que os operadores não controlam? – perguntou Ward. – Sempre tem problemas com as máquinas, problemas de entrega, e até cansaço.

– Andy, este é o ponto! Se eu levar isto em conta e reduzir a meta por hora, não tem nenhum incentivo para você, o gerente da fábrica, e sua equipe resolverem nenhum desses problemas. A atitude é: olha, tiramos tudo isso da meta, vão adiante e nos deixem em paz. Não. Queremos engajamento! Queremos que a gerência assuma a responsabilidade por alcançar as metas – enxergar todos os problemas e resolvê-los, trabalhando com pessoas para definir melhor os processos de produção.

– Visualizar a produção – acrescentou Woods. – Sim? Para que possamos ver todos os problemas todo o tempo. E resolvê-los um por um.

– De acordo.

– Mas esse não é o fim – disse Woods, se recostando para enfatizar a colocação. – Resolver problemas um por um deveria nos levar a *melhorar nossas práticas de gestão*. Por exemplo, na linha que vimos hoje, vocês atacaram o problema de abastecer a linha e trocar de material durante as trocas de produção tendo um estoque prévio de material e um cara lá abastecendo a linha. Entendi direito?

– Foi o que fizemos, para diminuir a variação nos ciclos dos operadores. E funciona segundo um modelo.

– Mas vocês mudaram a prática da fábrica de lidar com material? Vocês melhoraram seu próprio padrão gerencial?

– Como assim?

– Qual é o princípio para fornecer peças e manter as condições de fluxo?

– As peças são armazenadas no local de produção e entregues *just-in-time*. Eu sei, o estoque de reserva não deveria ficar lá, mas sim no almoxarifado, e eu deveria ter um carrinho entregando as peças a cada 10 minutos, como em Bethany.

– Exatamente. Pense nisso: você mudou uma coisa pontualmente, mas não tirou a conclusão completa do seu experimento. Neste caso, você fez o *check*, mas não fez o *act* sobre as consequências dos seus achados. Resolver este problema deveria levar você a questionar toda a maneira em que você gerencia os componentes na fábrica.

– Eu pensei a respeito – murmurou Ward. – Ter uma área central na logística para preparar todos os componentes em pequenos contêineres e entregá-los às linhas por meio de um carrinho, mas...

– Sem "mas". Você simplesmente tem de aprender a fazer isso.

A ideia é que *kaizen* se resume a:

– Um, visualizar a produção para revelar todos os problemas.

– Dois, resolvê-los um por um.

– Três, melhorar a prática gerencial!

– Ouvi dizer que quando a Toyota constrói uma fábrica nova, começa desenvolvendo os padrões para tudo ao observar e documentar como suas melhores fábricas em todo o mundo fazem. Daí é tarefa do gerente de fábrica alcançar, e um dia superar, esses padrões. Olha, eu não sei se isso é verdade. Parece bem difícil, mas não me surpreenderia. Eles *pensam* assim – declarou Woods.

– O ponto é que – insistiu Jenkinson, terminando seu café –, ter metas reais nos quadros de hora a hora não é apenas para os operadores. Vamos voltar atrás um pouco. O primeiro princípio, claro, é que o ritmo da produção deve ser igual ao ritmo das vendas, ou o mais igual que pudermos fazer. Sem produção em excesso. Assim, nosso *takt time* define a nossa demanda. Daí, de acordo com o conteúdo de trabalho na linha, podemos fazer uma decisão em relação a quantos operadores precisamos e quais devem ser suas metas por hora. O número ideal de operadores é o conteúdo de trabalho dividido pelo *takt time*. O ponto do *lean* é que o conteúdo de trabalho é, bem, *lean*. Não tem sobra nele. O conteúdo de trabalho é a quantidade mínima de trabalho necessária para produzir uma peça boa. Como eu disse, esses números não são apenas para os operadores: eles são números compartilhados para ajudar *todo mundo* a imaginar como atingi-los *juntos*.

Ward se debatia com essa ideia: – Então nunca atingiremos a meta exatamente, porque assim que o fizermos, nós faremos o *check* do padrão novamente, e vai ser maior.

– Sim, mas o importante é que a meta é atingível. Não está fora do alcance da gerência. É uma medida objetiva de alguns ciclos. Então, você vê o que precisa ser feito para conseguir isso por uma hora seguida, duas horas, etc. Você vê causas de variação e trabalha nelas. *Kaizen*.

– Olha, estamos sempre olhando para *potencial* em vez de *média*. Esse tipo de foco dá uma importância muito maior para *operações normais*. Em vez de nos sentirmos aliviados porque o processo "anda", investimos nosso tempo imaginando qual poderia ser seu desempenho potencial se ele *sempre andasse no seu máximo*. Como gerente, se você começa a se perguntar se está tocando seus processos no seu máximo a cada segundo, em vez de simplesmente bem o bastante, você naturalmente focará em *como as pessoas responsáveis tocam o processo*. Evidentemente, uma equipe desportiva competitiva precisa de um tipo diferente de gestão – treino – do que um joguinho de fim de semana. Se quisermos que os processos andem no seu máximo todo o tempo, precisamos focar em como os gerentes de linha de frente entendem seu trabalho, as questões técnicas no processo, e como eles treinam sua equipe para ficar na melhor forma.

– Assim, tentar alcançar o potencial modifica a abordagem "se não está quebrado, não conserte" para a maioria das situações. Qualquer sinal de problema deve ser investigado e resolvido rapidamente, porque, se não, nunca alcançaremos o potencial! Em vez de simplesmente movimentar peças processo abaixo ou clientes linha abaixo, precisamos reagir ao primeiro sinal de algo dando errado. Toda peça fora de conformidade é um prenúncio de coisas piores por vir. Reagir ao primeiro defeito é a melhor maneira de ver como a gerência de linha de frente trabalha com suas equipes para manter o processo no seu potencial todo o tempo, e como eles lidam com as dificuldades *antes* que o circo pegue fogo.

– Ok. É um tipo muito diferente de pensamento – disse Ward, arrependido. – Mas sempre que tento, eu me choco com uma barreira mental. Simplesmente não entendo, não é?

– Você acha que algum de nós entendeu da noite para o dia? – gargalhou Woods. – Eu levei mais de 15 anos só para entender que havia um problema na maneira em que pensávamos, não apenas na maneira em que aplicávamos as ferramentas. Por anos eu estava convencido de que tudo que eu precisava fazer era entender as ferramentas *lean*, daí eu ganharia da Toyota no seu próprio jogo. Eu tinha certeza de que conseguiríamos passar a perna neles. Demorei muito, mas muito mesmo para entender que simplesmente não pensávamos nos mesmos moldes. Pergunte ao Phil.

– É – respondeu Jenkinson. – Não foi fácil, ou rápido, acredite em mim. Eu sou engenheiro, então precisou que a Amy enfiasse na minha cabeça que, no fundo, se resume a pessoas, e como elas abordam os problemas. A verdade é que, olhando para trás, percebo que obtemos tipos muito diferentes de soluções ao fazer *kaizen* do que obteríamos pedindo ao engenheiro mais talentoso do mundo que descobrisse algo revolucionário.

– Nós temos uma coisa que as pessoas podem trabalhar – assentiu Ward pensativamente, – porque elas foram envolvidas.

– E elas também sabem muito, passam a vida com essas peças e máquinas. Nosso problema é fazer as perguntas certas a elas.

– Daí os quadros de análise de produção.

– E a pergunta na primeira dúvida, e parar com o defeito, e assim por diante. A única maneira de realmente entender o que dá errado é *ir e ver* e estar lá quando der errado. Escute, você poderia me conseguir mais café? Está realmente excelente.

– Estamos falando muito sobre reagir a problemas, mas chegar à causa-raiz é tão importante quanto na compreensão do *kaizen* – disse Woods, depois que Ward voltou com o expresso. – Muitos anos atrás, eu era vice-presidente industrial de um grupo parecido com o de vocês, fazendo peças plásticas e todo o tipo de montagens automotivas. Estávamos tentando trabalhar de perto com a Toyota. Lembro de uma peça em particular que não conseguíamos acertar. Estávamos jogando fora uma peça a cada dez, e o *sensei* estava nos xingando por não acharmos a solução.

– No fim, ele nos fez pôr um quadro mural bem ao lado da injetora e desenhar todo o processo de moldagem em detalhes. A pergunta era: "O que eu preciso acertar para conseguir uma peça boa?". Daí nós revisamos o que sabíamos sobre injeção básica. Então, ele nos pediu para listar todos os fatores possíveis que poderiam causar o problema. Era uma injetora nova, então passamos todas as coisas de sempre: pressão, temperatura, tipo de rosca, manutenção do molde, os mecanismos.

Assim que tínhamos listado nove ou dez fatores possíveis, ele pediu que os testássemos um a um. "Invistam uma hora por dia em testes", ele sugeriu, "até que achem o fator certo." Em alguns casos não era fácil, mas pensando bem, conseguimos terminar a lista do mural. Não surgiu algo de conclusivo. Era muito frustrante, mas daí o *sensei* disse: "Pensem em mais fatores".

– Por fim, alguém pensou em verificar o material de entrada no silo. Não tínhamos pensado nisso antes porque era polietileno de alta densidade bem comum, e a Toyota não permitia a retificação de suas peças. Então lá estávamos nós, pescando amostras em diferentes lugares do silo, e, é claro, descobrimos que o fornecedor era suprido por uma fonte diferente, o que significava que o material era irregular, afetando as peças. Tivemos uma grande briga com o fornecedor, e o problema desapareceu.

– Mas a parte engraçada é que perguntei ao *sensei* quanto tempo levara para ele se dar conta. "Ah", disse ele, mais casual impossível, "eu considerei isso imediatamente. Na Toyota, sempre checamos os quatro Ms: *mão de obra, máquinas, material* e *método*. Não havia nada obviamente errado com as suas máquinas, então pensei em material. Temos muitos problemas por causa da instabilidade do material, é por isso que ainda não deixamos vocês retificarem. Deixaremos quando vocês compreenderem seu processo melhor."

– "Por que diabos você não disse desde o início?", pergunto eu. "Nós estamos trabalhando nisto há semanas." "Eu sei", responde ele. "Vocês testaram 11 fatores que não funcionaram e um que funcionou. Se eu tivesse dito de início, vocês teriam aprendido uma coisa. Fazendo desse jeito, vocês aprenderam 12: agora vocês sabem que 11 desses fatores não têm impacto sobre esse tipo de defeito, e que a homogeneidade do material tem. Vocês aprenderam muito mais do que se eu tivesse dito logo."

– Só aprendemos quando descobrimos que estamos errados – riu Ward. – É isso?

– E estamos errados na metade das vezes – concordou Jenkinson, com um sorriso divertido. – O problema é que não sabemos qual metade.

– Jeito difícil de viver, na minha opinião – reclamou Ward.

– Quem disse que *lean* era fácil? – bufou Woods. – *Lean* é vencer a concorrência. Claro que é difícil. Mas é simplesmente trabalho!

Jenkinson se mexeu na cadeira, fazendo-a ranger alto sob seu peso. Parecia um brinquedo para um homem do seu tamanho. Ward sempre quis achar algumas poltronas antigas de couro para pôr na frente da lareira, mas, como muitas outras coisas da casa, ele nunca fora atrás, então eles ainda se viravam com as cadeiras de palhinha usadas. Se dependesse de Claire, a sala pareceria um mosteiro. No primeiro verão que passaram juntos, viajaram para o litoral do nordeste dos Estados Unidos, onde ela se apaixonou pela marcenaria. A primeira coisa que fez foi escandalizar todo mundo ao redecorar radicalmente a casa de campo. Vendo o CEO fora de contexto, Ward finalmente se deu conta do que o incomodava no sujeito: ele era devagar. Ele falava devagar. Ele se mexia devagar. Não desajeitado ou tímido, mas muito deliberado. Isso fazia ele parecer um pouco pesado. Todavia, Ward estava aprendendo que subestimar Phil Jenkinson não compensava.

– A moral da história de Bob não é o que você deve estar pensando – explicou Jenkinson em seu ritmo arrastado. – É fácil ignorá-la como folclore Toyota, mas a lição nessa história foi a mais difícil de aprender, para mim, pessoalmente.

– Quando Bob começou a me tutorar em *lean* na minha primeira empresa...

– Você me expulsou da fábrica – interrompeu Bob, sorrindo maldosamente.

– Como eu dizia, no começo eu via *lean* com olhos de engenheiro. Revelávamos problemas e os resolvíamos. Estávamos em uma grave crise de caixa, mas era um negócio bem pequeno na época, então conseguia me envolver em mais ou menos tudo. Era trabalho duro, e bastante incerto em alguns momentos, mas conseguimos sair do buraco.

Claire havia conseguido fazer o menino dormir, e se juntou a eles silenciosamente, trazendo uma bandeja de folhados da região.

– Amy nos contou um pouco sobre isso – disse ela.

– Nesse estágio, Amy tinha saído, ido embora para se tornar consultora. Isso realmente me desorientou, na época. Quero dizer, estávamos nos divertindo. Finalmente tínhamos saído do buraco e estávamos organizando as coisas, e ela havia sido uma grande parte daquilo, e daí ela pegou e saiu.

Ele balançou a cabeça como se ainda estivesse desanimado pela escolha de Amy.

– Então, do nada, tivemos a oportunidade de comprar outra empresa pequena no mesmo ramo. Era loucura, é claro, já que mal tínhamos resolvido nossa própria bagunça. Mas no fim topamos, nos sustentando no fato de que se conseguíssemos fazer o *turnaround* deles como tínhamos feito com o nosso negócio, a aquisição mais ou menos se pagaria. No fim, esperávamos dobrar o valor da nossa firma por meio das vendas aumentadas, sem ficarmos completamente nas mãos dos credores.

– Para encurtar a história, no fim deu certo, mas, de novo, houve alguns momentos cabeludos...

Isto fez Woods gargalhar. – O eufemismo do dia – disse ele com um sorriso.

– Não foi tão ruim assim – sorriu Jenkinson. – De qualquer maneira, Bob teve meio que me dar uma sacudida para fazer eu perceber que eu não conseguiria fazer aquilo sozinho. Eu tinha aprendido a resolver problemas e a envolver os operadores no *kaizen*, mas não tinha levado a minha gerência junto. Eu ainda mandava em todo mundo como se fossem extensões da minha vontade. Eu criava os planos de ação e controlava a execução. E sentia que, sempre que não estivesse envolvido pessoalmente, as coisas dariam errado; o que era uma sensação racional, pois elas muitas vezes davam errado.

– Bob vivia me dizendo que eu estava gerenciando demais, que eu deveria estar era ensinando. Como pode alguém gerenciar demais? Não fazia sentido.

– Então, um dia conheci um engenheiro sênior da Toyota em uma conferência. Ele estava locado nos Estados Unidos e estava perto da aposentadoria. Ele era responsável por uns 150 engenheiros, o que era mais do que o dobro dos engenheiros que eu tinha em ambos os negócios. Estávamos discutindo como os engenheiros eram difíceis de gerenciar. "Bois de manada", dizia ele. Daí perguntei a ele como distribuía seu tempo. Ele me disse que passava cerca de duas horas por semana lidando com tarefas administrativas. No resto do tempo, ele se envolvia pessoalmente com os problemas.

– Tipo o Mark passando não mais do que duas horas por dia na sua sala ou em reuniões – interrompeu Ward.

– Mesma coisa. Eu ficava surpreso com o pouquíssimo tempo que ele gastava com a papelada, mas eu concordava com o se envolver pessoalmente nos problemas; se eu não me envolvia, nada era resolvido. "Bem", diz o sujeito, "quando os problemas chegam a mim, na verdade são problemas de pessoal. Alguém não sabe lidar com isso ou aquilo. Então, na verdade, pode-se dizer que eu passo a maior parte do meu tempo ensinando. É nessa tecla que o nosso sistema vive batendo: não sejam *gerentes*, sejam *professores*."

– Eu vivia dizendo isso a ele, mas ele não queria me ouvir – interveio Woods, virando os olhos teatralmente. Longe da fábrica, ele parecia uma pessoa diferente. Claro, ele era um velho rabugento, mas tinha uma camada de humor mais profunda que transparecia, o que fazia Ward se sentir melhor a respeito dele.

– Foi uma epifania – continuou Jenkinson. – Eu tinha de *ensinar kaizen*, não apenas praticar sozinho. Eu tinha de fazer a minha linha de gerência entender o *kaizen*. Então, após esta reunião, comecei a por esta ideia em prática. O óbvio era fazer com a minha equipe de gerência o que tinham feito comigo. Assim, quando voltei, reuni no chão de fábrica toda a equipe de gerência da empresa adquirida, e fizemos um *SMED*. Daí eu disse a eles que era aquilo que eu iria esperar deles, e que podiam pegar ou largar. Era hora de liderar, seguir ou sair do caminho.

– Funcionou? – perguntou Claire, intrigada. Ela tinha a capacidade de focar toda sua atenção nas pessoas, exatamente como fazia com cavalos, apesar de que humanos lhe interessassem muito mais raramente. Ward sempre achara esta característica irresistível. Dava-lhe uma espécie de brilho, uma aura.

Ele hesitou. – Nada é simples, mas sim, no fim funcionou. Então adquirimos vários outros negócios, numa média de um por ano, e todos receberam o mesmo tratamento.

– *Gerentes devem ser professores?*

– Deixe-me dizer – riu Jenkinson. – Isso era uma espécie de charada. Eu não sou o cara que melhor lida com pessoas e eu sabia disso. Então, eu estava perdido. Não tinha qualquer maneira certa de fazer aquilo. No fim, acabei elaborando meu próprio método padronizado de ensinar *kaizen*.

– Bonito aqui – disse ele de repente, olhando pela janela, provavelmente distraído pelo sol inclinado dando um brilho dourado às árvores distantes.

– No verão, pomos os potros no pasto aqui em frente. O campo do outro lado do riacho é cultivado, então fica bem bonito na época da colheita – disse Claire.

– Diga-nos como você fez – pediu Ward, na beira do assento.

– Meu método padronizado para ensinar às pessoas? Não tenho certeza se ajudaria você.

– Não vai machucar, vai? – argumentou Ward.

– Eu chamo de gestão *por resolução de problemas*, apesar de soar pomposo – revelou Jenkinson, parecendo quase embaraçado. – Há sete passos:

1. *Vá e veja.*
2. Visualize problemas.
3. Meça o desempenho localizado.
4. Padronize a prática atual e comparar com a melhor prática.
5. Ensine métodos de análise básicos.
6. Experimente e reflita.
7. Extraia as conclusões para todo o sistema de operação.

– Acho que você já está familiarizado com a primeira ideia: quanto tempo você anda passando no chão de fábrica?

– Muito mais do que antes. Não tanto quanto Mark, talvez, mas no mínimo metade do meu dia – respondeu Ward. – Pode não dar na vista, mas temos muitos projetos de chão de fábrica acontecendo atualmente. E se não estou lá, nada acontece. Acho que, na verdade, estou me encrencando com Beckmeyer, porque não estou aparecendo na maioria das teleconferências. Stigler entra no meu lugar.

– Esqueça isso – e não pense que não vejo mudanças na sua fábrica. Mas preciso de resultados.

Para ser justo, Ward andava passando muito mais tempo no chão de fábrica. A mudança se dera gradualmente, não tanto o resultado de uma decisão consciente, mas mais o efeito de ele mudar suas prioridades de trabalho. Primeiro, finalmente se decidira que tinha de estar presente nas inspeções das caixas vermelhas para mantê-las nos eixos. Baseando-se nos relatórios que recebera quando não estava lá, as inspeções iriam degenerar em uma constante picuinha entre sua equipe de gerência – até que os operadores percebessem e comentassem a respeito, o que não podia ser bom. Ele também insistia em envolver sistematicamente os operadores na discussão, o que, por alguma razão, ainda deixava Muller e Stigler desconfortáveis. Provavelmente a única coisa em que concordavam.

Na verdade, ele desenvolvera um interesse pessoal pelas caixas vermelhas. Estava aprendendo horrores tanto de Bayard quanto de Muller. O gerente de produção e o gerente de manutenção raramente concordavam quanto à causa até do problema mais banal, mas era um aprendizado. Na semana passada, estavam discutindo as causas de manchas em uma peça de tampa de motor – faixas prateadas na superfície da peça. Muller dizia que a temperatura no tambor era alta demais, o que fazia a resina se decompor e carbonizar. As partículas carbonizadas então estariam flutuando para a superfície durante a injeção, criando a mancha na superfície da peça. Bayard, por sua vez, acreditava que o problema era que as entradas do molde eram pequenas demais, o que criava fricção restritiva ao fluxo do plástico fundido, e assim degradação do material naquele ponto do molde. Ward não tinha a menor ideia de quem estava certo e quem estava errado, mas era fascinante. Agora, com a técnica de Woods para exploração rigorosa de tais problemas, ele via uma maneira de ir adiante com uma compreensão mais clara e discussões menos inúteis.

Certamente, essas discussões tinham lhe ajudado com a parte *jidoka* do *lean*. A definição original de *jidoka* de Woods era "pare o que quer que esteja fazendo agora em vez de produzir uma segunda peça ruim, e descubra o que está dando de errado". Ward se debatera demoradamente com isso, e se queixou com Woods até que o velho mudou de tática. – Pense nisso como uma confirmação – sugeriu ele. – Cada passo do processo tem de ser confirmado como OK antes de seguir ir adiante, que é como acabamos produzindo direito na primeira vez. Toda pessoa, ou mesmo toda máquina, que faz qualquer tipo de trabalho, deve poder dizer se o resultado de um trabalho está correto ou não. Quando em dúvida, o processo para, e alguém vem olhar em detalhes o que está acontecendo. Isso não quer dizer que o processo fica parado até que uma solução definitiva seja encontrada. Uma contramedida tapa-buraco deve tomar somente alguns minutos. Significa que má qualidade não é passada para o próximo passo. Então trabalhe, confirme e, se não, pare e reflita.

Trabalhando com Muller, Carela e Bayard, ele tinha montado uma lista de defeitos em cada estação de trabalho que exigiam atenção imediata. Para defeitos infrequentes, menos prováveis de acontecer, eles definiram um claro número de peças ruins consecutivas que poderiam ser detectadas antes que um supervisor precisasse intervir ou parar a injetora. Seu único desapontamento fora que nem Stigler nem Chadid tinham participado muito destas discussões. De fato, ele não sabia como resolver a crescente cisão na sua própria equipe, com os "técnicos" de um lado – Muller, Carela e, cada vez mais, Léa Mordant – e os "gerentes" do outro. Ele reconhecia os perigos de uma liderança dividida, mas completamente perdido quanto a como resolver a cisão.

Ele também levara a sério o comentário de Jenkinson sobre lavar as mãos três vezes por dia. Rezando pela cartilha de Neville, Ward tinha parado de ir direto ver seus *e-mails* de manhã. Em vez disso, ele andava pela fábrica a passo moderado, imitando Jenkinson ao começar na expedição e ir voltando para a injeção. Ele nunca confessaria, mas se sentia orgulhoso disso. Exigia determinação. Parece bobagem, mas ignorar o lote matinal de más notícias dos Estados Unidos ou de Neuhof era tão difícil quanto parar de fumar. A cena de Woods com "para que você é pago" calara fundo, de forma que Ward sentia que estava muito mais envolvido com o trabalho, de uma forma solta, não estruturada. Ele andava pela fábrica todos os dias. Chegara ao ponto de que ele proibira reuniões de manhã para toda sua equipe de gerência, porque ele não estaria livre para comparecer.

Ainda assim, refletindo sobre a visita à fábrica no dia anterior, ele acabou se dando conta da diferença fundamental entre "gerenciar andando a esmo", o que ele vinha fazendo até o momento, e o tipo de gestão *lean* direcionada que seu CEO tinha em mente. Sim, ele aprendera a passar mais tempo no chão de fábrica. Sim, ele tentava escutar o que as pessoas tinham para dizer. Isso de fato mudara consideravelmente tanto sua prática gerencial quanto sua compreensão da fábrica. Mas ainda era extremamente vago. Ele não sabia *quais* perguntas fazer.

A abordagem de Woods em usar o sistema de gestão visual para ensinar as pessoas a ver problemas e intervir para dar suporte ao *kaizen* fazia muito sentido. Transformava "gerenciar andando a esmo" de turismo industrial bem-intencionado em uma técnica gerencial focada e orientada pela ação. Ward tivera muitas dúvidas quanto a passar tanto tempo no chão de fábrica, porque na maior parte do tempo parecia que ele via as mesmas coisas se repetindo sem ter muita certeza de como resolvê-las. Ele se aferrara às suas visitas mais por pura determinação e, como com as inspeções de caixas vermelhas no início, para mostrar a Jenkinson que ele conseguia manter o curso com *vá e veja*, mas agora ele percebia que, sem a prática minuciosa de gerar *kaizen*, suas visitas tinham sido em grande medida ineficazes. A ideia de ensinar as pessoas a enxergar problemas e intervir para ajudá-las a resolvê-los o atraía enormemente, embora ele se sentisse bastante inadequado tecnicamente para isso. Bem, problemas suficientes para deixar a vida interessante, lembrou para si mesmo.

– A segunda coisa é *visualizar problemas* – Jenkinson continuou explicando. – Isso é exclusividade da abordagem *lean* e é capcioso, porque, na verdade, há uma técnica para isso. Você deve ensinar as pessoas a visualizar seus problemas, simplesmente. Por exemplo, porque estamos atrás do máximo do caixa possível, visualizamos as faturas não pagas pelos clientes na contabilidade simplesmente fazendo pilhas de papel contra a parede. Caixas vermelhas e estoques na fábrica são apenas o início – qualquer problema pode ser visualizado sem se gastar dinheiro, mas você tem de ensinar às pessoas maneiras inteligentes de fazer isso. E não estou falando de pregar papéis impressos em computador em um quadro. Tem de ser físico, como um sistema de sinalização de trânsito. Alguma coisa real...

– Você está fazendo de novo! – bufou Woods, interrompendo-o.

– Para com isso, me deixa – replicou Woods. – Alguém tem de fazer.

– Não vai funcionar!

– Bob vive dizendo que eu falo demais – reclamou Jenkinson, lançando um olhar brincalhão de desespero para Claire. – Ele acredita em aprender fazendo e nada mais.

– Parece meu pai – respondeu ela, sem ajudar. – Ele vive dizendo que hipismo não pode ser explicado, tem de ser vivido. Ele vive rindo de mim porque costumo expor teoria de hipismo para as pessoas. Ele disse que há nada de errado com os cérebros deles, as pernas é que são o problema.

– Homem sábio – assentiu Woods, presunçosamente.

– Mas eu gostaria de ouvir! – protestou Ward.

– Vá em frente – suspirou teatralmente Woods. – Mas se vou ter de ouvir isso mais uma vez, acho que vou pedir para você aquele conhaque de ameixas – disse ele, voltando-se para Claire com as mãos unidas imitando uma súplica. Ela riu e foi pegar a garrafa e os copinhos de licor.

– Mensurar o desempenho local é um passo-chave – continuou Jenkinson, recusando com a cabeça a bebida oferecida. – Medir a diferença entre o desempenho atual e o melhor desempenho, seja comparando com o melhor dia, a melhor hora ou o melhor visto em algum outro lugar, invariavelmente leva a uma compreensão diferente e mais detalhada do problema; e, a partir disso, a um modo diferente de resolvê-lo. *Lean* é um sistema descentralizado de controle de operações, e os indicadores são igualmente descentralizados. É por isso que a Toyota desenvolveu diferentes tipos de sistemas de controle de produção ao longo dos anos. Por exemplo, toda fábrica da Toyota tem um grande *display* eletrônico exibindo continuamente a meta do turno, a situação atual, e o que será resolvido no fim do dia com as horas extras. É entendido, é um pressuposto introjetado, que o plano *deve* ser alcançado. Você conhece o sistema Andon: este mesmo quadro eletrônico, ao se acionar um botão ou corda de ajuda, acende com o número da estação quando os operadores têm uma dúvida e chama a gerência para ajudar. Se o problema não for resolvido dentro de um tempo fixo, toda a linha para. A diferença entre o estado atual e a meta se acumula durante esse tempo. A ideia é que a Toyota faz uma análise detalhada das puxadas de corda Andon para compreender as diferenças entre turnos e estações, para analisar em um nível muito detalhado onde e quem tem mais problemas. O objetivo é medir a lacuna de desempenho localizado entre onde há mais puxadas da corda Andon e onde há menos, e tentar compreender a diferença.

– De um ponto de vista gerencial, medir a lacuna de desempenho localizado exige outra mudança radical de prática, porque os gerentes devem convencer as equipes a controlarem seu próprio desempenho e apontar suas dificuldades ao longo do dia. Os benefícios dessa abordagem são enormes: os operadores desenvolverão um verdadeiro interesse em desenvolver sua própria compreensão do seu trabalho e buscar atingir os objetivos de sua equipe. Mas é muito difícil, já que a gerência tem de estar constantemente interessada e disponível. Quadros de análise de produção devem ser verificados ao menos a cada hora pelo supervisor, e uma vez por dia pela gerência de produção, para que os operadores continuem a ver sentido em continuarem a ser escritos. Meu amigão Mike – também conhecido como marido de Amy, por sinal – é psicólogo, e está convencido de que a automensuração é a chave do *kaizen*. Todo mundo sabe que o que é medido é feito, então a automensuração é a chave para o autoaperfeiçoamento. Mas é difícil. Todo o sistema de gestão deve sustentar a autogestão no *gemba*.

– O quarto ponto – Jenkinson prosseguiu com constância – é padronizar a prática atual e comparar com a melhor prática.

– A primeira coisa que o pessoal de integração de fornecedores da Toyota pede quando começa a trabalhar com você – riu Woods –, é que você aplique consistentemente o método que você tem, em vez de implementar ferramentas *lean*. Isso realmente surpreende todo mundo. Onde estão as ferramentas secretas do STP que precisamos para resolver nossos problemas?

– Fale para ele sobre os assentos – sugeriu Phil.

– Que assentos? Ah sim, a linha dos assentos. Nos meus últimos anos, trabalhei com um grupo automotivo que produzia assentos. Nós visitamos a fábrica de um fornecedor de assentos da Toyota no Japão, onde a proporção de operadores era de um deles para três dos nossos. Então tentamos copiar a operação japonesa e organizar a montagem de assentos com uma linha de produção. Tradicionalmente, os operadores faziam assentos inteiros do zero, cada um do seu jeito, o que se achava que era a causa da lacuna entre as condições atuais de assentos por pessoa e o que a fábrica japonesa de assentos conseguia fazer. Então os nossos geniozinhos engenheiros vieram, estudaram as operações de montagem de assentos, criaram uma sequência de montagem, dividiram as operações por demanda do cliente, e criaram uma linha balanceada com os operadores organizados em linha e cada um fazendo uma parte do assento. Seus cálculos estavam certos. Infelizmente, os operadores se recusavam terminantemente a mudar seus hábitos de trabalho. Eles alegavam que o método de linha seria não somente desumanizador, mas também criaria muitos problemas de qualidade, já que uma pessoa perderia a responsabilidade por fazer um assento, também.

– Pedi que meu *sensei* Toyota desse uma olhada, e ele imediatamente nos xingou por nosso equívoco. A primeira coisa a fazer, sugeriu, era trabalhar com cada operador para padronizar seus próprios métodos, para que cada operador fizesse assentos de forma consistente. A segunda, era fazer os operadores compararem seus próprios métodos padronizados uns com os outros e descobrirem as causas das diferenças em qualidade e produtividade de uma pessoa para a outra. Muitas semanas depois, ele pediu que tivéssemos com os operadores a difícil discussão sobre os benefícios de se trabalhar em linha; uma sem interrupções devido a materiais faltantes, porque os componentes poderiam ser trazidos regularmente com um carrinho, e uma em que os operadores ajudariam uns aos outros se tivessem problemas. No fim, os próprios operadores contribuíram significativamente para o desenho da linha de assentos, e o ganho de produtividade foi obtido com um aumento de qualidade por meio do desenvolvimento das pessoas.

— Assim que a lacuna no desempenho é medida e aceita – continuou Jenkinson, – as pessoas tem de compreender em detalhes o que andam fazendo, e por que isso cria um déficit de desempenho. O terceiro passo do desenvolvimento de pessoas é, portanto, não mostrar-lhes imediatamente um jeito melhor, mas primeiro fazê-las entender o seu método atual em detalhes, e compará-lo à melhor prática para que elas mesmas consigam descobrir os problemas que andam criando. Novamente, o *insight* fundamental está no fato de que as pessoas têm uma capacidade nata de resolver problemas: assim que entendemos o problema, nossa mente naturalmente busca adotar uma solução. Do contrário, porém, quando nos forçam uma solução goela abaixo e *não vemos* o problema, o mais provável é que vamos lutar com unhas e dentes contra ela, não importa quão inteligente a nova abordagem seja.

— Você diz isso – interrompeu Woods, rindo, – mas é nisso que temos as maiores brigas.

Jenkinson fez uma careta, balançando a cabeça e murmurando: – Eu sei, eu sei.

— Esses chefões – continuou Woods, animado, – são tão mais espertos que todo o resto, eles sempre têm a resposta para qualquer problema.

— Bob vive me lembrando que não devo pensar no lugar do meu pessoal – explicou o CEO. – Tenho de deixá-los acharem a respostas por si sós. Posso ajudar com a definição do problema, ou instruções gerais, mas eles têm de achar por si sós a solução específica. Não é fácil para um engenheiro. De qualquer forma, o próximo ponto é...

— Querida – sussurrou Ward com uma careta de desculpas, – acho que ouvi o Charlie chamando. Eu gostaria de ouvir o resto disso.

Claire estava escutando atentamente e fuzilou-o com um olhar zangado. Ela ergueu a cabeça e se levantou. – Me deem licença por um segundo, vou ver qual é o problema e já volto – eu realmente quero ouvir isso, também – disse ela, lançando a Ward um olhar não-sou-apenas-esposa-e-mãe.

— Por favor – disse Jenkinson, trocando um sorriso divertido com Woods. Ward sentiu que ficou vermelho. Ele aguentava qualquer constrangimento na fábrica, mas não um comentário da sua mulher. Claire sempre tivera esse poder sobre ele.

– Quinto, temos de treinar os funcionários em métodos básicos de análise – retomou Jenkinson quando Claire tinha voltado com um menininho tímido e sonolento aninhado nos braços, que olhava para aqueles estranhos de lado, segurando-se à chupeta como a um talismã. – Obviamente, visualizar os problemas é só metade da coisa: problemas precisam ser resolvidos, também, e de um modo *lean*, o que significa usar ideias, e não dinheiro. O mais provável é que se as pessoas soubessem como resolver todos seus problemas de antemão, elas já o teriam feito. De fato, a maioria dos problemas operacionais é difícil de resolver porque muitas vezes é difícil distinguir causa e efeito e, portanto, decompor a questão em partes componentes para uma análise em profundidade frequentemente é complexo. No caso de aumentar a capacidade de injeção sem aumentar o investimento, por exemplo, o tempo de troca se torna uma questão ou vai, ou racha. Para auxiliar a fábrica a reduzir as trocas de ferramenta, o método *lean* é separar o interno (quando a máquina é parada) do externo (toda a preparação que pode ser feita enquanto a máquina ainda está operando) para reorganizar as tarefas de forma correspondente. Se você não sabe disso, dificilmente vai inventar por acaso.

– Ao longo dos anos, a Toyta desenvolveu uma variedade de métodos de análise básica para tratar de assuntos específicos. A maioria destas técnicas é baseada no ciclo *PDCA*, mas são também específicas do tipo de problema em mãos. De forma mais geral, a Toyota também desenvolveu uma abordagem de *resolução de problemas A3* para atacar os problemas mais complexos que não se encaixam em qualquer forma conhecida.

– Toda a ideia por trás destas ferramentas de análise *lean* é não simplesmente "tratar" problemas com consertos temporários ou gambiarras, mas realmente resolvê-los: garantir que o problema está fundamentalmente resolvido e não aparecerá de novo. Para isso, as técnicas de análise buscam identificar a causa-raiz por meio de um exame detalhado da questão. O método de análise mais básico, e também o mais difícil de dominar, é a abordagem dos *Cinco Por Quês*: perguntar "por que" até que a causa-raiz apareça. Apesar de aparentemente simples, esta técnica exige muita experiência e uma compreensão técnica profunda da situação. Se não, os *Cinco Por Quês* podem levar a perguntas intermináveis de tudo quanto é jeito, sem chegar mais próximo da causa-raiz.

– Não se engane com a simplicidade de se perguntar "Por quê?" repetidamente – acrescentou Woods, esparramado na cadeira e sorvendo seu conhaque. – Perguntar "Por quê?" é em si um ato gerencial, não simplesmente curiosidade intelectual. Na verdade, perguntar "Por quê?" repetidamente, além da questão constrangedora em que as pessoas realmente não sabem a resposta, exige por si mesmo uma posição sólida. Em geral, a maioria de nós prefere se desviar de qualquer questão, se pudermos, e contornar o problema. Todos os métodos de análise da Toyota tratam de atacar os problemas de frente, e resolvê-los.

– Não quero dar a impressão de que gestão *lean* é analítica demais – insistiu Jenkinson. – Não é. Ir ver no local de trabalho; surgir com sistemas inteligentes e simples de visualizar problemas, como simplesmente colar uma fita ao redor dos contêineres; mensurar o desempenho localizado; e buscar a causa-raiz, são todas *ações*. É claro, análise é um estado mais reflexivo, mas, por outro lado, os especialistas da Toyota raramente deixam essa fase se estender muito. Logo em seguida, os engenheiros dos fornecedores aparecem com hipóteses provisórias, e a resposta invariavelmente é "Experimente".

– O sexto ponto é experimentar e refletir. Uma das empresas que adquirimos tinha implementado um sistema puxado *just-in-time* de sucesso, em que os estoques não eram mais mantidos fluxo acima no processo, mas em um supermercado antes das máquinas e células. O processo fluxo abaixo se servia no supermercado das linhas de produto por meio de um sistema de cartões *kanban*, e as células só produziam o que era puxado do supermercado na sequência em que era consumido. Tudo isso funcionava bastante bem, mas infelizmente o estoque em processo continuou bem alto. Eu sentia que os problemas não estavam mais sendo resolvidos. Os caras *lean* da fábrica estavam ocupados há semanas tentando calcular e recalcular o tamanho exato do *loop* de *kanban* da produção para "otimizar" o sistema, mas, na minha opinião, os problemas não estavam sendo trazidos à superfície e tratados apropriadamente. Assim, no fim anunciei peremptoriamente que eles teriam de diminuir o tamanho do lote pela metade e reduzir o estoque mantido no supermercado em 50%, também. Eles resistiram e discutiram por semanas, mas, afinal, eu era o CEO deles, então simplesmente fizeram. Eles encontraram alguns problemas, os resolveram, e continuaram progredindo. Eles chegaram lá muito mais rápido do que fariam retocando seus cálculos.

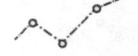

– Foi isso que você fez quando nos pediu para tirar imediatamente um operador da célula? – arriscou Ward.

– Claro. Você pode operar a célula por um turno com um operador a menos, se houver uma escassez real de peças, você pode fazer um pouco de trabalho extra. Costumo ter a mesma abordagem ao *fluxo de uma só peça* ou armazenagem horizontal de componentes. Simplesmente faça! Há muito poucos experimentos operacionais que não podem ser rapidamente revertidos, e, portanto, uma tendência à ação é perfeitamente razoável em processos de rotina. Analisar é uma coisa, procrastinar é outra. Todavia, ação direta não deve ser vista como uma solução universal, mas como um experimento. Nós forçamos o *fluxo de uma só peça* para *aprender* sobre o processo. O meu problema de verdade no caso anterior era manter a gerência interessada em verificar os resultados e compreender o que eles estavam fazendo para o processo.

– A parte difícil da gestão *PDCA*, e mais especificamente de fazer as pessoas fazerem o *check* e o *act*, é que isso exige uma transformação radical do comportamento gerencial – disse Jenkinson. – Primeiro, os problemas precisam ser enfrentados um por vez, o que envolve concordar com as pessoas ou equipes sobre qual é o próximo problema a ser tratado, em oposição a produzir páginas e páginas de planos de ação em que tudo deve ser feito de uma vez, e nunca é feito. Segundo, os gerentes precisam ficar perto das pessoas quando elas fazem os experimentos. Elas não podem mais simplesmente distribuir ações ou dar incumbências, ir para o próximo assunto e desaparecer. Terceiro, os gerentes devem ser maníacos por *checar*. Todo mundo quer sair com a solução e atacar algo novo. Fazer as pessoas refletirem sobre seus experimentos exige tutano gerencial de verdade. E quarto, tirar as conclusões certas dos experimentos muitas vezes é muito difícil. A última consideração é melhorar as práticas gerenciais. Mas a maioria das políticas foi estabelecida pelos próprios gerentes que agora as estão questionando. De fato, isto faz você questionar publicamente suas próprias políticas, ou suas próprias crenças. Precisa-se de um certo tipo de autoconfiança para fazer isso. Muitos gerentes estão convencidos de que mudar de ideia é um sinal de fraqueza, e têm medo de parecerem estúpidos aos olhos do seu pessoal. De qualquer forma, a única maneira de se tornar mais competitivo é melhorar as práticas gerenciais e as políticas continuamente. Melhora não significa mudança aleatória. Significa tirar as conclusões certas de cada experimento – que é uma habilidade difícil de se adquirir, já que exige raciocínio. Como eu já disse, gerenciar significa melhorar.

– Lembro de visitar uma fábrica com o gerente de fábrica – recordou Woods, – e ver uma célula de produção onde um turno estava claramente se saindo melhor do que os outros dois, tanto em qualidade quanto em produtividade. Perguntei à líder da equipe do turno de melhor desempenho como ela explicava o sucesso daquela célula. "Fácil," respondeu ela, "simplesmente me asseguro de trabalhar com as mesmas pessoas todos os dias e não deixo mais mudarem os operadores." Interessantemente, este é um fundamento nuclear da Toyota sobre como conduzir as operações: estabilizar os operadores em equipes para que eles conheçam uma área intimamente. Isto é, essencialmente, um pré-requisito para fazer pessoas antes de fazer produtos.

– Sim – concordou Ward. – Amy explicou isso.

– Com certeza – sorriu Woods. – É sua última grande descoberta. Quando perguntei ao gerente de fábrica por que ele não expandia isso para o resto da fábrica para conseguir produtividade e qualidade extraordinárias, ele ficou realmente chateado e falou, sabe, "Você não entende. Esta fábrica tem muito volume e variação de *mix*. Se eu estabilizar o pessoal nas celulas, perco toda a flexibilidade de mão de obra". Em essência, o gerente de fábrica está aceitando uma escassez de qualidade e produtividade para evitar encarar o problema fundamental de como programar melhor a produção ao mesmo tempo em que mantém as pessoas em equipes e células estáveis. Ele tem um experimento bem-sucedido na sua frente, mas se recusa a tirar as conclusões certas.

– *Act ou adjust* – continuou Jenkinson, – é uma conclusão natural do *check*, e é onde reside o verdadeiro poder da gestão por resolução de problemas. Primeiro, *adjust*, ajustar, é questionar se os resultados observados estão à altura do que era esperado, e, se não, entender por que e o que pode ser feito para atingir os objetivos. Segundo, *act*, agir, significa extrair as conclusões certas do experimento, e mudar o modo como o sistema está organizado para garantir que o problema vai permanecer resolvido e para pensar onde mais esse aprendizado pode se aplicar: *o que aprendemos, e que conclusões tiramos desse experimento*? Gestão *lean* é aprender e, constantemente, criar conhecimento prático como um derivado de qualquer ato gerencial. Isto, por sua vez, *cria a competência* das pessoas e *padroniza os processos* quanto ao que funciona à medida que os funcionários começam a compartilhar modelos claros de "faça" e "não faça" em situações específicas. Gestão por resolução de problemas cria conhecimento no nível gerencial porque os gerentes são forçados a desenvolver um entendimento preciso do que seus processos devem fazer e não fazer a fim de terem as conversas certas com seus funcionários sobre quais problemas resolver, o que cria um forte incentivo para os gerentes se envolverem nos detalhes do trabalho com valor agregado. Gerenciar por meio de resolução de problemas também cria conhecimento no nível dos funcionários, porque resolver problemas específicos no nível da agregação de valor aumentará o nível de competência dos trabalhadores de linha de frente, assim como seu domínio dos seus próprios processos.

– Por fim – concluiu ele após uma longa pausa, – essa forma de gestão também produz um tipo diferente de conhecimento organizacional no fortalecimento da relação entre gerência e trabalhadores à medida que eles enfrentam problemas juntos. Isto, por sua vez, incrementa o capital intelectual da firma e se torna o tipo de diferencial competitivo impossível de se copiar. Essa é a verdadeira vantagem competitiva.

– O negócio é o seguinte – disse Jenkinson, mexendo-se na sua cadeira no silêncio após sua longa exposição. – Olha só eu tagarelando como um sabe-tudo. Se eu fosse tão bom nisso, já estaríamos *lean*! – suspirou ele. – Andy, estou contente com o que você estão fazendo com a qualidade, e espero acabar vendo alguns resultados dos seus atos de produtividade. Contudo, como já discutimos várias vezes, você não está melhorando a flexibilidade rápido o suficiente. E isso está afetando todo mundo. Nesse momento, acredite, preciso de cada centavo que você tem preso nos seus estoques. Então, por que você não foca em reduzir seus tamanhos de lote? Como Bob apontou na fábrica hoje, o foco nas trocas é ridiculamente fraco para uma fábrica de injeção em uma área de alto custo. Bom tópico.

– Mas por onde eu começo?

– Escute – sugeriu Woods. – Vamos ver se Amy se dispõe a passar uma semana aqui trabalhando no seu sistema puxado. Ela já ouviu o suficiente da teoria do Phil sobre gerenciar resolvendo problemas para uma vida inteira. Ela poderia repassá-la com você em um caso prático.

– Ótima ideia – sorriu Jenkinson, batendo palmas. – Mas quem vai falar para Amy?

– Ei, você é o CEO, cara.

– Ela é sua nora!

– Ela pode ficar aqui – sugeriu Claire do nada, arrancando um olhar incrédulo do seu marido. – Terminamos o primeiro quarto de hóspede no prédio vizinho, na frente dos velhos estábulos. Tenho certeza de que ela gostaria.

– Bem que ela poderia! – riu Jenkinson. – Estou passando um sufoco para convencê-la a trabalhar na Europa com mais frequência. Isso sim é a iniciativa certa. Combinado, então!

"E que tal perguntar para mim?", pensou Ward, despeitado. Até sua própria mulher estava do lado do inimigo.

– Tem certeza de que não quer mais alguma coisa? – perguntou Claire, colocando Charlie em seu cercadinho em meio a um amontoado de brinquedos. Milagrosamente, fascinado pelas duas visitas, o menino não protestou tão alto como costumava. Ele ficou cambaleando, segurando a borda do cercado, olhando solenemente para eles e permanecendo tímido e candidamente silencioso.

– Não, obrigado – respondeu Jenkinson. – Está muito legal, mas temos que ir para Frankfurt pegar um voo para Praga, e prefiro dirigir de dia.

– Claire – disse Woods, – foi realmente um prazer. Andar naquele cavalo! Aquilo foi impressionante. Me chamaram de caubói a minha vida inteira – brincou ele –, e tenho de vir à França para ver como se faz.

– Caubói uma ova – riu Jenkinson, divertido. – Você vive no litoral. Claire, Andy, obrigado, foi um privilégio.

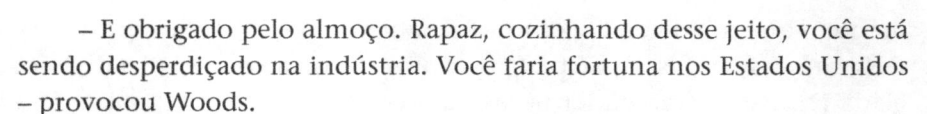

– E obrigado pelo almoço. Rapaz, cozinhando desse jeito, você está sendo desperdiçado na indústria. Você faria fortuna nos Estados Unidos – provocou Woods.

– Bem, talvez eu ainda tente isso, mas acho que a minha esposa gosta daqui – opôs Ward.

– Compreende-se, filho. Compreende-se.

Ward usou esse momento leve para mudar de assunto. Tomando fôlego, ele se virou para Jenkinson e falou: – Posso perguntar uma coisa? Como está a Nexplas, de verdade? É difícil saber aqui no *front*, por assim dizer.

Jenkinson hesitou visivelmente, mas enquanto Ward prendia a respiração, o CEO retrucou calmamente: – Ano difícil. Saberemos direito em maio, depois do fim do período de um ano. O primeiro ano foi bom o suficiente para nos conferir alguma credibilidade, mas foram principalmente coisas excepcionais, não resultados operacionais. Este ano é muito mais difícil. A demanda dos clientes está abaixo das expectativas e a Europa é, bem, a Europa, não está obtendo os resultados que tivemos nos Estados Unidos. E ela responde por um terço do negócio, é por isso que venho para cá tão frequentemente.

– Realmente, minha mulher está reclamando – acrescentou, como um aparte para Claire, e então continuou: – Com esse preço do petróleo, estamos sendo atingidos por aumentos de preço de material de todos os tipos. Estou tentando repassar um pouco disso para os nossos clientes, mas eles estão bastante desesperados também, então as negociações de preço estão realmente árduas.

– Eu ouvi que vocês estão tentando nos mover mais para baixo no mercado, para fornecer peças para veículos menores.

O comentário de Ward chegou a fazer Jenkinson rir baixinho. – Que coisa, os boatos realmente se espalham. Isso não é bem verdade. A estratégia da Alnext sempre foi ir atrás dos programas caros, a lógica sendo "peças caras para carros caros". Quando as coisas começaram a ir mal, eles faziam preços abaixo da concorrência, supondo que recuperariam os custos por meio do volume. Infelizmente, o volume não apareceu nos últimos anos, e por causa de dificuldades operacionais, pagamos por nossa qualidade com retrabalho e inspeções de qualidade. – Jenkinson parou por um momento, como se pesasse cuidadosa-

mente o que iria dizer. Ele olhou diretamente para Ward e continuou:
– No fim das contas, isso é parte do que os levou a venderem a divisão. Nada tenho contra vender peças para carros *top* de linha, mas não a preços reduzidos. Assim, estou lutando para reajustar os preços deste segmento para cima. Ao mesmo tempo, realmente me incomoda apostar todas as nossas fichas no mesmo número. Portanto, sim, estou batalhando com as vendas para entrar nos programas de carros menores. É menos lucrativo, mas mais seguro no longo prazo. Também, vai desafiar nossos engenheiros a criarem processos menos custosos.

– Obrigado, ajuda saber.

– Abril é que vai dizer – disse o homem alto, pensativamente. – Abril é que vai dizer. O que me lembra: você vai transferir essas peças para a Polônia antes do fim de um ano, não?

– Acredito que sim.

– Já esteve em Breslávia? Como foi?

– Mais ou menos. A fábrica está meio bagunçada com o gerente de fábrica sendo substituído tão em cima da hora.

– Como é o cara novo? Gerente interino, não consigo lembrar do nome.

– Brian Stonebridge? Parece ok – disse Ward cautelosamente. – Muito enérgico. Porém, sabe quase nada sobre injeção. Ele vem de um setor completamente diferente.

– Não o conheço – comentou Jenkinson laconicamente. – Escolha do Beckmeyer. Mas vamos encontrá-lo em breve. Vamos para lá depois de Mlada. O que você quis dizer com "uma bagunça"?

– Bem, hum... – hesitou Ward, desconfortável em falar mal de outra unidade.

– Desembucha! Problemas primeiro, lembra? – disparou Jenkinson, de repente todo negócios. – Não guardo rancores de ninguém e formo minha própria opinião. Ainda assim, estou interessado na sua.

– Ok. Não fiquei impressionado com o conhecimento de moldagem deles. Especialmente no quesito da manutenção de moldes.

– Mais especificamente...?

– Para começar, eles terceirizam a manutenção dos moldes, o que é esquisito. Eles têm muitas bolhas e vazios, mas não verificam sistematicamente a ventilação dos moldes. Também discutimos problemas nas peças que eles parecem não ligar à temperatura dos moldes. O mesmo com marcas de furo, e eles parecem não achar que podem reduzir a temperatura do molde no lado do furo e aumentar a temperatura no outro lado. Não sei. Talvez haja um ruído na comunicação.

– Ha! – exclamou Woods alto, batendo as palmas, surpreendendo Ward. – Pensei que ia me safar – riu ele.

– Como?

– Fizemos uma aposta, Phil e eu.

– Por favor... – disse Jenkinson, parecendo realmente constrangido.

– Ontem à noite, no restaurante – continuou Woods com gosto, apreciando a travessura. – Nós discordamos sobre a fábrica. O Phil aqui é um grande molenga, e acha que vocês estão aprendendo só porque o ouvem. Eu estava menos convencido porque não ouvi vocês entrarem em detalhes técnicos nenhuma vez. Você entende do que se trata no fim – toda essa coisa *lean*, certo? Paramos de repassar nossa incompetência técnica aos clientes e paramos de pagar por nossa incompetência de produção. Em uma fábrica como a de vocês, isso significa que, no fim, tudo gira em torno da moldagem.

– E então? – perguntou Ward, completamente vexado.

– Filho, você acabou de mostrar que talvez ainda haja esperança para vocês. Vocês realmente aprenderam alguma coisa sobre moldagem, não?

Ward ia protestar dizendo que antes já sabia, mas percebeu, em choque, que não sabia. Ele deixava a produção lidar com as questões técnicas até bem pouco tempo atrás. O trabalho junto de Muller nesses últimos meses deve ter-lhe passado algo.

– Filho – repetiu Woods, fitando-o atentamente. – Você recém entrou em um mundo maior. Você andou fazendo todas essas coisas *lean* e realmente aprendeu alguma coisa sobre moldagem. Não faça essa cara, isso é bom. Só lembre: um, *melhore a satisfação do cliente resolvendo problemas técnicos*. E dois, *melhore a lucratividade eliminando o desperdício no processo de fabricação*. E três, *desenvolva as pessoas com kaizen para que elas saibam mais*. Essa é a minha definição de *lean*! Sério! O desafio é manter o espírito do *kaizen* – incapaz de resistir a uma última tirada, é claro, Woods acrescentou, como última palavra: – É claro que ajudaria se você tivesse um sistema puxado em funcionamento – *puxado* dá uma arquitetura ao *kaizen*.

"Desgraçados!" foi o único pensamento de Ward enquanto via o Audi alugado sair do pátio.

– Ei, mocinho – disse Claire, abraçando-o. – Trazendo milionários para a minha humilde morada? O seu chefe é nada do que eu tinha imaginado. Viu como ele me ajudou a arrumar as coisas? Teria lavado a louça, também, se eu não tivesse impedido. Meu Deus, você está tão tenso!

– Convidar Amy Woods para ficar aqui? Não acha que vou estar cheio de falar com ela na fábrica?

– Não seja criança, ela é um amor. Eu gostei dela. É tão estranho ver como todos eles se conhecem tão bem, sabe, seu CEO, o mentor dele, a nora que também é consultora, e a mulher do melhor amigo do CEO. Dificilmente é o que eu esperaria da gerência de um grande grupo industrial. Meio interiorano, sabe? O que foi agora?

Ward suspirou profundamente, parecendo deprimindo novamente.

– Estraguei tudo, não foi? Pedi por isso.

– Pediu o quê? – perguntou ela, massageando seus ombros.

– Aquela piadinha final. Woods apostando no meu fracasso. Estávamos indo bem, e daí eu trouxe a coisa de volta aos negócios. Então pá!, me acertam de novo.

– Ei, o seu CEO apostou em você, não é?

– Desgraçado.

– Sei lá – sorriu ela. – Eu gostei deles. Phil é muito impressionante. Tão animado!

– Você não o conhece. Ele sacrificaria um batalhão para salvar uma divisão sem pensar duas vezes.

– Você está sendo injusto. Tenho certeza de que ele faria isso, mas não sem pensar duas vezes. Acho que os entendo. É o cavaleiro? É o cavalo? É a pista? Na competição só pensamos nisso, todo o tempo. Para você, é só um trabalho. Para eles, é uma competição. Motivações diferentes, não acha?

– Foi o que ele disse, não? Na competição, você sempre tenta bater seu próprio recorde. Nós estamos apenas correndo. Felizes com a média.

– Tem uma história que se conta na França. É sobre um passarinho que cai do ninho. *Piou piou*, grita ele – disse ela, fazendo uma carinha linda, seus grandes olhos azuis abertos em pura inocência. – Daí vem uma vaca gordona e ploft!, cobre o passarinho com esterco. Ele está bem quentinho, mas ainda não está feliz. Não gosta do cheiro. *Piou piou*, diz ele. Daí vem a senhora raposa. A raposa tira o passarinho do esterco, limpa-o delicadamente e o engole.

– E daí? – perguntou Ward, entre irritado e divertido.

– Tem uma moral da história: os que te arranjam problemas às vezes estão tentando te ajudar. E aqueles que te tiram deles às vezes estão tentando te devorar.

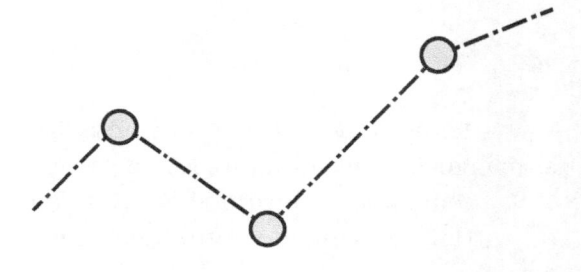

Capítulo Cinco

DIREÇÃO CLARA

– Assim não vai dar – resmungou o supervisor Denis Carela, pegando Andrew Ward de surpresa. Era de manhã cedo e Ward tinha ido para o chão de fábrica em vez de ir para sua mesa. Saindo da chuva, ele respirara o ar quente e familiar com um leve traço de plástico queimado. Ele encontrara Carela do lado de uma injetora assistindo a uma troca e murmurando consigo mesmo. Eles andavam passando tempo juntos tentando descobrir como simplificar as trocas, mas até o momento tinha tido pouco sucesso em aumentar significativamente o número de trocas. Alguma coisa sempre parecia atrapalhar.

– Olha, eu sei que não temos dinheiro para gastar, só ideias – acrescentou, com seu sorrisinho cínico de lado. – Mas nós trouxemos os moldes para a injetora, para não terem de atravessar a fábrica para pegá-los. Fizemos estações de pré-aquecimento para eles. Mas ainda não é bom o suficiente. Olhe isso!

Estavam olhando para uma das grandes injetoras, em que o instalador estava lutando com um emaranhado de mangueiras de resfriamento que tinham de ser conectadas uma a uma ao molde. O sujeito estava obviamente tendo problemas, o que tomava tempo e era perigoso, já que ele andava para cima e para baixo na injetora.

– O que você sugere?

– Tenho certeza de que podemos criar um encaixe que prenda todas as mangueiras em conjunto. Não deve ser muito difícil, né?

– Tem razão – concordou Ward. – Vou falar com Olivier.

– Ha! – exclamou o outro homem entredentes, olhando para o outro lado.

Ward se perguntou o que aquilo significava, mas a última coisa que ele queria era encorajar um cara como Carela a reclamar do chefe. Ficou ali parado, embaraçado, enquanto o instalador continuava a desemaranhar os tubos e encaixá-los um a um. Era constrangedor olhar aquilo.

Carela enfiou as mãos nos bolsos da sua jaqueta de trabalho no legítimo estilo Carela, como um James Dean grisalho. Ele vestia a jaqueta de trabalho cinza aberta sobre o jeans preto, fivela do cinto prateada, camiseta preta, colarinho virado para cima, cada fio de cabelo fixado com gel. Ele fez Ward sorrir. O sujeito era um saco, mas tinha estilo.

– Eu que estou ficando velho? – bocejou o supervisor, – ou é cedo demais para trabalhar? Café? – ofereceu ele.

Ward assentiu com surpresa. Esta era a primeira vez que o outro homem tinha sugerido qualquer coisa remotamente social. Eles voltaram caminhando pela fileira de injetoras. Ward xingou mentalmente ao ver a nº 7 ainda parada, e um operador lutando para mover um grande contêiner que recém tinha chegado de empilhadeira, enquanto o motorista da empilhadeira assistia calmamente do alto assento da sua cabine. Não vamos misturar operadores e motoristas, sim?, pensou Ward, mais uma vez incomodado com a cultura austera da fábrica.

– Aqui está – disse Carela, tirando um escaldante copo de plástico da máquina. A área de descanso ficava vazia a essa hora do dia, e parecia bastante chinfrim. Ward sentiu que devia fazer alguma coisa a respeito, mas com que recursos?

Tomaram suas bebidas em silêncio. Ele tinha certeza de que o supervisor tinha alguma coisa em mente, mas ele tinha receio de perder o momento por forçar a barra, então esperou.

– Esse cara, o Phil – começou Carela, devagar. – Ele é o chefão, certo?

– Ele *é* o CEO. É dono de um pacote de ações. Eu diria que ele é o chefe.

– Não parece, só isso.

– É, não parece. Mas também as coisas dificilmente são o que parecem, não é?

Isto fez o homem sorrir. – É, acho que não.

– O que você está pensando, Denis?

– Ele vai fechar a fábrica?

– Não que eu saiba – respondeu Ward cautelosamente, depois de um momento de hesitação que o outro percebeu. – Por que pergunta?

– Ouve-se bastante isso ultimamente.

– Quem diz?

– Você sabe – Carela fez um gesto vago com a mão. – As pessoas. Lembre de onde estamos, todas as fábricas aqui por volta fecharam mais cedo ou mais tarde. As pessoas falam.

– O que *você* acha?

– Não sei – por isso estou perguntando. Nunca vi um *patron* tão envolvido na produção. Lembre da outra vez, ele passou a manhã toda naquela célula. Isso criou uma boa agitação. As pessoas não sabiam bem quem ele era. Elas falam. Léa teve de responder um monte de perguntas. Elas estavam muito ansiosas, muito preocupadas. Isso faz o clima ficar ruim.

– O que realmente aconteceu com aquele cara, qual era o nome mesmo? Thierry Fernandez? – perguntou Ward, no calor do momento.

O outro desviou o olhar, mexendo-se ligeiramente. Ele apertou os lábios, mas não respondeu.

– Não é bom quando as pessoas estão agitadas assim. Elas precisam ter uma ideia do que está acontecendo, sabe? Senão pensam demais. Sobre as coisas erradas.

Lições de liderança de Carela? Isso sim era novidade.

– E depois tem toda essa coisa de *kaizen* que você faz – pronunciou de forma francesa, desprezando a palavra. – Muitas mudanças. Eu acho bom, mas, de qualquer jeito, é difícil para as pessoas. Elas fazem perguntas. Por que estamos fazendo isso? Por que não do modo que era antes? Só importa produtividade e produtividade? Ganhar mais dinheiro para os chefes.

Diabos, pensou Ward, desanimado. Chefes loucos de um lado, e agora trabalhadores zangados do outro. Uma receita de desastre.

– Phil parece ser um cara legal. Acho que ele realmente se importa com a fábrica – disse Carela, olhando Ward diretamente nos olhos.

– Mas com toda essa conversa de fechar a fábrica, não sei o que dizer às pessoas. Mais cedo ou mais tarde vamos ter de dizer alguma coisa, senão eles vão se aferrar à ideia errada e daí... – ele deu de ombros, desviando o olhar.

Xeque-mate para mim e para você, pensou Ward amargamente, pesando cuidadosamente suas palavras.

– Phil Jenkinson não é *legal* – explicou ele. – Ele fala muito sério. Ele trabalha com muita seriedade e é o CEO. E o dono. Como ele é um empresário sério, ele somente dá trabalho para a fábrica que o faz ganhar dinheiro. Fim da história. Por que ele faria de outro jeito? E se fosse o seu dinheiro?

Carela concordou lentamente com a cabeça.

– Por outro lado, porque ele *é* sério, ele dá duro para que todas as suas fábricas ganhem dinheiro para ele. É o que se vê – ele trabalha mais do que qualquer chefe que já vimos, certo?

– É o que parece – o supervisor concordou com cautela.

– Aonde isso nos leva?

O outro deu um último gole no seu café, refletindo, e então esmagou o copo de plástico, jogando-o na lata de lixo com um arremesso teatral.

– Da frigideira para o fogo – concordou, pensativo. – A fábrica não está ganhando dinheiro, então nada de produtos novos, nem futuro. Por outro lado, se tivermos progresso rápido o suficiente, ele não vai nos fechar direto.

– É o que eu acho, de qualquer jeito – concordou Ward. – Mas não estou por dentro dos segredos das eminências pardas.

Carela esfregou o queixo vigorosamente, pensando bem, e inconscientemente arrumou o cabelo com a palma da mão.

– Você vai ter de falar com o pessoal – concluiu ele, mais uma vez olhando diretamente para Ward . – Mais cedo ou mais tarde.

Ward aquiesceu com desconforto. Esta era a primeira vez, em sua lembrança, que ouvia o supervisor veterano dar-lhe conselhos diretos, e ele via como o outro estava nervoso com aquilo. Jean-Pierre Deloin tinha mencionado que Carela tinha algo em sua história. Quando jovem, ele se envolvera com o sindicato. Trabalhava em uma empresa que fazia eletrodomésticos e que fora comprada por um grupo coreano, que mais tarde realocou sua produção para a China. O fechamento do local de produção tinha provocado brigas e violência, com o gerente da fábrica feito refém em sua sala e, no fim, a maioria do pessoal despedido sem nenhuma perspectiva de trabalho, principalmente por causa da má reputação que todo o episódio lhes rendera. De acordo com Deloin, Carela saíra daquela batalha perdida amargo e cínico, decidido a nunca mais se envolver muito seriamente com o que quer que fosse. "É apenas um emprego" era a sua visão do trabalho, e Ward estava surpreso por vê-lo se manifestando, e sem saber muito bem o que fazer com aquilo. Mais do que tudo, era assombroso que em quase quatro anos trabalhando na mesma fábrica, eles nunca tinham tido uma conversa de homem para homem.

– Outra coisa – acrescentou Carela com uma expressão inescrutável. – Detesto ter de dizer isso, mas... se é verdade. A fábrica tem chances, se fizermos o que o *americain* quer?

Ward assentiu, desejando poder dar sua palavra mais claramente, mas sem ter ele próprio muita certeza.

– É melhor você se perguntar por que o apelido de Stigler é *"Dr. No"*.

Ward mal teve tempo de pensar sobre o significado da sua conversa com Carela quando Lowell Coleman ligou para sua sala.

– Você sobreviveu à última visita do CEO?

– Tomei o corretivo de sempre. Mais ainda estou de pé.

– Não se preocupe, todos os gerentes de fábrica tem a mesma sensação. Fora aquele puxa-saco do Neville de que ele gosta, todos os outros vivem reclamando e resmungando sobre as visitas. Sem preocupação, o cara não vai longe nesta indústria!

– Como assim?

– Ele está incomodando demais os clientes – explicou Coleman a Ward, – o que é grande mancada nesse ramo. A última notícia é que Wayne vendeu uma fábrica dedicada a uma das montadoras na Romênia. Coisa grande, um módulo frontal inteiro. Daí o maníaco desse Jenkinson simplesmente se recusa a assinar o negócio. Sem acordo de exclusividade, ele disse. Sem fábrica dedicada a um cliente.

– Não teve um problema na última vez que construímos uma fábrica para um cliente? – replicou Ward – A fábrica de Juarez? – ele lembrava claramente de ouvir que a fábrica nunca rendeu nada porque os volumes de clientes foram muito mais baixos do que o esperado inicialmente, e que depois subiram muito além da capacidade da fábrica, o que custou uma fortuna em custos extraordinários; tudo isso foi seguido por uma queda brusca inicial nas vendas de veículos. Ward pensou que era uma ironia que o carro tivesse vendido, em três anos, apenas 10% menos do que o projetado, e a fábrica perdera dinheiro porque tinha capacidade excedente. Perdeu dinheiro também quando a demanda superava a sua capacidade e, finalmente, perdeu dinheiro quando as vendas entraram em prolongada queda até que finalmente a fabricação ficasse limitada às peças de reposição.

– Parece-me que o cara está simplesmente se atendo às suas crenças sobre produção flexível, sabe, fragmentar e misturar?

– Não é isso – respondeu Coleman impacientemente. – Quem dá a mínima para aquela baboseira *lean*? O negócio é que esta não é uma indústria em que se pode dizer "não" aos clientes. Se as montadoras põem você na lista negra, você está morto. Vamos esperar que os caras na Univeq percebam logo que o Jenkinson é um desmiolado e deem uma lição a ele.

– Eles podem fazer isso? – perguntou Ward, surpreso.

– E por que não poderiam? Eles são o acionista majoritário. Eles decidem quem joga e quem não joga. Eles podem inclusive forçá-lo a deixar de ser o CEO. Ele ainda ficaria no conselho, a não ser que venda suas ações, mas não nos sacanearia mais do jeito que está fazendo agora. Isso não é jeito de dirigir uma empresa!

– Tá, como se nós estivéssemos muito melhor com a Alnext – retrucou Ward ironicamente, se perguntando por que estava tendo aquela conversa.

– Ei, de que lado você está, afinal?

– Assumo que seu projeto não está indo bem? – perguntou Ward, mudando de assunto.

– Por que diz isso? Não, na verdade estou trabalhando de perto com o setor de compras, e acho que estamos fazendo progressos. É por isso que estou ligando. Preciso de informações de preço e volume das fábricas. Posso pegar as suas?

– Sem problemas, eu mando Amadieu lhe mandar o que você pedir.

– Você é a estrela, Andy. Aguente firme.

— Andrew?

Franck Bayard, o gerente de engenharia, o pegou na porta da frente quando voltava da visita a um fornecedor, querendo conversar. O pobre homem nunca tivera sucesso em suas várias tentativas de parar de fumar, e agora que não se podia mais fumar na fábrica ele seguidamente saía do prédio para pitar. Apesar de estar tremendo sob o chuvisco cinzento de março, Franck parecia incomumente agitado. Bayard era singularmente tímido, pensava Ward, e de um tédio mortal. Seu cabelo lambido e o óculos fundo de garrafa ajudavam em nada. Ward sabia que ele era um homem caseiro, com quatro ou cinco filhos, mas se divertia imaginando para ele uma louca vida secreta, ninguém jamais o via nos eventos da empresa. O que quer que fosse, o segredo era bem guardado.

— Você vai se matar assim, Franck.

— Os cigarros? — perguntou o outro, olhando para a ponta em brasa do seu cigarro. — Sim, eu sei.

— O frio, homem, você está azul.

Bayard ficou olhando para ele, e Ward suspirou — outra tentativa de descontração que fracassava miseravelmente.

— Sim, Franck, o que é?

— Você tinha razão — disse Bayard seriamente, esmagando seu cigarro no cinzeiro. Vir com uma afirmação dessas pegou Ward de surpresa. O engenheiro de produção entendia do que fazia, mas achava que era somente ele, ninguém mais. Ele não era um tipo ruim, apenas extremamente sério e autocentrado.

— Eu tinha?

— Você tinha razão — repetiu ele, para se convencer.

— Hum... sobre o quê?

— Deixe eu mostrar para você.

Eles voltaram para dentro e, para maior surpresa de Ward, Bayard o levou diretamente para o chão de fábrica. Eles atravessaram a área das injetoras (número 7 parada *de novo*!) direto para a montagem. Quando se aproximavam da primeira célula de montagem, onde Jenkinson dera seu showzinho alguns meses antes, Ward ficou pasmo de ver Léa Mordant, a supervisora de montagem, de cronômetro na mão, franzindo o cenho intensamente para os quatro operadores que montavam peças na célula.

– Não funciona – disse ela. – Estava melhor antes. Ah, oi, Andy.

– Vamos voltar o jeito que era antes – concordou Bayard.

– Não – interrompeu o operador. – Na verdade é mais fácil de mexer na peça deste jeito.

– Acha mesmo?

– Positivo. Vamos ver como funciona por um pouquinho.

– Bom trabalho, rapaziada – disse Ward, não sabendo direito o que mais dizer.

– Como eu disse, você tinha razão.

– Fantástico. Sobre o quê?

– Lembra quando tivemos aquela discussão sobre médias e mínimos?

Ward não lembrava de ter tido na vida uma discussão com Bayard, mas concordou mesmo assim.

– Bem, mudei de ideia. Léa e eu já reorganizamos esta célula cinco vezes seguidas, e acabei percebendo que nunca olhamos para o manuseio das peças quando projetamos o processo.

– Ahã.

– Eu achava que tínhamos que compensar as dificuldades no trabalho inserindo um pouquinho de tempo extra nos tempos padrão como precaução. Mas agora vejo a verdade. Isso esconde todos os problemas.

– Foi o que eu disse.

– Eu sei, eu sei – a boca do engenheiro torceu-se dolorosamente, como se confessando um pecado irreparável. – Agora eu percebo. Estamos nos focando em cada movimento de manuseio, e é incrível... Eu nunca tinha visto dessa forma. Há tanto a ser ganho. Tanto em produtividade quanto em ergonomia. Como eu pude ser tão cego?

– Isso é bom, você aprendeu algo.

Bayard lançou-lhe um olhar atravessado, como se tivesse se ofendido pessoalmente só pela noção de que ele tinha alguma coisa a aprender. Ward suspirou.

– Como está indo, Léa? – perguntou ele.

– Bem. Isso é realmente interessante. Acho que precisamos criar uma área central para todos os componentes na logística e entregar com regularidade à linha. Isto vai fazer uma grande diferença.

– Eu achava que isso já estava encaminhado. O que está segurando as coisas?

Ela deu-lhe um olhar de esguelha. Parecia exausta como nunca, seu rosto pálido colorido por profundas olheiras escuras. Mordant estava lá toda manhã e ela trabalhava duro, ainda que sem entusiasmo. A montagem era composta na sua maioria por mulheres, e de alguma forma ela conseguia mediar as intrigas sem fim de que ele às vezes ouvia falar. Ela tinha em comum com Carela uma opinião péssima sobre a gerência, o que parecia ser reforçado a cada novo acontecimento.

– Chandon e Stigler ainda estão discutindo sobre quem deve controlar o manuseio de material.

Droga, pensou Ward. Outra questão que ele não tinha resolvido. Havia encarregados de material de logística para trabalhar no depósito e carregar os caminhões, e encarregados de material de produção, que apanhavam contêineres cheios de produtos acabados na linha e traziam componentes. Ele queria colocar todos os encarregados de material sob a responsabilidade da gerente de logística, mas tanto ela quanto a produção resistiam, então ele não tinha forçado a questão ainda. Eles não poderiam resolver uma coisa entre eles, só uma vez?

– Vou resolver – disse ele, cansado. – Vocês estão fazendo um trabalho esplêndido aqui – continuem assim.

Ela sorriu, deixando-o mais perplexo do que nunca.

Jenkinson e Ward estavam parados no meio da fábrica de Breslávia, observando a dança das empilhadeiras e as pessoas rodopiando em meio às injetoras. Novamente, Ward se debatia com um enigma do seu chefe.

– O que você vê? – perguntou Jenkinson.

– O que eu vejo? Honestamente, vejo as mesmas coisas que em Vaudon. Mas não vejo um meio de pô-las sob controle.

– Vamos voltar um passo atrás. Esqueça o que você sabe. O que você vê?

– A bagunça – retorquiu Ward. – As pilhas de contêineres. As pessoas caminhando ao redor. As empilhadeiras andando vazias a maior parte do tempo. As injetoras paradas com nada acontecendo. A mesma coisa que eu tenho lá na França, mas o que é realmente frustrante é que, por mais que tentemos o *vá e veja* e *kaizen*, e fazemos algum progresso, parece que não conseguimos mudar essa impressão geral.

– Amy já foi a Vaudon para trabalhar no sistema puxado?

– Ela vem em duas semanas. Mas estamos tentando.

– Jenkinson ficou em silêncio por um longo tempo, apenas observando a fábrica. Ward se perguntava como ele conseguia olhar as operações com tanta calma quando tudo parecia estar indo para as cucuias. Eles tinham vindo para a fábrica polonesa para validar a transferência de produtos. Os moldes chegaram à fábrica de Breslávia no tempo previsto, mas a fábrica não conseguia produzir uma peça boa. Felizmente, Ward tinha feito seu estoque de peças, mas só duraria até ali. Se eles não começassem a despejar peças de verdade nos próximos poucos dias, eles acabariam prejudicando o cliente, o que seria desastroso.

Ward viajava à Polônia demais nos últimos meses, tentando cumprir o prazo de Jenkinson para as transferências de produtos. Sua primeira estadia em Breslávia fora algo à parte. Pelo menos havia um voo direto saindo de Frankfurt. Ele tinha aterrissado no meio de uma nevasca e, é claro, o táxi reservado para ele não apareceu. Quando finalmente chegou à fábrica, achou-a uma bagunça completa, até que percebeu num estalo que ela era igualzinha a Vaudon antes de eles terem começado a esclarecer os fluxos e a criar células.

Brian Stonebridge, o gerente de fábrica, era um quarentão genial, britânico de Birmingham. Ele trabalhara em indústrias de fluxo a maior parte da sua vida, e fora realocado em uma fábrica na Polônia para iniciar um novo projeto. A história simplesmente saiu dele enquanto mastigavam os folheados velhos que almoçaram no seu escritório. Ele conhecera uma garota *polska*, como chamou, e decidiu não voltar mais para casa, nunca. Ward educadamente não perguntou o que "casa" queria dizer exatamente, mas quanto mais o sujeito falava, mais ele começava a se preocupar que podia estar testemunhando um colapso final. Depois de abrir seu coração em meio a sanduíches e café, Stonebridge subitamente desaparecera em uma teleconferência com Neuhof e deixou Ward nas mãos de Tomasz Druks, o gerente de produção da fábrica, um veterano grisalho que mal falava inglês e que parecia ser o chefe de verdade do lugar. Eles foram olhar as máquinas que tinham sido designadas para receber os moldes, e embora as injetoras fossem bastante novas, Ward ficara apavorado com o estado delas.

Ele passou a tarde discutindo os planos de transferência o melhor que pôde, enquanto Stonebridge corria da lá para cá na fábrica, ladrando uma quantidade igual de perguntas e comandos, geralmente em inglês com um tantinho do que Ward supunha ser polonês. Ele imaginou se o homem não estava inventando um novo dialeto ali na hora. Às cinco em ponto, ele parou de repente, como um brinquedo mecânico sem corda, e arrastou Ward para beber na cidade.

Ward se viu em um café com vista para a colorida praça central da cidade velha, se aferrando resolutamente à sua cerveja enquanto Stonebridge avançava para martinis de vodca. Quando a garota chegou, ele ao mesmo tempo pensou que não havia explicação para os gostos femininos e que Stonebridge talvez fosse o homem mais sortudo da Terra. Ela era muito bonita, uma ruiva estonteante, alta, magra e torneada, como olhos verde-esmeralda e pele leitosa. Acima de tudo, ela parecia apreciar seriamente o homem, o que Ward achou bastante espantoso, já que ele era um camarada baixo, gordinho e calvo, com cabelos crespos pretos, uma cara comum e uma voz alta e alegre demais. Ela falava pouco inglês, e eles pareciam se comunicar apenas pelo amor.

Ao longo da noite bizarra, Ward educadamente recusara conhecer alguns dos amigos dela, uma visita à meia-noite à rede medieval de passagens subterrâneas da cidade – aparentemente, a curiosidade histórica do lugar – e também recusou revelar o salário que a Nexplas lhe pagava para comandar a fábrica. Ele conseguiu voltar ao seu quarto de hotel mais ou menos inteiro, se perguntando se o universo sempre estivera assim, fora de prumo, e ele absorvido demais para notar.

O que Stonebridge não tinha de sutileza ele compensava com pura presença. No dia seguinte na fábrica, ele parecia estar em todo lugar ao mesmo tempo, e depois parecia da mesma forma completamente ausente, que era quando a fábrica voltava estoicamente ao seu funcionamento normal. Stonebridge tinha enchido os ouvidos de Ward com todos os problemas exclusivamente poloneses com que tinha de lidar, como inflação de salário de 30% e desemprego tão baixo que não conseguia contratar gente. Esse último era ótimo para os poloneses, é claro, mas criava uma escassez de recursos técnicos competentes. De acordo com Stonebridge, a situação era ainda mais complicada pelo fato de que o gerente de fábrica anterior fora demitido por Beckmeyer ao se descobrir que ele tinha um esquema com a agência de trabalho temporário e levava um por fora para cada contrato oferecido. Eles despediram o sujeito mas, por causa da situação de pleno emprego, mantiveram a agência que, em vez de continuar com uma atuação discreta, agora agitava os trabalhadores para um aumento de salário. Ele esperava uma greve para qualquer dia.

Ward voltou para casa completamente confuso. Não sabia o que pensar do homem ou da fábrica. Ele fizera os contatos necessários para a transferência, mas tinha uma sensação muito ruim a respeito de tudo aquilo. E sim, como disse para Jenkinson, até ele conseguia ver a fragilidade do conhecimento de moldagem deles. Como o pai de Claire costumava brincar, ele conhecera um oficial de cavalaria tão idiota que até mesmo seus companheiros oficiais tinham notado. A conclusão inescapável dessa primeira visita é que ele teria de fazer uma montanha de estoque das malditas peças para proteger o cliente do que quer que pudesse acontecer de desastre quando os moldes chegassem à Polônia. Não só ele estava perdendo uma grande quantidade de negócios com aquilo, mas, ainda por cima, iria sofrer um golpe no estoque, o que era como cair e ainda ser chutado.

Até agora, os seus piores temores não tinham se realizado, mas ele passava tempo demais se focando na transferência e longe da sua própria fábrica. Jenkinson também estava insistindo tanto para implantar um sistema puxado eficaz em Vaudon quanto em fazer a transferência funcionar. Ward tinha de admitir que quando o cara encasquetava com alguma coisa, ele não desistia – ficava em cima até que se fizesse. No *front* do sistema puxado, Ward tinha conversado com Mark Neville frequentemente no último mês, tentando descobrir um jeito de fazê-lo funcionar. O gerente da fábrica de Bethany fora prestativo, enviando fotos e apresentações, mas o simples fato de fazer uma caixa de nivelamento tinha travado a equipe de Vaudon. Eram sempre as coisas mínimas que causavam os maiores problemas.

De qualquer forma, ele reclamou sobre a urgência da transferência polonesa com Neville, que chegou a rir: – É claro, eles a querem terminada até o fim do ano – disse ele. – Pense: você tem um grande ganho de custos com transferências quando você transfere de alto custo para baixo custo. Digamos que eu mande uma peça para um lugar que consegue fabricar a mesma peça por um décimo do custo de mão de obra. Desde que eles consigam fazê-la, o preço de venda não mudou, então, embolso a diferença. Mas os clientes não são burros. Quando é hora de renovar o contrato da peça no país de custo baixo, eles usam os salários locais como base para o cálculo do custo das peças, daí você perde toda a vantagem. Depois acrescente todo o custo extraordinário que você tem ao trabalhar em países de baixo custo, estrangeiros, fluxo de especialistas, e assim por diante. Phil está desesperadamente buscando reduções de custo rápidas, e não temos tantas peças sobrando que ainda não foram transferidas para regiões de baixo custo. Então, é isso que eles estão fazendo com as suas peças. Wayne Sanders defende transferir a produção para países de custo ainda mais baixo, agora que os salários do México, Polônia e da República Tcheca estão se recuperando. Eles estão considerando Honduras e Costa Rica. Até o Brasil está ficando caro.

Ward não achava nada daquilo engraçado, mas ele entendia a lógica. E se admirava de como conseguira sobreviver como gerente de fábrica por três anos sem perceber nada disso.

– O que você está vendo aqui é o custo real de fazer peças – disse Jenkinson, trazendo Ward de volta ao presente para ver o chão da fábrica polonesa. Jenkinson tirou os óculos e esfregou os olhos, cansado. Ele definitivamente não estava bem, e Ward se perguntou se a pressão o estava afetando.

– O verdadeiro custo operacional. O custo sistêmico, na verdade. Peças geralmente são precificadas com base no seu preço unitário. No papel, parece simples – Jenkinson pegou o caderno de Ward e escreveu suas ideias, dizendo cada uma em voz alta à medida que escrevia:

– *Custo de materiais e componentes*
– *Custo de fabricação (isto é, fresagem, desbaste, moldagem etc.)*
– *Custo da montagem mecânica*
– *Custo da mão de obra humana na montagem*
– *Custo de corrigir defeitos, inspeção e retrabalho*
– *Custo de estocar a peça*

– Custo de transportar a peça

– Custos indiretos da empresa atribuídos à peça (isto é, custo de projeto, gestão, etc.)

– Custo de descarte das unidades obsoletas.

– E assim por diante. O que a engenharia faz é tentar minimizar cada um destes itens. Mas como otimizar diversas variáveis ao mesmo tempo em um sistema conectado é muito difícil, essas estratégias de otimização têm muitos efeitos colaterais. Já falei antes sobre os custos da chamada otimização pontual quando é hora de fazer melhorias; e como é importante compreender como mudanças e até mesmo melhorias podem gerar economias em uma área ao mesmo tempo em que causam problemas maiores em outra parte. Ter uma finalidade clara e indicadores de sucesso compartilhados ajuda as pessoas a ver não apenas suas próprias melhorias, mas como elas se ligam ao contexto maior. Por exemplo, os engenheiros reprojetarão completamente uma peça sempre que der para tentar alcançar o menor custo possível de material. Ao fazer isso, eles geram um número imenso de componentes para cada produto, o que é incrivelmente complexo de se gerenciar. Cada peça nova exige novos desenvolvimentos, cria questões de estabilização com os fornecedores, problemas de entrega por causa dos tamanhos dos lotes, e assim por diante. O custo geral de reprojetar todas as peças sempre é exorbitante, e minimizar o conteúdo de material dificilmente compensa. Por outro lado, usar peças padrão tanto quanto nós pode ter enormes benefícios sistêmicos, mesmo que dificulte o trabalho da engenharia. No meu negócio anterior, isso era comum. Tivemos de aprender do pior jeito a usar peças padrão onde pudéssemos, porque já tínhamos o benefício da curva de aprendizado quando as fizemos.

– Como fazer múltiplos moldes de injeção de múltiplas cavidades para peças grandes – murmurou Ward. – Se uma peça é ruim, você tem de jogar fora as outras três também, ou passar muito trabalho para rearranjá-las. E elas são um saco para mudar.

– Exatamente. Ou terceirizar uma peça com o fornecedor mais barato, mesmo que você transporte o produto total metade do continente, na ida e na volta.

– Mudar de fornecedores com base puramente no custo, sem olhar para qualidade ou capacidade, e depois ser parado por peças faltantes ou defeituosas – devolveu Ward, pensando alto.

– Lotes grandes para minimizar o impacto de trocas de produção, o que cria estoque de excesso de produção... Poderíamos continuar a noite inteira. A ideia é que olhar isso por uma lente *lean* nos possibilita ver as consequências da lógica do preço unitário: o custo real acumulado de realmente fazer e entregar os produtos. Em grande medida, *lean* significa descobrir o custo *verdadeiro* de se fazer as coisas: fabricação despida de todo esse desperdício. Olhe, podemos ver tudo: paradas, sobrecarga, sete desperdícios. – Jenkinson refletiu por um momento e acrescentou: – Creio que o próprio Ohno definiu o *Sistema Toyota de Produção* como *fazer o que você precisa, na quantidade que precisa, no tempo que precisa – a um custo mais baixo*, ou algo do gênero.

– Então como é que, não importa o quanto nos esforcemos no *kaizen*, não conseguimos ver efeito sobre o custo sistêmico, como você diz?

Jenkinson lançou-lhe um dos seus olhares vagarosos, e novamente Ward sentiu que estava sendo julgado em uma competição em que ele ainda não sabia como fazer pontos. Isso aqui não se trata de atividade, lembrou para si mesmo, mas de resultados. Fazer a atividade certa para obter os resultados certos.

– Com toda a honestidade – disse Jenkinson, – vocês recém começaram de verdade. Eu não achei fácil, também.

Encorajado pela franqueza de Jenkinson, Ward responde: – Eu tenho plena consciência de que os resultados do que estamos fazendo na fábrica estão aparecendo nas contas, além da redução de refugo. Mas eu simplesmente não entendo porquê. Não é que não resolvemos problemas. Estamos, a toda hora. Mas de alguma forma não obtemos resultados. Não é só frustrante, é também difícil manter o pessoal motivado.

– O que a sua fábrica precisa é de *direção clara* – respondeu o CEO em sua voz lenta, deixa-eu-explicar-para-você. – Você aprendeu a encontrar desperdício em muitas atividades, mas agora você tem de manter a sua equipe em alguns assuntos claros, e trabalhar nisso até você conseguir os resultados.

– Se você está simplesmente resolvendo problemas sem uma *direção clara*, você vai sofrer da síndrome do travesseiro: um local de produção é um sistema integrado. Quando você espreme de um lado, ele infla do outro, e você não tem ganho real. É trabalho duro tirar as pessoas dos processos com eventos *kaizen*. E ainda assim as pessoas continuam pensando conforme o regulamento.

– Nem me fale – retrucou Ward. – Estamos tentando conciliar as pessoas que tiramos das células com *kaizen* e com o total de pessoas, e ainda não tenho certeza do que está acontecendo. Olha, estou fazendo *vá e veja* e estou fazendo *kaizen*. Estou passando muito tempo na fábrica tentando fazer as pessoas consertarem as "condições anormais" que identificamos. Ainda não vejo como isso vai afetar os resultados da fábrica no fim.

– Você tem razão, não vai afetar – sorriu Jenkinson, – mas é um começo.

– E então? – perguntou Ward, se preparando para outra preleção.

– *Direção clara*. Vamos fazer isso passo a passo. Primeiro, concordamos que a gestão se dá no chão de fábrica, no lugar de verdade, com as pessoas de verdade e as coisas de verdade.

– Sim, concordo com isso agora. Estou tentando fazer, também.

– Segundo, começamos a definir gestão como problemas a serem resolvidos, sim?

– Absolutamente. Eu ando pela fábrica e faço as pessoas compreenderem seus problemas, e ajudo-as a entendê-los.

– Agora, para descobrirmos se estamos certos ou errados no que estamos fazendo na fábrica, e para melhorar o saldo junto, precisamos ver o impacto financeiro dos nossos atos. No momento, você sente que está trabalhando muito, mas nada parece estar compensando. Estou entendendo o problema claramente?

– Na mosca – disse Ward.

– Então, concordamos que gestão é definir os problemas certos no chão de fábrica para as pessoas os resolverem nos processos.

– Essa é a teoria, sim, e estou tentando fazer isto. Mas a prova de fogo está nos números, certo?

– Nem todos os problemas têm a mesma importância, Andy – explicou Jenkinson. – Nós definimos, sim, gestão como problemas a serem resolvidos, mas não *qualquer* problema *de qualquer jeito*, isto é, "gestão por andar por aí", o que nunca funcionou além do nível das aparências. Gestão *lean* é dar uma *direção clara* para alguns *problemas típicos* que têm *soluções típicas*. Você descobriu que precisa resolver problemas, o que é ótimo. Mas nem todos os problemas têm o mesmo retorno, e, como você teve a chance de descobrir, é fácil se perder em meio a tudo que dá errado todo dia.

– Pode-se dizer isso – concordou Ward.

– O principal agora é ver que estamos tentando resolver um número limitado de *problemas típicos*. Por exemplo, em Vaudon, você está essencialmente trabalhando na resolução de problemas de qualidade com caixas vermelhas e melhoria de produtividade com *workshops kaizen*. A estes dois problemas eu acrescentei a criação de um real sistema puxado na fábrica, e a transferência polonesa. Correto?

– Isso é tudo que eu deveria estar fazendo? – brincou Ward. Ele sentia que seus dias eram gastos correndo como uma galinha decapitada, com tudo que podia dar errado dando errado, mas ele tinha de admitir que, quando expressado assim sobriamente, aqueles eram os pontos-chave que Jenkinson vinha lhe impondo dia após dia. – Acho que é isso. Eu acrescentaria passar tempo com clientes e fornecedores.

– Bom. Absolutamente. O que quero dizer é que esses problemas em grande medida configuram o nosso modo de pensar. Meu amigo Mike, o marido de Amy, o psicólogo, diz que nossos "modelos mentais" ou visão de mundo podem ser descritos em termos dos problemas que achamos importantes, e os problemas que decidimos que podemos suportar. O truque é esclarecer os problemas importantes para que possamos levar as pessoas por meio deles.

– Como evitar acidentes, nenhuma reclamação de qualidade, e assim por diante?

– Sim, mas em *lean* temos de ser muito mais específicos. O pensamento *lean* é nada mais do que definir claramente alguns poucos problemas principais que precisamos resolver. Nunca "consertaremos" todos eles, mas à medida que progredimos ficamos cada vez melhor nisso. Então vamos tentar articular esses problemas nucleares:

– Um, *jidoka*: não deixe uma peça ruim passar para o próximo processo. Este é obviamente um problema simples, mas extremamente complexo de se resolver na prática. As máquinas têm de ser projetadas para reconhecer peças ruins, assim como as pessoas têm de ser treinadas para fazê-lo, e então os procedimentos gerenciais apropriados devem estar a postos para sustentar o "reagir ao primeiro defeito", e assim vai.

– Dois: *just-in-time*. Isto se divide em quatro problemas básicos:

– Misturar e fragmentar a produção para chegar o mais próximo possível do *takt time*, com qualquer equipamento. Os gerentes da Toyota aparentemente têm muito mais modelos de carros em qualquer linha do que qualquer outra montadora, porque eles pensam obsessivamente no *takt time*.

– *Produção puxada* para evitar produção em excesso em todo passo da cadeia de suprimento.

– Fabricar peças em um *fluxo de uma só peça*, uma por uma, na sequência da demanda.

– Nivelar a produção para evitar picos e quedas, tanto na linha quando nos fornecedores.

– Pois então, estes problemas são bem básicos, mas difíceis de resolver. Nunca se consegue nivelar completamente, mas vai-se melhorando a cada vez. O legal é que se você consegue melhorar nessas questões, consegue estabilizar o volume geral das suas fábricas, ao mesmo tempo em que continua atendendo ao mercado em termos de *mix*. A economia em despesas de capital é impressionante.

– Três: *melhorar suas ferramentas e práticas de trabalho* sem investimento, envolvendo as pessoas e as fazendo melhorar seu próprio ambiente de trabalho. Mais uma vez, esse é um problema básico que é um inferno de se resolver. Por isso o *trabalho padronizado* e *kaizen*, e todas as outras técnicas para isto.

– Isso é apenas para o sistema de produção, é claro. No nível da empresa, há outros problemas grandes e relativamente simples, como projetar produtos que as pessoas vão comprar, manter uma linha completa de produtos, desenvolver produtos hoje que ainda vão ter sucesso daqui a três anos, manter-se a par com o tipo certo de tecnologia e inovação, e assim vai. O principal é ter clareza quanto a como definir a realidade por meio de *problemas típicos*, que têm *soluções típicas*. Problemas arquetípicos, melhor dizendo, problemas amplos e característicos que definem as nossas ações. Esses problemas típicos devem refletir o seu modelo de negócio, suas opiniões sobre como ganhar dinheiro no seu mercado. A frase-chave é poder dizer: "Se eu resolver esse problema típico melhor, estarei mais perto de implementar meu modelo de negócio, e vou ganhar dinheiro com isso". Isso é verificável, tanto nos resultados financeiros quanto no chão de fábrica.

– Mas como sabemos que são as soluções certas? – objetou Ward. – Ou que estamos resolvendo os problemas das maneiras corretas?

– Tudo se resume à *direção clara*, e aceitar que o que é medido é feito. Quais são as métricas? Isso são negócios, então você começa com o seu orçamento, daí faz uma lista de indicadores claros que criam uma ponte entre as finanças e sua competência em resolver estes problemas típicos. Assim, você estabelece uma ligação entre orçamento, indicadores e resolução de problemas.

– Indicadores podem variar de lugar para lugar, mas, para fábricas, eu costumo usar mais ou menos a mesma lista sempre:

VENDAS
- *Peças por milhão (ppm) no cliente*
- *Reclamações de qualidade*
- *Entregas perdidas por milhão (EPM)*

MÃO DE OBRA
- *Taxa de acidentes*
- *ppm internas*
- *Peças por hora (pph)*
- *Sugestões*

MATERIAIS
- *ppm do fornecedor*
- *EPM do fornecedor*

EQUIPAMENTO
- *Utilização geral de equipamento*
- *Tempo de troca*
- *Número de trocas*

ESTOQUES
- *Percentual das vendas totais*

– *Dias de matérias-primas*
– *Dias de estoque em processo (WIP)*
– *Dias de produtos acabados*

– Pronto. Aí está – disse Jenkinson, revendo a lista por um momento de cima a baixo enquanto os olhos de Ward a percorriam.

– As pessoas precisam entender o que elas estão tentando fazer todos os dias. Você pode ajudá-las nisso auxiliando-as a enquadrar todas as suas atividades por meio da janela dos problemas típicos. Quais são as metas claras, básicas que estão trabalhando para atingir? Isso fornece maneiras claras de demarcar o progresso, ainda que sem fim à vista. Chamamos isto de *"Estrela Guia"* ou *"Norte Verdadeiro"*. O orçamento define um alvo, mas eu também defino uma *Estrela Guia* com o resto da equipe, definindo as dimensões essenciais que precisamos melhorar, e em quanto. Ela não define um destino propriamente dito, mas um andamento de progresso.

– Cinquenta por cento de redução em defeitos de qualidade todo ano, 10% de produtividade, 20% de redução de estoque, esse tipo de coisa? – indagou Ward.

– Sim, e inovação, aquisição de novos programas, desenvolvimento de pessoas etc. – Jenkinson parou por um momento, como se fosse comentar algo que tinha observado no chão de fábrica, e então continuou. – Comece com objetivos de orçamento, e daí estabeleça as melhorias operacionais que você precisa para alcançar os números do orçamento. Essas melhorias podem ser quantificadas pelos indicadores, que por sua vez correspondem a problemas *típicos*.

– Alvos vão ajudá-lo a descobrir se você está dispendendo esforço no lugar certo. Por exemplo, você anda promovendo bastante *kaizen* nas estações de trabalho, o que acho ótimo, tanto para a produtividade quanto para o aprendizado. Mas o que preciso de Vaudon agora é dinheiro, e os seus estoques não estão diminuindo. Você está aumentando as trocas rápido o bastante?

– Não, não estamos – reconheceu Ward, culpado. – Não consigo avançar nisso.

– Porque falta *direção clara* à sua equipe. Sem isso, é difícil focar os esforços no que importa no momento, mesmo que mude mais tarde. – Jenkinson olhou para Ward e repetiu, para dar ênfase: – As pessoas precisam de *direção clara*. Elas precisam saber para aonde você as está levando. Você pode ser tão cabeça aberta quanto quiser no chão de fábrica e mudar de ideia toda hora, desde que sintam que a direção geral é estável. Como manobrar um barco a vela, mas mantendo a mesma orientação geral.

Ward continuou abraçado a esta ideia: – Reduzir os problemas de qualidade pela metade, o estoque em 20%, e 10% de produtividade? É isso que você quer dizer?

– E com zero acidentes. Sim. Deixe-me reformular. Você demonstrou que sabe resolver problemas de qualidade. Você está fazendo bastante disso? Você tem puxado algumas de suas referências, mostrando que sabe reduzir estoque. Quando você vai puxar a fábrica inteira? Você obteve ganhos de produtividade, nós vimos isso. Você sabe quantas cabeças precisa fora do negócio para manter seus objetivos? As perguntas fundamentais continuam as mesmas:

– *Você está fazendo o que precisa aprender ou apenas o que quer fazer?*

– *Você está fazendo o suficiente do que aprendeu para obter os resultados que precisa?*

– Olhe para a fábrica – disse Jenkinson com um gesto amplo para o chão de fábrica de Breslávia. – O que você vê é a abundância de problemas que têm. É tudo uma grande bagunça, e toda bagunça encobre um problema gerencial específico, concorda?

– Sim, agora começo a ver.

– O próximo passo é reconhecer quais problemas típicos eles precisam resolver em que ordem, e que tipo de progresso deve-se esperar de qual indicador.

– Acho que vejo de onde você parte. Eles poderiam pôr pessoas para trocar moldes, por exemplo. Seria relativamente barato, reduzindo o tempo de troca pela força bruta, mas eles têm tantos problemas de manutenção de moldes que precisaríamos nos focar em refugo.

– Sim. Tipo isso. Qualidade é sempre um bom lugar para se começar, e nessa fábrica preciso de uma melhoria drástica de qualidade na primeira vez.

Ward continuou olhando para a fábrica polonesa, raciocinando. Stonebridge estava correndo na direção deles no seu estado costumeiro de movimento perpétuo. Ward viu que Jenkinson percebeu os olhares sombrios que o homem estava recebendo de alguns operadores. A sua própria opinião sobre Stonebridge não tinha melhorado com a prática.

– Você ficou sabendo que ele queria demitir Tomasz? – murmurou Ward.

Jenkinson inicialmente não respondeu, mas então disse com uma voz fria: – Sim. Eu disse que ele iria primeiro.

Quando os dois retornaram ao alojamento naquela noite, o tempo havia melhorado, e Jenkinson, parecendo exausto, abandonou seus *e-mails* por uma caminhada em volta da praça principal. Ao ar leve, eles conseguiram pegar a luz do ocaso sobre as velhas casas coloridas de Breslávia e uma vista do gelo derretendo no Oder. Todavia, nenhum dos dois queria enfrentar demais o frio, e logo se viram tomando alguns drinques no hotel. Uma das barbadas de viajar com o chefe, pensou Ward, era acomodações melhores. Eles estavam em um lugar velho e imponente, cujo esplendor *art déco* remetia a bons e velhos tempos.

Mas as regalias vinham ligadas a poréns, é claro, um dos quais sendo um distanciamento ocasional. Enquanto Jenkinson sentou-se no bar com seu *laptop* jogado nos joelhos, checando seus *e-mails* em seu Blackberry – voltando à sua falta de elegância social– , Ward se retorceu em sua poltrona, olhando para o vazio. Ele deixara seu computador no quarto, e não estava a fim de ir pegá-lo. Então, ficou sentado fazendo nada, tentando apreciar seu puro malte, pensando novamente no problema espinhoso de fazer aqueles malditos moldes produzirem peças boas. Era mais constrangedor ainda porque, em Vaudon, eles não tinham tido grandes problemas. Ele passava o dia todo tentando aplicar a técnica de Bob Woods de listar fatores potenciais com a equipe polonesa, mas, naquele nível, o idioma era um problema. Ele os reduzira a três fatores: pressão de injeção muito alta, temperatura incorreta ou pressão de fechamento inadequada. Aparentemente aqueles caras estão dizendo que estavam seguindo exatamente os parâmetros, mas ele não sabia como verificar. Ele tinha enviado o perfil da rosca para Muller para ver se ele tivera algum outro...

– Mas que...! – exclamou Jenkinson subitamente, tão alto que fez Ward dar um salto. Os outros hóspedes olharam na direção deles. Por vários segundos Jenkinson ficou absolutamente parado na frente do seu *laptop*, lendo e relendo o documento que recém tinha baixado, seu rosto uma máscara de incredulidade espantada. Então, ele se ergueu abruptamente e, segurando seu Blackberry, correu para o meio do saguão, onde discou atentamente o número de alguém.

Ward ficou se perguntando o que poderia ter acontecido. Ele esperava que ninguém tivesse se machucado, e foi ficando mais preocupado à medida que Jenkinson se demorava falando com várias pessoas. Ward pensou em voltar ao seu quarto, mas no fim a sua curiosidade levou a melhor. Talvez ele não descobrisse o que tinha acontecido, mas iria assistir a este pequeno drama até o fim. Ele se sentiu um pouco mais do que um tolo, fingindo estar perdido em pensamentos ao assistir as chamas dançarem alegremente na lareira enquanto espiava seu chefe com o canto do olho.

– Haha! – disse ao fim o grandão, voltando ao seu assento com um bater de palmas satisfeito. – Garçom! – chamou ele. – Outro puro malte, sem gelo, por favor.

– Boas notícias? – perguntou Ward inocentemente.

– Não – riu Jenkinson, contente. – Nem um pouco. Más notícias. Realmente, más notícias!

– Nada pessoal, espero? – indagou Ward, completamente intrigado.

– Ah, não. Nada pessoal. Estritamente negócios. Ha!

Ward conteve sua língua com dificuldade, desesperadamente curioso agora, mas não querendo bisbilhotar.

– Os cachorros sarnentos revelaram a jogada deles, finalmente – disse Jenkinson, literalmente esfregando as mãos de satisfação. – Joga xadrez?

– Hum, na verdade não.

– Bem, a menos que o outro jogador seja realmente instintivo, no início há um acúmulo bem longo de posições. Daí você espera pelo gambito inicial. Até que aconteça esse lance irrecuperável, você não sabe para onde o jogo está indo. Mas uma vez que a estratégia seja declarada, você pode limpar o tabuleiro. Ha!

– O que aconteceu?

– O czar das compras de uma das montadoras mandou uma carta para o sócio principal da Univeq, pedindo a minha cabeça com base na minha "leviandade" ao considerar as suas demandas e insinuando que seríamos marcados na indústria se eu persistisse no meu rumo atual.

– Oook. Como isso pode ser boa notícia?

– Bem – respondeu Jenkinson, sorvendo seu *whisky* com um sorriso malicioso. – Para começar, a primeira coisa que Jim Mahoney fez foi me encaminhar a carta. Segundo, o autor é um amigo pessoal íntimo do nosso amigo Wayne Sanders, então finalmente os lobos estão saindo da floresta.

– Sanders?

– Sim, Sanders. Ele fez sua carreira puxando o saco de compradores de montadoras, cedendo em toda negociação de preços, vendendo produtos que são impossíveis de fabricar e depois culpando a produção por não entregá-los. Ele fez amigos tão bons em nossos clientes que, quando eu pedi que pusesse pressão nos preços, no mínimo para repassar a inflação do material, ele sentiu que isso ia pôr suas relações em perigo. Ele vem fazendo tudo que pode para evitar encarar a verdade, sem parecer, mas finalmente foi pego com a boca na botija. Ha!

– Você não pode demiti-lo? Você já mandou vários outros para a rua – perguntou Ward, relembrando que uma das primeiras ações de Jenkinson fora tirar a gestão de programas de Sanders e refocá-la na engenharia, em vez de nas vendas.

– Hum... – Jenkinson pegou seu segundo drinque do garçom.

– *Dziekuje.* Difícil. Ele tem um bom controle da organização das vendas, e não tenho certeza se podemos abrir mão dos seus contatos, ainda. Também foi ele que trouxe a divisão para a Univeq. Ele joga golfe com Mahoney. E tem uma participação pequena na Nexplas, também.

– Então ele pode causar um dano sério, não pode? – arriscou Ward, sentindo-se completamente sem chão.

– Possivelmente. É tudo um jogo de números. Se alcançarmos nossos números no mês que vem, nada de mais poderá acontecer. A única coisa capaz de convenver banqueiros de investimento, no fim, é o resultado financeiro. O que nos traz de volta à nossa discussão.

– Como assim? – soltou Ward, como um idiota.

Jenkinson deu mais um sorriso de lobo, o que fez Ward gelar. Ele se perguntou quantas pessoas tinham-no subestimado por causa de seu estilo arrastado, cordialidade do meio-oeste e comportamento geral de *nerd*. Ele se lembrou de Amy contando a Claire que começara seu primeiro negócio com base numa patente que desenvolvera ainda na universidade. O sujeito era destacadamente inteligente e, julgando-se hoje, provavelmente um ator muito agressivo, mas parecia nada daquilo. Só muito ocasionalmente, quando se entusiasmava com o assunto, ou agora, dava para se ter um vislumbre do homem por dentro e perceber que ele era tão afiado que provavelmente podia cortar a si mesmo.

– Vou explicar. Quando foi preparado o acordo para comprar a divisão, fiz algumas pressuposições. Por um lado, os caras do capital avaliam seu investimento em, digamos, cinco vezes o EBITDA. Então, para deixá-los felizes, precisamos manter o resultado financeiro crescendo moderadamente. Considerando que eles compraram a divisão a preço de banana, isso não é necessariamente o mais urgente. A outra questão é pagar os bancos, o que exige dinheiro em caixa. O principal problema que estamos tendo é que o modelo pressupunha uma percentagem de crescimento das vendas que não estamos obtendo. As vendas mal estão se aguentando nas pernas, no momento, porque os carros dos clientes estão vendendo devagar, e pode ser que tenhamos uma grande queda antes que o novo programa comece.

– É por isso que você está tão agressivo na precificação?

– Em parte, sim. Eu preciso extrair o máximo de valor que puder dos contratos existentes. Também, os preços dos materiais vêm crescendo constantemente, e embora eu pense que nós vamos melhor do que o esperado na produtividade direta, esses ganhos ainda assim têm que compensar os aumentos de preço de materiais e componentes. Então, os veteranos da Alnext não têm a mesma visão que eu em outra área: eles acreditam que a salvação deles está nos países de baixo custo. Eu discordo. Não acredito em generalizações. Tudo depende das peças: onde está o cliente? A parte é muito técnica? Que tipo de padrão de demanda? Você entendeu. Terceirizando tudo no exterior, também perdemos capacidade de inovação. Ainda por cima, é muito mais fácil tornar *lean* uma fábrica nos Estados Unidos ou na Europa do que na China, porque, no momento, a engenharia de produção está baseada aqui e nos Estados Unidos. O principal problema, na realidade, é a frustrante cultura "não é problema meu", que é uma questão puramente gerencial. Isso pode ser resolvido. De qualquer maneira, os dois principais desafios são novos produtos e dinheiro em caixa.

– Logo, qualidade e estoques.

– Correto. Estranhamente, contudo, isso não é autoevidente no ramo, então eu estou sendo criticado por não fazer o bastante na estratégia de custos, como ainda não ter transferido Vaudon para a Rússia, e ninguém entende por que eu estou insistindo tanto em qualidade de fabricação e engenharia.

– Entendo – anuiu Ward. – Você precisa de ganhos de qualidade para convencer novos clientes e atrair novos programas, e ganhos de produtividade para compensar o aumento dos materiais e apaziguar os caras do capital... o que nos leva ao dinheiro em caixa. Redução de estoque. Certo?

– É – riu Jenkinson, ainda sobressaltado por sua cruzada política. – *Direção clara*. Vaudon é uma pedra no meu sapato porque, ainda que o progresso de qualidade seja encorajador, as melhorias de produtividade não estão compensando os custos de materiais, e não está obtendo o dinheiro em caixa de que preciso.

O estômago de Ward se revirou ao ouvir este frio louvor da sua fábrica, mas esperava que Jenkinson permanecesse nesse humor incomumente falante.

– Então fazemos você parecer não duro o bastante na redução de custos.

– Exatamente. Eu não estaria particularmente preocupado se isso não fosse tamanho jogo político. O meu melhor amigo Mike sempre diz que a maneira em que as pessoas definem a realidade tem efeitos reais, e pode acreditar! Tudo depende de como Mahoney e o resto dos sócios da Univeq entenderem a situação. Eles estão pelo dinheiro, nada mais.

– Nós andamos tirando muitas pessoas dos processos – observou Ward, tentando animar a si mesmo. – Quase não temos mais trabalhadores temporários. Surpreende-me que a inflação do material esteja tão alta.

– É o que me falaram nos Estados Unidos – deu de ombros Jenkinson. – E vocês estão perdendo volume.

Ward se perguntou como intepretar isso, enquanto ambos tomavam seus drinques, olhando para o fogo e perdido em seus pensamentos respectivos.

– A verdadeira questão é a capacidade. No fim das contas, as fábricas ganham dinheiro quando estão ocupados na medida certa. Volume demais, elas não aguentam todos os custos associados. Pouco, e elas não cobrem seus custos fixos. É claro, podemos fazer todo o possível para tornar nossos custos fixos mais administráveis. Muitos dos custos ditos "fixos" não são tão fixos, na verdade. Ainda assim, não se pode fazer muito. Então, você tem de carregar as fábricas. Um jeito, é claro, é torná-las mais flexíveis, que é por que o progresso lento na redução do tamanho de lote está me incomodando tanto, e por que é tão absurdamente burro fazer fábricas dedicadas a um só veículo ou cliente. Mas a outra questão é escolher segmentos de mercado onde os volumes são mais constantes.

– O problema de ir atrás de peças de SUVs e picapes é que, embora consigamos um bom preço unitário para cada peça, porque todos os carros são lucrativos, o volume de vendas em si é muito instável e varia consideravelmente de acordo com o contexto. Por exemplo, e se os preços da energia disparam e o mercado desaparece? Isso torna a ocupação das fábricas mais difícil. Parte do meu problema é fazer o grupo fornecer uma linha completa de produtos, e não apenas a ponta grande.

– Eu acho que entendo – disse Ward. – Se fornecermos a uma variedade maior de veículos com fábricas flexíveis, podemos contar com a lei dos grandes números e manter as fábricas mais perto da capacidade, é isso?

– Lei dos grandes números, sim, você tem toda a razão – Jenkinson estava realmente animado. – Cada modelo de carro é um experimento. Quanto mais experimentos fizermos, mais a nossa média real se aproxima da média teórica. Analogia inteligente. Desde que possamos montar qualquer modelo em qualquer fábrica, o que exige flexibilidade.

– De qualquer forma, esse é o desafio—precisamos estar em todos os segmentos de veículos com fábricas flexíveis. Basicamente, a estratégia se inicia com o seu volume global dividido em *mix*, nível de itens, e os recursos orçados para produzi-lo sem problemas.

– E conteúdo de trabalho?

– Absolutamente. Aí podemos ver todos os custos extra incorridos à medida que encontramos os problemas, de forma que podemos entender melhor tanto nosso custo real quanto nosso custo padrão. Até a Toyota pode ter problemas para estimar volumes globais, mas no nível da fábrica eles já resolveram. Eles computam 10 minutos por dia para paradas de linha, mas se não terminaram o número planejado de veículos no turno, eles fazem hora extra imediatamente e cumprem o plano: regras de *takt time*. Dessa maneira, eles conseguem ver seus custos e estouros de orçamento diariamente.

– Grande parte dos meus problemas agora é convencer a organização de vendas de que ganharemos mais dinheiro em geral se formos atrás de peças para modelos em que as margens individuais não são tão altas, mas os volumes são maiores, e que completariam nossa linha. Batalha difícil. Mas estou convencido de que esse é o nosso desafio estratégico básico. Assim como mudar para as fábricas novas nos Estados Unidos, que só têm boas perspectivas, de qualquer ângulo que se olhe.

– Entendo – disse Ward, apesar de não estar entendendo.

Jenkinson subitamente olhou para ele por cima da sua bebida, e Ward ficou dolorosamente ciente das engrenagens rodando na mente do sujeito, se sentido mais do que nunca como um peão em um grande tabuleiro de xadrez que ele nem se dera conta que existia. Surpreso com o detalhismo do interesse do CEO em cada visita, e com a rapidez que sempre revisara os dados financeiros da fábrica, Ward fizera a suposição descuidada de que Jenkinson, como engenheiro, estava fazendo microgestão sem nenhuma visão global. Ele tinha de parar de subestimá-lo. Estando certo ou errado, Jenkinson certamente tinha uma noção clara da perspectiva maior. A parte desafiadora e um pouco desorientadora era que, ao contrário de todos os outros gerentes sênior que ele conhecera enquanto consultor, Jenkinson comunicava o plano geral por meio de detalhes – e não como "O Plano Geral".

– Ouça, vamos nos focar em Vaudon. Acho que você está se saindo realmente bem. Mas simplesmente ficar mais tempo no chão de fábrica não vai bastar. Olhe para a Toyota: sua força fundamental é a capacidade de ligar seu desenvolvimento estratégico com o controle visual do chão de fábrica. De fato, se o sistema visual está em funcionamente, você pode *ir e ver* e *checar* todos os dias, em qualquer momento, se a sua estratégia está sendo implementada. *Direção clara*. Que métodos você está usando para manter os cérebros no chão de fábrica pensando e fazendo a coisa certa? O que você está descobrindo é que ir para o *gemba* não dá conta sozinho. Você precisa também estabelecer uma *direção clara* e garantir que os esforços estão concentrados nos problemas que compensam.

– Certo – suspirou Ward, sentindo que sua cabeça não era grande o suficiente para acolher tudo aquilo de uma vez. – De novo, por onde começo?

– Eis o que você pode fazer com a sua equipe:

– Primeiro, olhe os objetivos deste ano, tendo alcançado-os ou não, e, então, aplique isso a uma análise de como os objetivos do ano que vem são estabelecidos, a partir das metas que eu der para você. Você precisa chegar a um consenso entre seus gerentes quanto a se isso é razoável ou não. Estou disposto a escutar em alguns tópicos, e em outros não, mas discutiremos. Lembre-se de que é uma discussão desigual, mas ainda assim uma discussão. E não vou forçar vocês a se comprometerem com algo que não acham que podem alcançar.

– Olhe para as atividades de melhoria que vocês fizeram ao longo deste ano e verifique o impacto. Pergunte-se o que funcionou, o que não foi tão bem, o que realmente não conseguiram fazer.

– Então decida as atividades fundamentais para o ano e projete um plano, que pode ser desenvolvido por tópico ou departamento.

– As perguntas fundamentais são: *Estamos fazendo o suficiente para alcançar nossas metas? Se não, o que estamos fazendo de errado?*

– Podemos fazer isso – concordou Ward, embora não tivesse certeza de como sua equipe reagiria a mais pressão ainda.

– Até agora é só um exercício no papel – só muda realmente como as pessoas trabalham quando a gestão visual está firmemente instalada no chão de fábrica. Se você fez o exercício corretamente, deve conseguir checar todos os dias se está tendo progressos na sua estratégia ou não.

– A partir da gestão visual?

– Claro. Se você tem um objetivo ppm, vê em qualquer turno se está conseguindo ou não, simplesmente contando as peças ruins nas caixas vermelhas.

– Logo, determinar o máximo número aceitável de peças ruins deve fazer parte da inspeção de caixas vermelhas durante o turno – ele pensou alto, lembrando-se do comentário de Bob Woods, que ele achara completamente sem sentido à época.

– Certo. Seu chão de fábrica é seu maior professor. Você tem de trabalhar com sua equipe de gerência para *checar* todos os dias se a sua estratégia está sendo implementada.

– É isso o que você faz quando visita as fábricas?

– As fábricas, os centros de engenharia, clientes. Sim, *vá e veja*. Eu sei aonde quero chegar, então vou e me asseguro de que as coisas estão progredindo. Geralmente não estão, porque cada um intepreta os fatos diferentemente, e cada grupo de pessoas está buscando suas próprias metas implícitas, então preciso constantemente instruí-las sobre aonde quero chegar.

– Não é uma rua de mão única, contudo. Lembre-se, estou errado metade das vezes, como todo mundo. Sempre que visito o *gemba*, as pessoas trabalhando me ensinam alguma coisa, mesmo que dificilmente seja o que elas estão tentando me explicar. Há sempre essa tensão entre fazer o que é preciso para avançar rumo à *Estrela Guia* e fazer nada errado por deixar de escutar os problemas verdadeiros das pessoas.

Um silêncio se fez quando os pensamentos de Jenkinson pareciam voltar às suas grandes batalhas, enquanto Ward simplesmente ficava ali sentado e tentava processar tudo aquilo. O grandalhão fez um movimento brusco, deu o que parecia ser um sorriso de encorajamento e se levantou.

– Eu falando sobre escutar os problemas das pessoas, e não parando de falar! Você vai ter de me dar licença. É tarde, e ainda tenho ligações a fazer. Confio que você vai manter essa conversa em segredo. E voltarei a Vaudon, onde poderemos continuar essa conversa.

Ward estava aliviado por ter uma tutora de confiança para se preparar para o próximo teste. Amy Woods retornara a Vaudon, e desta vez, por insistência de Claire, ficou na pousada. Era estranho ela ali em Malancourt, e com eles indo juntos de carro para a fábrica todas as manhãs de uma semana inteira, ele tinha certeza de que a fofoca estava a pleno vapor na fábrica. Claire e Amy se davam muito bem, e eles dificilmente discutiam *lean* na casa de campo. Na verdade, Amy estava fascinada pelos cavalos e decidira aprender a montar. Ward sabia como era aprender depois de velho, e já estava vendo tudo. Mas nada impedia a baixinha quando ela punha algo na cabeça. Nisto, pelo menos, ela e Claire eram parecidas. Ainda assim, Ward ficara incomodado de misturar a vida social com a profissional. Como em muitas outras coisas, o estilo de Jenkinson neste quesito estava sendo radicalmente diferente do que o que ele vira antes. Sua relação com Bob Woods e Amy era mais de amizade verdadeira do que se dar bem por acaso.

Amy parecia não ligar para limites imprecisos, absolutamente. Na fábrica, ela era exatamente a mesma pessoa que era fora. Quando eles combinaram os detalhes do sistema puxado com Chandon, Muller, Carela e Mordant, ela se mostrou muito diferente do ímpeto incessante e imperioso que Jenkinson tinha para fazer as coisas e da crítica cáustica de Bob Woods. Ela gostava de discutir as coisas exaustivamente, fazendo e falando, invariavelmente alegre. Ela criava uma atmosfera otimista ao deliberadamente ignorar as tensões do trabalho. No fim, Chandon se tornara a porta-voz francesa de Amy, e as duas mulheres formaram uma ligação forte.

– O que é difícil de pôr na cabeça – explicava ela enquanto inspecionavam todas as peças do sistema que eles tinham implementado juntos, – é que o sistema puxado é a espinha dorsal do *kaizen*. É isso que dá melhoria em pequenos passos na *direção clara* que se precisa numa fábrica como esta.

– Agora fiquei confuso – admitiu Ward. – Eu achava que o sistema puxado era só uma ferramenta, e que a *direção clara* vinha da atitude gerencial.

– Você não vê que são a mesma coisa? As ferramentas Toyota são o reflexo prático das atitudes gerenciais. E, reciprocamente, elas desenvolvem práticas gerenciais a partir do uso continuado das ferramentas.

– Mas eu entendo de que raciocínio você está partindo – ela reconheceu. – A maioria dos gerentes estabelece uma distinção simples entre ferramentas e princípios. É nítido e fácil. Os especialistas conhecem todos os detalhes das ferramentas. Os gerentes de linha dizem o que eles têm de fazer e nunca se dão ao trabalho de aprender como as ferramentas realmente funcionam em detalhes, ou mesmo em geral. Consequentemente, a maioria das empresas se decepciona com os resultados dos seus programas *lean*. As que conseguem lidar com os aspectos de ferramentas e de gestão simultaneamente têm um sucesso estrondoso. Você precisa tanto da ferramenta, o *quê*, quanto do método, o *como*. Sem grandes surpresas, na verdade.

– Vamos ver isso na prática. Concordamos que a parte de cima para baixo do *kaizen* tem dois elementos.

– Visualizar problemas e intervir, isso eu entendo.

– Na verdade, três: *direção clara* também – como devemos levar os problemas para frente em direção à resolução.

– Tudo bem – ainda nebuloso, para mim.

– Vamos *ir e ver* repassar o processo, então.

Eles ficaram olhando para o depósito, vendo as áreas de preparação de carga que Chandon tinha melhorado sob a supervisão de Amy. Havia um quadro identificando onde cada uma das cargas de caminhão do dia estava sendo preparada antes que o caminhão de fato chegasse lá.

Em cada área de preparação de carga tinham criado um pequeno quadro mostrando uma lista das peças que deveriam estar no caminhão. Os operadores de logística marcavam as caixas à medida que traziam os contêineres à área, o que mostrava o que estava dentro do caminhão e revelava a lotação do caminhão.

– Então, o que vemos aqui?

Destino do caminhão	Hora de partida	Zona de preparação	Início do tempo de preparação	Fim do tempo de preparação	Status	Comentários

– Temos problemas imediatos – disse Ward, apontando para a coluna de *status* que mostrava que os caminhões estavam atrasados, – questões que devem ser resolvidas imediatamente.

– E quanto à questão maior?

Ele olhou para a área, tentando vê-la com novos olhos.

– Excesso. Estamos extraindo contêineres da montagem o mais regularmente possível, mas não estamos nivelados com a demanda dos clientes, então estamos com acúmulo de peças nesta área.

– Que é um erro em que aspecto da gestão *lean*?

Ward olhou das pilhas de contêineres de volta para a consultora, fazendo um gesto de que não sabia. Ele ainda não conseguia entender o que os clientes faziam.

– Clientes em primeiro lugar – disse ela com um largo sorriso. – E *vá e veja*.

– Como assim?

– O desequilíbrio entre as suas coletas internas com base no *takt time* e a real demanda dos clientes tem sua origem no fato de que você não trabalha perto o suficiente dos seus clientes. Você não compreende por que eles fazem pedidos erráticos e não achou a pessoa certa no cliente para falar.

– Pelo amor de Deus!

– Espere, espere – disse ela. – Eu não disse que você tinha de fazer isso imediatamente. Mas sejamos claros: definir o problema certo nos dá direção em termos de entender o que vemos aqui. Concorda?

Ward suspirou, cruzando os braços em contrariedade, e se forçou a acenar que sim com a cabeça.

– Vamos voltar um passo, então.

Na caixa de nivelamento, Ward viu que vários cartões tinham sido agrupados nos escaninhos. Isso indicava que, em vez de recolher os contêineres a cada meia hora, como planejado, os operadores de logística tinham inventado de agrupar as coletas, de forma que só pecisariam fazer a viagem a cada hora, em vez de a cada 30 minutos.

– E? – Amy simplesmente ficou sorrindo para Ward. Ele se sentia um pouco menos chateado do que quando Jenkinson ou Bob Woods lhe davam uma lição, mas mesmo assim estava frustrado. Amy continuou:

– Qual é o impacto disso?

CAIXA DE NIVELAMENTO – LINHA 1

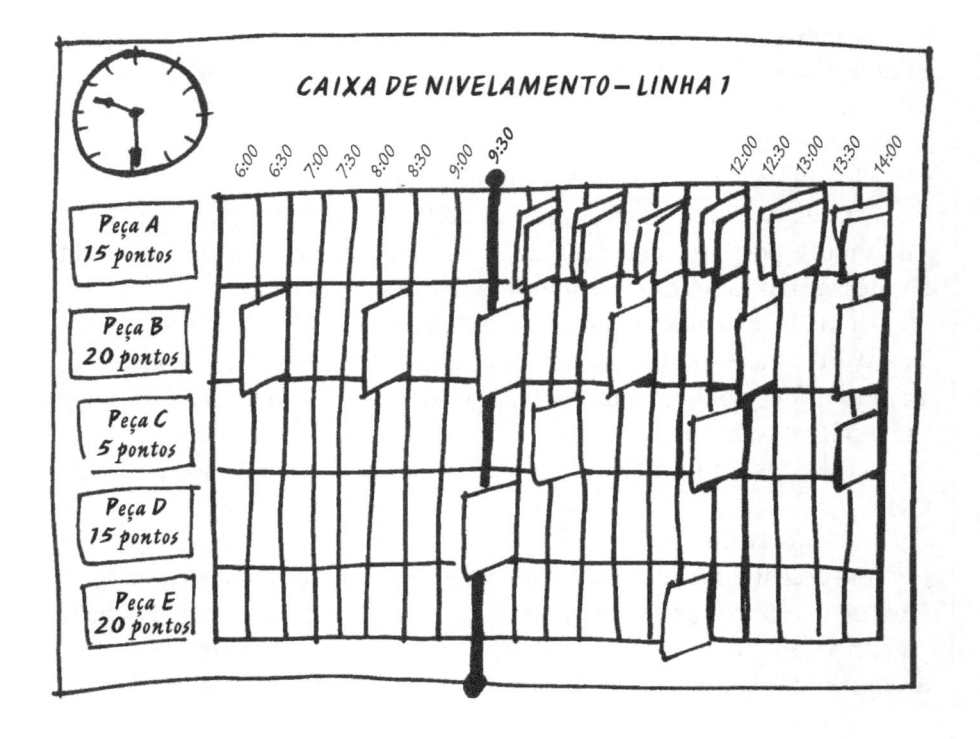

Peça A — 15 pontos
Peça B — 20 pontos
Peça C — 5 pontos
Peça D — 15 pontos
Peça E — 20 pontos

– A produção perde o ritmo das coletas. O que significa que eles não percebem mais o ritmo.
– E?
– Voltamos ao *kaizen*, certo? Como é que eles vão ver que não estão numa situação normal se o cliente, que no caso é a logística, não vem e recolhe as peças acabadas na hora certa?
– Absolutamente. O que mais podemos ver?
– Alguns cartões não foram recolhidos.
– Podemos ver por quê?
– Não... Teríamos de perguntar. Sim, isso é um erro de gestão visual. Devemos poder ver na hora o que está acontecendo.
– Aham. Tenha em mente a *gestão por resolução de problemas* do Phil: Um: *vá e veja*. O que estamos fazendo?
Dois: visualize o problema. Dá para ver que cartões não foram recolhidos.
Três: meça o desempenho local...

— É. Deveríamos ter algum tipo de controle local da frequência com que não conseguimos recolher cartões, e um Pareto de causas e assim por diante. Atendimento ao cliente para a caixa de nivelamento, por assim dizer. Entrega pontual da produção para a expedição. Percebo.

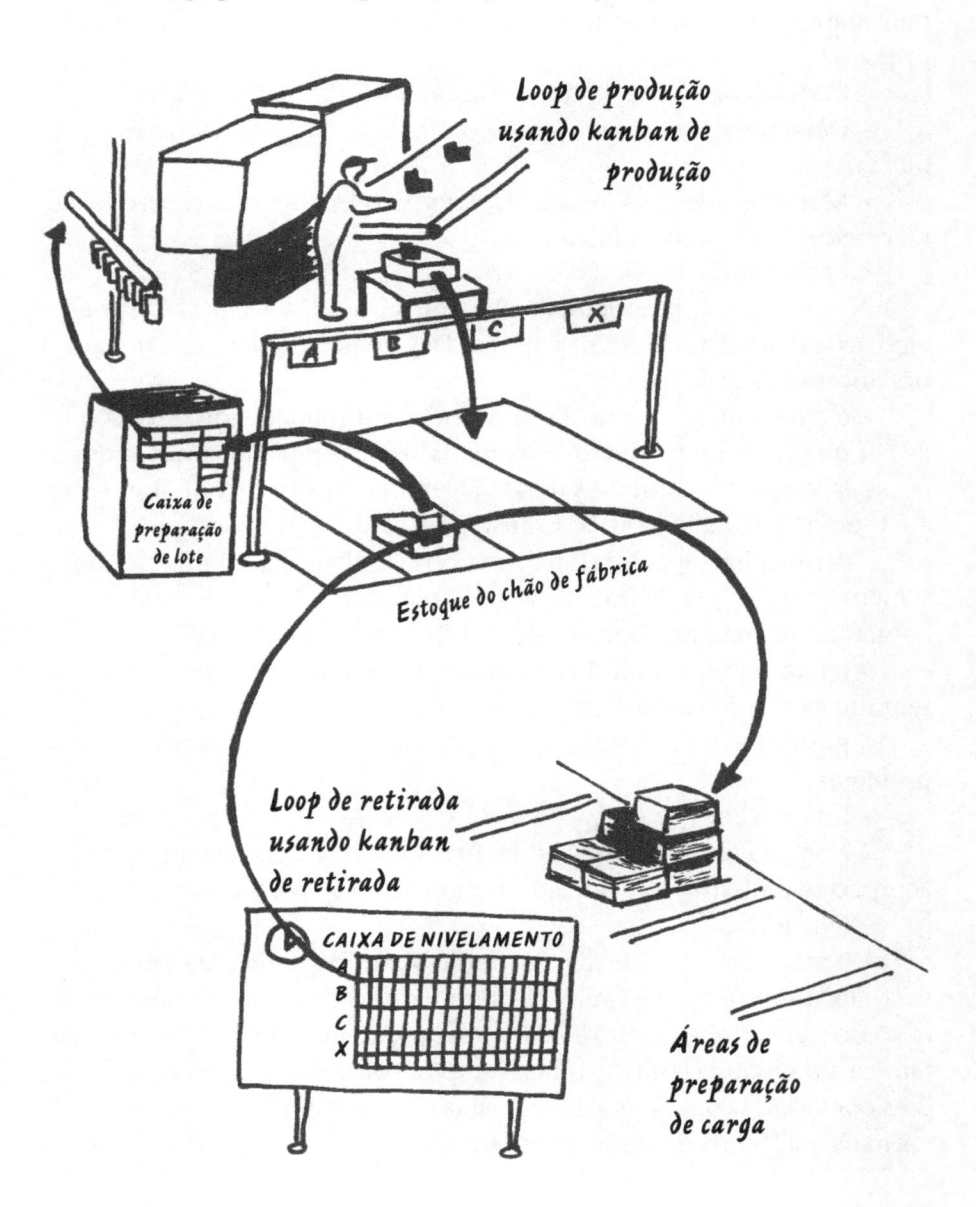

Loop de produção usando kanban de produção

Caixa de preparação de lote

Estoque do chão de fábrica

Loop de retirada usando kanban de retirada

CAIXA DE NIVELAMENTO

Áreas de preparação de carga

– Correto. Então, quatro: padronize a prática atual. Como a gerência reage quando não se consegue recolher um cartão?

– Como assim?

– O objetivo final do *kaizen* é melhorar a prática gerencial. Telefonam para você? Para Carole? Quem sabe disso, e o que vamos fazer a respeito?

– Certo – concordou Ward, esfregando a face. Mais trabalho.

– Daí temos de ensinar às pessoas uma maneira de analisar esse problema.

– Mas o problema não está aqui. Provavelmente está na produção, no estoque do chão de fábrica.

– Bom raciocínio, vamos *ir e ver*.

Naturalmente, o estoque do chão de fábrica estava vazio. Essa peça em particular vinha direto da injeção. Dava para ver que a fila de espera no lançador estava cheia.

De fato, a injetora estava produzindo. Ward praguejou quando percebeu que o problema era que as peças sendo embaladas não eram as peças esperadas no local do *kanban*. Ele podia ver que o contêiner sendo enchido não tinha um cartão *kanban* preso a si.

– A troca não aconteceu na hora certa – disse ele, olhando cautelosamente para a área de trabalho, – então a produção fica enchendo um contêiner que não precisamos agora. Está superproduzindo.

– E não está respeitando o sistema: nenhuma caixa é movimentada sem um cartão de *kanban*. Então?

– *Kaizen* de novo. A gerência de produção não está intervindo nesse problema.

– E a direção?

– Nós não resolvemos os problemas fundamentais de fazer as trocas acontecerem dentro do planejado e na hora certa. Porcaria.

– Que mais?

Ward sentia a conhecida frustração surgindo mais uma vez. Estava tudo ali na frente dele – mas ele simplesmente não enxergava. Se ele não conseguia fazer a conexão entre esse problema específico do chão de fábrica e o desafio estratégico mais amplo, como ele poderia esperar que seus operadores conseguissem? Ele sabia que estava olhando diretamente tanto para a lacuna de dinheiro em caixa que precisava gerar para manter a fábrica na ativa quanto para o péssimo estado do estoque. No fim, ele falou: – Nós nunca vamos conseguir reduzir aquele maldito estoque, o que significa que nunca obteremos o dinheiro em caixa que Phil precisa até o fim do ano. Sim, sim, eu sei. Simplesmente não estou me esforçando o bastante. Inferno.

Sem perder a compostura (ela não parava nunca de estar alegre?), Amy disse: – Vamos repassar os passos novamente:

Um, *vá e veja*. Bom. Aqui estamos.

Dois, visualize o problema. O *kanban* faz isso para nós.

Três, medir o desempenho local. Precisamos controlar o tempo de troca e a duração da troca em cada injetora.

Quatro, esclarecer a prática padrão existente. Qual é a organização dos preparadores?

Cinco, ensine um método básico de análise. Neste caso, isto quer dizer tecnologia *SMED*.

Seis, experimente e reflita.

Sete, tire as conclusões certas.

– Nós estamos fazendo vários experimentos – disse Ward amargamente. – Mas não muita reflexão. Esse é o problema. Assim, preciso continuar trabalhando nisso, continuar pensando nisso. E daí preciso trabalhar com o pessoal na linha para produzir respostas inteligentes. Ok, vamos olhar para a caixa de preparação do lote também.

– Esses lotes são de longe grandes demais comparados com o que precisaríamos para atingir os objetivos de Phil. Nossa. Eu realmente preciso fazer Stigler resolver isso. Se *direção clara* é o que ele quer, é exatamente isso o que ele vai conseguir!

– Ei, antes de ir, você precisa me ajudar a respeito dessa *direção clara* que o Phil fica falando – suplicou Ward. – Que história é essa de *Estrela Guia*?

– Eu não me preocuparia muito com isso nesse estágio – riu Amy. – Diz tanto dos problemas de Phil quanto dos seus.

– Como assim? – indagou Ward, pego de surpresa.

– Bem, você sabe, ele se atola em uma crise depois da outra, e ainda por cima o Bob vive lhe dando sermão, falando da necessidade de *direção clara*, tanto para o bem dele quanto para o de todo mundo. A visão de Bob é que é difícil manter as pessoas trabalhando, tanto em situações desafiadoras grandes quanto em desafios quotidianos nas coisas pequenas, se elas não tem uma *direção clara*.

– Estou com ele. É exatamento isso que estou passando. Por um lado, toda essa transformação que Phil está esperando é intimidadora. Pelo outro lado, eles vivem nos dando reprimendas por causa de detalhes tão minúsculos...

– *Direção clara* significa manter a postura mesmo quando tudo o mais ao redor está desmoronando. Significa seguir uma estrela guia, independente das correntes, recifes e naufrágios. É por isso que ele a chama de *Estrela Guia*.

– No nosso caso...?

– Vejamos. Qual foi a primeira tarefa de Phil para vocês?

– Consertar a qualidade – respondeu Ward imediatamente.

– Isso. E como?

– Caixas vermelhas.

– Claro, mas mais em geral?

Ward refletiu por um tempo, recordando das suas primeiras conversas com o CEO. Parecia há tanto tempo, apesar de não poder ter sido há mais que um ano. – A produção deve resolver seus próprios problemas?

– Isso com certeza soa a Phil. Então, você progrediu nisto?

– Hum... – hesitou Ward. – Eu... acho que sim. Certamente entendemos melhor quais são os nossos problemas. Mas...

– Você entendeu. Para onde quer que olhemos, vemos que a reação rápida não é tão rápida, e vemos que os problemas-raiz também não são atacados.

– Isso é pesado – disse Ward com uma careta. – Mas tenho de concordar que foi isso que vimos com a linha puxada.

– O importante é que você está trabalhando nisso, mas como saber se você está fazendo avanços? Para isto, Phil define uma *Estrela Guia*. De certa forma, ele definiu as pontas principais da Estrela para você. Qualidade, com certeza. O que mais?

– Produtividade no nível da célula. Redução de estoque por meio de um sistema puxado. Acho que estou entendendo.

– E quanto aos seus próprios desafios, você teria outros?
– Sim, ele me exigiu bastante nas relações com os clientes, também. E levei a sério trabalhar com os fornecedores, embora ele nunca tenha pedido isso. A transferência polonesa, é claro.
– Mais algum?
– Deixe-me pensar – ruminou Ward. – Eu acrescentaria conseguir produtos novos para a fábrica e desenvolver a capacidade de resolução de problemas em cada indivíduo.
– Ótimo, isso pode ser refinado, mas aqui está a sua primeira *Estrela Guia* – concordou Amy. Ela foi até o quadro da sala de reuniões e começou a esboçá-la:

* Melhorar a qualidade por meio de inspeções com caixas vermelhas.
* Melhorar a produtividade das estações de trabalho por meio de *workshops kaizen*.
* Reduzir o estoque por meio do sistema puxado.

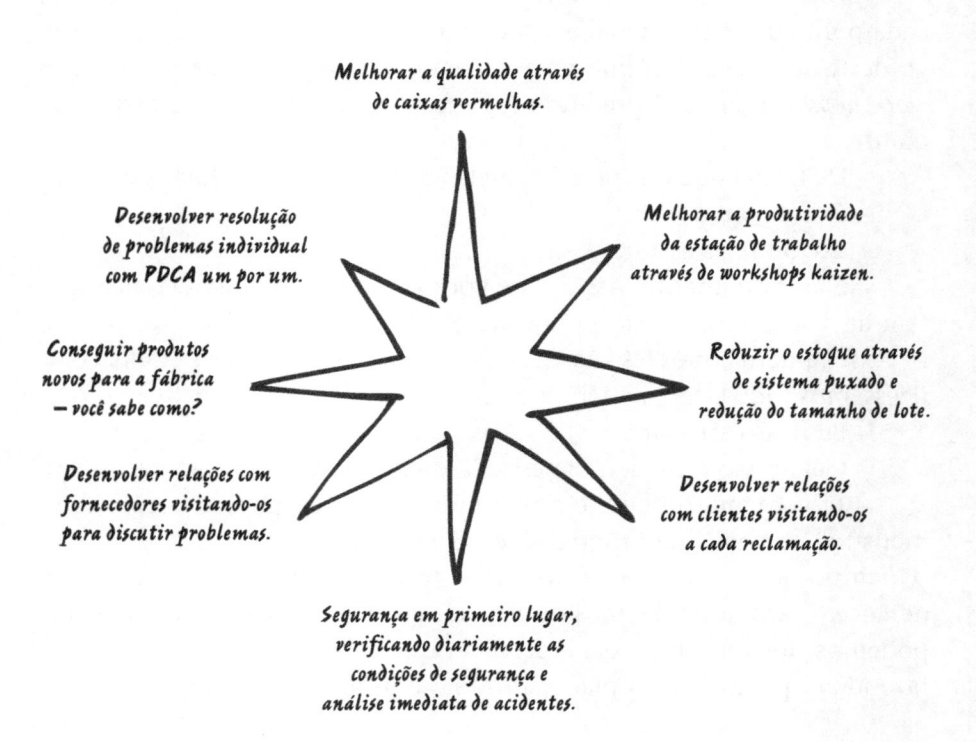

Melhorar a qualidade através de caixas vermelhas.

Desenvolver resolução de problemas individual com PDCA um por um.

Melhorar a produtividade da estação de trabalho através de workshops kaizen.

Conseguir produtos novos para a fábrica – você sabe como?

Reduzir o estoque através de sistema puxado e redução do tamanho de lote.

Desenvolver relações com fornecedores visitando-os para discutir problemas.

Desenvolver relações com clientes visitando-os a cada reclamação.

Segurança em primeiro lugar, verificando diariamente as condições de segurança e análise imediata de acidentes.

* Desenvolver relações com os clientes, visitando-os a cada reclamação.
* Desenvolver relações com os fornecedores, visitando-os para discutir problemas.
* Conseguir produtos novos para a fábrica, você sabe como?
* Desenvolver a resolução de problemas individuais por meio de...?

– *Workshops kaizen*, acho, ou reação rápida. Não, espere, a análise de causa-raiz de Bob.

– Eu diria que as três – disse Amy. – Vamos ser genéricos e chamar de "gestão por resolução de problemas". E a segurança?

– Hum. É claro. Segurança – absolutamente – concordou Ward, constrangido por aquilo ter lhe escapado.

– Pronto, é isso aí, ou algo assim. Você tem uma *Estrela Guia*. Tem mais pontas do que eu gostaria de iniciar, mas ao menos você tem claro o que tem de fazer, independentemente dos problemas diários.

– É só isso? – duvidou ele.

– Para iniciantes – riu Amy. – Daí você pode começar a quantificar cada ponta da estrela. Qual é o seu objetivo de redução de ppm ao longo deste ano? Quantas pph você espera dos *workshops kaizen*? Quantos *workshops kaizen* você pretende organizar para obter isto? E assim por diante.

– De forma que ela me dê as metas da lista de indicadores de Phil?

– Exatamente.

– Ok. Simples assim?

– Não exatamente. Assim que você tiver claro o que quer alcançar, tem de discutir com a sua equipe até que todo mundo se convença. Não necessariamente que eles vão alcançar, mas que é alcançável. A ideia é: se fizéssemos tudo certo, poderíamos chegar lá?

– Eu posso arriscar.

– Quem não arrisca, não petisca – disse ela com uma piscadela.

– O verdadeiro benefício que você vai obter, porém, é conseguir mensurar se você está progredindo constantemente nos seus objetivos, não importando toda aquela bobagem de que a indústria vai se descartar de você. Claro, todos saímos do curso. Mas se a *Estrela Guia* está clara, podemos nos reportar a ela e perceber que estamos decaindo. Estamos fazendo o que tínhamos planejado? Isto é suficiente para obter os resultados? O legal é que se você manter seu pessoal focado em coisas claras, mais cedo ou mais tarde você ganhará a confiança deles e tudo ficará mais fácil. Você não vai ter de lutar por cada centímetro. Isso é certamente o que aconteceu com as aquisições anteriores de Phil. Assim que se convenceram de que ele sabia o que estava fazendo porque ele não desistia de maneira alguma, muitos dos debates simplesmente desapareceram. É uma diferença enorme.

– Amém – concordou Ward, sem ter certeza se um dia teria esse tipo de clareza, ou se mereceria esse tipo de respeito do seu pessoal. "Você que perguntou", repreendeu-se. "A essa altura, você já sabe que não vai receber respostas que te agradem", pensou ele enquanto acompanhava Amy nas escadas até o táxi que a levaria de volta a Frankfurt. Depois de ter alugado um carro uma vez, ela decidira definitivamente não dirigir na autoestrada alemã, por nada nesse mundo.

Finalmente, Ward tinha uma razão para se sentir bem. O exercício de *direção clara* nos indicadores com a equipe de gerência tinha ido bastante bem, achou ele, refletindo sobre o progresso que tinham feito em cada um dos tópicos no quadro. Bayard tinha atacado a questão da produtividade, e estava sendo rígido com Sebatien Martin, o executivo de melhoria contínua. Martin estava promovendo quase um *workshop* a cada duas semanas. As pessoas estavam até começando a reclamar que não conseguiam mais fazer seus trabalhos de verdade porque estavam sempre sendo arrastadas para esses *workshops* de *kaizen*, mas Bayard não deu ouvidos, e Ward lhe deu apoio total. Faça-os virem, concordou.

A outra notícia boa era que Muller estava trabalhando com Carela, e, como resultado, a disponibilidade nas injetoras tinha aumentado consideravelmente. Ele tinha decidido levar a abordagem de caixas vermelhas para a manutenção. Eles simplificaram o esquema de manutenção planejada para as grandes revisões, e agora estavam planejando com um horizonte de duas semanas com base em uma visita diária às injetoras que eles faziam juntos, checando visualmente as máquinas e lendo o filme da produção. O impacto sobre a disponibilidade das injetoras fora sensível, e como eles conseguiram cancelar diversos turnos extras de fim de semana, os resultados financeiros estavam começando a mostrar melhoras. Bom, pensou Ward. Muito bom.

Tudo que Ward precisava fazer agora era preencher a lacuna entre o progresso no chão de fábrica e a resistência contínua que ele encontrava nos próprios gerentes que deveriam estar apoiando seu esforço. Ele não poderia desafiá-los com uma afirmação assim tão ousada. Então, quando se reuniram, ele começou com fatos claros e simples. A qualidade ainda estava nos eixos, apesar de terem tido um fevereiro ruim em termos de reclamações de clientes. Imediatamente, Ward se surpreendeu discutindo com as pessoas por causa das questões erradas – culpa, responsabilidade, o que seja. Jenkinson podia ser o cara menos político que ele já conhecera, mas de algum modo o seu foco nos fatos parecia acabar dobrando as pessoas.

– Dois terços deles são problemas de etiquetagem – disse defensivamente Malika Chadid, a gerente de qualidade.

– Certo. Temos o problema claro? O que está havendo com a etiquetagem?

– É uma questão de produção – desprezou ela.

– É um problema de *software* – retorquiu Stigler. – Se a logística não consegue editar as etiquetas certas, não podemos colocá-las nas caixas certas.

Os olhos azuis de Chandon faiscavam de fúria, mas ela nada disse. Ela foi forçada a explicar por que o estoque estava tão alto. Quando teve a oportunidade na Polônia, Ward perguntara ao CEO se queria que fizesse a tradicional simpatia de fim de ano de reduzir o estoque artificialmente, fechando todas as torneiras e reorganizando depois do fim do ano.

– Como isso vai ajudá-lo com a sua *Estrela Guia*? – respondera Jenkinson. – Diminua seu inventário, no fim do ano ou não – mas faça-o com sensatez.

– Estamos fazendo *SMED* suficiente? – perguntou Ward.

– *SMED* não é o problema – respondeu a gerente de logística. – Todos os *workshops* que fizemos foram um sucesso. Como combinamos, estou calculando lotes de produção de 10 vezes o tempo de troca.

Isso era um conselho de Bob Woods: invista 10% da sua injetora em trocas. Funcionava com uma medida grosseira, multiplicando-se o tempo de troca por 10 e usando isso como referência para o tamanho do lote, assumindo-se que não havia problemas de quebras.

– Mas a produção não está seguindo o programa.

– Eu estou sempre dizendo que não temos montadores suficientes! – explodiu Stigler.– Como podemos aumentar o número de trocas sem mais montadores? Me digam! – Ele estivera muito quieto durante a reunião, e Ward se perguntara por que ele ficava cada vez mais retraído.

– É sempre produção isso, produção aquilo. Nós simplesmente não temos recursos.

– Ouçam, ouçam – disse Muller com muito sarcasmo, batendo palmas insolentemente. – Você já viu o que os seus montadores fazem o dia inteiro? Enquanto nos matamos para resolver as coisas, eles estão numa boa.

– Eles estão sempre tendo que arrumar a bagunça que o seu pessoal deixa – retrucou Stigler, zangado.

– Basta, cavalheiros – exclamou Ward, tentando soar o mais calmo possível. – Vamos compreender o problema.

– Compreender o problema, compreender o problema – zombou Stigler. – Você está macaqueando o Jenkinson, é?

– Agora, agora – disse Deloin, levantando os olhos do que quer que estivesse fazendo.

– Você pode jogar este jogo por quanto tempo quiser, Andy. Mas você não pode manter a produção sem investimento. Se pudesse ser feito, nós já saberíamos a essa altura – argumentou Stigler.

– Você não está explicando qual é o problema com os montadores. Sabemos quantas trocas precisamos por dia com os cálculos de tamanho de lote de Carole?

– Umas três vezes mais – respondeou Chandon, tensa.

– Isso não parece razoável. Olivier? – indagou Ward. – Podemos fazer um plano?

– Faça você um plano, já que agora sabe tudo!

– Você está saindo da linha, cara! – estourou Ward.

– Estou? Por que não me despede, então – o outro latiu de volta alto, empurrando sua cadeira com asco. – Vamos, despeça! Vamos ver que bom você é com a produção. Vamos, aproveite e mande os montadores embora! Depois dos encarregados de materiais, vá em frente. Você não está enganando ninguém, Andrew. Você nunca soube patavinas de produção, todos sabemos disso. E você estava indo bem enquanto nos deixava fazer o trabalho de verdade. Mas agora, mas agora – o homem gaguejava, – que você se curva para lamber os pés de Jenkinson, você acha que sabe tudo. Que piada!

– O que diabos deu em você? – perguntou em voz baixa Ward, no silêncio surpreso que se seguiu. Todos olhavam para o gerente de produção, que estava de pé e agora estava tremendo de raiva.

– O que deu em mim – berrou ele – é que estou farto de ser o bode expiatório para tudo que dá errado nesta fábrica. Você está sempre dizendo que quer ajudar. Bom, ajude. Comece despedindo esse degraçado desse Carela, para início de conversa, ele me sabota sempre que pode.

– Ei, você vai ir embora antes dele! – gritou Ward, também perdendo a compostura. Mesmo perdendo o controle, ele não pôde deixar de perceber que tinha soado igual a Jenkinson.

Aquilo fez Stigler se calar. Ele ficou ali parado, pálido, olhando para Ward através de seus óculos escurecidos.

– Isso é o que vamos ver, não é? – disse ele com uma voz baixa e áspera. – Vamos ver por quanto tempo você continua mandando na gente também, não vamos?

O sujeito virou-se abruptamente e saiu da sala, batendo a porta violentamente.

– Isto soou como uma ameaça? – perguntou Ward em voz alta, incrédulo.

– Ou uma advertência – replicou o gerente de RH, imperturbável. O velho não parecia nem um pouco incomodado. – Talvez ele saiba de algo que você não sabe.

– Stéphane? Você viu Olivier? – perguntou Ward no final do dia.

Ward não conseguia parar de se preocupar com a cena. Ele odiava conflitos, e não era bom naquilo. Dava-lhe azia e pesadelos. No fim, decidiu encontrar o gerente de produção e tentar reatar com ele. Além disso, estava ansioso por causa daquele comentário de demissão. Ele tentara imaginar todas as coisas que poderiam possivelmente ir muito mal – e havia várias – mas não conseguiu achar nenhuma em particular.

– Ele foi embora, eu acho – respondeu o jovem, desconfortável.

– Eu vi o carro dele saindo – disse, fazendo um gesto vago em direção à janela com vista para o estacionamento da gerência. Ward tinha acabado com o estacionamento preferencial e estabeleceu a ordem de chegada. Mas é difícil se livrar de hábitos. As pessoas ainda estacionavam nos lugares de sempre, e a vaga do gerente da fábrica ainda era deixada para ele.

– Estamos prontos para a análise de orçamento de fim de ano? – perguntou ele, sentando no canto da mesa. Ele achou que o controlador financeiro Stéphane Amadieu parecia nervoso. Ou ele estava ficando paranoico?

– Todos a postos. Acho.

– E a situação é como discutimos? Estamos fora do orçamento, mas não por muito.

– Sim. Sim. Só que...

– Só que? – indagou Ward, sentindo seu estômago se embrulhar.

– Bem – disse Amadieu, passando nervosamente a mão pelo seu cabelo crespo escuro. – Você sabe como a análise de orçamento é feita, certo? Conferimos as vendas contra os custos padrão. Então olhamos as variâncias linha por linha: variância de preço de compra, variância de uso de material, variância de eficiência de mão de obra, e por aí vai. No fim, temos o custo total das vendas, o lucro bruto e a margem.

– Eu sei disso, Stéphane – disse Ward impacientemente. – E daí?

– Daí que tudo depende da estimativa do custo padrão. Nós fizemos a suposição de que o orçamento anterior tinha sido feito com base em reduções de preço de compras completamente infundadas, de acordo?

– Sim. Eu esclareci com Coleman. Não controlamos o preço dos materiais, então criamos o orçamento pressupondo que o setor central de compras tinha tido sucesso em suas ações de redução de custos. Como podemos saber se eles conseguiram ou não?

– Esse é o problema. Nós não sabemos o que de fato faturamos para os fornecedores. O escritório do Coleman está me pedindo toda essa informação em detalhes.

– E? – incitou Ward, agora seriamente alarmado. Ele conseguia sentir as garras de aço da armadilha se fechando.

– Olivier pediu que eu recalculasse o custo padrão usando informação de custo real tirada das nossas faturas. Parece que não somente compras não obtiveram a redução de preço orçada, mas também aceitaram os aumentos de preço dos fornecedores. Não estamos nem de longe repassando o suficiente disso para os nossos clientes. Portando, o resultado líquido é que...

– O nosso custo total é muito maior que o esperado.

– Muito, logo, o nosso lucro é...

– Droga! Você já passou isso para alguém?

– Não, não – protestou o controlador. – Somente Olivier.

– Porcaria! – xingou Ward. – Porcaria, porcaria, porcaria!

– Hans? Aqui é Andy Ward. Como está, parceiro?

– Andy! Bom ouvir você. Como está indo? Quanto tempo – respondeu Hans Ackermann.

– Rapidinho: você sabe como as suposições de custos de compras são tratadas no orçamento de Neuhof este ano? Lembra de todos os debates que tivemos com Kent Reed na época?

– Ah... – Ackermann hesitou, fazendo a paranoia de Ward disparar. – Eu adoraria ajudar, mas não tenho acesso a essa informação. Sugiro que você fale sobre isso com *Herr* Beckmeyer.

– Farei isso – respondeu Ward, blasfemando em silêncio. – Se cuide.

– Desculpe, Andy – disse Beckmeyer elegantemente. – Eu entendo que você está chateado, mas há nada que eu possa fazer.

Chateado? Ward pegara a pior estrada da sua vida para chegar a Neuhof. Sua cabeça não largava o assunto e teve dificuldade de se concentrar na estrada – quase causando um acidente e fazendo ele perder sua saída. Isto que era *fun, fun, fun on the Autobahn*.* Chateado? Ele

---

* N. de T.: Referência à canção *Autobahn* (1974), do grupo alemão Kraftwerk. Na verdade, a letra é "*Wir fahren fahren fahren auf der Autobahn*" ["Nós dirigimos, dirigimos, dirigimos na autoestrada"], mas é frequentemente entendida pelo público anglófono como "*The fun fun fun of the Autobahn*" por causa da canção *Fun, fun, fun* dos Beach Boys.

estava louco da vida. Ele fitou sombriamente seu gerente regional e o controlador da divisão alemã, que olhavam de volta, sem expressão.
– Que suposições vocês usaram para a fábrica de Neuhof?
– Eu não sei como isso...
– Me digam! – berrou Ward, furioso.
– Não use esse tom de voz comigo! – devolveu Beckmeyer, entredentes.
– Calma, Andy. Nós inserimos a suposição do orçamento original – respondeu calmamente o controlador. – A variância de preços de compras é calculada no nível da divisão europeia, e reflete o fato que as compras não conseguiram as reduções de preço esperadas com a inflação do preço global. Isso está correto, acredito.
– Mas não para a fábrica de Vaudon, certo? Vocês usam um preço de compras de mentira, ridiculamente baixo, para Neuhof, mas os números que vocês recém me mostraram para Vaudon levam em conta o preço real de compras, que é uma ordem de grandeza maior! Como isso pode ser correto?
– O que poderíamos fazer? – respondeu friamente Beckmeyer. – Você escolheu comunicar seus números diretamente para os Estados Unidos sem trabalhar conosco. Não está em nossas mãos. Se você tivesse participado de alguma das teleconferências que fizemos a respeito, não estaríamos nessa situação incômoda agora.
Foi um sorriso que Ward viu despontando sob a expressão impassível do homem? – Isso faz Vaudon parecer a pior fábrica do grupo; nada de mais, não é? – disse ele, espumando.
– Vocês *estão* perdendo dinheiro em qualquer contagem, não? – perguntou Beckmeyer, de forma arrogante. O controlador teve a dignidade de olhar para outro lado, constrangido.

– Estou ferrado – disse ele à sua mulher, rilhando os dentes, com a raiva ardendo dentro dele. – Completamente ferrado.
– Eu não entendo. Dinheiro é dinheiro, *non*? Todos esses jogos entre receitas e lucros, que diferença faz? – ela tinha até cozinhado para eles naquela noite. Ward tinha voltado de Frankfurt num estado tal que não conseguia ficar sentado quieto por um segundo sem ficar andando em volta à procura de algo para chutar. Preparar a refeição noturna, como geralmente fazia, não era opção.

– Se fosse tão simples! Claro, dinheiro é dinheiro, mas o que a direção mais faz é passar tempo encontrando maneiras novas e espertas de alocar a culpa. Neste caso, estou muito bem ferrado. Isso provavelmente me custará o emprego. Desculpa, amor!

– Você já disse isso antes, e ainda não aconteceu. E mesmo se você perder esse empreguinho, vamos ficar bem, tenho certeza.

– Eu posso faxinar as baias para você?

– Desajeitado demais. E não teria como pagar você.

– Em serviços? – sorriu ele, tentando relaxar os músculos das costas.

– Depende se o serviço é bom – respondeu ela maliciosamente. – Aqui, tome mais uma taça.

– Por que você sempre abre um champanhe quando eu trago más notícias? Não deveria ser o contrário?

– Você falou com Lowell sobre isso?

– Eis a questão – observou ele, batendo a taça na dela e se forçando a *sentir o gosto* do maldito vinho. – Não tenho certeza da função dele nisso. Parte do problema é que o escritório dele pegou informação diretamente da fábrica, e não pelo financeiro central em Neuhof. Beckmeyer pode estar me punindo simplesmente por não ter passado pelos canais costumeiros. Mas pode estar havendo um jogo maior.

– Não fique paranoico, querido.

– Ei, mesmo os paranoicos têm inimigos de verdade. Eu simplesmente não sei o que pensar. Em Breslávia, Jenkinson me disse que estava sofrendo pressão para cortar custos de forma mais agressiva. Parece estranho, mas tenho a sensação de que ele estava sendo culpado por proteger Vaudon.

– Ligou para ele?

– Para dizer o quê? Eu não vou ligar para o meu CEO para dizer que não sei nem mesmo calcular um orçamento direito.

Em vez disso, Ward ligou para se aconselhar com Neville. Eles vinham formando uma boa relação, com conversas frequentes sobre as dores de cabeça do incipiente sistema puxado de Vaudon. Ward acabou descobrindo cada vez mais que ele era prestativo e cabeça fria. Ele não conhecia o sujeito bem o suficiente para confiar plenamente nele, mas, nessa situação, sua necessidade de bons conselhos superava os riscos potenciais de se abrir totalmente com Neville. De qualquer forma, ele estava muito longe das operações europeias. Ward descreveu toda a bagunça.

No início, Neville riu, do seu jeito, soando como um pequeno terremoto. Mas então seu tom mudou, e ele ficou furioso.

– Coleman de novo! O cara é uma cobra, um sacana. Já falei para você que uma vez ele fez eu me demitir? Ele veio com o lote da Alnext quando eles nos compraram. Ele é muito bom em se infiltrar nas graças da alta gerência. Conhece todo mundo e resolve todos os problemas pequenos rapidamente, tornando-se indispensável. Mas o cara é um babaca, Andy. Ele controla tudo no seu caderninho: sabe exatamente quem deve e quem não deve para ele. E é completamente político. Está sempre mexendo seus fantoches e apunhalando todos os outros pelas costas.

Ward nada disse, fazendo uma careta só de pensar em ter sido um fantoche de Coleman sem sequer saber. É claro, fazer dele o gerente da fábrica de Vaudon não fizera muito sentido comercial. Olhando para trás, isso era óbvio. Ele era um consultor, pelo amor de Deus. Mas Coleman deve ter visto isso como uma oportunidade para pôr um dos seus peões no posto. Talvez Stigler tivesse um bom motivo para tanto remorso, afinal. Provavelmente, todos tinham esperado que Ward ficasse alguns meses, fingindo que comandava a fábrica e correndo de volta para a direção assim que possível. Ele provavelmente teria feito exatamente isso, na verdade, se não fosse por Malancourt. Ward se perguntou se estava saindo da preferência de Coleman.

– Será que devo incomodar Phil com isso? – perguntou ele, por fim.

Neville pensou um pouco e então, inesperadamente, riu. – Eu avisaria ele, com certeza. Mas não esperaria que fosse de muito auxílio por agora. Ele tem o suficiente para se preocupar.

O que era agora?

– Você não vai acreditar no que o maluco fez – divertiu-se Neville. – Ele foi para um dos Três Grandes, aquele com que estamos tendo a grande briga de preço, e deu o ultimato: ou você paga, ou paramos de fornecer.

– Tá brincando! – exclamou Ward.

– Sério. Eu já parei de fornecer algumas peças.

– Você não está produzindo?

– É claro que estou, você acha que Jenkinson pararia de nivelar? Não, estou criando estoque, é claro. Só não estou entregando – riu ele. – Vai estourar minha meta de estoque para este mês, com certeza.

– E?

– Não saberemos por alguns dias, enquanto eles esgotam todo o estoque que têm no sistema. Daí, veremos. Estou com os caras do abastecimento deles gritando o dia todo comigo, e os nossos caras das vendas estão se esgoelando, e tem todo tipo de manobras imprudentes na matriz, mas você sabe como é. Eu sou apenas um bronco da produção, o que é que eu sei?

– Inferno.

– O cara tem peito, eu tenho que admitir. E sim, eu o alertaria, mas não esperaria muito. Meu palpite é que você simplesmente tem de aguentar firme. Eu duvido que Phil seja do tipo que se impressione com malabarismos de números, como vocês está descrevendo.

– Se ele ficar com seu emprego!

– Tem isso, também – riu Neville com um profundo tremor. – Com certeza sabe sacudir as coisas. Torna mais interessante, eu diria.

– Me disseram que há uma maldição em chinês – grunhiu Ward. – Que você viva em tempos interessantes!

– Ele não aceita o posto? – disse Deloin, cofiando a barba. – Falei para você. Ele não vai aceitar o posto gerencial. Ele sempre disse isso.

– Droga!

Depois de discutir a questão com o gerente de RH, Ward decidira oferecer a Carela o posto de gerente de produção. Uma posição de engenharia de produção fora oferecida a Stigler, que, quando Ward lhe disse que ele não era mais gerente de produção, reagira zombando cruelmente, repetindo "o tempo dirá, o tempo dirá". Desde então, Stigler simplesmente dissera que estava doente e não tinha voltado à fábrica. Ward acabou se sentindo forçado a ligar para Jenkinson, pormenorizando a situação. O CEO não dissera muita coisa, mantendo as conversas telefônicas curtas.

– Ele sugeriu Muller.

– Ele iria?

– Acho que sim – concedeu o homem mais velho, cuidadosamente. – Mas nem todos gostariam disso.

– Em que sentido?

– Você sabe como Muller pode ser grosso e irritante. Isso lhe rendeu vários inimigos na fábrica.

– Ele faria um bom trabalho?

– Tecnicamente, sim. Sem problemas. Quanto ao resto...

– Teremos que tentar, então. Você se importa de sondá-lo a respeito antes de eu oferecer o emprego a ele?

– Com todo o prazer – respondeu o outro, com aquele sorriso assustador que dava arrepios a Ward. Este era o tipo de manipulação de que o sujeito do RH verdadeiramente gostava.

– E quanto a ter supervisores nos turnos? Você falou para o Denis? O que ele disse?

– Ah. Não falei. É melhor você mesmo falar com ele.

– Qual é o problema por aqui? – indignou-se Ward, perdendo a paciência. – Sempre que peço para alguém fazer alguma coisa na fábrica, é "Não" ou "Arranje outro"!

O desabafo pareceu apenas divertir o velho gerente de RH. Ele lançou a Ward um dos seus olhares paternais que Ward odiava, pensativamente cofiando seu ridículo peitilho de barba branca. Ward muitas vezes se perguntara se a barba era falsa, e imaginava arrancá-la da cara de Deloin em um movimento rápido.

– Você não acha que deveria abordar questões de organização da fábrica diretamente com seu pessoal?

– Eu sei, eu sei – aceitou Ward, retraindo-se e soltando um suspiro complacente. – Eu realmente deveria falar com Olivier sobre isso quando ele voltar, para ele repassar para o Denis. Mas tenho quase certeza de que ele não vai querer. Por outro lado, se eu for direto ao supervisor, só vou ouvir mais baboserias sobre prejudicar a linha, minar autoridade, blá blá blá. Olivier ficou tão chato com tudo.

Deloin olhou para Ward daquele seu modo superior, balançando a cabeça em lástima. – Não se trata dele como pessoa, mas sim do que você está pedindo que ele *faça*. Você está empurrando ele em uma direção que o deixa descontente.

– Como assim?

O velho olhou para ele de forma preocupante e então, inesperadamente, sugeriu almoçarem.

– Separe as pessoas do problema – aconselhou o gerente de RH. – Você está se enrolando porque pensa que as pessoas não querem fazer o que você, o gerente da fábrica, pede que elas façam. Mas a verdade é que elas discordam do que você quer fazer. Elas acham burro. Então, nem mortos o farão.

Deloin tinha levado Ward para o restaurante chique do outro lado da cidade. Um jovem casal tinha transformado um velho castelo em um caro hotel, com vista para um grande parque em que ainda havia uma torre medieval de pé, fielmente guardando um pequeno córrego. Era um cenário colorido, mas, como muitos lugares parecidos na França, difícil de manter. Ward sempre preferira pôr os visitantes no centro de Metz.

– Na verdade, é bastante engraçado – disse o velho, parecendo qualquer coisa exceto divertido. – É tão fácil tornar esses debates pessoais, mas é só uma questão de perspectiva. Eu acho cômico porque, sabe, o lote de vocês atropelou todos nós.

– Nosso lote?

– Você, Olivier, Malika, sim. O pessoal de sistemas.

– Você quer dizer o *Sistema Toyota de Produção*?

– Não, chiou o outro entre uma risada e uma tosse. – Não, acho que não, quer dizer, eu não quis dizer isso. Quero dizer os sistemas de TI, os sistemas de qualidade, os sistemas de RH. Sabe, fluxos de trabalho, processos e tal. Quando nós criamos a empresa que foi comprada pela Alnext, não tínhamos nada disso. O presidente se cercava de alguns poucos caras em que confiava, com razão ou não, os gerentes de fábrica faziam suas contas no verso de um envelope, o RH era basicamente pagamentos e arquivos pessoais. Todo o resto era engenharia e produção. Tudo que importava era o lucro líquido. E, para obtê-lo, confiávamos que todo mundo faria seu trabalho técnico, sabe, os operadores operando, a manutenção fazendo a manutenção, e assim por diante. Os orçamentos eram rabiscados em uma só folha de papel. O MRP era pouco mais do que uma lista de materiais mais ajeitada. Mas nós sabíamos o que estávamos fazendo, então éramos lucrativos.

– Como é que o Jenkinson diz? Lucro é uma opinião, mas dinheiro em caixa é um fato – disse Ward.

– Ok, ele está olhando para um medidor diferente. Mas na verdade ele está muito próximo de como fazíamos as coisas antigamente. Isso é parte do problema. Ele está focado em clientes e dinheiro em caixa, e é engenheiro. Mas isso não foi tudo que a Alnext fez quando nos adquiriu. Eles nos empurraram os *sistemas* deles.

– O sistema MRP corporativo?

– Este foi um deles – assentiu Deloin com um sorriso cáustico. – Mas todo o resto. Tinha o sistema de qualidade, você sabe, com todas aquelas auditorias e relatórios, e papelada e coisa e tal. No RH foi a mesma coisa. Sabe, eu peguei o emprego na fábrica porque eles me expulsaram da matriz e eu queria permanecer no ramo. Mas foi uma loucura, todos os procedimentos e regulamentos que tivemos de implementar.

– Como o negócio de cadeia de suprimento que eu fazia para a direção? – perguntou Ward, incomodado.

– Exatamente. Sistemas. A direção organiza o sistema, e o pessoal miúdo na fábrica obedece e tudo vai dar certo.

– Mas com certeza funciona melhor do que o que vocês faziam, já que vocês foram comprados no fim.

– Análise errada – discordou Deloin, com um velho ressentimento brilhando nos olhos. – Do jeito que fazíamos as coisas, éramos muito mais eficientes. O que aconteceu foi que o presidente fez algumas decisões péssimas, como adquirir mais capacidade na França quando todo mundo começou a se transferir para o Oriente, exatamente porque as fábricas eram baratas. Ninguém previu o que abrir o mercado francês para as montadoras asiáticas faria com as marcas locais. Mas não se iluda, as fábricas funcionavam muito melhor. Mais lucrativas, também. As pessoas sabiam o que faziam. Aliás, olhe com quem Jenkinson quer que você trabalhe.

– Os veteranos – percebeu Ward. – Muller, Carela, você.

– Os caras que conhecem o serviço, não o sistema. Por que Muller nunca progrediu na empresa?

– Por que ele não dá a mínima para sistemas – concordou Ward pensativamente. – Ele só liga para consertar máquinas.

– Exatamente.

– Como isso afeta Olivier e Malika, então?

– Ligue os pontos. Você, Olivier e Malika foram todos contratados para comandar os sistemas, não a fábrica. *Software* executivo melhor, mais procedimentos ISO de qualidade, Stigler vive pedindo um *software* de gestão computadorizada de injetoras. Vocês foram treinados para comandar as coisas por meio de um sistema de TI centralizado. O sonho de Stigler é uma tela de computador na frente de cada operador, dizendo o que o cara tem de fazer em cada segundo do dia.

– Sim. Entendo. E agora Jenkinson está nos empurrando para o lado completamente oposto.

– Jenkinson está pedindo para vocês descentralizarem a gestão, sim. Não é como fazíamos nos velhos tempos, porque confiávamos basicamente na autoridade de linha. Como eu entendo, Jenkinson quer reforçar tanto a autoridade quanto a participação. No meu tempo, ninguém teria imaginado pedir contribuições dos operadores. Eles estavam lá para operar, ponto. A postura geral era que quando as pessoas começam a pensar, começam a desobedecer. Esse negócio de "Vamos resolver as coisas juntos" é novo para mim, pelo menos.

– *Vá e veja...*

– E *kaizen*. De qualquer forma, isso é profundamente desestabilizador para os seus gerentes. Por alguma razão, você parece não ter problemas com isso, mas eu digo a você, *eles* têm. Não é assim que eles veem o trabalho deles. Quando você os força a ficar tanto no chão de fábrica, o trabalho "de verdade" deles se acumula nas mesas. E passar tanto tempo no chão de fábrica significa que eles têm de lidar diretamente com pessoas.

– Não é isso o que a gerência deveria fazer?

– Talvez, Andy. Mas por que você me pede para ir falar com Denis Carela para você? E como é trabalhar com Matthias? Ou como você se sente quando o CEO vai falar diretamente com Sandrine Lombroso?

– Detesto, detesto, detesto. Entendo a sua ideia. Mas ainda acho que ele tem razão. São as pessoas que fazem o trabalho que importa, não é?

– Não digo que ele não tem razão – disse Deloin, mexendo a cabeça. – Digo que você tem de se dar conta de como essa nova abordagem é difícil para a sua equipe gerencial. Estou dizendo para você, você tem de separar as pessoas do problema. Eles não estão resistindo ao que você pede que façam porque estão se fazendo de difíceis. É simplesmente que o que Jenkinson está exigindo de nós é difícil, sem falar que é completamente diferente da maneira em que fomos treinados.

– É a empresa dele – resignou-se Ward com um sorriso. – Além disso, ele é um saco, mas também não posso dizer que ele está errado.

Deloin nada disse, concentrando-se na sua comida.

– O que você acha, Jean-Pierre? – perguntou Ward, apesar de saber que não devia pôr o gerente de RH numa saia justa. – Olivier está certo? Jenkinson realmente está fazendo tudo isso para nos forçar a fracassar e fechar a fábrica? Ou ele está genuinamente tentando nos ajudar?

– Quando eu era jovem – respondeu cautelosamente a raposa velha, – tínhamos todos inveja de um dos meus amigos que conseguira comprar uma Vespa, uma belezura. Todo mundo tinha inveja e achava ele muito sortudo, mas teve um velho que só disse: "Veremos". Então meu amigo caiu e quebrou feio a perna, daí todo mundo disse que a motoneta tinha sido uma péssima ideia, uma maldição disfarçada, e o velho disse: "Veremos". Daí, todos tivemos serviço militar obrigatório no norte da África durante a guerra, mas, por causa da sua perna, o meu amigo foi dispensado, e o velho disse...

– "Veremos." E se eu lhe perguntar se você acha se a gestão *lean* é boa para a fábrica?

– Veremos.

– Você tem certeza de não quer pegar o emprego? – perguntou Ward, esperando não estar soando desesperado.

– Sem chances – replicou Carela, coçando sua barba grisalha por fazer e sorrindo. – Não sou louco suficiente para ser gerente.

– É o que você está fazendo agora – apontou Ward.

– Não é a mesma coisa – disse o outro, com firmeza.

– Nem mesmo por mais dinheiro?

– Escute, *Monsieur* Ward – disse Carela, olhando para ele de cima para baixo: – Eu aceito esse aumento a qualquer hora, muito obrigado, mas não me insulte. Eu não vou pegar o posto de gerente, isso é definitivo.

– Não posso culpar você – disse Ward melancolicamente. – Você consegue trabalhar com Matthias Muller?

– Eu? Sem problemas, estamos trabalhando juntos faz uma eternidade. Outros, já não sei.

– Ouvi dizer que ele tem certa reputação.

O outro sorriu novamente, mas de novo apenas deu de ombros.

– E Stigler? – perguntou Carela.

Era a vez de Ward dar de ombros e nada dizer. Ward novamente se perguntou o quanto de verdade havia na acusação de Stigler de que Carela o sabotara de todos os modos possíveis. Era fácil de imaginar.

Pelo menos Carela sujava as mãos. Ward o encontrara na seção de injeção, construindo um supermercado de porta-palete com tubulação branca. No jeito antigo, o operador na injetora empilhava os contêineres de peças para formar um palete, que então era apanhado por uma empilhadeira e empurrado para a logística. Eles tinham combinado com a logística que um "trenzinho" viria a cada meia hora e retiraria os contêineres um por um do estoque do chão de fábrica para as injetoras via "puxada". Os paletes dos clientes seriam consolidados na logística, em vez de na injetora. Eles passaram horas discutindo como dimensionar o estoque do chão de fábrica, mas no fim tinham decidido seguir o conselho de Mark Neville e simplesmente experimentar.

– Outra coisa. Como você se sentiria a respeito dos turnos de trabalho?

Isso fez Carela parar. Ele levantou os olhos do trabalho e refletiu.

– Por mim, tudo bem. Eu gostava de trabalhar em turnos, dá mais tempo para fazer as coisas. Isso significa que você vai contratar mais supervisores?

– Mais dois, no mínimo. Vamos deixar o turno da noite como está, por enquanto. Você tem em mente alguém que podemos promover internamente? Lembra do que Jenkinson queria que fizéssemos desde o início? A produção precisa aprender a resolver seus próprios problemas. Isso quer dizer organizar a resolução de problemas. Assim, se seguirmos essa instrução até sua conclusão, cada turno teria um supervisor para dar suporte aos líderes de equipe na resolução de problemas. Precisaríamos de caras que saibam tanto resolver problemas técnicos quanto trabalhar com gente. Ensinar, na verdade. – Ward fez uma careta, reconhecendo que desafio aquilo era na sua cultura atual.

– Deixe eu pensar por uns dias – respondeu Carela prudentemente.

– Leve o tempo que for preciso. Eu também gostaria de criar postos de líder de equipe propriamente ditos – continuou Ward. – Seriam operadores com a responsabilidade adicional de coordenar uma equipe de cinco a sete pessoas. Eles receberiam 5% de bônus, mas é claramente um posto operativo. Eles teriam de fazer peças.

– Cinco por cento a mais?

– Bem, eu esperaria que eles chegassem um pouco mais cedo para fazer a transição com o turno anterior, e sair alguns minutos depois do fim do turno, esse tipo de coisa. Nada "gerencial", como você diria. Estou realmente procurando gente confiável que conheça bem o serviço. Estou procurando pessoas com assiduidade perfeita e que se deem bem com os outros. Idealmente, eu procuraria também por resolvedores de problemas, mas...

– Que eu me lembre de cara, posso sugerir Adrien Meyer e Mathilde Weber – grande fã sua – acrescentou ele maliciosamente. – Quanto ao resto, eu teria de pensar um pouco e discutir com Léa. Estamos falando de quantas pessoas?

– Cinco ou seis, para começar. É um posto novo, então prefiro ir passo a passo. Mas no fim vamos querer um para cada cinco operadores.

– Isso é muita gente – podemos pagar?

– Não vamos aumentar o orçamento de pessoal, se é essa a pergunta. Vamos ter de liberar posições com o *kaizen* que estamos fazendo.

– Certo – respondeu ele, limpando os dentes com a língua. – E você querendo que eu seja gerente. Vai esperando!

Direção clara vem do trabalhar todos os dias com um conjunto definido de problemas amplos, pensou Ward, *e focar as pessoas nestes problemas entra dia, sai dia*. Senão, nós todos nos perdemos nos problemas miúdos, na política, nas questões pessoais. Precisamos responder às nossas questões de qualidade rapidamente, consertar nossa organização de chão de fábrica para resolução de problemas, instalar um *sistema puxado* para conseguirmos reduzir os estoques, e continuar o *kaizen* das estações de trabalho para mais segurança e produtividade. E é mais ou menos isso! É nisso que eu preciso trabalhar todo dia. E dane-se a política. Se Jenkinson me despedir, agradecerei a ele, disse a si mesmo, desafiador.

– Oi, Denise – disse Ward. Ele estava surpreso por ainda encontrar a contadora de Claire quando voltou da fábrica. – Fazendo serão?

– A Denise vai ficar para o jantar, querido – disse Claire. – Ainda não terminamos.

A longa mesa de jantar estava coberta por um mar de pequenas pilhas de papel, notas, formulários administrativos, e toda a coleção de incômodos que tornava ter uma pequena (ou grande) empresa na França uma chateação tão grande. Após diversas tentativas infrutíferas com outros contadores, Claire finalmente dera sorte com Denise. Ela era tanto profissional quanto amigável, e tinha quebrado um galho enorme para Claire ao lidar com as inúmeras repartições públicas pedindo dinheiro. Só empregar um trabalhador de meio turno para ajudar fora uma grande dor de cabeça e acrescentara no mínimo meia dúzia mais de *organismos*, como as repartições de serviço social eram chamadas na França, à já longa lista de sanguessugas. Pelo menos a contadora estava trabalhando no problema agora, o que era menos uma dor de cabeça para Claire.

– Recém terminamos a contabilidade final do ano passado – disse Denise. Ela era uma desalinhada mulher de meia idade que tinha cara, bem, de contadora. Mas tinha um senso de humor incomum que os fazia rolar de rir quando fofocava sobre as atividades não oficiais da sociedade burguesa de Metz.

– E?

– Em equilíbrio – disse Claire, fazendo uma careta. – Mas ainda não posso me pagar um salário este ano.

– *L'art pour l'art* – sorriu Ward, vendo o desapontamento em seu rosto. – Não estamos precisando desse dinheiro, também.

– Solène se ofereceu novamente para investir em Malancourt.

Solène era a dona de Terango. Muito rica, muito entediada.

– Não tem urgência, tem? – perguntou ele, tentando soar confiante. – Acredite em mim: você não quer trabalhar para outra pessoa. É ótimo que ela esteja pagando as coisas excepcionais, mas esse centro é seu. Continue deste jeito.

Ela sorriu. Tudo parecia tão injusto. Eles trabalhavam duro pelo que tinham, mas ainda assim não parecia aliviar, e, para cada passo adiante, o desastre sempre parecia estar um passo à frente. Andy seguidamente dizia para ela que fazer o que se gosta e trabalhar para si mesmo eram os maiores privilégios que teria, mas em noites como esta ela tinha suas dúvidas. O medo, ela percebeu, o maldito medo estava de volta. Ignorando a contadora que estava guardando a papelada, ela se aproximou de

Andrew, aliviada de ver que a mágica ainda funcionava. Ele não era mais o garoto despreocupado e enturmado que ela conhecera há uma eternidade, mas quando ela pôs a mão em seu braço, com um simples toque o medo ficou sob controle.
– Você realmente acha que a coisa pode ficar feia amanhã?
– Eles já puseram gerentes de fábrica na rua por menos – sorriu ele.
– E quanto a Phil? Ele não ajudaria? Ele pareceu bem legal.
– Não confunda legal com frouxo – disse ele. – Ele engana bem. Esse cara é um grande jogador de pôquer. Ele blefa sem dar na vista e não joga com mãos ruins. Só não sei em que direção ele vai pular.

A reunião de análise de orçamento de fim de ano foi tanto anticlimática quanto desgastante. Ward dormira pouco na noite anterior e então saiu no romper da alvorada para Neuhof, dirigindo na aurora cinzenta de um horrível dia de inverno. Claire tinha levantado com ele e, prática como sempre, preparou um *breakfast* inglês completo antes de ele sair. A irritação de Ward só tinha aumentado ao ser mimado. Ele não se sentia tão ansioso desde sua última entrevista de emprego ou exame final. Isso era ridículo. Dirigindo, a disposição de Ward alternava entre o medo de ser despedido no ato e uma simples pressa de acabar com aquilo. Ele teve uma conversa séria consigo mesmo – ele simplesmente não podia deixar o trabalho pô-lo num estado daqueles. O que havia de *errado* com ele? Aqui está a sua *direção clara*, rapaz: é só um emprego, repetia desafiadoramente para si mesmo, como um mantra. Só um emprego.
Jenkinson tinha arrastado todo o comitê executivo para a Europa para as inspeções das fábricas europeias, e insistira numa rápida visita à fábrica antes de começar a reunião. Ward não vinha a Neuhof há muito tempo e estava impressionado com as mudanças. Ackermann explicou a ele, em voz abafada, enquanto visitavam o chão de fábrica seguindo o grupo executivo, que lhe haviam dado uma equipe de turno integral de três pessoas para implementar um *sistema puxado*, com algum suporte de Amy Woods. E de fato, Beckmeyer demonstrara toda a extensão da *puxada*, da área de expedição à caixa de *nivelamento*, o *loop* de retirada *kanban*, um enorme ponto de armazenamento que fez Jenkinson franzir o cenho, e então o segundo *loop* de *kanban* de instruções de produção,

com as caixas de criação de lotes e as esperas de lançamento. Um carrinho levava componentes às linhas e recolhia o produto acabado.

Ward estava impressionado. Estava muito bem feito, no verdadeiro estilo germânico, com caixas de nivelamento de metal brilhante e cartões *kanban* de plástico codificados por cores. Eles tinham optado por contêineres de peças empilhados, em três ou quatro, sobre carrinhos com rodas, em oposição às prateleiras que Vaudon estava experimentando. Ackermann descreveu *sotto voce* a dura que Bob Woods tinha dado neles a respeito daquilo. O velho tinha dito que, ao invés de movimentar um palete de peças por vez, eles movimentavam uma pilha de peças por vez – o que significava que tinham feito progresso, certamente, mas não muito, e tinham se encurralado em sua solução, e não podiam mais fracionar e misturar as coletas. Ackermann explicou que Beckmeyer tinha pago os olhos da cara para instalar tudo aquilo, e não quisera pagar para instalar um supermercado de verdade na frente de cada linha. Realmente, se a coisa tivesse de ser tão grande quanto os corredores, seria gigantesca.

Toda a visita foi feita sem nenhum comentário de Jenkinson, que escutava impassivelmente enquanto Beckmeyer explicava isso e aquilo à assistência. Mas, à medida que progrediam, Ward começou a refinar sua primeira impressão. Claramente, o *sistema puxado* esclarecia o *fluxo* na fábrica, e também fazia aparecer problemas. Bom. Mas, ele percebeu, *esses problemas não estavam sendo resolvidos*. O quadro de análise de produção tinha números específicos correspondendo exatamente à meta de cada hora. Esta era o que Bob Woods chamaria de "linha milagrosa": não havia como os operadores atingirem o número certo de peças por hora em cada hora. Além do mais, percebeu Ward, não havia um único comentário em nenhum dos quadros.

Ele viu uma caixa vermelha cheia de peças ruins, apesar da célula não estar operando. Vários corredores do supermercado estavam vazios, sem nenhuma resposta óbvia da equipe. Seria uma hora muito imprópria para chamar atenção para si, mas ele estava ardendo para fazer mil perguntas. Quanto mais ele via, mais a sua curiosidade era espicaçada. Ele viu o que parecia ser pedidos de fabricação gerados por computador em cima de uma mesa. Ward percebeu que a fábrica alemã tinha comprado uma camada superficial de sistema *lean*, mas não a usara para *kaizen*. Se ele não estivesse uma pilha de nervos, teria achado aquilo engraçado. Eles tinham realmente criado uma imagem de Buda sem pôr alma nela, para usar uma frase do discurso de Bob Woods na conferência executiva que parecia ter ocorrido séculos atrás.

O resto do dia foi gasto fazendo hora enquanto cada um dos gerentes de fábrica europeus entrava em uma sala de reuniões para se deparar com uma assembleia (que parecia uma corte marcial) de gerentes sênior, cada um dando detalhes do ano e seus planos para o próximo. Ele esperava encontrar Stonebridge lá, mas a fábrica polonesa era representada pelo seu controlador financeiro, um jovem apreensivo que não parava de revisar sua apresentação em seu *laptop*. Ward bateu papo nervosamente com o gerente da fábrica tcheca que ele mal conhecia, um sujeito baixo e ativo que tinha trabalhado nos Estados Unidos e fala inglês com um carregado sotaque do Brooklyn e um vocabulário colorido igualmente surpreendente. O gerente da fábrica de Turim era um italiano alto e elegante que chegara atrasado, perdera a visita à fábrica e saíra imediatamente após seu exame oral, de forma que Ward teve pouca oportunidade de falar com ele.

No fim, a sua própria apresentação foi uma roubada. Apesar de ele ter apresentado resultados orçamentários desastrosos, tendo errado de longe seus objetivos anuais, os cartolas ali reunidos não fizeram qualquer pergunta. Eles ouviram distraidamente enquanto ele se desdobrava, obviamente pensando em alguma outra coisa. Jenkinson e Wayne Sanders – *o* Wayne Sanders – toda hora pediam licença para atender ligações, e sussuravam rapidamente um para o outro sempre que voltavam à sala. Ward se surpreendera ao ver Lowell Coleman no painel, mas este não fez qualquer grande tentativa de conversa além das amabilidades de hábito. Beckmeyer estava ali como o vice regional europeu, com cara de quem comeu e não gostou, mas, afinal, ele sempre parecia mal-humorado. Ele olhava para Ward do alto do seu nariz comprido e afilado, sem nada falar. Ward esperava ser feito em pedaços, mas em vez disso só recebeu silêncio. Ele pegou seus eslaides e todos acenaram distraidamente, agradecendo-lhe por ter vindo e coisa e tal. O único comentário de Jenkinson foi que suas metas de estoque para o próximo exercício não eram desafiadoras o bastante.

– Você pode me dizer, por favor? – indagou Ward, pegando Jenkinson quando ele recém tinha desligado seu celular e ia voltando à sala de reuniões para a apresentação tcheca.

– Dizer o quê? – perguntou o CEO, parecendo verdadeiramente surpreso.

– Eu ainda tenho um emprego? – perguntou Ward, detestando-se por parecer tão banana.

– Se você não tivesse – sorriu lentamente Jenkinson, – eu mesmo teria lhe dito.

– Mas, mas – gaguejou Ward. – E os meus números do orçamento? Vaudon está no fim da lista, de longe.

– Ok – disse Jenkinson, suspirando visivelmente com um olhar para a sala de reuniões, onde estava sendo esperado para a apresentação tcheca. – Variâncias não querem dizer nada para mim. Não posso mudar tudo de uma vez só, mas nesse próximo ciclo orçamentário iremos trabalhar a partir de lucros e perdas e projeções de fluxo de caixa, em bom inglês, de forma que possamos todos nos entender e concordar com a direção que estamos tomando.

– E dou, sim, grande importância ao processo orçamentário. Um orçamento forte é absolutamente essencial para o que discutimos antes – *direção clara*. Não gostei nem um pouco de saber sobre todas as palhaçadas que aconteceram com os números deste ano. Lowell Coleman concordou em vir aqui e assumir a região enquanto procuramos por alguém local. Klaus pode voltar a focar em Neuhof. Deus sabe o que a fábrica precisa.

Coleman?, pensou Ward, estupefato. Gerente regional europeu? No lugar de Beckmeyer? Não admirava que ele estava com cara de quem comeu e não gostou. Embora ele tentasse ser frio e se proteger contra emoções fortes – afinal, era só trabalho– , Ward não conseguia conter a sensação de louca esperança que se espalhava. Ele passou a mão irreverentemente pelos cabelos, se perguntando o que se queria dizer com "por um fio".

– O que aconteceu com a disputa de preços? – soltou Ward, tonto de alívio, percebendo que tinha dado uma mancada assim que as palavras deixaram a sua boca. Jenkinson fez uma carranca sombria.

– Como você sabe disso? – perguntou ele, curto e grosso.

– Mark mencionou – gaguejou Ward, acrescentando um sério *faux pas* à sua gafe original.

– Mark fala demais – grunhiu o CEO.
– Deu tudo certo – relaxou ele afinal, com um meio sorriso fugidio.
– A situação voltou ao normal. E não foi como você pensa. De qualquer modo, preferiria que você não mencionasse algo disso a ninguém – estou falando sério. O último boato de que preciso agora é como obriguei um cliente a ceder no preço.
– Claro – concordou Ward, tentando recobrar um pouco do seu *aplomb*. – Nada sei.
– E Ward... – acrescentou Jenkinson severamente quando voltava à sala de reuniões.
– Sim?
– Me consiga a redução de estoque. Me mostre o dinheiro.

– Você tinha razão – disse Ward à sua mulher pelo telefone, triunfante. – Ainda tenho o meu emprego.
Ele ficara com os nervos tão em frangalhos com a análise que teve de parar em um posto de gasolina no caminho, estava tomando uma bebida de maçã não identificada e comendo um *strudel* de maçã velho com sorvete de baunilha amontoado em cima.
– Como foi?
– Zero de drama – disse ele, ainda não acreditando na sua sorte.
– Todos eles pareciam preocupados com alguma outra coisa. A grande notícia é que Phil tirou a Europa de Beckmeyer e passou-a para Coleman.
– Uau. Essa é uma notícia boa, certo?
– Veremos – brincou ele. Ele contara a Claire a história da moto de Deloin, e ela adorara, provocando-o implacavelmente ao responder "Veremos" a cada frase dele durante toda a noite.
Desligando, percebeu que nunca confiara inteiramente em Jenkinson até agora. Ele sempre meio que acreditara na teoria de Stigler de que a coisa *lean* era a pose gerencial comum, e que na primeira oportunidade verdadeira Jenkinson se revelaria tão imediatista e manipulador de números como todos os outros. Agora, ele tinha de admitir que, mesmo sacudido por todas as tempestades das crises da indústria e da política interna, Jenkinson os levou metodicamente ao chão de fábrica e atacou pacientemente as eternas questões de quali-

dade e caixas vermelhas, estoque e *sistemas puxados*, e produtividade e projeto de estação de trabalho. Isso não tornava o homem menos assustador, mas ao menos se podia confiar que reagiria de uma forma previsível, depois que se entendia como ele era. E, em certa medida, isso o tornava confiável.

Ward sempre pensara estratégia como um destino, uma visão de aonde se quer ir. A ideia de expressar a estratégia como desafios-chave era completamente nova para ele – e fascinante. O raro vislumbre que tivera da mente de seu CEO lhe fez perceber que ele não pensava em termos de uma visão grandiosa, mas de compreender completamente os problemas amplos. A Alnext tinha sempre, no passado, promovido sua visão de liderança – essencialmente, aumentar as vendas fazendo peças caras para veículos do mercado do topo e aumentar os lucros, produzindo em países de custo baixo para reduzir os custos. Jenkinson obviamente não pensava assim. Ele queria satisfazer seus clientes entregando peças sem defeitos e dentro do prazo. Ele queria manter suas fábricas completamente ocupadas sem fazer estoque, tornando--as flexíveis o bastante para lidar com um grande *mix* de peças. Ele queria lançamentos sem problemas, para conseguir renovar os produtos com mais frequência e menos incômodos. Para alcançar tudo isso, ele precisava desenvolver a percepção de qualidade da empresa e sua capacidade de resolução de problemas. Ward percebeu chocado que, com a estratégia anterior da Alnext, Vaudon nunca tinha tido chances – fora apenas uma questão de tempo. Mas se Jenkinson *realmente* pusesse em prática o que falava, eles tinham sim um raio de esperança, se se dedicassem e finalmente obtivessem alguns resultados no nível orçamentário de todos os seus esforços. O CEO podia ser louco, mas com certeza havia método na sua loucura: *ir e ver*, demandar melhoria após melhoria, dar *direção clara*. Por que nunca lhe tinham ensinado estas coisas?

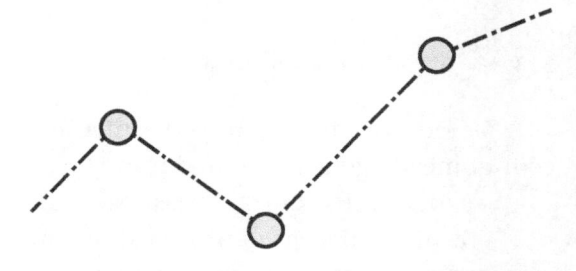

Capítulo Seis

TRABALHO EM EQUIPE

– Nós simplesmente não somos bons o bastante – afirmou Virginie Lesueur.
– Por que você diz isso? – perguntou Ward. Lesueur era uma mulher *mignon* cujos olhos e rosto redondos a faziam parecer terrivelmente jovem, uma qualidade que parecia ficar mais pronunciada com ela entre as barbas grisalhas de Matthias Muller e Denis Carela. Os quatro estavam revisando a análise de qualidade que ela estava fazendo em um quadro. Malika Chadid nunca tinha se comprometido inteiramente aos *PDCAs* de qualidade total, delegando o trabalho a Lesueur, uma jovem técnica que ela tinha arregimentado diretamente da faculdade dois anos atrás. Lesueur era uma garota dali, tendo passado toda sua vida em Metz, onde seus pais tinham uma padaria. Ela tinha estudado química e tinha seu elemento natural na análise de causa-raiz, o que servia para mostrar o que nunca se sabe. Ainda assim, a aparente falta de interesse da sua chefe fez Ward pensar sobre a colocação anterior de Jean-Pierre Deloin a respeito de gestão por sistemas *versus* gestão ao fazer as pessoas resolverem problemas. Chadid com certeza fazia um ótimo trabalho na manutenção dos sistemas de qualidade da fábrica – mas quanto daquilo contribuía para reduzir reclamações e ppms?

– Olhe isso. Experimentamos o quê, cinco fatores diferentes? Mas ainda não sabemos o que causa o vazamento – disse Lesueur.

– Estou dizendo, o bico de injeção já era – grunhiu Muller, o recém-nomeado gerente de produção.

– Não vaza nas outras peças – só nessa – apontou Carela.

– E não é derretimento na descompressão, já verificamos isso – acrescentou Lesueur, irritada. – Vamos encarar: não temos mais ideias.

– Que tal continuar tentando? – sugeriu Ward, sentindo-se ligeiramente tolo por estar sempre repetindo as mesmas coisas: – Qual é o problema? Vocês conseguem esclarecer o problema? Continuem tentando.

– Àquela altura, tecnicamente, ao menos ele tinha uma ideia vaga para onde estavam indo. Mas esse problema tinha causado outra reclamação de cliente, uma que fora significativa o suficiente para que Lesueur tivesse insistido em acompanhá-lo ao cliente para verificar. Ela ficara embasbacada com a linha de montagem automotiva durante toda a visita. Ele não podia culpá-la – ele mesmo já tinha visto mais fábricas de carros do que queria no ano passado, e mesmo assim ficou impressionado com a dimensão das instalações e o tamanho da fábrica, maior do que sua própria aldeia.

– Você não entende – estamos andando em círculos – insistiu ela. – Nós não sabemos o suficiente. Análise de fatores funciona se você tem alguma ideia do que está procurando, mas aqui estamos simplesmente cavando, cavando e esperando encontrar alguma coisa. Pode ser que fiquemos fazendo isso para sempre.

– O que você sugere? – perguntou Ward, pensando na frase "Dê uma sugestão" usada por Mark Neville.

– Não faço ideia – admitiu ela, apertando os lábios. Os dois outros homens também não estavam propondo grandes coisas, apenas olhavam distraidamente para a peça defeituosa. – Se eu pudesse falar com Grimbert sobre isso...

– Quem?

– Professor Grimbert. Ele dava aula de produção de peças plásticas. Ele era muito bom.

– Não o Grimbert "gateux" – riu Muller. – Não pode estar falando sério. Ele não pode ainda estar dando aula.

– Conhece ele?

– Claro. A maioria dos jovens técnicos da IUT de Metz que vemos durante o verão fala sobre ele. Um cara durão mesmo.

– Ele é legal – disse ela, defendendo seu velho professor, o que era comovente. – Simplesmente não se contenta com preguiça mental.
– Você acha que ele ainda está na ativa?
– Três anos atrás ele estava – resignou-se ela.
– Bem, por que você não entra em contato com ele? Se ele aceitar, podemos oferecer um dia de consultoria e vocês podem ver isso aqui juntos.
– Ah, por favor – protestou Muller. – O que nós precisamos é...
– Calma, Matthias – sorriu Ward. – Não vai tirar pedaço. Você só sugere que substituamos isso ou aquilo. Vamos usar ideias...
– ... e não dinheiro – zombou Carela, de brincadeira. – A consultoria provavelmente vai lhe custar mais do que substituir o bico.
– Sim, mas podemos aprender alguma coisa. Posso deixar isso com você, Virginie? Me informe como a coisa vai, e eu quero estar junto caso o seu amigo realmente venha.

A fábrica parecia outro lugar desde que Muller se tornara o gerente de produção. Decerto, o sujeito berrava com qualquer pessoa por qualquer coisa a qualquer hora, mas o chão de fábrica tinha perdido aquele relaxamento que tanto incomodava Ward. Ele também atacara o problema de montagem diretamente, e pedira que Carela cronometrasse pessoalmente cada troca de produção. Carela inicialmente não queria. Não queria se indispor diretamente com os montadores. Após vários arranca-rabos com Muller, porém, ele finalmente aceitou, resmungando. Os novos tempos de troca e o número de trocas melhoraram de forma impressionante, um fato que quase mudou a opinião de Ward sobre a velha e boa abordagem gerencial de comando e controle. Muller claramente não era do tipo "participativo", e estalava o chicote incessantemente, mas ao menos as coisas finalmente funcionavam. Olivier Stigler não reaparecera da sua longa licença médica, o que fez o RH murmurar sombriamente sobre processos de danos morais. Aquele era um problema para depois. A essa altura, Ward tinha se resignado a encarar suas encrencas uma por vez.

– Devemos estar fazendo alguma coisa errada – Ward confessou para Jenkinson durante uma das suas ligações habituais. – Estamos com um sistema puxado ativo, e ele funciona, mas os resultados são catastróficos.

– Em que sentido?

– Nós reduzimos o estoque em cerca de 20% em apenas dois meses, mas nossa entrega no prazo foi para o brejo. Ela está no menor nível desde que Carole Chandon começou a lutar por carregarmos caminhão por caminhão. Ela agora está convencida de que o sistema não funciona, e vive se batendo com o novo gerente de produção.

– Você está nivelando?

– Estamos puxando. Reposição de estoque com cartões *kanban*. Como discutimos.

– Sim, mas você está nivelando?

– Não tenho certeza do que você quer dizer com isso.

– Olhe, estou bastante enrolado no momento, mas vou pedir para Amy ir aí e dar outra olhada. Isso ajudaria?

– Seria ótimo.

– Algum outro problema?

– Mais um, na verdade – hesitou Ward. – Estou confuso a respeito de uma coisa...

– Vamos, primeiro os problemas.

– Bem, é sobre essa ideia de *direção clara*. Entendo que duas noções importantes da gestão *lean* são "clientes em primeiro lugar" e "desenvolver pessoas antes de fazer peças", certo?

– Sim. E daí?

– Não leve a mal, mas tudo que eu ouço é brigar com clientes e despedir gente, e, bom, é confuso.

– Ah – disse Jenkinson, ficando em silêncio do outro lado da linha. Ward nunca sabia exatamente o que achar daquele sujeito. Numa hora, ele estava completamente aberto e quase amigável. Em outros momentos, ele subitamente se fechava e fazia você se sentir como se tivesse perguntado a cor de sua cueca. Ao longo do último ano, Ward aprendera a respeitar seu chefe, por sua atenção a detalhes e seu pensamento estratégico. Ao mesmo tempo, não conseguia se livrar do medo, não importando o quanto o outro insistisse em "primeiro os problemas". Senão outra coisa, o medo de soar como um completo idiota. No fim, ele concluíra que perguntar a Jenkinson significaria constranger-se por um momento, enquanto que não perguntar significaria ficar constrangido por meses.

– Faça o que eu digo, mas não o que eu faço? É nisso que você está pensando? – respondeu finalmente o CEO.

– Hum. Não é bem assim, mas...

– Ok. Em primeiro lugar, você está interpretando mal o incidente que Mark contou para você. O que realmente aconteceu é que eu tinha um trato com a gerente de programas de veículos. Como parte de um acordo mais global que estávamos acertando, ela aceitou um aumento de preço sobre a vida restante do modelo, isso é tudo. Isso foi em parte para compensar os volumes muito menores que o esperado, e em parte porque estávamos estabelecendo os custos do novo modelo de forma muito apertada. Eu disse para ela que me dispunha a fazer um sacrifício no preço das peças novas, mas que precisava de dinheiro como entrada.

– Eu achava que você estava tentando renegociar estas peças para mais.

– Não é tão preto no branco. Já que esta gerente de programas em particular sabe o que está fazendo, andamos vendo estas peças que fazemos para ela e acreditamos que podemos fazer várias coisas para fabricar as peças mais barato. Deste modo, vamos dividir a economia de custos. No fim, também vamos fazer mais peças para o veículo dela do que antes, então é uma situação ganha-ganha.

– Então qual é o drama?

– Brigas internas no cliente. O vice de compras deles tem fama de tirar dos fornecedores tudo que eles têm. Ele chegou a levar vários à falência. Então ele mandou Sanders para aquele lugar e disse para esquecer tudo que tínhamos acertado com a gerente de programas, mostrando quem é que manda. Ele e Wayne se conhecem há séculos, e Wayne sabe bem quem o sujeito é. Dessa vez Wayne ficou esperto e me manteve por dentro, então pagamos para ver. Nunca fiz a montadora *fazer* nada. Eu fiz o cara das compras abrir o jogo, e a gerente de programas foi para o CEO dizer que ele estava arruinando uma relação com um fornecedor de preferência e bagunçando um negócio maior. O CEO ficou do lado dela, e toda a coisa se desfez.

– Entendo. Eu só conhecia um lado da história.

– Como eu digo, conflito geralmente é mal-entendido. Total perda de tempo. Mas essa não é a conclusão mais importante aqui.

– Ahm?

– Tudo isso só aconteceu porque a qualidade de Bethany é de primeira linha, e Mark ganhou um prêmio de melhor fornecedor no ano passado.

– Sem isso você não teria apoio.

– Não – sem isso eu não teria um *argumento* – corrigiu Jenkinson. – É só bom negócio. A gerente de programas quer trabalhar com Mark na sua próxima produção porque ela tem segurança quanto às peças que ele vai suprir, e porque ela acredita nas reduções de custo que estamos sugerindo. Os engenheiros dela terão de acomodar algumas coisas de que eles não necessariamente vão gostar, mas ela confia na opinião de Mark, e sabe trabalhar com ele e conosco. É por isso que ela estava disposta a nos dar uma mão nesse caso. Assim, clientes em primeiro lugar, é claro, mas não de qualquer jeito. Queremos aumentar a satisfação do cliente e reduzir os custos. A questão aqui é ter a previdência de perceber que o *parceiro*, o setor de compras, não é o *cliente*: a gerente de programas é que é.

– É como quando o gerente de linha me diz que seu programa de produção é completamente estável, mas os pedidos que eu faço estão todos bagunçados – disse Ward. – Eu produzo um estoque gerenciado pelos pedidos, mas meu cliente de verdade é a linha de produção. Entendi.

– Em relação às demissões, é quase a mesma coisa. Para desenvolver pessoas, temos de trabalhar com pessoas que estão prontas para cooperar, em primeiro lugar, pessoas que estão prontas para encarar seus próprios problemas e resolvê-los conjuntamente. Você provavelmente ficou sabendo que Stonebridge não está mais em Breslávia. Ele saiu da empresa porque não conseguia trabalhar com a equipe polonesa e punha a culpa de todos os problemas nas outras pessoas. Ele era o gerente de fábrica, portanto os problemas eram dele, ponto final, mesmo que fossem criados pelos outros. É responsabilidade do gerente garantir que seus subordinados realizem bem seu trabalho, fim de conversa. Falando nisso, eu gostaria que você continuasse *indo e vendo* a fábrica polonesa regularmente até que tenhamos achado alguém que possa fazer isso. Melhor ninguém do que o cara errado, mas isso não pode durar para sempre.

– Sem problemas – assentiu Ward, pensando no que Claire acharia daquilo. Ele estava viajando mais nos últimos seis meses do que em todo o tempo deles na França. Ele tinha de fato ouvido que Brian Stonebridge tinha sido sumariamente despedido, mas não sabia se era uma decisão de Lowell Coleman ou de Jenkinson, embora ele suspeitasse deste último. Ele duvidava que fossem sentir falta do sujeito, mas não conseguia evitar sentir certa compaixão pelo ex-gerente de fábrica, considerando como ele se convencera de que era ele mesmo que estava com a corda no pescoço na última análise de orçamento.

– Já discutimos o *vá e veja* – continuou Jenkinson. – Espírito *kaizen* e *direção clara*. Outra dimensão-chave da gestão *lean* é o *trabalho em equipe*, e com isso eu quero dizer *cooperar através das funções*. Como Mark trabalha bem com engenharia, podemos fazer sugestões mais inteligentes para o cliente. Como eu trabalho bem com a gerente de programas, podemos acertar acordos melhores. Para responder à sua pergunta, pode ser confuso simplesmente porque ganha-ganha não quer dizer legal-legal, e às vezes você tem de bater a cabeça das pessoas para fazê-las cooperarem. Mas a questão é *trabalho em equipe*.

Ward ainda estava digerindo a conversa quando se dirigia à área de autosserviço para pegar um café. Ultimamente ele adquirira um novo hábito. Depois das suas primeiras duas horas no chão de fábrica, ele tomava um café da manhã tardio no refeitório, para pegar os operadores do turno da manhã no seu intervalo de almoço. No início eles davam olhares estranhos para ele, mas com o tempo se acostumaram com sua presença, até o incluíam em suas conversas de vez em quando. Geralmente eram sobre filhos, problemas na escola, programas para o fim de semana, feriados e os problemas recorrentes de se viver com um orçamento apertado. Ward aprendera a não se sentir constrangido com essas situações. Ele nada podia fazer a respeito – mas o mínimo que podia fazer era escutar e não fechar os olhos para a realidade diária das pessoas que ele convivia.

Naquele dia, a conversa entre as mulheres no intervalo de almoço fora sobre a notícia trágica que tinha chocado a nação. Um farmacêutico tinha deixado seu filho pequeno trancado no carro quando foi trabalhar, e a criança tinha morrido de desidratação. Ward fez uma rezinha supersticiosa pelo bem-estar de Charlie e se juntou ao papo.

– Eu me preocupo com Maria, também, deixando o bebê no carro desse jeito – disse uma delas.

– Maria? – deixou escapar Ward, abismado. – Maria do painel de qualidade da montagem?

As seis mulheres subitamente olharam para ele, como se o notassem pela primeira vez. Ward de repente se sentiu constrangido pelas suas bocas pequenas e expressões em branco, sentindo-se como se tivesse traído a confiança delas ao ouvir algo que definitivamente não era para os seus ouvidos.

– Você está falando sério? – insistiu ele.

– Sim – disse aquela que tinha falado, olhando para o outro lado, aparentemente em conflito por expor o comportamento dos seus colegas para o chefe; que, é claro, poderia resolver fazer alguma coisa a respeito. – Só por uma hora, mais ou menos. Ela trabalha no turno noturno, e o marido dela trabalha na fábrica Lafalc no turno da manhã. Seus horários se chocam, então ele vai de bicicleta quando sai e leva a criança de volta no carro.

– A criança fica no carro? – perguntou novamente Ward, chocado.

– O que você pensa? – zombou outra mulher. – Muitas das meninas fazem isso, é claro. Com seus salários, como elas iriam pagar uma babá? Custa mais do que elas ganham.

– Não existe auxílio do governo? – gaguejou Ward. – Alguma espécie de sistema?

As mulheres nem se dignaram a responder, olhando para as mãos, até que Ward pediu licença e saiu. A conversa foi retomada às suas costas como se nada tivesse acontecido.

– Pelo amor de Deus! – disse ele a Claire naquela noite. – Nós produzimos e mandamos peças para o outro lado da Europa, mas não conseguimos organizar uma creche! Não pode ser tão difícil!

– Faça isso, amor, faça!

– Ela deixa seu filho no carro enquanto trabalha – repetiu ele, oscilando entre indignação e incredulidade.

– Faça.

– Você tem razão. O pior cego é o que não quer ver. Eu não posso simplesmente fingir que não sei. Vou acionar Deloin. Vamos ver se a sua celebrada ligação na prefeitura pode finalmente ser de alguma valia. Mas e você? O que o veterinário disse?

– O veterinário não gostou do jeito em que o potro está posicionado, mas disse que vamos ter de ver o que acontece quando ele realmente nascer – respondeu ela, com a preocupação estampada no rosto.

Uma amiga de Claire tinha sugerido que ela deixasse seu garanhão premiado cobrir uma das éguas de graça, e Claire tinha grandes esperanças de criar um potro que ela pudesse vender a um bom preço quando tivesse um ano. Ela se preocupava porque a temporada já estava avançada, e ela podia perder um ano inteiro. Ward ficou um pouco desgastado de vê-la se envolver com criação, uma aposta ainda mais alta do que venda de cavalos, mas este era o grande projeto daquele ano, e estava finalmente chegando a termo. Tudo o que eles podiam fazer agora era segurar o fôlego e cruzar os dedos.

– O problema é puxar sem *nivelar* – traduziu Ward enquanto Amy Woods explicava. Eles tinham passado a manhã na fábrica checando o *sistema puxado* provisório. – Mas para nivelar você precisa de *trabalho em equipe* de verdade. Este é um problema que nenhum de vocês pode resolver sozinho. Então, vamos ter de resolver o *problema juntos*.

Amy estava de volta em Vaudon, e também não parecia estar muito feliz com aquilo. Claro, ela era a pessoa otimista de sempre, mas havia certa tensão também. Ela parecia preocupada e estranhamente impaciente. Ward se perguntava se tudo estaria bem – sem dúvida ele saberia de noite, quando ela e Claire iriam papear e contar as novidades. O *sistema puxado* que eles tinham instalado funcionava, digamos, mas os resultados no lado do cliente foram funestos. Os estoques tinham despencado, o que era bom, mas a entrega no prazo também, o que era inaceitável.

– Voltando para o básico – gesticulou ela expressivamente. – Carole, quando você roda o MRP, você concorda que isso exige o mínimo possível de trabalho, não é? Você põe a demanda do cliente no MRP e ele emite as instruções de produção.

– É *muito* trabalho! – protestou Carole, indignada, um tom nada incomum para ela. – Nos dá muito trabalho checar que as posições de estoque do MRP estão certas e que a informação sobre capacidade de produção está boa. Mas eu concordo que o MRP calcula qual máquina precisa fazer o quê.

– Então, como o MRP pensa? – explicou Amy. – Essencialmente, ele tenta reter estoque suficiente de cada produto para satisfazer a demanda do cliente. Assim, quando o nível de estoque atinge um gatilho, ele pede de novo um lote e daí o direciona à célula de produção disponível. Essencialmente, é um método de repedido de *quantidade fixa* e *tempo variável*. A quantidade do pedido é fixa, e o tempo que leva depende da demanda do cliente. Como os lotes tendem a ser bem grandes, tem também um *lead time* grande entre o momento em que você faz o pedido e o momento em que recebe as peças. Isso funcionaria bem em um ambiente estável, mas o problema é que a demanda do cliente varia.

– Nem me fale!

– Então, vamos ver um exemplo de uma outra empresa, parecido com o que vocês têm aqui – disse Amy, projetando uma planilha de Excel na parede da área de logística.

– Aqui dá para ver algumas semanas de demanda do cliente – a linha de baixo. Você diria que esta é uma variação realista? – O grupo fez que sim com a cabeça.

– Os quadrados mostram que o MRP faz um novo pedido quando o estoque cai para menos que 500 peças, ponto em que ele pede por lotes de 1.000 peças. Isso é mais ou menos o que vocês vêm fazendo. Podemos

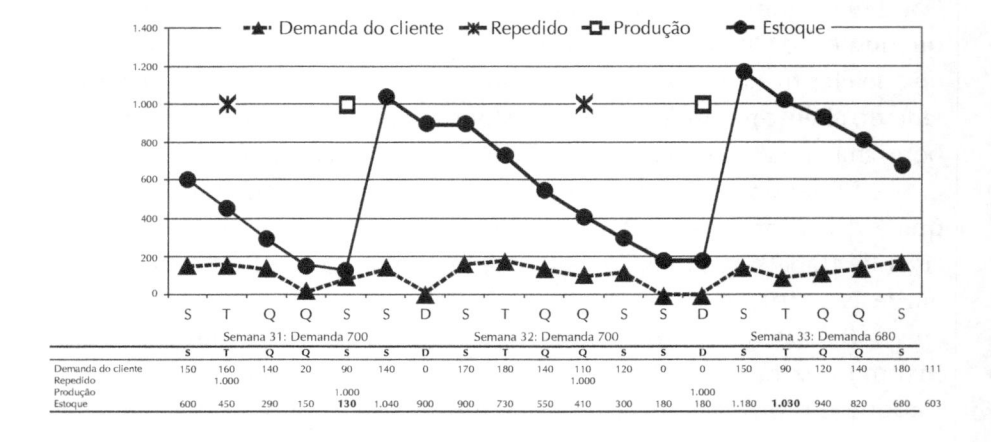

	S	T	Q	Q	S	S	D	S	T	Q	Q	S	S	D	S	T	Q	Q	S	
	Semana 31: Demanda 700							Semana 32: Demanda 700							Semana 33: Demanda 680					
	S	T	Q	Q	S	S	D	S	T	Q	Q	S	S	D	S	T	Q	Q	S	
Demanda do cliente	150	160	140	20	90	140	0	170	180	140	110	120	0	0	150	90	120	140	180	111
Repedido		1.000																		
Produção					1.000									1.000						
Estoque	600	450	290	150	**130**	1.040	900	900	730	550	410	300	180	180	1.180	**1.030**	940	820	680	603

dizer que há um *lead time* de três dias. Então, os círculos são o perfil de estoque que vocês têm, o que todos já sabemos.

– Com esse perfil, vocês têm uma média de 600 peças em estoque, mas no seu ponto mais baixo o estoque tem somente 130 produtos, de acordo? Agora, quando vocês implementaram o *kanban* nas peças de alto volume, vocês mudaram radicalmente seu procedimento de repedido.

– Nós repomos o que foi consumido diariamente.

– Não exatamente; por causa dos tamanhos de lote, vocês ainda têm um *lead time* de dois dias.

– Isso é porque dá tanto trabalho programar as trocas de ferramenta – protestou o gerente de produção Muller.

– Vamos chegar lá. Vamos ficar focados na lógica. Eis o que acontece com o seu estoque.

– Não tem mais o perfil clássico, mas oscila aleatoriamente entre 360 e 120 peças no estoque, de acordo com a variação da demanda do cliente. E a média fica em torno de 200, que é um terço do que o estoque anterior tinha. Grande melhora, não?

– Nós reduzimos o estoque em cerca de 20% – concordou Ward, – mas alguma coisa está dando errado, porque estamos perdendo muitas entregas.

– Atenha-se à lógica – repetiu Amy. – Esse é um *método de quantidades variáveis e tempo fixo*. Há uma entrega diária de produtos, mas a quantidade pedida pode variar aleatoriamente, seguindo exatamente a demanda do cliente em dois dias.

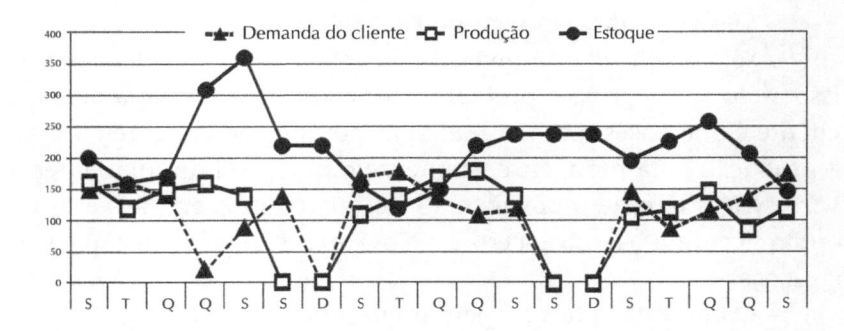

	Semana 31: Demanda 700						Semana 32: Demanda 700						Semana 33: Demanda 680						
	S	T	Q	Q	S	S	D	S	T	Q	Q	S	S	D	S	T	Q	Q	S
Demanda do cliente	150	160	140	20	90	140	0	170	180	140	110	120	0	0	150	90	120	140	180	110.5
Produção	160	120	150	160	140	0	0	110	140	170	180	140	0	0	110	120	150	90	120
Estoque	200	160	170	310	360	220	220	160	120	150	220	240	240	240	200	230	260	210	150	213.7

– Sim, mas causa o caos na produção – objetou Muller, se esticando em seu assento e distraidamente acariciando sua careca. Em reuniões ele era ainda pior que Carela ou Léa Mordant. O sujeito era tão cheio de energia inquieta que frequentemente se levantava e andava pelos fundos da sala, para depois voltar a se remexer na sua cadeira.

– Exatamente – enfatizou Amy. – Antes, a logística dependia completamente da produção, tendo que pegar o que recebia e estocar. Agora, a produção é escrava da logística, e tem que produzir quantidades que variam diariamente, o que torna muito difícil organizar a produção. E daí vocês ficam discutindo.

– Mas isto é *just-in-time*, não é? – perguntou a gerente de logística, puxando uma madeixa rebelde do seu rabo de cavalo. – A produção tem de produzir o que o cliente quer, certo?

– Isso é *just-in-time desnivelado*. Funciona, mas a um custo alto, tanto de flexibilidade quanto de capacidade. Nesse estágio, o problema é que a fábrica ainda não é flexível o suficiente para acompanhar, e provavelmente nunca será.

– Eu simplesmente não vejo como podemos ter tamanhos de lote de 10 vezes a troca, se temos que seguir exatamente a demanda do cliente – pensou alto Ward.

– Sim, esse é o problema – concordou Muller, franzindo o cenho. – Não posso programar a produção de qualquer jeito, então ficamos checando o que está no MRP e fazendo escolhas sobre o *kanban* em vez de simplesmente seguir o *sistema puxado*.

– Mas vocês deviam seguir o *kanban*! – exclamou Chandon.

– Se... o *kanban* está nivelado – explicou Amy. – Olha, vamos levar isso até o fim. Agora, o problema de seguir exatamente a demanda do cliente é que vocês têm um *lead time*, porque não conseguem organizar a produção para produzir exatamente o que precisam diariamente – às vezes vocês têm de produzir mais do que conseguem, às vezes menos, então fica uma bagunça, certo? – Novamente, o grupo fez que sim com a cabeça.

– O que vamos fazer é pensar em termos de *takt time*. *Takt time* na verdade é simplesmente a demanda do cliente distribuída em média ao longo de um período de tempo. Vamos pegar uma semana. Ao longo de

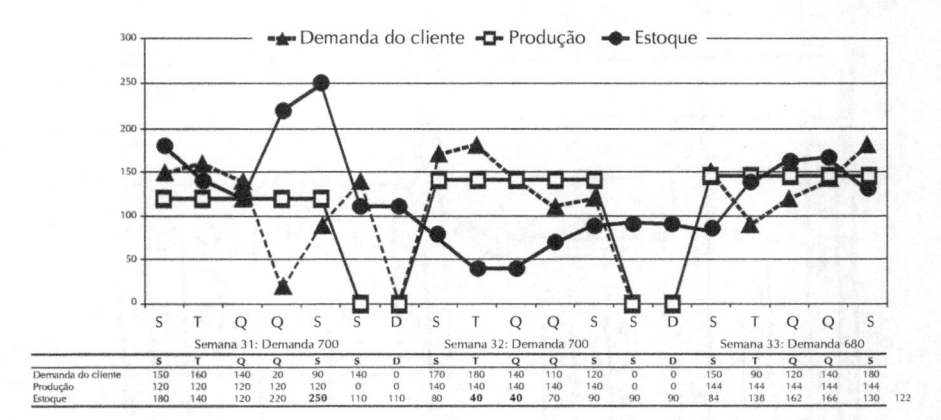

	S	T	Q	Q	S	S	D	S	T	Q	Q	S	S	D	S	T	Q	Q	S
Demanda do cliente	150	160	140	20	90	140	0	170	180	140	110	120	0	0	150	90	120	140	180
Produção	120	120	120	120	120	0	0	140	140	140	140	140	0	0	144	144	144	144	144
Estoque	180	140	120	220	250	110	110	80	40	40	70	90	90	90	84	138	162	166	130	122

Semana 31: Demanda 700 | Semana 32: Demanda 700 | Semana 33: Demanda 680

uma semana, podemos pegar as horas de produção que temos e dividi-las pela demanda total do cliente projetada para a semana. Assim.

– Então você está dizendo que eu deveria tirar a média da demanda do cliente ao longo da semana, com a mesma coisa todos os dias? – perguntou a gerente de logística.

– Exatamente. Durante uma semana, você pede para a produção a mesma quantidade todos os dias, independentemente do quê o seu cliente realmente pede que você forneça. O que sabemos sobre os clientes é que o volume total deles será estável ao longo de uma semana, embora seus totais diários possam variar consideravelmente. Então, os que eles não recolheram hoje vão acrescentar aos pedidos de amanhã. Na média, é estável. Se você verificar seu perfil de demanda, tenho certeza de que você vai ver que isso é verdade.

– Hummmm, poderia funcionar...

– Então, neste exemplo, o estoque médio caiu ainda mais, cerca de 120 peças. Mas também é mais arriscado, já que o meu ponto mais baixo é somente 40 peças. Este é o método *lean*. É muito mais enxuto, mas exige atenção constante. É um método de *quantidade fixa e tempo fixo*. Na produção, você pode seguir as indicações do *kanban*, porque a demanda que você tem é *nivelada* – concluiu Amy, seguindo rapidamente para um quadro. – Aqui. É assim.

– Eu produzo a mesma quantidade todos os dias para cada dia de uma semana?

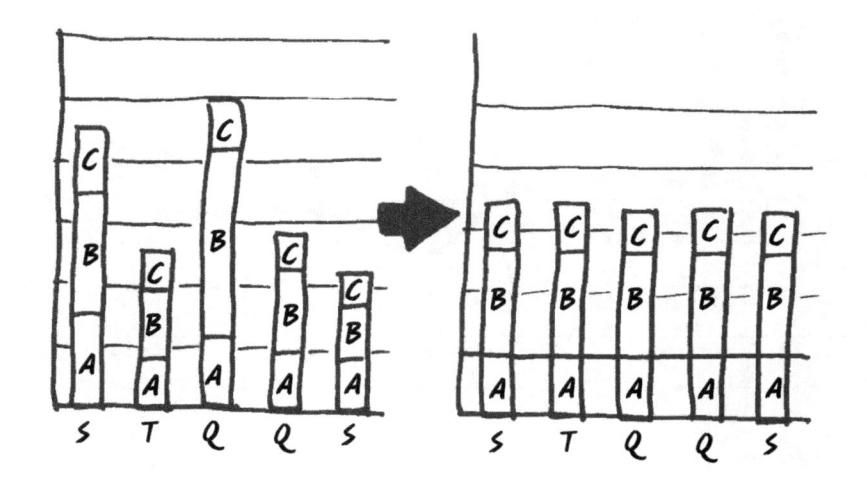

– Sim, assim você pode programar as trocas e controlar a produção de perto.

– Mas o que acontece no caso de um problema? – indagou Chandon, claramente incomodada.

– É aqui que vocês têm de trabalhar juntos. A produção e a logística devem resolver um problema comum cooperativamente. É possível! Lembrem-se:

– Primeiro, cada semana vocês devem concordar com um plano de produção nivelada que os dois assinam – com sangue.

– Segundo, vocês devem checar constantemente se o estoque está se comportando normalmente, se ele está transbordando além de um limite ou se está abaixo de um limite inferior.

– Controle visual – exclamou Chandon, estalando os dedos ao compreender.

– É por isso que precisamos de armazenagem horizontal em toda parte – concordou Amy. – Os pontos de estoque não devem ser só locais onde as peças se acumulam e esperam, mas uma ferramenta de gestão para controlar o fluxo de peças e a informação pela fábrica. Vamos sair daqui e dar uma olhada no estoque de vocês.

Em vez de ir em direção à área de preparação de caminhões, Amy foi para o outro lado do depósito, onde todos os componentes comprados eram mantidos. A área estava bastante organizada, e não tinha mais paletes quebrados e caixas de papelão rachadas jogadas pelos cantos, mas ainda assim tinha uma aparência cavernosa – pilhas e pilhas de contêineres de todas as formas e tamanhos, com números e variedades desconhecidos de peças dentro deles. Ward tinha de admitir que não fazia ideia de como interpretar aquilo. Ele comparou aos estoques de chão de fábrica que eles tinham instalado na fábrica, e viu a diferença. Os pequenos supermercados junto das injetoras em sistema puxado lhe diziam alguma coisa.

Eles diziam: "Estou cheio, então a produção está adiantada ou a logística está atrasada" ou "Estou vazio, então a produção está atrasada ou a logística está desnivelada" e assim por diante. Aqui no depósito, o estoque era mudo.

– Começamos com um supermercado para componentes-chave – disse Carole, levando-os a uma área onde eles colocavam rolamentos no chão e contêineres de plástico azul estavam empilhados, organizados em fileiras. – Embora isso signifique que temos de desembalar quando recebemos contêineres grandes dos nossos fornecedores – o setor de compras não quer saber de fazer os fornecedores mudarem suas políticas de acondicionamento.

– Como todos, como todos – sorriu Amy, olhando para uma pilha de cinco caixas de uma referência. – Então, quantas caixas vocês deveriam ter aqui?

– Eu sei – resmungou a gerente de logística, – a etiqueta diz no máximo três porque remetemos estas peças todo dia.

– Ahm. Então, por que estou vendo cinco?

Chandon deu de ombros enquanto todos se entreolhavam. Acontece.

– Quanto a você, Andy, por que você permite que esse processo tenha duas caixas a mais do que o necessário?

– O que você quer que eu faça? – suspirou ele. – Tire elas?

– Claro – respondeu ela, pegando dois contêineres pequenos de cima e os pondo no corredor na frente do local.

– Eu não vou dar uma de Bob Woods para cima de você, mas se lembra que...

– Sim. Visualizar o processo para revelar problemas a todo momento – antecipou-se Ward. – Resolver as questões uma por uma e, no fim, melhorar as políticas de gestão. Carole tinha visualizado o processo criando um local exclusivo para esse componente, mas não revelou o problema porque deixou mais caixas no local do que o estabelecido pelo padrão.

– Na mosca. E agora?

– Agora que você revelou o problema pondo as caixas extras no corredor – sorriu ele, – tenho de perguntar a Carole como ela vai resolver esse problema. O que provavelmente vai revelar um problema de política de gestão.

– De fato – contribuiu Chandon com um raro sorriso. – Eu vivo perguntando para você o que fazer com fornecedores que não respeitam nossos requisitos de entrega e enviam demais ou muito pouco! Eu ainda estou esperando por uma resposta!

Amy riu alto da careta cada vez mais sofrida de Ward.

– Acho que você pegou a ideia. Se estivéssemos usando um plano nivelado, precisamos ter controle visual rígido para garantir que o processo está de fato fazendo o que achamos que ele está fazendo. O segredo, em termos gerenciais, é forçar o processo a funcionar no nível padrão e lidar com todos os problemas resultantes. Mas para isto, Carole, você precisa de uma política geral de estocagem.

– Como assim? Acabamos de fazer isto. Está boa, não?

– Está boa, mas e quanto ao resto do depósito? Vocês só entraram no problema. Agora temos zonas de preparação de caminhões para produtos acabados e o início da armazenagem horizontal para os componentes principais. Mas e quanto ao resto das coisas – produtos acabados de baixa frequência que vocês estocam aqui, e componentes medianamente pedidos? Todo o depósito deve ser visual. Por exemplo:

– Uma "zona dourada" onde os itens mais frequentes são estocados a fim de limitar a movimentação dos encarregados de material.

– Uma "zona morta" para todo o estoque morto – peças que não foram usadas nos últimos meses, com uma política clara de o quê é estocado lá, e quando.

– Visualizar o mínimo e o máximo em cada local, assim como a frequência de refornecimento, o que lhes permitirá saber se estamos em condições normais ou não.

– Controlar o desempenho de entrega do depósito para a fábrica, e assim por diante.

– Mas... – hesitou Chandon.

– Sistema computadorizado – completou Ward, revirando os olhos. – De novo.

– Vocês claramente vão ter de ver como vão trabalhar com o sistema do computador – concordou Amy. – Mas tenham em mente que em um *sistema puxado nivelado* vocês não precisam saber exatamente quantos contêineres vocês têm a todo momento, desde que vocês estejam dentro dos limites mínimos/máximos.

– Espere – reformulou Chandon preocupadamente. – O que você está dizendo é que não devo me importar com o nível do estoque, contanto que ele esteja dentro dos limites superiores e inferiores?

– Vai flutuar aleatoriamente. Isso não lhe diz nada – na verdade, você precisa evitar o excesso de correção, que simplesmente criará o velho problema do chuveiro: sabe, você abre a água quente, mas ela tem um atraso grande, então ainda está frio, então você abre a água quente ainda mais, e quando ela chega está fervendo. Então você rapidamente fecha toda ela, e agora está congelando de novo. Desde que o seu estoque de produto acabado esteja dentro dos limites, você não precisa se preocupar com ele.

– Você está dizendo que devemos nos comprometer com uma quantidade média produzida por dia, tentar nos atermos ao plano o máximo que der, e só precisamos tomar uma decisão quando o estoque está fora dos limites – superior e inferior? – perguntou Ward.

– É isto. Com a caixa de construção de lote, o *kanban* fará isto por você. Essencialmente, o *kanban* irá puxar uma quantidade fixa em um tempo fixo se tudo for bem, porque como você está *puxando niveladamente* a produção, as várias referências na injetora serão puxadas em um ritmo constante. Enquanto nada acontecer dentro dos limites da logística, você está bem. Quando alguma coisa acontece...

– Temos de compreender o problema e reagir.

– O bom da *caixa de nivelamento* é que ela ajuda a consolidar os caminhões dos clientes progressivamente, então você vê se tem um problema na produção, porque a logística vai ver uma fileira vazia no estoque do chão de fábrica, o que indica que alguma coisa está errada.

– Estou confuso – admitiu Ward. – Eu pensava que precisávamos pôr a demanda do cliente em caminhões na *caixa de nivelamento*.

– *Se* a demanda estiver nivelada – explicou Amy, levantando a sobrancelha. – Se você está fornecendo para a Toyota, não tem problema: os programas de produção são completamente nivelados. Mas para outros clientes você pôr a demanda nivelada na *caixa de nivelamento* para proteger sua produção e lidar com as variações de estoques na logística.

– Certo... – respondeu ele, confuso. – A única coisa que eu entendo é que toda a variação deve ser lidada na logística, não na produção – está certo?

– Essencialmente, sim. A produção suporta a variação causada pela produção, e a logística suporta a variação causada pelo cliente. O primeiro princípio do sistema *puxado* é sempre ter o estoque certo no lugar certo. Cada estoque deve cobrir somente uma forma ou variação, para que possamos entender o que está acontecendo.

– Então como fazemos tudo isto?

– Eu já disse da última vez que estive aqui, mas vocês ainda não fizeram: *plano de produção semanal*. O primeiro passo é reunir todo mundo aqui uma vez por semana para elaborar um plano de produção *nivelada*. Você começa com os itens mais pedidos e vai descendo na lista de produtos. Uma vez por semana, com um calendário na mão, a logística elabora um plano de *nivelamento*, que é então discutido pela produção e pela manutenção até que se chegue a um acordo. Este plano de produção é sério. Você tranca a porta, e ninguém sai até que se chegue a um acordo. Sem mudanças, e não ser que algo importante aconteça, e todas as mudanças são registradas.

– Esta parte é fácil. Eu vou autorizar as mudanças pessoalmente – concordou Ward.

– A reunião trata essencialmente de verificar a consistência do plano que o cliente está produzindo, checar os níveis de estoque e a disponibilidade da produção. Este também é um momento para *trabalho em equipe*.

Há inúmeras razões por que o plano aparentemente não pode ser respeitado, de greves de caminhoneiros a máquinas desativadas. A equipe tem de sair da reunião com um "plano B" para se ater ao plano.

– Como assim?

– É uma questão de pagar *agora* ou pagar depois. Ou você emprega recursos excepcionais agora e se atém ao plano, ou você vai acabar pagando transportes especiais mais tarde. A ideia é controlar os custos especiais à medida que eles incidem.

– Como fazer hora extra no fim do turno caso o plano não seja respeitado?

– Mesma ideia. O plano reflete um nível normal de recurso. Se tememos que ele não vai ser respeitado, aprendemos a resolver problemas *agora*!, Não mais tarde, quando eles vão estourar na sua cara. Dá para fazer isso?

Eles tinham passado para a sala de Chandon no depósito, e Ward traduziu cuidadosamente a pergunta de Amy para francês. Chandon e Muller ficaram olhando para ele, obviamente evitando olhar um para o outro, o que fez Carela rir deles. O comentário de Jenkinson sobre ganha-ganha não ser necessariamente legal-legal subitamente veio à cabeça de Ward, quando ele percebeu que provavelmente teria de bater cabeças para fazê-los resolverem problemas juntos. O que Jenkinson queria dizer com *trabalho em equipe* de repente se apresentou sob outra luz. *Trabalho em equipe* não significava pessoas se dando bem, mas resolvendo problemas difíceis juntas. Logística e produção não precisavam ser amigas, só tinham de conseguir acertar comprometimentos razoáveis.

– Com um plano de produção nivelado, toda semana vocês geram os detalhes diários para a próxima semana, mais as próximas 11 semanas para checar que as suas suposições estão corretas ao longo do mês.

Todos concordaram.

– Uma vez por mês – continuou Amy – vocês preveem um pouco mais e geram um plano de capacidade de seis meses. Todos sabemos que cada veículo segue um determinado ciclo de vida. Algo assim.

– Mas não sabemos exatamente como e quando. Quanto a ascensão vai demorar? Quando as vendas vão atingir o pico? Quando os volumes vão despencar? Então, com as vendas, a logística e a produção, geramos um plano para:

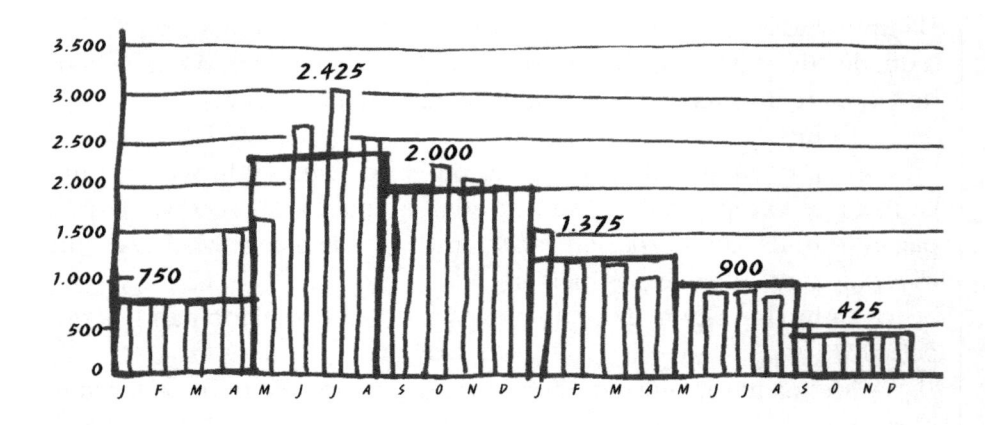

- Volume *nivelado* mensal por família de produto.
- Utilização de equipamento não dedicado.
- Mão de obra necessária.
- Estoque alvo de bens acabados e WIP em processo.
- Número alvo de turnos.

    – E regeneramos os próximos seis meses mensalmente? – perguntou Chandon.

    – Absolutamente. Na verdade, ficamos sempre checando nossas suposições com o comportamente real dos clientes.

    – Mas isso nos levaria a criar estoque previamente – preocupou-se Ward. – Produção em excesso!

    – Bom raciocínio! É aqui que a coisa fica interessante – sorriu Amy. – Há uma tensão constante entre *nivelamento* e produção em excesso, é claro. Ninguém disse que seria fácil. Por um lado, planos sempre dão errado, e, por outro, planejamento é tudo. O que eu geralmente sugiro é que a pessoa responsável pela elaboração do plano de nivelamento proposto tenha um registro de regras de planejamento, que são atualizadas à medida que aprendemos a planejar com mais precisão.

    – Não se esqueçam de que o outro lado da história é a *flexibilidade*. À medida que você fica mais proficiente em fragmentar e misturar lotes de produção para chegar mais perto do *takt time* do nível de produto, você está mais preparado para lidar com surpresas. Esse é outro paradoxo, mas você tem que vivenciá-lo para perceber como é verdadeiro.

– E quanto aos fornecedores? – interrompeu Chandon. – Não temos absolutamente qualquer controle sobre eles, é só setor de compras central.

– A mesma história – respondeu Amy alegremente. – Vocês não têm qualquer controle sobre os fornecedores, mas vocês têm controle sobre a informação que mandam a eles. Se em uma semana vocês pedem 100 peças, e na próxima, 600, o que eles vão fazer? Eles enviam o que têm em estoque e reprogramam o resto e remetem quando puderem. Ou então se você pede peças duas vezes na mesma semana, e daí nenhuma nas próximas três semanas. Você está fazendo com seus fornecedores o que os seus clientes estão fazendo com você. Você pode decidir não fazer isso: mesmas quantidades, mesma frequência, e avisá-los com bastante antecedência sobre mudança de planos. Não inventar, esse é o segredo.

– Se criarmos um plano de produção *nivelado* referência por referência, deve ser possível discriminá-lo por referência e mandar isso aos fornecedores.

– Absolutamente. Chama-se *um plano para cada peça*. Em uma cadeia de suprimento *lean*, o cliente manda ao fornecedor o seu plano de produção semanalmente: os pedidos certos de uma semana e a previsão para o resto do mês, peça por peça. A ideia é assumir que cada vez que um fornecedor não faz a entrega, fazemos alguma coisa para tornar a entrega impossível.

– Uau! – exclamou Chandon, indignada. – Impossível!

– *Si*, possível – devolveu Amy. – Pense bem. Imagine que você não pede um componente há muito tempo, e você surpreende o fornecedor com um pedido de um lote imenso para reposição de estoque. Eles vão lhe mandar o que eles têm no estoque e programar o resto para produção. Mas a não ser que você seja um cliente muito importante, o mais provável é que o seu próprio lote vai entrar na fila de espera com os outros, e eles vão levar um tempo para produzi-lo. Por outro lado, se você espera que o fornecedor envie a mesma quantidade de peças diariamente e o avise com bastante antecedência de qualquer mudança, eles têm bem menos motivos para ficar devendo. Não estou dizendo que eles não vão, note. Mas você vai saber disso antes, e como fala com eles mais frequentemente, vai descobrir o que fazer mais rapidamente.

– *Trabalho em equipe* novamente – murmurou Ward. – Dessa vez, com o fornecedor.

– Por que não? Mark Neville recém foi descascado pela Toyota, que disse que 99,9% de entregas pode parecer bom, mas para eles ainda significava 1.000 entregas perdidas por milhão.

– Tá brincando!

– Eles não estão. Deram um sermão sobre como precisávamos de um sistema de gestão de risco de "interrupção de negócios" mais robusto. Aparentemente, eles estão constantemente vasculhando os motivos que um fornecedor pode ter para não entregar. O pobre do Mark foi arrastado para a fábrica às 11 da noite outro dia porque a Toyota suspeitava que as peças *poderiam* não estar no caminhão. Acabou que as peças estavam, mas tinha havido uma confusão com os manifestos de carga, então eles se preocuparam. A Toyota tem três exigências:

1. Más notícias primeiro – eles chegam a ter um "disque má notícia".
2. Fale na hora e planeje estoques de segurança.
3. Gestão de pessoas.

– Olha, não tem nada de milagroso na Toyota. Eles são apenas mais uma grande empresa com a sua quota de problemas. Eles só são muito mais precisos em muitos assuntos. E acreditam em resolver as coisas *agora*!

– O ponto é que devemos assumir responsabilidade pelas entregas do nosso fornecedor – assentiu Ward pensativamente.

– Você está louco! – exclamou Chandon, levantando os olhos para o teto em exasperação.

– Nunca me impediu de fazer nada – sorriu ele.

Trabalho em equipe significa fazer as funções trabalharem juntas, Ward repetiu para si mesmo ao sair da reunião. Claro, todo aquele negócio puxado era interessante, mas essa ideia em particular lhe pareceu uma resposta ao seu problema gerencial que parecia não somente possível de atingir, mas poderia ter um impacto real também. Ele nunca tinha visto *trabalho em equipe* sob aquela luz antes, e a ideia de estender isso aos clientes e fornecedores era simplesmente brilhante, ainda que óbvia. Fazê-los trabalhar juntos significava fazê-los resolver problemas juntos. Subitamente ele compreendeu por que o planejamento semanal de produção com todas as principais funções era tão importante. Significava criar uma plataforma para os gerentes das funções trabalharem juntos em um problema recorrente. Pensando bem, era o que um *sistema puxado* também fazia. Ele teria de pensar em outros casos em que poderia arranjar ocasiões assim para seus gerentes trabalharem juntos. Finalmente, pensou ele com uma sensação renovada de esperança, finalmente estava chegando em algum lugar.

– Para incentivar o *trabalho em equipe*, tenho de obrigar as pessoas a resolverem problemas conjuntamente, é isso? – perguntou Ward, testando seu novo raciocínio enquanto devoravam seus sanduíches horríveis na sala de reuniões. Os outros tinham se espalhado para almoçar e dar uma olhada em suas mesas.

– E *direção clara*, diria Phil – respondeu Amy pensativamente, tirando o queijo e o presunto do pão com maionese. – Época de dieta novamente – explicou ela, fazendo uma cara engraçada. Ward manteve uma expressão neutra, contendo um sorriso. Ele tinha sorte de ter herdado o dom da sua mãe de comer quanta porcaria quisesse e não ganhar um grama. Ao contrário do seu pai, que começara a engordar com a meia-idade. Ou talvez ele ainda não tivesse chegado àquele estágio. De qualquer forma, morar com Claire tinha lhe ensinado como o tópico "dieta" era fatalmente perigoso – só perdendo para religião. Não entre nessa, amigo.

– Onde é que entra a *direção clara*? – indagou ele. – Os problemas vêm de tudo quanto é lado, entra dia, sai dia.

– Claro. Mas para fortalecer a sua equipe, você tem de escolher alguns poucos problemas típicos em que eles trabalharão continuamente.

– Como *nivelamento*? Era o que eu estava pensando – disse ele mastigando. – O baguete é a melhor parte do sanduíche, por sinal.

– Nem me lembre – suspirou ela. – Sim, *nivelamento*. Na verdade, nivelamento é um aspecto de um problema maior, que é a estagnação do material. Se voltarmos aos fundamentos e ao *mapeamento do fluxo de valor*, veremos que demora cerca de um minuto para fazer uma peça na injetora, e depois alguns minutos, no máximo, para montá-la. Mas se você roda um lote de quatro horas, agora são 240 minutos para transferir uma peça da injetora para a montagem e por aí vai.

– Eu sei, o tempo de agregação de valor é de dois minutos, mas o *lead time* pode chegar a dias.

– De um ponto de vista *lean*, o seu *lead time* de produção é composto de alguns minutos de tempo de processamento e horas de tempo de estagnação. O objetivo é reduzir a estagnação.

– Estagnação de peças – acho que consigo visualizar isso.

– Bob geralmente distingue quatro causas típicas da estagnação de peças:

– *O tamanho do lote*: obviamente, se o seu lote de produção cobre quatro dias de consumo, o que é, digamos, uma hora de produção, em termos de *lead time* estamos falando de uma hora de tempo de processamento mais quatro dias de tempo de espera. A última parte do lote vai ser usada em uma hora e quatro dias depois de ser pedida.

– *Fluxos complicados*: o mesmo se dá se você tem um fluxo complicado. Digamos que você tem um *loop* de terceirização no fluxo e muitas células diferentes: o tempo que leva para um produto passar pelo fluxo é muito mais longo do que se ele pudesse se movimentar individualmente pelo processo. Você descobriu isso quando criou as células. Basicamente, sempre que você divide e funde processos, está criando estagnação, e quando você pediu uma peça específica, é difícil saber quando ela vai sair da bagunça. O outro problema, claro, é controlar questões de qualidade em um processo complexo.

– *Falta de consideração do takt time*: outro caso típico é quando a produção não compreende o *takt time*. Basicamente, eles programam a produção de acordo com a disponibilidade e capacidade de máquina e operadores. Assim, produzimos rapidamente várias centenas de peças de um tipo numa máquina, e depois pomos o operador para fazer o mesmo em outra referência. Isso cria estagnação, já que "loteia" as peças novamente, mesmo em um equipamento dedicado, em vez de fazer a máquina trabalhar com um *takt time* e ter um operador mexendo em várias máquinas ao mesmo tempo. O problema típico aqui é que ninguém acredita o bastante em ritmar a produção de acordo com o ritmo das vendas – ritmo nivelado das vendas, quer dizer.

– *Transporte e logísitica deficientes*: se não conseguirmos transportar pequenas quantidades de tudo sempre, agruparemos os pedidos e, novamente, criaremos estagnação. É isto o que acontece quando você recolhe peças da linha a cada hora, mas o caminhão do cliente só vem uma vez por dia. Agora imagine que, em vez de ter um caminhão recolhendo um tipo de peça por vez, um caminhão por hora recolhe um pouco de tudo. Você eliminou a estagnação.

– Estamos tentando fazer um pouco de tudo isso – protestou Ward.

– Não nego – respondeu Amy. – O que estou tentando dizer é que, para criar trabalho em equipe, você tem de fazer as pessoas trabalharem em *problemas típicos*. Um desses problemas é a estagnação, que pode ser fragmentada em vários aspectos, e cada vez mais detalhados. É por isto que *lean* exige perseverança: é um *sistema*, e leva tempo fazer tudo se encaixar. Leva tempo para enxergar as conexões, e para resolvê-las não simplesmente como pontos a serem otimizados, mas problemas a serem rastreados e eliminados para que o trabalho possa fluir. À medida que você entende isto melhor, você consegue manter sua equipe trabalhando nesses problemas típicos.

– Eles nunca vão resolver o problema completamente, mas vão ficar cada vez melhores nisso – pensou Ward. – Vamos voltar ao que interessa. O problema que se precisa resolver costuma ser simples, como correr mais rápido que o vizinho, mas para vencê-lo você precisa obter uma compreensão cada vez mais detalhada do que correr significa.

– Compreensão compartilhada. Esse é o segredo – concordou Amy. – À medida que vocês criam compreensão compartilhada porque estão juntos na frente de batalha, também aprendem a parar de passar o problema adiante...

– Como estão fazendo agora! – suspirou Ward.

– Sim, estão. *E* eles começam a se ajudar. Como os operadores quando você cria uma célula e a põe para funcionar em um *fluxo de uma só peça*.

– Então é de novo minha culpa! – disse Ward, desgostoso. – Passei meses me perguntando o que havia de errado com eles que não conseguiam trabalhar juntos, jogando a responsabilidade de um lado para o outro e sabotando uns aos outros, e agora você está dizendo que eu, como gerente deles, não consegui definir problemas claros o bastante para que trabalhassem juntos e – ha! – se unissem. Uau.

– Não se trata somente de camaradagem e sentimento de parceria – riu ela. – Embora isso seja importante. É também uma questão prática, já que as pessoas normalmente discutem informações que todos já sabem. Já que não sabemos discordar ou ouvir, vivemos repetindo o que todo mundo sabe. Tipo conversa de elevador no trabalho, assim – disse ela, pegando um bloco e começando um esboço:

– O segredo é fazer as pessoas compartilharem informações que somente elas conhecem e que é relevante para os outros naquele momento. Para isso acontecer, o grupo precisa estar focado em conseguir resolver um problema específico.

– Mas por quê?

– Sei lá! Provavelmente não estou explicando isso direito. Você deveria falar com o meu marido, ele é que é o especialista nesse negócio psicológico. Só estou repetindo o que ele diz. A visão de Mike é que se eu tenho um conhecimento especial e o passo para você enquanto o seu cérebro está ligado em um dos seus problemas, você vai simplesmente apagá-lo. Ele conta uma história ótima sobre uma experiência com seminaristas. Dois dos seus colegas pediram a estudantes de um seminário teológico, quando estavam chegando, que fossem para um outro salão, onde deveriam falar sobre a parábola do "Bom Samaritano". No caminho, o seminarista sujeito à experiência passava por um ator fingindo ser uma "vítima" caída em um corredor. A experiência tinha sujeitos que estavam com tempo, com pressa ou com muita pressa. Dois terços dos sujeitos que não tinham pressa pararam para ajudar, metade daqueles com alguma pressa pararam e 10% daqueles com muita pressa pararam. A ideia de Mike é que o foco direciona a atenção. Seminaristas com pensamentos de "ajuda" não têm mais probabilidades de parar e realmente, bem, ajudar.

– Em uma grande medida, isso explica como muitos ditos especialistas podem dominar completamente a teoria *lean* – e passar pelos desperdícios mais óbvios sem perceber. Segundo, pessoas com pressa têm menos probabilidades de ajudar do que as outras. No contexto *lean*, isso significa que, a não ser que você faça um esforço deliberado para parar de correr de um problema para o outro e *olhar* para as operações, é muito improvável que você veja qualquer coisa.

– *Vá e veja*!

– Claro, mas Mike diz que se aplica igualmente a conversas. Se não estamos engajados em resolver juntos o mesmo problema, não vamos discutir a informação que cada um tem e o outro não. Ao fazermos uma equipe se focar em um problema comum, podemos verdadeiramente alavancar o conhecimento ao montarmos juntos o quebra-cabeça. Sabe, como nos velhos filmes de guerra, em que todos os especialistas odeiam de morte uns aos outros até que chega a hora de explodir a base do vilão em pedacinhos, daí eles se coordenam perfeitamente.

– Sempre voltamos ao uso do conhecimento especializado!

– E o que mais seria? Isto é indústria, certo? Fazer coisas começa com fazer pessoas. Logo, o segredo para a cooperação por meio das funções é fazer todos se focarem em resolver alguns poucos problemas típicos em detalhes cada vez maiores.

– *Vá e veja* para compartilhar a compreensão do problema; *kaizen* para aprender com a mão na massa e se desafiar a resolvê-lo cada vez com mais precisão; *direção clara* para se manter focado em problemas típicos; e *trabalho em equipe* para fazer as pessoas cooperarem apesar dar divisões de especialidade. E agora eu tenho que envolver todos sempre na conversa. Nem pensar!

– O que você acha? É um método *gerencial*, você sabe disso, não?

– Mas e a responsabilidade individual?

– Que que tem ela?

– Bem, se eu foco todos os meus esforços em equipes, as pessoas não vão ficar relaxadas? Se tem uma coisa em que não vou mudar de ideia é que as coisas não são feitas se você não designar uma pessoa para fazê-las.

– Você está completamente certo – riu ela. – O Mike tem algumas experiências engraçadas sobre isto também. Basicamente, se você se machucar em meio a uma multidão, ninguém vai ajudar você porque todos acham que alguém vai, e se só há uma pessoa presente, ela vai ter medo de se envolver. Assim, se você torce o tornozelo e não consegue se levantar, o truque é apontar para alguém e dizer: "Senhor, chame uma ambulância!".

– Se tenho razão a respeito da responsabilidade individual, isso não contradiz o *trabalho em equipe*?

– Nem um pouco. Você ainda pode dar a uma pessoa a responsabilidade para resolver um problema, mas se assegure de que ela o faça envolvendo o resto da equipe.

– Eu pensava que não havia "eu" na palavra "equipe".

– Papo de consultor. Ouça: se você não delegar responsabilidades claras sobre problemas, você não obterá resultados. Ensine às pessoas que elas não os resolvem sozinhas, mas com todas as pessoas envolvidas. Na verdade, você pode dar responsabilidade para resolver problemas a alguém que não tem autoridade sobre o assunto.

Título		Data	Supervisor	Responsável
Descrição do problema		Análise de causa-raiz		
Compreender a situação		Plano de contramedidas		
		Plano de execução		
		Verificar resultados		
Meta		Acompanhamento e pontos de aprendizado		

– Como elas podem ter responsabilidade sobre um problema se não têm autoridade? Elas nunca vão conseguir fazer algo!

– É aí que *você* entra: *trabalho em equipe*! Você é o gerente da fábrica, afinal. Seu executivo de melhoria contínua pode ter autoridade zero sobre a seção de injeção, mas ele ainda assim precisa coordenar os *workshops* e fazer que o pessoal funcional e os operadores colaborem para arranjar uma solução, não é? Como é isso?

– Se eles não colaboram – sorriu ele maldosamente –, tenho uma conversa em particular com eles a respeito.

– Nem tente soar como o Bob – riu ela. – Mas, essencialmente, é isso. Você tem autoridade para criar *trabalho em equipe*, portanto você pode delegar a qualquer um a responsabilidade para resolver problemas. Eles têm de fazer as conexões, falar com os especialistas, fazer concordarem sobre qual é o problema, experimentar soluções, fazer todo mundo concordar que a solução é a correta, e assim vai.

– Como nós estamos fazendo com as análises de qualidade do Bob?
– Exatamente. A Toyota chega a ter uma técnica definida para isto. Eles a chamam de A3, porque deve caber em uma folha de papel A3. – Amy esboçou um A3, descrevendo as partes simultaneamente.

– *Título*: pode soar inócuo, mas formular o título do *relatório A3* é o primeiro passo para enquadrar o problema corretamente. O título deve expressar corretamente o que é o problema em uma frase sucinta. "Problema da máquina X" não é o mesmo que "Reduzir defeitos de queimadura por desbaste da máquina X".

– *Responsável*: quem é o responsável pelo problema? Quem é o *coach*? Quem é o supervisor? Pode soar contraintuitivo, mas a ferramenta A3 não é tanto para resolver problemas, mas para resolver a relação resolução de problemas/*coaching* entre chefe e subordinado. *Trabalho em equipe* e o desenvolvimento de competências individuais andam lado a lado.

– *Descrição do problema*: por que isso é um problema, e quão grande ele é? O gerente e o membro da equipe devem concordar quanto ao escopo do problema. O funcionário deve ser treinado para expressar o problema como uma diferença em relação a um padrão. Por exemplo, a máquina produz 3% de defeitos, o que é dez vezes o padrão de produção, e leva a um ônus adicional de tanto em transportes especiais, ou custos extras, ou ônus ergonômico, e assim por diante. Com a descrição do problema, o funcionário tem de quantificar tanto a diferença em relação ao padrão quanto o impacto comercial do problema de uma maneira que diga algo ao gerente. Isso pode parecer trivial, mas na prática real é muitas vezes difícil de se fazer. A informação necessária para comunicar isso raramente está disponível, o que força a pessoa elaborando o A3 a falar com pessoas sobre o que está acontecendo. O gerente pode treinar o funcionário para buscar informação fora da sua área imediata, e definir o escopo do problema de forma a melhor entender a *importância* que ele tem. Em geral, se ele não consegue providenciar uma série histórica de um indicador-chave e compará-la a um padrão, o autor do A3 não entendeu o problema corretamente.

– *Compreender a situação*: compreender adequadamente a situação significa identificar corretamenteo a *causa pontual*: o exato lugar e razão por que o processo dá errado. Primeiro, você vasculha os arredores para achar o verdadeiro problema, depois continua cavando até encontrar a fonte. Defeitos não ocorrem por mágica. Defeitos são criados porque em algum momento do processo normal algum trabalho está sendo feito errado. Antes de tentar analisar as causas, deve-se identificar corretamente *onde* o processo está dando errado. Para isso, o gerente deve ajudar o funcionário a esquematizar o processo técnico como ele deveria estar se dando teoricamente, e daí olhar a realidade das coisas, identificando todos os lugares onde as coisas poderiam dar errado. O funcionário deve listar todos os fatores, e então experimentar cada um até acharem o fator reponsável pela maior porção do problema. Um Pareto tem de ser traçado para mostrar que a contaminação do fluido refrigerante é a causa número um para a máquina criar esse tipo específico de defeito. A causa pontual é identificada, assim como o fator principal afetando-a.

– Isso já é uma análise bem difícil, já que os fatores devem ser testados um a um na vida real, e muitas pessoas pensam que esse é o fim da análise; na verdade, é só o começo. Ao fazer isto, o gerente está treinando o funcionário para seguir o método científico de teste de hipóteses. Pode parecer exagerado num ambiente industrial, mas é exatamente o que qualquer laboratório de física faria ao investigar qualquer coisa.

– *Definir uma meta*: assim que a situação foi adequadamente compreendida pela identificação de uma causa pontual, uma meta clara pode ser acertada entre o gerente e o funcionário. Essa meta deve ser desafiadora o bastante para evitar que simplesmente se trabalhe com mais afinco no método existente; ela deve ser criada para encorajar uma reconsideração radical do método, uma meta puxada que deve ainda assim ser alcançável em uma tentativa. Estabelecer a meta adequada para desafiar o funcionário sem desencorajá-lo completamente é uma habilidade gerencial chave, e um momento importante de criação de relacionamento. Novamente, o funcionário propõe uma meta, e o gerente a discute repetidamente até que eles cheguem a um acordo.

– *Análise de causa-raiz*: tendo acertado uma meta, o gerente deve agora treinar o funcionário para perguntar "por quê?" repetidamente até que a causa-raiz seja encontrada. Saber que o fluido refrigerante foi contaminado é o início da análise, não o fim. Substituir o fluido refrigerante é a contramedida imediata. Descobrir por que o fluido refrigerante foi contaminado sem ninguém se dar conta é a próxima questão. O exercício dos *Cinco Por Quês* pode quase ser visto como uma investigação de assassinato: "Por quê?" deve ser perguntado à pessoa que realmente faz essa parte do trabalho, o que significa seguir pistas em toda a organização. *Trabalho em equipe*. Há um dono do A3, mas o único jeito dessa pessoa resolver o problema corretamente é falar com todos os atores relevantes. No fim, talvez eles não satisfaçam a todos, mas todas as opiniões e pontos de vista foram considerados seriamente. De novo, esse exercício tem tanto a ver com criação de relações quanto com a realização de análises claras: a fim de obter os fatos certos, o funcionário deve falar com as pessoas que fazem o trabalho, descobrir um jeito de obter deles os fatos relevantes e aprender a escutar sem torcer os fatos para caberem nas suas teorias. Aqui o gerente deve ajudar, abrindo as portas certas e mantendo o colaborador focado no processo e nos resultados.

– E aí, ainda está me acompanhando? – perguntou Amy, olhando para ver se Ward estava seguindo.

– Sim, sim – retorquiu Ward, acenando pensativamente. – Acho que sim.

– *Plano de contramedidas*: tendo identificado algumas causas-raiz, o funcionário deve agora identificar contramedidas para abordar a causa. Esse é outro momento delicado, já que o gerente não aceitará menos do que duas ou três ações possíveis para cada causa. Uma só solução é inaceitável, e não apenas porque pode ser óbvia e custosa: apresentar *a* resposta contradiz o espírito do método científico. Esse é um ponto principal. Não há "soluções" – somente hipóteses que precisam ser testadas. Em *lean*, assim como no método científico, toda medida que tomamos é uma hipótese que testamos. A fim de verdadeiramente entender o problema, nunca devemos ter uma só hipótese – se não conseguimos pensar em várias alternativas viáveis, não entendemos o problema completamente. O membro da equipe deve detalhar várias contramedidas, e então explicar seu custo relativo e efeito sobre o problema a fim de esclarecer exatamente por que as pessoas deveriam recomendar uma em vez da outra. Em alguns casos, testamos diferentes alternativas apenas para aprender.

– *Execução*: assim que as medidas foram acertadas, o autor do A3 elabora um plano de execução. O funcionário propõe um cronograma que deve ser desafiado pelo gerente. Ele também aponta quais passos práticos podem ter sido negligenciados. Novamente, o melhor plano de execução não surpreenderá qualquer uma das pessoas envolvidas, já que elas devem ter sido consultadas como parte do processo, e não simplesmente ter recebido metas de data e objetivos.

– *Verificar os resultados*: assim que a medida tenha sido implementada, os resultados devem ser verificados cuidadosamente. Novamente, esse é um problema gerencial: os funcionários prefeririam fazer outra coisa. Eles acham a parte *check* do *PDCA* especialmente estafante, exceto se os gerentes ressaltarem sua importância. Duas coisas precisam ser verificadas. Primeiro, a eficiência da contramedida para resolver o problema inicial, mas também o impacto sobre o custo do processo em geral. *Lean* é obter os resultados melhores de menos recursos. Assim, se a solução aumenta o custo geral do processo, não deve ser muito *lean*, certo?

– *Acompanhamento e pontos de aprendizado*: se a solução se mostra eficiente, é provável que se aplique em outros casos, como com equipamento novo ou no projeto das próximas peças. A chave do projeto *lean* é ligar as soluções de chão de fábrica ao processo ou produto para o próximo ciclo. Um exercício poderoso de treinamento é fazer o funcionário avaliar a questão com os engenheiros em termos do impacto sobre a próxima geração de máquinas ou produtos. Também, cada problema resolvido frequentemente revela questões que podem agora ser detalhadas para consideração posterior.

Amy fez uma pausa. – Essencialmente, você cria um protocolo de comunicação, tipo um protocolo de *Internet*, para que todo mundo na empresa possa ler e entender do que se trata.

– Mais *trabalho em equipe*.

– Os critérios de Bob para um bom A3 é que você consiga lê-lo em um minuto ou menos. A sua opinião sobre engenheiros é que eles são bons na medida dos seus portfólios de A3. Pessoalmente, acho que ele é um pouco extremo nisso, mas a ideia é essa. Imagine um *book* de modelo para engenheiros.

– Já é uma ideia – riu Ward.

– Deixe-me ressaltar que, para mim, a coisa principal desse formato são essas duas caixinhas que indicam gerente ou mentor, e subordinado ou mentorado. Porque o verdadeiro paradoxo do trabalho em equipe é que no fundo é desenvolvimento individual.

– Me perdi – disse Ward, fazendo para eles duas xícaras na máquina de expresso que ele trouxera pessoalmente para o trabalho.

– *Desenvolvimento individual* é o objetivo final do *trabalho em equipe*. O Mike tem mil tipos de teorias que explicam isso, mas o resumo é que aprendemos em grupo com muito mais eficiência do que individualmente.

– Isso é verdade?

– Qual é o porquê dos *workshops*? E das visitas do CEO?

– Tem razão – concordou Ward pensativamente, pensando da sua própria acentuada curva de aprendizado e de quanto ele odiava as visitas do CEO, mas ao mesmo tempo admitindo o quanto ele tinha aprendido com elas.

– Somos macacos com cérebros hipertrofiados, segundo meu marido. Pensar é muito menos divertido do que fofocar. Nosso aprendizado social é muito mais desenvolvido do que o intelectual. Portanto, o segredo é criar uma oportunidade social para aprender, resolvendo problemas em grupos. O que também é um ótimo arranjo para aprender a partir do conhecimento e experiência dos outros.

– Temos um belo exemplo aqui – observou Ward. – A jovem técnica em qualidade: desde que assumiu a análise de causa-raiz, ela progrediu incrivelmente ao trabalhar com Carela e Muller. Malika sempre tem que chamá-la quando estamos discutindo questões detalhadas.

– Bob alguma vez deu a você o seu discurso "gerentes devem ser professores"?

– Hum, não. Phil fez.

– Imagina se não – riu ela, satisfeita consigo mesma. – Demorou bastante para ele aprender!

A essa altura, Ward assumia que Amy conhecia Jenkinson antes de ele se tornar o temível "gerente *lean*" que ele agora era. Não obstante, ele continuamente se surpreendia com a liberdade que ela falava dos desafios de Phil ao longo do caminho. Ele achava isso reconfortante, de certo modo, já que o fato de que Jenkinson conseguiu aprender aquilo fazia a coisa toda parecer mais acessível. Ainda assim, quanto mais ele se aproximava da montanha, maior ela parecia. Quanto mais ele aprendia, mais coisas para aprender ele descobria. A coisa parecia não ter fim, o que provavelmente era o sentido de tudo aquilo, mas às vezes era demais.

– Gerentes devem ser professores. Parece ótimo, mas difícil de fazer, não acha?

– Nem me fale.

– A tradição *lean* na verdade tem uma teoria implícita a respeito – disse Amy. – Um: *se aprende fazendo*. Dois: *se aprende melhor em equipe*. Três: *equipes aprendem se tentam resolver problemas juntas*. Elas aprendem confrontando as perspectivas uns dos outros enquanto buscam uma solução comum. *Trabalho em equipe* é desenvolver competência individual, porque a habilidade é fazer os três juntos. As pessoas aprendem ao serem parte de uma equipe que aprende a resolver problemas experimentando e experimentando.

– Confesso que era gerente de RH, então sou suspeita, mas para mim a essência do sucesso da Toyota é que ela treina continuamente as pessoas para que saibam mais, e para que se desenvolvam até todo o potencial de suas habilidades. Trabalhando com equipes de linha de frente para resolver problemas detalhadamente e extrair as conclusões certas, ela desenvolve soluções livres de desperdício para problemas industriais, o que ao longo do tempo lhe dá uma vantagem que ninguém consegue copiar. Não nasce da solução de uma pessoa brilhante, que não pode ser copiada e colada. A vantagem deles vem da experiência acumulada e compartilhada de todo o seu pessoal ao operar equipamentos e processos. Tente acompanhá-los!

– Vou mostrar uma coisa para você no seu chão de fábrica – sorriu ela, fazendo Ward sofrer silenciosamente ao saber que lá vinha outra lição.

Eles foram direto para a fatídica injetora nº 7, onde um operador estava pegando peças do transportador da injetora e montando um pequeno complemento em uma grande máquina quadrada antes de colocar a peça completa em um grande contêiner. Ward agora compartilhava da frustração *lean* a respeito de contêineres grandes de clientes – simplesmente não dava para fazer nada com aqueles troços. Estes caixotões de metal atrapalhavam o *design* apropriado das células de trabalho, eram impossíveis de se transportar com segurança, e tornavam a coleta a cada meia hora desajeitada. Elas eram um senhor pé no saco. Por que as montadoras não conseguiam entender que pequenos contêineres de plástico seriam muito mais eficientes também nas linhas de montagem deles? Amy pegou a única peça na caixa vermelha, corretamente marcada como uma peça inicial. Nada havia de errado com ela, mas o procedimento de qualidade dizia que a primeira peça tinha que ser refugada.

– Como se sabe se é uma peça *boa* ou *ruim*?

– Eu sei o que você vai perguntar. Quando foi a última vez que Jerome aqui teve um treinamento? Ele trabalha nessa estação todos os dias, sabe. Ele provavelmente poderia nos treinar.

– Assim, onde estão as amostras-padrão? Como essa pessoa está sendo desenvolvida?

– Ah, tem razão. Consegui fazer minha equipe se ater às caixas vermelhas e fazer um pouco de análise de causa-raiz, mas eles, quer dizer, *eu* não insisti nisso no treinamento.

– *Trabalho em equipe* funciona nas duas dimensões – explicou ela. – Significa cooperação de todas as funções e cooperação de toda a hierarquia.

– Eu sei. Preciso avançar com os líderes de equipe e os supervisores.

– Os líderes de equipe existem para constantemente mostrar a outros operadores o que é padrão e o que não é. Os supervisores existem para treinar os operadores em padrões de qualidade e trabalho padronizado, e para dar suporte ao *kaizen*. Treinar as pessoas para fazer o serviço direito é a nossa obsessão.

– Você está tendo dificuldades com o seu *sistema puxado* porque está muito focado em melhorar o fluxo de peças, mas você não melhorou bastante o *fluxo de conhecimento*. Lean é essencialmente caminhar com dois pés: um pé é *melhorar o fluxo de peças boas a um custo mais baixo*, mas o outro é *envolver e desenvolver pessoas*. Se você só pular com um pé, mais cedo ou mais tarde você vai cair de cara.

– Mas estou desenvolvendo pessoas – protestou Ward. – Estamos fazendo *workshops* a torto e a direito. Estamos envolvendo os operadores.

– Você ainda não está entendendo, Andy – disse ela, balançando a cabeça. – Uma quantidade simbólica de operadores aqui e ali nos *workshops* não basta. Você não está atacando o problema. Ao instalar um *sistema puxado*, você organiza o fluxo de peças e o fluxo de informação. Mas em termos de pessoal, você ainda está fixado em desenvolver os dez cérebros ao seu redor. Você ainda não criou uma organização que treina todos os operadores todos os dias. Como resultado, você está se privando tanto do seu envolvimento quanto de suas ideias.

– Mas estou trabalhando muito mais com os supervisores – insistiu Ward defensivamente. – Discutimos a ideia de *direção clara* de Phil, e decidimos fazer planos trimestrais por setor. Também faço uma visita diária com cada supervisor para ver como estamos progredindo. E estamos fazendo progressos! Finalmente está começando a aparecer nos números.

– Você não está me ouvindo – insistiu ela com seu clássico sorriso cheio de dentes, anulando o ferrão do seu tom de voz. – Você está envolvendo seus supervisores, o que é ótimo. Mas isso são apenas mais duas pessoas que você acrescentou ao seu pequeno grupo de cérebros. Queremos *todas*! A fábrica parece um outro lugar, o que também é ótimo.

– Sim, Muller é horrível com a papelada, mas está impondo uma disciplina férrea por aqui. Agora temos gestão visual, também. Olhe ali: quando uma caixa invade o corredor, dá para ver. Com licença.

Havia de fato um grande contêiner de metal metade para dentro do corredor. Malditos contêineres!

– Ei! – gritou Ward, parando um encarregado de material. – Você já passou duas vezes por isso aqui. Tenha a bondade de arrumar.

– Quantas vezes eu tenho de repetir... – murmurou ele, com Amy lançando-lhe um olhar pensativo. O tímido gerente de fábrica que ela conhecera tinha desaparecido. Esse novo Ward tinha dentes, latia e mordia. Ela tinha tentado avisá-lo de que se tornar um tiranete dificilmente seria a solução para os problemas da fábrica.

– A gestão visual está muito melhor – concordou ela, mas você não está gerenciando o treinamento de *todos* os operadores. Você está obtendo disciplina a partir de obediência, não *trabalho em equipe*.

– Eu tenho um plano – disse Ward emburrado. – Só estou tendo problemas para encontrar as pessoas.

Na verdade, Carela o surpreendera ao surgir com meia dúzia de outros nomes para possíveis líderes de equipe. Ele também sugerira um supervisor de injeção que ele conhecia como possível supervisor. O sujeito tinha muita experiência e, quando sua fábrica fora reestruturada recentemente, ele ficara com o pacote de demissão. Mas agora ele estava morto de tédio em casa, fazendo alguns bicos de construção. Carela disse que ele fora seu mentor no seu primeiro trabalho, antes de entrar para a Alnext, e que o sujeito provavelmente estaria disposto a pegar o trabalho. Ocupado com tudo o mais como estava, Ward tinha tomado nota, mas ainda não tomara qualquer atitude.

– Há duas bases no DNA *lean*, Andy – disse Amy. – Você organiza o fluxo de valor dos produtos e organiza o fluxo de valor das pessoas. Se você ficar pulando num pé só, vai ser insustentável, e você vai se encrencar. Já vi isso acontecer antes.

Amy tinha ficado hospedada naquele fim de semana, mas não a vira muito até o jantar de sábado. Sábado era, de longe, o dia mais corrido de Claire, com todos os cavaleiros de fim de semana aparecendo em Malancourt e as infindáveis aulas de equitação e treinamento de saltos, especialmente agora que a temporada de competições estava prestes a começar. Amy passara o dia inteiro nos estábulos, entusiasmada com o clube ganhando vida. Era tanto um evento social quanto um estabelecimento de hipismo, com os clientes passando tanto tempo batendo papo enquanto aprontavam seus cavalos quanto montando. A maioria dessas pessoas se via todo fim de semana. Eles eram um grupo unido que tolerava Ward como príncipe consorte, mas não tinha muito o que falar com ele. Ele não compartilhava a inexplicável paixão deles por quadrúpedes com cascos do tipo equestre. Assim, o sábado tinha virado o dia de Ward ficar com Charlie. Ele achava que passar o dia com uma criança de dois anos o trazia de volta para os fundamentos da vida, mas nestes dias ele andava inquieto e impaciente. O trabalho estava claramente entrando na sua mente mais do que nunca. Claire havia dito isso um par de vezes, e ele se recusou a ouvir, mas a ideia incomodava.

Amy estava se saindo muito bem em não trazer *lean* para a mesa de jantar. Ela estava exultante pelo dia passado com Claire, e elas resolveram que ela teria sua primeira aula de montaria no dia seguinte, quando as coisas tivessem amainado no clube. Na verdade, foi Ward quem retornou ao tópico *lean*, fazendo Claire erguer as sobrancelhas e pedir licença, levando um Charlie esperneante e gritão para a cama.

Ward também queria ouvir mais sobre como aquelas três figuras improváveis – Amy, Bob e Jenkinson – tinham se conhecido. Jenkinson e o marido de Amy, Mike, eram amigos de infância. Quando Jenkinson expandira sua próspera primeira empresa e se viu em apuros, Mike convenceu seu pai a ajudar. Amy – gerente de uma lanchonete de *fast-food* e depois gerente de RH em uma empresa ponto.com que fora por água abaixo – foi contratada pelo sócio de Jenkinson como gerente de RH do negócio de interruptores de circuitos a vácuo deles. Ela via Jenkinson como um sujeito muito inteligente que não conseguia achar suas meias sem a ajuda da esposa. Ward não sabia disso, mas a mulher de Jenkinson, Charlene, tinha criado um grupo sério de defesa da mulher a partir de um *site* caseiro que ela lançara quando estava em casa com os filhos. Amy não parecia simpatizar muito com a mulher, mas ela com certeza estava impressionada com o que ela realizara – sistematicamente ressaltando as diferenças salariais entre homens e mulheres na indústria e apoiando as mulheres para processarem seus empregadores por discriminação, com orientação e dados especializados.

– Phil simplesmente gosta de resolver problemas – explicou ela, simplificando a questão. – Ele vê os negócios como um grande e intrincado jogo de xadrez. Para ele, é um jogo vivo e complexo, e é isso que ele adora no negócio: o desafio de fazer *funcionar*. É a sua força e a sua fraqueza. Ele constantemente se surpreende com quão *pessoal* a coisa é para a maioria das pessoas. Ele se criou sem muito dinheiro, e tudo que ganhou não o afeta muito. Ele se supera com isso. É Charlene quem gasta.

– Conte-me mais sobre os A3 – pediu Ward. – Como eu os uso?

– Lá vai ele de novo – riu Amy. – Uau, ferramenta nova! Como eu a aplico?

– Você me entendeu.

– Eu entendo perfeitamente. E você sabe que essa não é maneira certa de proceder.

– Certo. Hum. Rebobina, começa de novo. Qual é o problema que estou tentando resolver?

– Acertou! Então, qual é?

– Desenvolver meu pessoal. Eu compreendo que preciso desenvolver a capacidade da linha de resolver seus próprios problemas, mas também tenho de desenvolver o conhecimento especializado do pessoal, não tenho?

– O que estamos tentando fazer é criar pessoas "T". A barra horizontal do T significa que queremos desenvolver a compreensão das pessoas acerca de todo o processo que as cerca. A barra vertical do T quer dizer desenvolver seu conhecimento nas suas próprias áreas de especialidade.

– "T" de Toyota? – satirizou ele.

– Prefiro pensar como "T" de "time" – devolveu ela, revirando os olhos. – Os *relatórios A3* estruturam a relação gerencial do *PDCA*. Assim como para as metas de um quadro de análise de produção, a responsabilidade de elaborar um *relatório A3* é compartilhada pelo gerente e pelo autor. A pessoa que elabora o relatório tem que dar o melhor de si, mas o gerente deve conduzir o processo junto, mantendo a motivação e guiando em direção a um trabalho mais rigoroso e pormenorizado. A própria rigidez do *processo A3* é a chave do seu poder para transformar cabeças. Os funcionários permanecem autodirecionados, autônomos e com autoridade delegada na procura pelas respostas certas às perguntas certas, mas nunca são abandonados. O papel do gerente é fazer o *coaching* e direcioná-las no processo até o momento "a-há" delas. Em grande medida, "resolução de problemas" é um nome inapropriado. *PDCA* é tanto um método de transferência de conhecimento quanto de resolução de problemas *per se*. A relação se fundamenta no fato de que o gerente preserva a integridade dos princípios enquanto o funcionário faz o trabalho braçal para resolver os problemas das suas implicações detalhadas.

– A noção de equipe é muito mais importante do que muitos acham. Isso tem dois aspectos. Estamos falando de A3, mas na verdade trata-se da relação gerente/funcionário. Se você, como gerente, gosta de criar uma equipe estável, então não gosta muito de contratar e demitir. Você tem de trabalhar com as pessoas que você tem...

– Decida-se. Uma hora você diz que preciso das pessoas *certas* na equipe e, na outra, que tenho de ter equipes estáveis. Meio contraditório, não acha?

– A visão de Bob sobre isso é um pouco extrema – riu ela. – Como de hábito. Ele diz que substituiria qualquer pessoa amanhã se achasse uma pessoa melhor para o serviço. Mas, não importa o quão verde pareça a grama do vizinho, encontrar pessoas melhores geralmente é difícil e toma tempo. Logo, nesse meio tempo você tem de desenvolver as pessoas que você tem. E se você se der bem nisso, elas se tornam melhores do que qualquer um que se possa encontrar rapidamente no mercado.

Ward se ocupou em servir mais vinho para esconder seu constrangimento ao perceber que isso era exatamente o que Jenkinson devia ter feito com ele: tentar fazê-lo acompanhar o ritmo enquanto não achava alguém melhor para tocar a fábrica de Vaudon – ou fechá-la.

– Os dois modelos dominantes de gestão de pessoas são ou "Faça o que eu mando" ou "Faça como achar melhor, desde que consiga os resultados".

– Um pouco dos dois, na verdade. Em alguns casos é "Faça como eu digo", e quando a coisa complica é "Você está sozinho, amigo, mas obtenha os números".

– A gestão *lean* é radicalmente diferente. É "Vamos resolver isso juntos". É baseada em construir uma relação de mentor com os funcionários. Assim, você os vê com frequência e tenta fazê-los verem as coisas como você, e aprender resolvendo problemas em detalhes. Quase sempre eles também vão lhe ensinar alguma coisa.

– Sim – e repetir, repetir e repetir.

– Tem isso, também – riu ela. – É o que fazemos. *Nivelar, nivelar, nivelar* – imitando o sotaque de Jenkinson e sua carranca séria.

– *Kaizen, kaizen, kaizen* – gargalhou Ward.

– Você constrói relações com o número de ciclos *PDCA* que fez com as pessoas, e com isso você progressivamente reestrutura o pensamento delas.

– Mas não funciona com todo mundo, não é?

– Não. Não existe fórmula mágica. Há duas coisas que você não pode incutir nas pessoas: querer chegar de manhã e dar duro, e o desejo – ou capacidade—de aprender. Na gestão *lean*, você precisa de uma dose salutar de ambos, porque as pessoas se desencorajam facilmente pela constante reaparição dos problemas.

– Nem me fale! – desabafou Ward.

– Depende inteiramente das pessoas – disse ela, ignorando o comentário. – Alguns prosperam, outros não. O desafio é reconhecer quem consegue e quem não. A maioria das empresas contrata qualquer cara na rua e daí espera que ele tenha um bom desempenho. Se essa pessoa não dá certo, simplesmente a despedimos. Isso é loucura. O custo de processo de contratar alguém é enorme, em primeiro lugar. Phil me pôs para trabalhar na melhoria dos processos de contratação e treinamento do departamento de RH da Nexplas. É um completo pesadelo. Eles não veem as pessoas como indivíduos. Eles simplesmente põem corpos em escaninhos. Me levam à loucura.

– Voltando aos *A3* – interrompeu Ward. – Eu posso usá-los para fazer alguém atacar um problema que não está na sua área de conhecimento, porque para produzi-lo ele precisa se comunicar com os especialistas e assim por diante. Ou eu posso usar isto para encorajá-los a entrar em mais detalhes em suas próprias áreas. É isso?

– Todo membro do estafe e todo gerente de linha deve estar trabalhando num *A3* sempre, em essência é isso. Lembra do *vá e veja*? Você os leva ao *gemba* e chega a um acordo sobre qual é o problema, daí você checa regularmente e os faz reformularem seus *A3* até que você esteja satisfeito...

– Ou até que eles se demitam!

– Tem isso também, sim – divertiu-se ela. – Em ambos os casos... problema resolvido! Na verdade, gerenciar o *A3* de outra pessoa é provavelmente tão difícil quanto fazer a análise propriamente dita – talvez mais.

– Ouça – disse ela após uma pausa. – Não estou preocupada com os *A3* neste momento. A não ser que você os esteja usando adequadamente – dentro do contexto certo – eles nada são além de ferramentas legais. Acho que você não está entendendo a importância das equipes. As pessoas não trabalham por você ou pelos seus salários. Você pode desmotivá-las com políticas estúpidas, com pouco dinheiro ou sendo desagradável. Mas ninguém sabe como motivar. As pessoas não trabalham para você, elas trabalham para os seus camaradas, para seus companheiros de equipe. Essa é a motivação deles. Assim, comece por baixo. Você anda muito focado em envolver seus gerentes de linha, o que está muito bem, mas até que você tenha equipes estáveis no chão de fábrica, você não terá uma base apropriada para trabalhar. A equipe de trabalho é o componente básico de tudo que tentamos fazer.

– Você não tem ideia do que está pedindo! – grunhiu Ward. – A produção quer se transferir por causa de...

– Falta de pensamento no *takt time* – interrompeu ela.

– E as pessoas em si mesmas! Elas vivem fazendo intriga o tempo todo. Eu simplesmente não sei por onde começar.

– Eu entendo isso muito bem, obrigado. Eu era gerente de uma lanchonete, lembre-se. Tínhamos tudo isso e mais. Pessoas que não apareciam para trabalhar, ter de treinar em dez minutos cravados estudantes que não sabiam nada de nada, políticas gerenciais idiotas, o que você imaginar. Mas uma coisa que a gerência superior entendia eram as equipes. E, de fato, os restaurantes em que os gerentes *sacavam* iam bem, e aqueles em que não, iam mal. Nós tínhamos reuniões diárias no início do turno para discutir problemas, e fazíamos eventos de equipe e assim por diante, mesmo com o faturamento daquele tipo de negócio. A ideia é que, em condições completamente adversas, tentávamos criar um espírito de equipe. Então, convença seu cara de RH. É o trabalho dele!

– Meu cara de RH – suspirou Ward, visualizando Deloin e sua reticência nas numerosas conversas que eles tinham tido sobre criar uma estrutura de equipe. – Você não tem a menor ideia. – Para ser honesto, Muller era um estorvo. Ele insistia em alocar as pessoas a qualquer processo que precisasse de operadores.

– Não dou a mínima para quem disse o que para quem – berrou Ward, batendo na mesa com tanta força que machucou a palma da mão. Ele não aguentava mais aquelas briguinhas incessantes. – Carole, você *vai* aceitar as peças se elas corresponderem às peças do nível da semana. E Matthias, você não muda o plano porque decidiu programar uma manutenção preventiva. É assim que planejamento funciona. Você quer me dizer que não dá para transferir a manutenção de uma semana para a outra? Por favor!

– Não sei se você percebeu, mas ando ocupado com a produção nos últimos dias – opôs Matthias, zangado. – Os caras da manutenção estão sozinhos, e eu não posso estar em todos os lugares ao mesmo tempo.

– Olha só! Então ponha um deles na reunião de plano de produção! Não pode ser tão difícil!

Mais uma vez eles terminavam a reunião gerencial semanal se estranhando. Ward estava pela bola sete. Ele não estava conseguindo fazer eles trabalharem juntos, isso já era óbvio. Era um trabalho lento e frustrante, e lhe parecia que eles buscavam as desculpas mais esfarrapadas para passar a bola adiante. Como resultado, ele estava ficando irritadiço, e seguidamente caía na armadilha de dizer a eles o que fazer em vez de fazê-los esclarecerem os problemas e resolvê-los eles mesmos. Ele via aquilo acontecendo, o que só aumentava sua frustração. Mas era tão difícil resistir a simplesmente consertar as coisas, especialmente agora, quando eles estavam tão perto de realmente fazer a fábrica funcionar. Era o primeiro mês em que o trabalho duro do ano estava finalmente aparecendo nos números. Eles agora estavam significativamente melhores que Neuhof em dias totais de estoque, e ele brigava dia sim, dia não com o setor central de compras para diminuir os lotes dos fornecedores. Mas era tirar leite de pedra.

– Posso falar um minuto com você? – perguntou Chadid enquanto eles saíam da sala de reuniões.

– Claro, eu também queria falar com você. De que maneira ainda não temos amostras-padrão de qualidade e treinamentos de autoverificação para operadores? Carela vive me perguntando quando vamos começar. Vocês ainda não discutiram isto juntos?

Ela olhou para ele fixamente, sem responder, e então virou as costas para ele sem dizer uma palavra, rumando à sala dele.

– Aqui está minha carta de demissão – disse ela, estendendo uma carta dobrada enquanto fechava a porta atrás dele.

– Você está se demitindo? – reagiu ele, abismado. Ele esperaria aquilo de todo mundo, menos de Chadid.

– Arranjei outro trabalho mais perto de Paris. Fico mais perto dos meus pais – replicou ela.

– Nossa. Não sei o que dizer – balbuciou ele, quase sem palavras. – É bom?

– Vou trabalhar na direção de um grande fornecedor automotivo. Eles estavam impressionados com o trabalho que fizemos com as caixas vermelhas – disse ela com o mais tênue dos sorrisos.

– Sim, sim. Estamos progredindo. Por que sair agora? – Ward percebeu que não falava com Chadid há muito tempo, desde que Stigler tinha tido seu chilique, na verdade. Ele a viu em inspeções de caixas vermelhas e reuniões gerenciais, mas quase nunca mais se cruzaram socialmente. Na verdade, ele provavelmente andava vendo mais Lesueur ultimamente, que o convencera a se juntar às visitas aos clientes, investigando reclamações de qualidade. Ela era uma boa companheira de viagem, mas certamente nem de longe tão divertida quanto Chadid já fora. A mais jovem só falava de questões de qualidade. Ele tentara bater papo com ela algumas vezes, mas ela simplesmente se fechara, então ele tinha desistido. Ele havia convidado Chadid para vir junto várias vezes, mas ela sempre recusara por alguma razão, então ele parou de perguntar. Ele se perguntava agora se ela vinha o evitando ativamente.

– Então por quê?

– Você realmente não quer saber – respondeu ela sombriamente. Ela era uma mulher de emoções fortes, e ele podia ver *alguma coisa* prestes a irromper dela, mas não tinha ideia do quê. Ele sabia que não seria nada bom.

– Eu quero, sente-se. Por favor, me conte.

– Ficou impossível trabalhar com você! – disse ela, sentida.

– Virginie parece não achar o mesmo – respondeu ele defensivamente. – Ela passa mais tempo resolvendo problemas do que você.

O rosto dela ensombreceu-se ainda mais, seus grandes olhos negros brilhando de fúria.

– Viu? É exatamente o que estou dizendo. Antes, nós conversávamos, Andy. Agora, tudo que ouço é que não fiz isso, não fiz aquilo. Não sou uma *ferramenta*, sou uma *pessoa*. Não consigo trabalhar nesse tipo de ambiente.

Ele ficou olhando para ela, sem ação. É verdade, eles não almoçavam mais juntos como antes, mas...

– E não consigo perdoar o jeito que você tratou Olivier. Aquilo foi malvado!

– *Eu*? – protestou ele, atordoado. Como Deloin temia, em vez de simplesmente se demitir e procurar outro emprego, Stigler tinha falado com o tipo errado de advogado e agora estava aprontando uma ação de demissão sem justa causa. O gerente de RH não estava muito preocupado com isso porque ele não fora realmente demitido. Eles tinham lhe oferecido outro emprego, mas a coisa toda ainda preocupava Ward.

– Nós éramos *amigos*, Andy. Por três anos mantivemos este lugar, e agora você nos trata *assim*? Olivier tinha razão o tempo todo. Ele previu isso. Você assumiu esses ares, agora que vive pendurado no CEO. Bem, que legal, mas para mim chega.

– Ei! Essa fábrica ainda está aberta, como você pode ver. Estávamos perto de sermos fechados, lembra? Isso aqui!

– Sim, você é um grande herói – disse ela, escarnecendo. – Tenho certeza de que isso vale pisotear algumas pessoas.

Eles só olharam um para o outro em silêncio raivoso. Não havia muito a ser dito. A garganta dele tinha um nó, Ward se sentia magoado. Ela estava sendo obviamente injusta. Estava usando o trabalho deles em *lean* como um trampolim para um emprego melhor, mas ainda assim o acusava. Ela os estava usando, e fazendo parecer que *ele a* tinha traído! Isso era um pouco demais. E quanto a eles serem amigos, que coisa estranha de se dizer! Eles foram colegas, claro, amigáveis, mas era trabalho! Por acaso a mulher esperava que ele se desculpasse por pedir que ela fizesse seu trabalho? De qualquer maneira, ela dificilmente estava no chão de fábrica quando não era obrigada. Ela abriu a boca para dizer mais alguma coisa, mas não o fez, e se virou sem mais uma palavra, desprezando-o.

– Boa sorte – disse ele para as costas que se retiravam, mas ele duvidava que ela tivesse ouvido. Ele nem tinha certeza de ter falado em voz alta.

– Mmm... – murmurou ele quando sentiu Claire se deitando.
– Como foi?

– Salvamos a égua, mas perdemos o potro – sussurrou ela, infeliz. Ele tocou a bochecha dela na escuridão e sentiu a umidade das lágrimas correndo por seu rosto.

– Ai, gata – murmurou ele.
– Vou ficar bem. Foi uma noite longa.
– O que o Charlie está fazendo aqui? – perguntou ele, percebendo que o menininho estava espremido entre eles.
– Eu o acordei quando cheguei – soluçou ela, abraçando os dois juntos. – Está bem. Eu quero estar com os meus homens agora.

– Não, eu não acho que você possa substituir Chadid ou Stigler por agora – disse secamente Coleman no telefone. – Phil está pondo uma pressão enorme para reduzir as estruturas de pessoal. Você vai ter de se virar.

– Ok – concordou Ward relutantemente, não muito surpreendido. Ninguém podia culpá-lo por tentar. – Vou perguntar a Bayard se ele se dispõe a assumir a qualidade além da engenharia de produção. Nós ainda não temos produtos novos na agulha, então...

– Não perca a esperança nesse setor. As coisas estão melhorando – revelou Coleman misteriosamente. A relação deles definitivamente tinha mudado desde que ele fora a Neuhof assumir a gerência regional. Ward sentia que Coleman estava mais frio, mais distante, mas talvez fosse sua imaginação. Ele certamente não o via muito, já que o sujeito passava a maior parte do tempo em Neuhof. Coleman fora uma troca bem-vinda no lugar de Beckmeyer, na medida em que se concentrava exclusivamente em coordenar o lado financeiro da divisão. Ele deixava todas as questões operacionais para Jenkinson, o que desfez o conflito e a confusão que Beckmeyer tinha causado tentando gerenciar todas as questões centralmente.

– Como assim? – maravilhou-se Ward, esperando que alguma coisa nova finalmente aparecesse para ele. Ele ansiava por boas notícias assim como o inverno anseia pela primavera.

– Ficou sabendo que Wayne se demitiu? – disse Coleman, com um toque de júbilo em sua voz. – Ele continua no conselho, mas não está mais no comitê executivo.

– O que aconteceu? – indagou Ward, recordando como Jenkinson esfregara as mãos de satisfação quando Sanders tinha iniciado as hostilidades abertas. No fim, ele conseguira sua libra de carne.*

– É uma longa história, mas, resumindo, lá quando Jenkinson assumiu, ele passou meses trabalhando com a engenharia. Uma das coisas que ele fez foi revisar todos os projetos de inovação. Uma das suas teorias prediletas é que ele quer estabelecer um *takt time* de inovação, o que quer que isso seja. De qualquer forma, alguns dos caras ainda alocados em Ann Arbor disseram que estavam trabalhando num forro de painel de primeira classe, que parecia tanto com couro que era indistinguível da coisa de verdade, mas umas dez vezes mais barato.

– Era realmente promissor, embora os caras achassem que precisariam provavelmente de mais uns dois anos mais de trabalho de desenvolvimento antes que a coisa pudesse ser seriamente considerada para um programa de clientes. Phil tem opiniões fortes a respeito de separar inovação de desenvolvimento, e parte da discussão que ele andava tendo com Wayne na época é que ele não permitiria inovações não testadas em projetos de clientes. Só para venda pronta. Bem, de um jeito ou de outro, Wayne ouviu a respeito deste produto mágico e acabou vendendo-o a uma montadora. É claro, quando o cliente pediu, a engenharia não estava nem perto de estar pronta, nenhum protótipo para mostrar, nada. Um grande fiasco. No fim, Phil forçou Wayne a sair. Ele pescou um cara da Honda para assumir as vendas.

– Eu não sabia – respondeu Ward cautelosamente. – Eu lamento por Wayne, mas como isso me ajuda?

– Você não sabia? – perguntou Coleman com surpresa fingida. – Wayne sempre pediu o fechamento de Vaudon. Ele quase transformou isso numa questão de guerra com Phil, vivia explicando para James Mahoney que só tinha espaço para uma única fábrica na Europa Ocidental. Todo o resto tinha de ser transferido para o leste se quiséssemos continuar competitivos.

---

* N. de T: Expressão que faz referência à peça *O mercador de Veneza*, de William Shakespeare. Nela, o usurário Shylock tem direito a cobrar uma libra de carne como garantia de um empréstimo feito ao insolvente Antonio. Como, porém, o contrato nada fala sobre derramamento de sangue, ele fica impossibilitado de obter sua indenização. A imagem ficou como símbolo de uma compensação legítima, mas inexigível.

– Não era o que você também pensava? – perguntou Ward, se indagando por que se sentia tão belicoso nos últimos dias. Ele sempre vira Coleman à sobra temível de Wayne Sanders. Agora Sanders tinha ido embora, e Coleman era o vice europeu. Assim eram as coisas no mundo empresarial; mas, mesmo assim, ouvi-lo tão satisfeito consigo mesmo era irritante.

– Eu? Por algum tempo, claro. Mas Phil nos apresentou uma maneira completamente diferente de ver os custos, sabe? De qualquer modo, isso significa que você tirou a corda do pescoço.

– Vou tirar a corda do pescoço quando conseguir negócios novos para essa fábrica – devolveu Ward duramente.

– Nós reduzimos ainda mais nossos defeitos com isso – disse Ward, mostrando a Jenkinson um quadro padronizado que tinham posto em cada célula e estação de trabalho.

– Quando os operadores assumem a estação de trabalho no início do turno ou depois de uma troca, eles têm de checar que:

A estação está limpa.

A primeira peça está ok.

Eles foram treinados.

Os parâmetros da máquina estão ok.

A primeira manutenção foi feita.

Se qualquer um desses itens não estiver satisfatório, eles têm instruções para não começar a trabalhar até que o supervisor tenha checado pessoalmente e dito para irem em frente.

– Bom – reconheceu Jenkinson. – E você tem supervisores fazendo as horas extras?

– Ainda não, ainda estamos procurando as pessoas certas. Já entrevistei vários, mas fiquei mais cauteloso nas contratações. Melhor ninguém do que a pessoa errada, certo?

Jenkinson assentiu com a cabeça, mas nada disse. Era um dia de calor em julho, e a fábrica estava quente, o cheiro de injeção presente em toda parte. O CEO estava fazendo o *tour* pela fábrica por conta própria, com seu uniforme de camisa jeans e calças bege, questionando detalhes, discutindo ideias.

– Estou muita impressionado com essa menina da qualidade...

– Virginie Lesueur? Sim, ela está se virando bem. Ainda acho que ela é um pouco jovem para assumir como gerente de qualidade, mas estou com o gerente de engenharia cobrindo ambas as funções, no momento.

A fábrica estava com boa aparência. Eles começaram a visita com a expedição e passaram muito tempo com Muller e Chandon discutindo o uso detalhado da *caixa de nivelamento*. Em geral, o sistema funcionava. Agora, Jenkinson os estava levando cada vez mais fundo na compreensão das causas localizadas.

– Bom trabalho – repetiu ele.

– O problema – queixou-se Ward – é que acho que estamos chegando ao limite do que podemos fazer aqui em termos de produtividade. Estamos quase sem mais trabalhadores temporários. Não estamos mais fazendo turnos de fim de semana. As injetoras ainda não estão ocupadas. Eu não tenho como continuar demitindo pessoas sem começar a tornar as pessoas desnecessárias. Ainda temos algumas áreas sem líderes de equipe propriamente ditos; já que decidimos nunca contratar pessoas extras para esta posição, mas usar operadores liberados pelo processo *kaizen*, eu ainda posso liberar algumas pessoas para criar os líderes de equipe restantes, então a decisão não é "urgente urgente". Mas, mais cedo ou mais tarde, vamos ter de encarar a questão.

– Se precisar, faremos – disse o CEO, – mas tendo a concordar com você. Particularmente nesse contexto social. Eu preferiria não começar uma guerra por causa disso neste momento.

– Entretanto, no lado do volume, eu acho que podemos fazer alguma coisa – continuou Jenkinson. – Primeiro: agora posso confirmar que você vai receber o novo filtro de diesel. Aparentemente, a própria montadora disse que queriam trabalhar especificamente com Vaudon. Eles já tiveram vários problemas, mas estão muito satisfeitos em como vocês trabalharam com eles para resolver as coisas. Você pode se orgulhar disso, já que o plano era mandar esta peça para a Eslováquia. A peça vai ficar aqui. Você vai trabalhar no modelo novo com os engenheiros deles e os nossos em Neuhof.

Ward quase saltitou de alegria. Ele vinha se matando de preocupação por causa daquilo, roendo as unhas à espera do veredicto.

– Mais para agora – continuou Phil tranquilamente, – precisamos de capacidade na fábrica tcheca. Ela faz a injeção de algumas peças sem montagem para montagem final na França. Quando você fatora o custo de transporte e o fato de que a peça não tem conteúdo de trabalho de montagem, não faz qualquer sentido. Então, já que você tem excesso de capacidade aqui, e precisamos de um pouco lá, acho que vamos trazê-las de volta depois do verão.

– O cliente vai aceitar? – indagou Ward, exultante, mas não ousando demonstrá-lo.

– Não vejo por que não. Não estamos mudando o preço, e eles devem economizar no custo de transporte, já que buscam essas peças na fábrica. Sim, eu sei que eles já nos pressionaram para pôr essas peças na faixa de baixo custo, mas as coisas mudaram. As cabeças estão mudando também.

– Brilhante, brilhante – repetiu Ward. Era um eufemismo: ele estava em êxtase. A prova dos nove era obter volume para tornar a fábrica mais atrativa, e finalmente, finalmente, todo o trabalho duro deles estava dando seus frutos. Que alívio!

– Estas são as boas notícias – disse Jenkinson, olhando em volta para as injetoras. – Agora vamos voltar ao trabalho. Quais são seus principais problemas?

– Além do volume, quer dizer? – replicou Ward, aborrecido. Ele não queria fazer isso agora. Ele queria comemorar o sucesso! Dar um tempo, curtir o momento.

– Estamos bem, em geral – disse ele sem entusiasmo.

– Vamos lá, Andy. Você só me mostrou coisas que funcionaram. Como você quer que eu ajude se não me mostra seus *problemas*?

– Certo. Aqui vai um. O número de faltas do pessoal está um absurdo.

– É mesmo? Por quê?

– Não sei bem – confessou Ward, tendo pegado o gesto francês para "não depende de mim". – Tivemos bastante horas extras em junho para compensar todos os feriados comerciais em maio. Tem sol, as pessoas querem tirar folga. Eu realmente não sei.

– O que o seu RH acha?

– Ah – reconheceu Ward com desgosto. – Ele acha que estamos exigindo demais das pessoas.

– E estão?

– O que você acha? – respondeu ele, acaloradamente. – Estamos transformando completamente a cultura desta fábrica. Então sim, nós temos uma abordagem de tolerância zero. Muller às vezes é abrupto. Mas você não tem ideia de como é difícil incutir algo que pareça disciplina neste lugar. Olhe em volta. Não vê?

Jenkinson olhou novamente para a fábrica, e ele tinha de admitir que ela estava transformada. A maioria dos sistemas estava ativa e funcionando. A fábrica estava organizada. Não havia mais empilhadeiras na área das injetoras, onde agora carrinhos vinham seguidamente recolher pequenos contêineres de peças. Ward tinha decidido de uma vez por todas que ele assumiria o risco e o custo de manusear duas vezes as peças na área de logística para recarregar os grandes contêineres dos clientes. Ainda havia muita discussão por causa disso, mas ele achava que valia a pena. Ele não dizia isto muito alto, porque tinha consciência de que não sabia ser preciso no *check* neste caso. Em alguns pontos, ele se dispunha a ir em frente só na base da fé. Ele sabia que isto não era o certo, mas, ei, às vezes você simplesmente tem de fazer o que tem de fazer.

– Há poucos comentários nos quadros de análise de produção – apontou Jenkinson.

Ward engoliu uma resposta brava. Era verdade.

– E os filmes da produção? – Os dados foram coletados, mas sim, os comentários eram poucos e espaçados. Jenkinson apertou os lábios em desaprovação, mas nada disse por um tempo. A essa altura Ward já o conhecia bem o bastante para saber que ele estava procurando as palavras.

– Você se lembra do Bob detalhando a gestão *lean* faz um tempo? Na convenção?

– Claro.

– Bob apresentou os dois pilares da gestão *lean*. Um era *melhoria contínua*, o outro era *respeito pelas pessoas*. Vejo que você fez um ótimo trabalho no primeiro, melhoria contínua. Você está fazendo *vá e veja*, *kaizen* e dando uma *direção clara* à fábrica. E está dando retorno.

– Mas se você considerar que somente as pernas esquerdas da mesa são importantes e ignorar as pernas direitas... sua mesa não vai ficar de pé. Você tem de trabalhar no *respeito pelas pessoas*: trabalho em equipe e *respeito*, também. Você sabe contar até dois? Um, *melhoria contínua*, dois... – insistiu Jenkinson, contando com os dedos e flexionando seu índice na cara de Ward – dois, envolvimento das pessoas. Quando você pretende começar com isto? Você já implementou um sistema de sugestões?

– Qual é o problema de vocês!?– explodiu Ward, subitamente furioso. – É sempre mais, mais, mais, não é? Vocês queriam resultados – aí estão eles! O que mais vocês querem de mim? Não, eu ainda não implementei um esquema de sugestões! – ele se deu conta de que estava gritando.

– Não é mais, é melhor – respondeu Jenkinson calmamente, seu dedo inconscientemente empurrando os óculos de volta para a base do nariz, seu único sinal de agitação.

– Respeito pelas pessoas! Há! – Ward se ouviu exclamar, incapaz de parar. – Essa é boa, vinda de você! Você está despedindo pessoas a torto e a direito. Usá-las e substituí-las, isso é respeito, certo?

– Do que diabos você está falando? – perguntou Jenkinson, parecendo realmente intrigado.

– Pegue Wayne Sanders, por exemplo. Construiu essa empresa. Fez tudo acontecer. Fez o acordo, mas pisa no seu pé, e você friamente sabota ele até que, tchauzinho, muito obrigado, desculpe por isso, amigão, tenho certeza de que vai entender. – Por que diabos ele estava defendendo Wayne Sanders?, pensou ele, bravo demais para parar. Wayne Sanders, Olivier Stigler, Malika Chadid. Quantos teremos que perder no caminho?

– Eu nunca quis me livrar de Wayne Sanders – disse o CEO com cuidado exagerado, tirando os óculos.

– Até parece! Somos todos peças de um jogo, não somos? Ferramentas a serem largadas quando uma melhor é encontrada?

– Eu não... – repetiu Jenkinson, erguendo as sobrancelhas, surpreso por Ward pensar diferente. Quando o sujeito ficava sério, ele tinha uma tendência a encarar, o que significava que a pessoa tinha de olhar para cima para vê-lo. – Wayne é um excelente vendedor, e se você insiste em falar de xadrez, por que eu quereria perder uma vantagem dessa, independentemente do que mais acontecesse? O problema é que ele tomava muitos atalhos. Criava problemas demais com os clientes. Cada novo incidente danificava nossa reputação e prejudicava nossa capacidade futura de vender. Meu trabalho é assegurar não somente o fluxo de caixa do próximo ano, mas um fluxo de receita para os próximos dez anos.

– Você já se perguntou por que a divisão automotiva da Alnext ficou tão mal das pernas?

– Falta de produtividade nas fábricas? – arriscou Ward, tentando se acalmar e se perguntando o que diabos tinha dado nele. Ele ainda não vira Jenkinson bravo e, de repente, sentia que preferia não ver.

– Não mais que a maioria dos *players* do ramo. Produtividade é uma grande parte da questão, mas não a causa imediata. O que aconteceu é que o lançamento de produtos ruins custa à divisão toda a sua margem. O foco de Wayne em vender qualquer coisa a qualquer um e só depois ver se dava ou não custou à divisão milhões que ele nunca admitiu, porque era tudo problema de produção – deixe tudo para as fábricas. A verdade é que os lançamentos se iniciam no momento da primeira conversa com o cliente.

– E a produtividade é uma grande parte do problema porque até que tenhamos "limpado a janela", como você fez nesta fábrica, é muito difícil entender em detalhes porque os lançamentos são tamanho desastre. Então, você fez sim um bom trabalho, mas isso é só o começo, e você ainda nem o completou, nem de longe. Precisamos de fábricas que obtenham *kaizen* sustentável ao longo do tempo porque o *gemba* é um grande professor, e é aí que iremos aprender a fazer produtos lucrativos que começam no nível planejado de ppms e capacidade, e que podem ser aperfeiçoados o mais rápido possível.

– Então, Wayne não saiu porque me encheu o saco ou porque pisava no meu pé. Wayne saiu porque os *clientes vêm em primeiro lugar*. As pessoas que compram brocas não querem brocas: elas querem buracos. Wayne é um vendedor talentoso, mas nunca entendeu que se você só foca no que as pessas pensam que querem, e não no que elas realmente precisam, você acaba encurralado pelas suas próprias vendas. Isso é exatamente o que aconteceu com a Alnext Automotive, e pode apostar que não vai acontecer sob a minha supervisão.

– Eu não sei o há de errado comigo – disse Ward a Claire quando chegou em casa, desconjuntado e zangado consigo mesmo. – Jenkinson está trazendo negócios para a fábrica e eu pulo no pescoço dele. – ele voltara para casa cedo, logo depois que Jenkinson saiu. Era uma tarde gloriosa, e Claire estava exercitando o velho Pagui no pasto enquanto Charlie olhava da piscina inflável em que se esbaldava, pelado como um macaquinho no calor do verão. Ela desprendeu o cabresto, e o cavalo mouro imediatamente se pôs a pastar.

– Você só precisa de férias, amor. – ela olhou preocupada para ele.

– Bem, se ele não me despede quando eu grito com ele, acho que a fábrica está em segurança no futuro próximo.

– Ei! – sorriu ela calorosamente. – Você conseguiu! Vou pegar a champanhe.

– Eu achava que só comemorávamos as notícias ruins – gracejou ele.

– Quem disse que precisamos de um motivo? – riu ela.

Ela conseguia ver como ele estava orgulhoso, como um menino que ganhou um prêmio. Mas ela também via o preço que esse ano tinha cobrado. Ele começara a levar as coisas tão a sério ultimamente, a ponto de discutir em lojas e restaurantes, algo que ele nunca até então tinha compreendido sobre o direito divino dos franceses de ficarem aborrecidos com qualquer pessoa em qualquer lugar. Ele até mesmo usara o que ela chamava de sua voz "de gerente de fábrica" em casa algumas vezes em que as coisas não estavam do seu jeito. Não que lhe tivesse valido grandes coisas – é melhor não competir em gritaria com uma *mâitre de manège* praticante. Andy sempre fora de fácil trato porque era simplesmente imune a joguinhos de autoridade. Ele não ligava. Mas fazer o *turnaround* daquela fábrica o estava mudando. Fazia séculos que não dava uma de suas longas caminhadas pela floresta. Ela rezava para que a pressão amainasse agora que ele finalmente estava obtendo resultados. Ela nunca achou que ele fosse suscetível a estresse, mas ultimamente ele a preocupara. Frequentemente brincava que a única força propulsora do universo em que ele acreditava era a ironia. Salvar a fábrica para então ter um ataque e se estressar, aquilo sim era irônico.

Ironia por ironia, estava dando certo. O último conceito que eles andavam discutindo incessantemente era a visão singular que Phil tinha de *trabalho em equipe*. Ela sempre entendera *trabalho em equipe* como mais ou menos uma versão forte de "se dar bem". Com certeza, *trabalho em equipe* em essência envolvia pouco mais do que dividir as tarefas e manter um linguajar civilizado mesmo quando a pressão aumentava, como nas competições de salto. Mas pelo que ela ouvira de Andy, *trabalho em equipe* no sentido específico de Phil significava fazer funções diferentes trabalharem juntas na resolução de problemas. Na verdade, assim como nos outros princípios fundamentais, como *vá e veja*, *gerenciar significa melhorar* e *direção clara*, Andy em geral sentia que estava boiando. Certamente, não se passara uma noite desses dias em que ele não voltasse para casa fervendo com dificuldades e problemas para fazer seu pessoal trabalhar junto. Ainda assim, pouco a pouco, ela via que estava fazendo progressos. Muitas das conversas, debates e eventuais discussões surgiam precisamente porque eles estavam trabalhando juntos, e personalidades fortes com opiniões formadas dificilmente cedem sem luta. As pessoas estavam resolvendo problemas juntas, nas várias áreas e em todos os níveis, ela sabia. Porém, para Andy, o progresso sempre parecia dramaticamente lento se comparado ao constante esforço que ele tinha de fazer para que ele se desse.

Ela não tinha certeza se era tão ruim assim que Andy tivesse finalmente estourado na frente do chefe. A julgar pelo que ela sabia do sujeito, duvidava que ele fosse se ressentir por aquilo. Eles haviam falado bastante sobre Phil, certa vez até ao ponto de discutir. Era engraçado como Andy simplesmente não entendia o cara. Para Claire, o CEO não era esse mistério todo, como Amy sempre dizia. Ele era um sujeito inteligente, profundamente introvertido, que aprendera a gerenciar as outras pessoas sem ter um dom natural para aquilo. Ela via por que Andy às vezes o achava brutal, mas ela nunca vira nenhuma maldade naquilo: para ela, era mais uma dificuldade de lidar com situações emocionais que faziam dele direto, às vezes ao ponto em que era um defeito. Ela temia que Andy estivesse absorvendo muito da pressão sem liberá-la – talvez deixar o vapor limparia o ar. Ela passou a mão grosseiramente em Pagui enquanto prendia o cabresto de volta, e o senhor de idade virou seu grande pescoço para bufar para ela. Era um dia maravilhoso. As coisas iam dar certo no fim. Esperava ela.

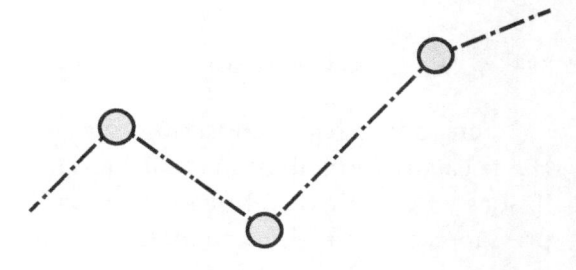

Capítulo Sete

CONFIANÇA MÚTUA

– A fábrica está em greve.
– O quê? – perguntou Andrew Ward, estupefato. – *O quê?*
Ward estava na fábrica tcheca, olhando as peças que seriam compradas de volta para Vaudon. Ele nunca estivera nessa fábrica antes, e estava fascinado por ver como eles tinham respondido à pressão de Jenkinson. Enquanto que Ward havia tentado aplicar o sistema completo de gestão *lean*, e enquanto que Neuhof instalara um *sistema puxado* bonito mas superficial, Petr Vojacek, o gerente da fábrica tcheca, tinha tomado um caminho completamente diferente. Vojacek, um personagem voluntarioso, não tinha se convencido inteiramente do *lean*. Em vez disso, ele tinha se focado exclusivamente em reduzir os tamanhos de lote e controlar as trocas. Como resultado, havia criado um time especializado de preparação de trocas, além dos preparadores. Ele começara estabelecendo uma sequência fixa de produção por injeção, digamos, ABDCX, onde X era uma peça exótica pedida raramente, e progressivamente reduzira o tempo que levava para rodar a sequência inteira. No início, levou várias semanas para rodar ABDCX inteiramente, mas agora eles geralmente o faziam em 24 horas. As peças eram então levadas à logística, que tinha que engolir tudo que recebia e expedir para os clientes tudo que pudesse. O método era brutal, mas Ward tinha de admitir que o nível de estoque na fábrica era notavelmente baixo.

Em todo o resto, contudo, Vojacek tinha feito pouco progresso. Havia caixas vermelhas, mas era claro que elas não estavam sendo utilizadas. O gerente de fábrica reclamava que Jenkinson estava fazendo pressão constante em cima dele para melhorar a qualdiade sem que lhe desse os meios para contratar mais pessoas a fim de lidar com seus problemas de qualidade. Ele sentia que o CEO estava sendo completamente irracional – um sentimento que Ward compartilhava. Ele tinha tentado convencer Jenkinson de que tinha um problema de capacidade de injetora e vivia pedindo novas injetoras. A resposta de Jenkinson fora que ele não receberia uma única injetora até que reduzisse tanto os seus rejeitos quanto seu tempo ocioso, e que de jeito nenhum ele iria comprar injetoras para uma fábrica que não sabia como usá-las corretamente.

No meio-tempo, resolver o problema de capacidade era fácil – ele transferiria as peças para Vaudon. Esta era a primeira vez que Vojacek tinha peças sendo transferidas da sua fábrica para um país de custo mais alto, e ele simplesmente não conseguia acreditar na lógica econômica. De fato, ele sentia que estava sendo punido, pura e simplesmente. Ward tentou explicar que, com os preços do petróleo flutuando tanto, os custos de transporte tinham se tornado uma questão vital, mas o outro não lhe dava ouvidos. Vojacek não era antipático ou desagradável. Ele era apenas tão completamente envolvido com seus problemas de produção que parecia estar falando sozinho na maior parte do tempo, no seu estranho sotaque da República Tcheca/Brooklyn.

O que Ward não daria pelos problemas de Vojacek naquela hora...

– Eu disse que a fábrica está em greve – repetiu Muller no telefone.

– O que aconteceu? – perguntou Ward, atordoado. Ele correra do chão de fábrica para a área de descanso para conseguir ouvir alguma coisa. Ele se sentiu tão sem fôlego que teve até que se sentar.

– Esta tarde, os representantes do chão de fábrica de todos os turnos apareceram e disseram a todos que eles foram enganados. Eles explicaram que descobriram que a direção planejava fechar a fábrica, e que todo o trabalho de produtividade ao longo do último ano foi feito para espremer até o último centavo do esforço e suor dos operadores. Eles ficaram no relógio ponto e convenceram os operadores a não bater o ponto.

— Não acredito — gritou Ward. — Como eles conseguiram essa maldita informação? — Justo quando ele estava trazendo trabalho de volta para a fábrica — vem essa!

— É o mesmo velho refrão — não ao fechamento da fábrica.

Porcaria de jeito de fazer isso, xingou Ward.

— Escute, segure as pontas, chego aí assim que puder.

— Phil? Más notícias primeiro, certo?

— Vaudon está em greve. Fiquei sabendo. Obrigado por ligar.

— O homem não dormia? Ward tinha esperado por um horário decente nos Estados Unidos para ligar, mas obviamente alguém chegou primeiro.

— Estou no aeroporto de Praga, e estarei aí assim que puder. Vou precisar de ajuda nisso — admitiu ele.

Ele esperou na linha durante uma das longas pausas características de Phil Jenkinson, enquanto o outro organizava seus pensamentos. Ward tinha aprendido a temer as pausas, e agora visualizava o CEO calculando suas jogadas olhando para seu tabuleiro vivo de xadrez.

— Eu vou ajudar — respondeu finalmente Jenkinson, — mas você não vai gostar.

— E quando é que eu gosto das suas orientações? — gracejou Ward, buscando leveza mas soando ressentido. Ele se preparou para o pior.

— Primeiro, descubra qual é o verdadeiro problema. O que quer que o sindicato diga, alguma coisa iniciou isso. Lembre que os interesses do sindicato não são os mesmos da maioria dos trabalhadores. Descubra o que foi a faísca do incêndio, o que o iniciou.

— Tudo bem. Posso fazer isso.

— Depois, você está sozinho nessa. Não vai receber nenhuma ajuda da direção. Mas eu vou tomar providências para que eles não te pressionem nem fiquem criticando tudo que você faça. Fale com o seu pessoal, Andy. E se você tiver de fazer um trato, fale diretamente comigo, não importa a hora. Avisarei Coleman.

— Ouça aqui. Isso tem de ficar muito claro: um, a fábrica vai perder o trabalho tcheco. Não vou dar trabalho para uma fábrica em greve.

— E quanto ao novo filtro de diesel? — perguntou Ward, começando a entrar em pânico.

– Isso é trimestre que vem, e foi combinado com o cliente, então não muda nada. E quanto às peças tchecas, vamos ver o que acontece. Mas não haverá transferências nesse trimestre, isto é certo.

– Segundo, se a fábrica prejudicar um cliente, eu a fecho – não importa o custo.

– Pare com isso, Phil!

– Sem discussão. Clientes em primeiro lugar. Nenhuma fábrica Nexplas prejudica um cliente por causa de uma disputa interna. Uma fábrica que não põe os interesses dos clientes na frente da sua própria lavação de roupa suja não merece ficar aberta. Você tem estoque de emergência, então tem tempo, mas isso tem de ficar claro como água. Eu *vou* fazer isso.

O peão seria sacrificado, pensou Ward amargamente.

Estava chuviscando quando Ward chegou a Vaudon para o turno das 5 da manhã. Ele conseguira dormir algumas horas em casa depois de passar a maior parte da vinda do aeroporto de Frankfurt no telefone com Mathia Muller, Jean-Pierre Deloin e Carole Chandon. À tarde, Muller tinha perdido as estribeiras e quase começou um pugilato com o líder sindical. Daniel Petit não era um cara ruim – na sua função diária de técnico de logística, Petit era exatamente isto, "pequeno". Mas esse era seu momento de glória, e ele não iria recuar diante do seu eleitorado. Como resultado, os ânimos estavam acirrados e a situação tinha piorado consideravelmente. Durante a noite, os sindicatos tinham agravado a greve impedindo os caminhões de deixarem a fábrica. Ward sabia que os clientes tinham estoques de peças também, mas ele tinha que dar conta daquilo hoje. Era isso – hoje ou tchau, meu amigo. O único lampejo de boas notícias era que, de acordo com Chandon, a greve estava longe de ser unânime. Quase metade dos trabalhadores decidira trabalhar, o que tinha desencadeado muitas controvérsias acaloradas entre os favoráveis e os contrários. Naturalmente, Denis Carela não estava atendendo o telefone.

Quando Ward chegou, as pessoas estavam perambulando pela entrada da fábrica como almas penadas. Eles abriram espaço para deixá-lo estacionar seu carro. Ele saiu debaixo dos olhares fixos e hostis, sentindo o sangue correndo pelas veias. Estava com a boca seca, a bexiga cheia e as mãos suadas. Não era talhado para esse tipo de coisa. Por que as pessoas não podiam simplesmente se entender?

– Não ao fechamento – entoaram algumas vozes na penumbra enquanto ele se aproximava, mas o ritmo não pegou com muito entusiasmo.

– Oi, Evelyne – disse ele. – Bom dia, Marcel. Uma por uma, ele cumprimentou cada pessoa que encontrou, algumas respondendo naturalmente e apertando sua mão, outras murmurando uma saudação acanhada. – Daniel! O que é isso tudo? – perguntou ele após saudar deliberadamente todos os representantes do sindicato. Apenas um deles se recusou a apertar a mão que ele estendeu. Ele não estava prestes a ser linchado naquele segundo, pensou ele, aliviado. Depois de tantos anos trabalhando na França, ele aprendera a avaliar o teste do aperto de mão.

– Sabemos tudo sobre os seus planos para fechar a fábrica. Nós não vamos aceitar isto! – berrou o líder sindical, encenando para a multidão.

Ward ficou ali parado sem saber o que fazer ou o que dizer. Ele tinha elaborado mil estratégias no caminho, mas, encarando todas essas pessoas que ele conhecia e subitamente não conseguia reconhecer, completamente surpreendido pelo duro ódio em seus rostos, ele se sentia impotente, totalmente desprovido de vontade. Ele simplesmente ficou olhando para elas enquanto começava uma discussão cada vez mais alta sobre algo que ele não entendia. Você está em pânico, disse para si mesmo. "O que você precisa é de uma xícara de chá", ele pensou ouvir sua mãe dizer no seu tom apaziguador sempre que se dava um desastre.

– O que nós precisamos é de uma xícara de chá – disse ele alto. – Por que não saímos todos da chuva e vamos para o refeitório? Daí vemos se podemos consertar isso.

Os caras do sindicato hesitaram, mas, que diabos, estava frio e úmido, e cabeças sacudindo no pátio disseram que o refeitório seria um piquete tão bom quanto. Quando eles entraram em fila, Ward deu sua chave da máquina de café para uma das operadoras e educadamente pediu que ela organizasse bebidas quentes para todos que quisessem. Daí ele começou a tentar conversar com os representantes sindicais e várias outras pessoas. Ao longo dos anos, Ward chegara perto de falar francês como um nativo, mas ele já tinha percebido que, sob estresse, ele soltava palavras em inglês e tinha que se concentrar seriamente no que estava dizendo, para não inflamar ainda mais os ânimos ao lembrar a todos que ele era um estrangeiro e, como tal, para sempre em período probatório. O sentimento surreal não o deixava. Ele ouvia e ouvia, incapaz de dizer muita coisa. Ele ouviu sobre os planos detalhados para fechar Vaudon. Ele ouviu sobre ofensas e agravos pessoais, rixas de anos. Ele estava perdido em um mar de rostos lívidos e de má vontade.

De repente, era demais para. Ali estava ele, tentando salvar a fábrica, e estivera muito perto de conseguir, *muito perto*. E agora os trabalhadores estavam aferrados à própria destruição, e nada que ele tinha para falar parecia alterar em nada as coisas. Tudo lhe veio num instante. Ele não podia fazer aquilo sozinho. Ele tentara muito, mas não daria certo. Era só trabalho, no fim. Se dependesse dele, que fechassem a fábrica.

A ironia daquilo fez ele rir. Começou com uma risadinha, mas logo cresceu para uma hilaridade completamente insana. As pessoas olharam para ele em silêncio atordoado, seguido de murmúrios furiosos, pois pensavam que ele estava rindo delas. A tensão aumentou .

– Então vocês acham que a gerência quer fechar a fábrica? – perguntou ele quando tinha retomado o controle. – Bom, talvez devêssemos. Isso é tão incrivelmente estúpido. Provavelmente não merecemos sobreviver.

Mais raiva, atingindo-o em ondas, como vagalhões quebrando num píer.

– Ouçam – disse ele, erguendo as mãos com as palmas para fora, em um gesto de apaziguamento. – Por favor, ouçam. Vou contar toda a história para vocês. Mas primeiro eu gostaria de trazer todo o resto do pessoal para cá – isso diz respeito a todos nós, afinal. Alguém pode ir buscar os colegas no trabalho e dizer-lhes que eu gostaria de falar com eles também?

Os representantes sindicais reclamaram alto, mas, antes que conseguissem controlar a multidão, vários operadores já tinham escapulido para passar o recado para os trabalhadores que tinham decidido não entrar em greve. Um por um, eles entraram no refeitório, olhando desconfiados para seus correligionários grevistas, se perguntando o que estava acontecendo.

Ward pulou em cima de uma mesa e lançou um longo olhar a todos. Ele achou Carela espreitando silenciosamente no fundo da sala, evitando seu olhar.

– Eu vou dizer o que é tão engraçado – falou alto. – Tão *irônico*. Vocês recém custaram à fábrica alguns milhões de euros em negócios. Eu estava na República Tcheca para dar uma olhada em umas peças que Phil Jenkinson tinha decidido mandar de volta para Vaudon.

– Você está mentindo – gritou um dos caras mais jovens do sindicato. – Nós temos o seu próprio plano para fechar a fábrica. A apresentação tem o seu nome! Negue agora!

– Mentiroso – ecoaram várias vozes na multidão. – Bando de mentirosos e trapaceiros.

– Deixem ele falar – silenciou-os uma representante sindical, uma senhora muito trabalhadora que ele sempre achara mais construtiva que os outros. Ela assumia seu papel com muita seriedade ao defender casos individuais, e raramente misturava política naquilo.

– Esta é a parte engraçada – berrou ele. – Havia um plano para fechar a fábrica. E mais, a decisão para fechar a fábrica chegou a ser tomada. E porque trabalhamos tanto em todo este ano, Phil Jenkinson tinha mudado de ideia.

– *M'sieur* Phil? – perguntou alguém.

– Sim. O CEO desta empresa. Mas agora, por causa disso, ele me disse duas coisas. Primeiro, não vamos mais receber o negócio tcheco. Terminou. E segundo, assim que pararmos a operação de um cliente, ele fecha a fábrica, a qualquer custo.

– Mentiroso – alguém gritou de novo. – *M'sieur* Phil não faria isso com a gente!

As coisas não seriam melhores no próprio teatro do absurdo*, e Ward sentiu uma vontade quase incontrolável de rir de novo; ele estava perdendo o controle sobre seus nervos. Agora estava sendo acusado de

---

* N. de T.: Designação genérica dada para peças de dramaturgos tão diferentes quanto Samuel Beckett, Eugène Ionesco e Friedrich Dürrenmatt, entre outros, que seriam ligadas por traços como: mistura indistinta de traços cômicos e trágicos, personagens encurraladas em situações insolúveis ou sem sentido, enredos inverossímeis ou extremamente incomuns, diálogos cheios de *nonsense* e jogos de palavras, e uma sensação generalizada de vazio existencial.

mentira porque Phil, *Monsieur* Phil, pelo qual muitos operadores tinham uma simpatia reverente, não faria aquilo com eles.

– Sim. Phil Jenkinson, *o* CEO. Ele tinha decidido fechar a fábrica, mas, como nosso trabalho duro, nós o persuadimos disso. Agora estamos dizendo para ele, alto e bom som, que ele estava certo todo o tempo. Não se pode confiar que esta fábrica faça as entregas aos seus clientes. Feche Vaudon!

– É um blefe! – bradou o líder sindical. – Ele não pode fazer isso!

– Vai por mim – disse Ward, mais baixo. – Ele faz o que diz. Se ele diz que vai fechar, ele vai fechar.

– Nós temos os moldes. Ele não pode fazer nada sem os moldes.

– Isto é tudo besteira – irrompeu o jovem do sindicato. – A verdade é que esses caras sempre buscaram fechar a fábrica, e eles nos puseram para trabalhar que nem escravos para tirar o máximo que desse de nós enquanto isso.

– Ok – devolveu Ward. – Não acreditem em mim. Continuem a bloquear os caminhões, parem um cliente e vejam o que acontece. Pessoalmente, não me importo mais. Trabalhei por um ano para salvar esta fábrica, e é aqui que chegamos. Então vão em frente, fechem a fábrica. Eu fiz a minha parte. Agora é o ganha-pão de vocês, e a escolha é sua. Vão em frente!

– Você está blefando! Ele está blefando! – berrou Petit novamente, embora a multidão parecesse hesitar.

– Ei, se vocês não querem acreditar, tudo bem. Perguntem ao Carela ali. Ele vai dizer para vocês.

– Denis? – indagou a mulher do sindicato enquanto todos os rostos se viravam para o supervisor em um movimento lento, como o vento passando pela relva.

Carela estava contra a parede, os braços cruzados na altura do peito, a cabeça baixa, recusando-se a olhar para quem quer que fosse, mais James Dean do que nunca. Ele levantou os olhos, com seu sorrisinho de lado, parecendo mais triste que divertido. Ward podia vê-lo dividido entre sua política de não envolvimento e a realidade da situação. Ele também percebeu, pela primeira vez, o verdadeiro respeito que o supervisor impunha na fábrica. Todas as pessoas no lugar esperavam em muda expectativa para ouvir que lado ele escolheria.

– Andy tem razão – disse ele finalmente. – Tudo que ele disse é verdade. Jenkinson dá trabalho às fábricas que lhe dão produtividade. Eu acredito nisso. Eu também acredito quando ele diz que vai fechar a fábrica a qualquer custo, ele vai. Não é um blefe.

– E o plano de fechar a fábrica?

– Sempre houve um plano para fechar a fábrica – desprezou Carela. – E este aí já tem um ano. Não ouvi mais nada a respeito desde então.

– Escutem, gente – disse Ward no relativo silêncio que se seguiu ao pronunciamento de Carela. – Não assumam esse risco estúpido. Fiquem em greve se quiserem, vamos dar um jeito nas coisas. Mas deixem os caminhões irem. Não assumam o risco de parar a linha de um cliente. Seria uma grande asneira. Depois de todo o trabalho que fizemos.

– Podemos pegar as peças tchecas de volta? – perguntou alguém do fundo do salão. Era um dos operadores que escolhera continuar a trabalhar.

– Duvido – respondeu Ward, de cima da mesa. – Pelo menos não agora. Estou para ver o *Monsieur* Phil voltar atrás em qualquer coisa que ele diga. Provavelmente podemos fazê-lo mudar de ideia de novo, mas vamos ter de trabalhar para isso. Denis tem razão. Ele dá trabalho às fábricas que lhe dão produtividade. Ponto final. Então, o que vai ser?

– Chefes – gritou o jovem zangado. – Eles sempre conseguem enrolar com suas belas palavras. Depois, quem se ferra no final? Nós! Eu acho que temos que lutar.

Ninguém fez eco ao grito de protesto, nem mesmo os líderes sindicais, que olharam hesitantes para Petit. O líder sindical deu um olhar vazio.

– Tirem Muller do nosso pescoço e nós voltaremos ao trabalho – berrou Sandrine Lumbroso, que estava nas filas da frente. Ela não era uma representante sindical, mas era uma notória barraqueira, e tinha uma lista infindável de queixas para qualquer um que fosse tolo ou corajoso suficiente para ouvir. Muller? Esse era outro problema.

– Ele está nos deixando loucos – gritou outro no meio da multidão.

– O cara é um pé no saco – concordou outro.

Ward olhou para Petit, que parecia tão sobrecarregado pelos acontecimentos quanto ele.

– Muller, se demita – gritou algum outro. Logo, o refrão "Muller, se demita" tomou todo o refeitório. Ward agora se sentia totalmente idiota, trepado na sua mesa e olhando para baixo para a horda que gritava. Ele não tinha se preparado para aquilo. Olhou para Carela, que lhe deu seu sorrisinho torcido e encolheu os ombros, abrindo os braços em um gesto de impotência divertida.

– Sylvie? – ele se virou à mulher do sindicato, sentido que tinha perdido a vez de novo.

– Matthias nos deixa loucos – concordou ela, seu rosto sério agora lívido. – Não temos nada contra você, Andy. Mas ele passa o dia inteiro gritando com a gente. Isso é fato.

– E ele me forçou a ficar de pé! – gritou uma mulher na multidão.

– Não queremos trabalhar de pé – completou Sandrine Lumbroso.

Ward recuou. Ele não tinha se dado conta de que fazer os operadores ficarem de pé era uma questão tão sensível. Tentando visualizar o fluxo de uma só peça nas células à medida que elas eram formadas e *kaizenadas*, Ward notara que pequenas gambiarras apareciam aqui e ali para segurar peças entre as estações de trabalho. Após discutir o assunto com Bayard e Muller, e depois checar com Jenkinson, ele concluíra que isso resultava dos operadores trabalharem sentados nas suas estações. Claro, quando eles convenceram uma das células sentadas a trabalhar de pé, eles reduziram a superfície da célula em mais um terço e conseguiram alcançar um *fluxo de uma peça só*. Carela tinha argumentado contra, insistindo que as mulheres em especial reclamavam muito daquilo. Ward chamou um especialista em ergonomia para demonstrar que ficar sentado e se torcer para pegar os componentes era muito pior para a saúde do que trabalhar de pé. O debate continuou inconclusivamente por um tempo até que Ward disse para Muller simplesmente fazer – mandar todo mundo na fábrica trabalhar de pé, sem discussão. De maneira típica, Muller fez o serviço. E agora Ward percebeu, com horror, que eles estavam pedindo a cabeça de Muller por causa de uma coisa que ele mesmo pedira explicitamente que o outro fizesse, contra o melhor juízo dele e de Carela. Pior, impossível.

– Tudo bem – disse ele, respirando fundo. – Podemos combinar de vocês deixarem os caminhões partirem, e depois discutimos isso com calma?

Sylvie Barras o olhou atentamente, como que pesando a sua alma.

– Podemos – disse ela por fim, com um aceno firme.

– Como assim? – gritou Daniel Petit. – Não vamos fazer isso coisa alguma.

– Não seja burro – disse ela seriamente, numa voz grave. – Não vou arriscar o futuro da fábrica até que tenhamos discutido tudo isso.

– Mas... – esbravejou ele, olhando em volta e lambendo os lábios, procurando com insegurança por apoio, e não encontrando muito.

– Ouçam todos – falou ela alto, interrompendo o outro líder sindical e roubando sua audiência. – Votação! Quem é a favor de dar a Andy um voto de confiança? Mãos para cima.

Mãos se ergueram imediatamente bem no fundo do salão dos operadores que tinham decidido trabalhar. Então, aqui e ali nas fileiras da frente, mais mãos se levantaram. Por fim, como uma onda de dedos, a vasta maioria do pessoal estava com as mãos levantadas. Andy rapidamente desceu da mesa, não querendo arruinar o momento nem arriscar falar algo estúpido.

– Ok, pessoal, vamos voltar ao trabalho por enquanto – disse ela decididamente, em uma voz que dava pouca margem a discordância. Lentamente, como se as fileiras se desfizessem uma por uma, o refeitório se esvaziou à medida que as pessoas se espalhavam pela fábrica, deixando apenas os líderes sindicais em volta de Ward na sala, parecendo confusos e brabos, sentindo-se enganados.

– Denis, quer vir aqui, por favor? – pediu Sylvie Barras, e, para surpresa de Ward, Carela, que assistira do fundo todos os operadores se retirando, se descolou da parede do fundo e veio relutantemente para a frente, arrastando os pés de propósito.

– Diga para ele – ordenou ela, os braços cruzados sob o busto, apontando com a cabeça para o gerente da fábrica.

– Eu tentei dizer para você, Andy – disse Carela, olhando de lado. – O Matthias realmente sabe o que faz, mas, ahm, ele não é bom com pessoas.

– Como assim?

– Houve incidentes. Você sabe como ele é quando perde as estribeiras.

– As mulheres, em especial – disse Barras, – não aguentam.

Lá vem, pensou Ward, cerrando os punhos nervosamente. É esse o problema de verdade? Ou eles só querem sua libra de carne?

– Eu posso falar com ele.

– Não vai adiantar – discordou Petit. – Já trabalhamos muito tempo com Matthias, e não queremos o mal dele. Mas não queremos trabalhar para ele.

– Para ele ou com ele? – perguntou Ward cautelosamente.

– *Para* ele – repetiu Petit. – Ninguém quer que ele seja despedido. Ele é um bom gerente de manutenção. É que...

– Ele é muito ríspido – completou Barras combativamente. Ela não iria ceder nisso. Ward sabia que estava numa sinuca de bico. Ele se sentia zangado e confuso. Ele tinha posto Muller no cargo de gerente de produção, e o cara tinha respondido maravilhosamente. Ele tinha transformado a fábrica. Ward se culpou por não ter percebido que as relações tinham ficado tão desgastadas neste processo. Ele detestava a ideia de lançar aos lobos o sujeito que ele mesmo tinha designado. Lembrava demais uma traição. O que Jenkinson faria?, pensava ele. Sacrificar o peão, ele sabia. Focar o problema. Não se pode comandar uma fábrica contra o seu pessoal. Por outro lado, poderia tê-lo sacrificado quando Beckmeyer o sabotou, e não o fez.

– Não posso dar uma resposta agora – disse ele por fim, sentindo-se um pulha por não fincar o pé em favor do seu subordinado. – Eu preciso ouvir a versão de Muller primeiro. É justo?

Os representantes sindicais hesitaram um pouco, olhando uns para os outros, mas o momento já tinha passado. Não havia por que fazer caso daquilo, especialmente porque eles não pareciam querer se vingar de Muller. No fim, eles cederam e Ward os deixou, acenando brevemente para Carela enquanto saía.

Ele não era feito para esse trabalho, disse para si mesmo enquanto trancava a porta da sua sala, subitamente exaurido. Ele se jogou na cadeira, com as pernas ainda tremendo da adrenalina. Sentiu uma súbita necessidade de se demitir naquele instante. Entrar no carro e ir embora, e não se virar. Ele sabia que era o nervosismo falando. Tivera uma infância ridiculamente feliz com pais equilibrados e flexíveis, ambos bastante bem-sucedidos em suas áreas, ainda que não muito empolgantes. Seu pai era o gerente geral da agência local e sua mãe era dona de uma loja de roupas chiques. Ele nunca tivera que fazer uma escolha difícil na vida. Sempre se dera bem com todo mundo, sempre se saíra bem o bastante. E gostava daquele jeito. Ele se sentia totalmente despreparado para lidar com todo esse negócio do tipo ou vai ou racha. Quanto mais pensava a respeito, mais brabo ele ficava com a ideia de deixar Muller na mão daquele jeito. Ele desprezava chefes que não davam a cara a tapa por seus próprios subordinados. Parecia-lhe a pior forma de covardia: deixar alguém se ferrar por causa de uma coisa que você o mandou fazer. Até porque, para ser franco, foi ele quem incitou o gerente de produção a reforçar a disciplina. Foi ele quem o convenceu de que o problema da fábrica era muito *laissez-faire*. E agora tinha dado nisso, deixar um outro levar a culpa por suas próprias ações.

Como ele poderia manter um rigor quotidiano sem disciplina brutal? Claro, ele ouvira Amy e Jenkinson falar sobre trabalhar com as pessoas, e não contra elas, mas eles não conheciam essa malta. E, mais especificamente, se ele desautorizasse Muller, não estaria mandando uma mensagem forte de que tinha recuado?, de que não havia problema em voltar para os velhos maus hábitos? Ele pensou muitas vezes em ligar para Jenkinson para conversar sobre aquilo, mas não queria parecer um chorão. Além disso, no fim, como Jenkinson lhe dissera uma vez, ele era a ajuda. Ele era a ajuda enviada a Vaudon para desenvolver a fábrica. Ninguém mais. Essa era uma decisão que ele tinha de tomar sozinho. Ele falaria com Deloin, mas o homem não se dignou a aparecer.

No fim, a decisão foi tirada das mãos dele. Ele estava há uma hora remoendo aquilo na sua sala. Oscilava entre uma raiva egoísta e uma determinação de mostrar ao sindicato do que ele era feito, determinado a se demitir antes de desapontar um dos seus homens, e um ponto de vista mais nuançado e panorâmico de que era sua tarefa fazer o *trabalho em equipe* funcionar. Ele pensou novamente sobre a justificativa de Jenkinson para tirar Wayne Sanders: o sujeito não era um jogador de equipe. A velha desculpa gerencial para sacanear alguém. De repente,

Ward teve uma epifania gerencial: se você realmente quer ser gerente de fábrica, mais cedo ou mais tarde vai ter de aguentar no osso. Isso não diz respeito só a mim – trata-se de salvar a fábrica, dizia para si mesmo repetidamente. A justificativa mais fraca para sacrificar alguém. Um peão no jogo deles. Ele estava nessa indecisão quando viu Muller sair do seu carro e ir para a fábrica.

Ward desceu correndo as escadas, esperando ser o primeiro a falar com Muller, mas ele o encontrou já numa conversa séria com Carela. Ele estava branco como papel sob a luz fluorescente do saguão, com a maior carranca que Ward já vira, os cantos da boca violentamente virados para baixo. Ele tirou os óculos e esfregou o rosto ansiosamente enquanto Ward se aproximava.

– Você pode ficar com esse maldito emprego – cuspiu ele. – Eu nunca gostei dele mesmo.

Ward olhou para ele e depois para Carela. Ele queria protestar, dizendo que defenderia Muller se fosse preciso, mas sabia que não era verdade. Então, simplesmente ficou quieto.

– Eu nunca fui bom com gente – disse Muller roucamente. – Sei disso. Sempre prefiro máquinas, elas não reclamam nem respondem.

– Elas simplesmente quebram – disse Carela com seu sorriso torto.

– É. Mas eu sei lidar com isso.

– Posso voltar ao meu emprego de gerente de manutenção? – Muller perguntou lentamente, por fim. Ward via como era difícil para ele pedir aquilo. Ele conhecia a sensação. O sujeito provavelmente gostaria de jogar aquele trabalho na cara de todo mundo. Muller era um homem orgulhoso. Com aquela idade, naquele ramo, provavelmente precisava do emprego, mas odiaria implorar. Hora de ser homem, pensou miseravelmente Ward.

– É claro – disse Ward, sentindo-se um canalha.

– E as peças tchecas? – indagou Muller. – Denis me disse que não vai ter transferência alguma.

– Não neste trimestre. Isso é puro Jenkinson, tintim por tintim. A fábrica tem desempenho, recebe trabalho. Ela dá mancada, o trabalho vai para outro lugar. Mas ainda podemos convencê-lo se não dermos mancada de novo.

– Que baderna – reclamou Muller.

Ward estava pasmo pelo sujeito ainda se importar com o que acontecia à fábrica. Ele nunca entenderia as pessoas, pensou.

– Denis – disse ele, voltando-se ao supervisor das injetoras. – Por que não prevemos isso?

– Como eu poderia saber que o sindicato conseguiu uma cópia do plano para fechar a fábrica? – respondeu o sujeito mais velho, mal-interpretando a pergunta de propósito. – Aposto em Stigler. Não duvidaria que ele mandasse aos representantes sindicais as apresentações de Power-Point que vocês fizeram para a direção. Ninguém me disse nada.

– Não se faça de louco – falou Muller, zangado. – Você sempre sabe o que acontece na fábrica. Poderia ter nos dito.

– Eu sabia que as pessoas estavam reclamando por exigirem tanto delas – negou Carela. – Eu não fazia ideia de que elas iriam realmente parar. Fui pego de calças curtas, que nem vocês.

– Jenkinson uma vez me disse que ele acreditava que conflito é geralmente o resultado de mal-entendidos e, portanto, um completo desperdício. Acho que concordo com ele. Não estávamos dando atenção o bastante?

Carela olhou para ele daquele seu jeito que dizia claramente que achava o outro um completo imbecil.

– E o que você sabe sobre o que os operadores acham, de qualquer jeito? – murmurou ele.

– Bem, se isso vai nos custar os empregos – devolveu Ward agressivamente, – é melhor aprendermos, não acha?

– Não contem comigo – exclamou Muller. – Para mim, acabou.

– Denis, você sabe que vai ter de assumir o lugar de Matthias.

– Eu já disse "não" antes – disse Carela entredentes. – "Não" antes, "não" agora também. A palavra "não" significa a mesma coisa na sua terra que na França?

– Como você acabou de salientar – continuou Ward, ignorando –, nunca vou entender os operadores. Você entende.

Os outros deram de ombros, desviando o olhar e nada falando.

– Você deve. Olhe como estamos perto de perder a fábrica, de novo! Quatrocentos empregos. Como você vive dizendo, nós vamos achar trabalho novamente. Você e eu. Mas e Meyer? Mathilde? Sandrine Lumbroso?

– Todos já perdemos empregos antes – rouquejou ele.

– Sim, mas quantos têm a sorte de arranjar trabalho de novo? Eu ouço as histórias. Escuto o que dizem. Retreinamento? Trabalho temporário? Para com isso. Um em dez. Isso dá 300 sem nada.

– Vá, Denis – disse Muller inesperadamente. – Isto não é brincadeira, e você sabe. Podemos salvar esta fábrica, mas precisamos fazer as coisas certas. Você não pode continuar em cima do muro.

– Quem está em cima do muro? – gritou Carela, de repente transtornado. – Estou trabalhando nisso tanto quanto vocês. E, aliás, eu sabia tanto da greve quanto vocês.

– O pessoal ouve você.

– Porque sabem que estou do lado deles.

– Então continue do lado deles! – insistiu Ward. – Não se trata de lados, mas de trabalhar *juntos* para que todos tiremos alguma coisa dessa bagunça. Sabemos o que precisamos fazer. Jenkinson está sempre nos dizendo. Precisamos criar uma organização de supervisores e líderes de equipe para tomar conta dos problemas das pessoas e conduzir o *kaizen*. Ainda não temos isso. Matthias e eu não conseguimos construir isso. Então, é sua vez de nos mostrar se você é tão bom quanto pensa.

– O que você quer dizer com isso? – irritou-se Carela, como se tivesse sido mordido.

– Vamos lá, Denis, ele tem razão. Você sabe disso.

– Escute, desisti do ativismo sindical porque no fim sempre dá errado, mas não vou virar a casaca e pegar um posto de gerência. Eu jurei que não iria!

– É hora de todo mundo crescer – rosnou Ward. – Não se trata do que você e eu queremos. Trata-se de trabalharmos juntos para salvar esta fábrica. E vendo como todo mundo está lutando contra ela, ela com certeza não merece.

– E aí, o que aconteceu? – perguntou Claire, segurando o fôlego. Estava sentada no chão, polindo uma rédea, tentando arrancar algum brilho do couro surrado. Ela tinha mãos bastante grandes com dedos longos, um pouco descombinando com seus braços pequenos. Ele frequentemente se maravilhava com a força dela, levantando coisas pesadas o dia inteiro, e considerava como os ossos dela eram finos, delicados, de passarinho. Ela estava olhando para ele daquele jeito intenso que, após todos esses anos, ainda o fazia se perder.

— A greve meio que se desfez. Eles conseguiram o que queriam. Eu dei a eles a cabeça de Muller numa bandeja. Passei o resto do dia pondo a fábrica de volta nos eixos, e ninguém deu um pio. Quase como se estivessem arrependidos.

— Talvez estejam?

— Não sei. Essa é a verdade. Eu não sei como essa gente pensa. Eu já os comando há mais de quatro anos e ainda não tenho ideia.

— Ei, não se atormente por causa disto. Você os conhece muito melhor do que há um ano. Nossa, Andy, você acabou de repelir uma greve. Você merece uma medalha por isso! Você foi bem, amorzinho.

— Eu sacrifiquei Matthias Muller para isso, me desculpe se não estou muito entusiasmado.

— Pare de agir como uma criança! Muller ainda tem seu emprego, não tem? A fábrica ainda está aberta, não está? Seu orgulho está ferido porque você não é o senhor supergerente, bem e daí? Você sabe o que o meu pai diria.

— De volta para o cavalo — sorriu ele. — Se você consegue falar, você consegue cavalgar.

— É isso aí. Se você consegue falar, você consegue cavalgar.

— Não tem champanhe para isso? — perguntou ele no silêncio que se seguiu.

— Amy tentou discutir isso, não tentou?

— Sim. Phil também. *Confiança mútua*... mas como diabos se constrói *confiança mútua* em uma cultura tão antagônica, eu não sei. Não posso pagar mais para eles com a estrutura de custos que temos, e, para falar a verdade, nem tenho certeza se isso iria funcionar. Eles têm tanto rancor guardado... Olhe um cara que nem Carela — que desperdício.

— Ele vai aceitar o trabalho?

— Sei tanto quanto você!

– A verdadeira pergunta é: que conclusões você tirou desta experiência?

Ward bufou, não sabendo direito o que responder.

– Não vire gerente de fábrica?

Jenkinson chegou a sorrir, sacudindo a cabeça. – Você não acreditaria quantas vezes eu já me disse a mesma coisa – concordou ele. – Mas e além do óbvio? Qual foi a causa da greve?

– Estávamos exigindo demais das pessoas, obviamente. Mas, por baixo disso, acho que não soubemos ouvir. Você me advertiu, e Amy também. Mas achava que o fim já estava à vista. Eu queria muito que desse certo. Então, não dei ouvidos. Estou começando a entender como essa abordagem *lean* é um projeto de longo prazo.

– No início, você acha que está num impulso final para a chegada – contribuiu o CEO, – daí você percebe que é uma maratona.

– Como você disse antes, podemos forçar as pessoas a fazer coisas, mas não podemos forçá-las a se interessarem e se envolverem. Eu finalmente estou trabalhando com Denis Carela e Jean-Pierre Deloin para criar uma organização baseada em equipes propriamente dita. Vai levar tempo, mas vamos chegar lá. Se é para tirar uma conclusão de todo esse episódio lamentável, é que, novamente, o que tínhamos feito era frágil demais. Estava apoiado em poucas pessoas. Mas como se pode mudar toda uma cultura?

Ward e Jenkinson acharam tempo para uma conversa no terceiro retiro executivo anual da Nexplas. Ward tinha que tirar o chapéu para Jenkinson: a empresa estava mudando. Muito da velha guarda da gerência da Alnext tinha desaparecido, substituído por pessoas das fileiras, com algumas caras novas aqui e ali. A firma também parecia muito mais uma empresa de engenharia. O discurso de Jenkinson fora principalmente sobre ter sucesso nos lançamentos de produtos no próximo ano. O que você precisa aprender, em vez de o que você quer fazer. Parecia que o que a empresa realmente precisava agora era aprender a lançar novos produtos.

Jenkinson parou para considerar a pergunta de Ward. – "Problemas em primeiro lugar" não é só uma frase, ou mesmo uma atitude – prosseguiu ele. – Como muitos destes aforismos baseados na Toyota, nós costumamos tratá-los como folclore, até que nos damos conta de que são técnicas de gestão. Como dizer "Obrigado" sempre que alguém traz um problema para você. Técnica.

– O cerne da *confiança mútua* é que as pessoas sentem que você leva os problemas delas a sério, e que você dá o melhor de si para fazer alguma coisa a respeito. Compreensão não quer dizer concordância. Como no *trabalho em equipe*, há várias questões em que as diferenças são irreconciliáveis. Ainda assim, podemos tentar trabalhar por cima da diferença ponto a ponto.

– *Confiança mútua* demora muito para ser criada, não importa de quem você está falando – seja entre cliente e nós, ou nós e fornecedores, ou gerência e operadores. Demora para ser criada e, como você viu, é rápida de se danificar. Leva centenas de anos para uma árvore crescer, mas algumas horas para derrubá-la. Logo, a *confiança mútua* deve ser reforçada continuamente. Precisamos escutar e escutar, e nos forçar a levar a sério os problemas de todo mundo, compreender os problemas e procurar por soluções, não interessa se são operadores ou vizinhos. Quando alguém lhe fala sobre um problema, diga "Obrigado".

– Mais fácil falar do que fazer. – Ward não conseguia evitar o pensamento de que não ouvira Jenkinson lhe agradecer muito por todos os problemas que jogara no seu colo. Quer dizer, somente se "Eu espero muito, muito mais" na verdade quisesse dizer "Obrigado" na língua jenkinsoniana.

– Claro – disse Jenkinson, – mas o que é fácil em *lean*? Quando as pessoas trazem um problema para você, elas raramente pedem com gentileza. Geralmente elas já se cansaram de trabalhar, e pensam que podem forçar você a resolver seus problema do jeito que elas querem. Por isso a greve, a gritaria, pegar ou largar. Aguentar a raiva no osso e responder calmamente "obrigado" ou "vamos trabalhar no problema" nunca é fácil. Exige fibra mesmo. Mas vem com a prática. Em larga medida, sempre que alguém me traz um problema, fico verdadeiramente agradecido, porque daí eu posso praticar o enfrentamento de problemas.

Ward pensou maldosamente que se os chefes fossem tão bons de prática como de discurso, o mundo seria diferente – imediatamente sentindo-se culpado porque se deu conta que ele provavelmente estava fazendo o mesmo com o seu pessoal em Vaudon. Droga.

– Sem *confiança mútua*, todo o resto que tentamos fazer tende a fracassar mais cedo ou mais tarde: *vá e veja, kaizen, direção clara* e *trabalho em equipe* não se sustentam sem *confiança mútua* em constante desenvolvimento.

– Algo similar com o que aconteceu com você aconteceu comigo quando fizemos nossa primeira grande aquisição de empresa – recordou Jenkinson. O CEO tinha alcançado Ward em um *coffe break* para ouvir sobre o seguimento da greve em Vaudon, e o grandalhão acenou em aprovação quando Ward lhe disse que Carela finalmente tinha concordado em se tornar gerente de produção. Ward estava pulando de uma rodinha de pessoas para a outra, trocando algumas palavras mas não sendo realmente atraído por qualquer das conversas. Chamara-lhe a atenção que todo o tom da convenção tinha de repente mudado. Ele ouvia bem menos sobre política e muito mais sobre questões técnicas. Ele se perguntou se isso refletia uma mudança nos seus próprios interesses ou se ele estava testemunhando um "efeito Jenkinson", o alinhamento inconsciente das pessoas à personalidade e atitudes do seu líder.

– Nós assumimos uma empresa que fazia equipamento elétrico bem maior do que estávamos acostumados – Jenkinson estava dizendo, – e eu logo ataquei com *kaizen, kaizen, kaizen*, e tinha um *sistema puxado* em muito pouco tempo. Infelizmente, Amy não estava mais trabalhando para mim na época, e eu mesmo tinha de lidar com as questões de pessoal. Era um desastre. Eu tinha ignorado completamente os problemas de ergonomia de que os operadores estavam reclamando depois das atividades de *kaizen*. Na minha empresa de origem, os produtos eram diferentes, e aquilo nunca tinha sido um grande problema. Como todos os generais que perdem as guerras porque continuam lutando a anterior, eu fui pego absolutamente desprevenido.

– Acabou em uma briga bem feia, e o sindicato nos pôs na justiça. Eu estava ficando bem esquentado e pronto para fincar o pé e oferecer verdadeira resistência, quando Bob Woods disse: "Sabe de uma coisa? Eles estão certos". Eu não conseguia acreditar. É difícil de acusar Bob de ser frouxo em brigas. Mas ele me levou para o chão de fábrica e me mostrou, nos mínimos detalhes, como as queixas dos operadores eram totalmente justificadas. Então, no fim, contratamos um especialista em ergonomia e começamos a resolver todos os problemas ergonômicos como parte do esforço de *kaizen*. Todo mundo na gerência de linha daquela empresa virou um especialista em ergonomia. Foi difícil.

– E?

– Ah, como tudo mais, se você aguenta tempo suficiente, depois de vários ciclos *PDCA* um tipo diferente de pensamento começa a se instalar. As pessoas veem as coisas de um modo diferente. Elas trabalharam juntas na resolução de problemas, então as relações mudaram. Para mim, o núcleo da gestão *lean* é ter clareza do que se quer e trabalhar com as pessoas para resolver todos os problemas, de forma que no fim você acabe desenvolvendo um tipo diferente de relação, que é quando a *confiança mútua* começa a ser criada.

– Foi aí que Bob me ensinou a dizer "obrigado" para os problemas que as pessoas traziam. Na gerência anterior, as pessoas eram ensinadas que você era ou parte da solução ou parte do problema. Basicamente, os mensageiros viviam levando bala por trazerem más notícias.* Eles aprenderam a se esconder. Tivemos de trabalhar com eles no chão de fábrica por meses para conseguirmos que eles começassem a se abrir. Foi difícil cruzar aquele limiar de confiança, mas quando conseguimos, rapaz, o que eles nos contaram. Vinha para fora com crueza, raiva e amargor. Eu estava próximo de desistir, mas Bob me dissuadiu, dizendo que raiva era bom, estava tudo vindo para fora. Eu simplesmente tinha de aguentar firme e provar para as pessoas que aquilo não era só fogo de palha. Confiança é dada lentamente, mas é retirada depressa.

– Tratar todos como indivíduos foi a outra coisa que aprendi então. Soa como clichê, mas na prática não fazemos isso. Nosso equipamento era incômodo de usar, e como resultado aprendemos que pessoas diferentes tinham problemas diferentes. Às vezes eram físicos, às vezes eram mentais. No início, queríamos impor a primeira solução que funcionava para todos, e nos metemos em todo o tipo de confusão. Mas, no fim, conseguimos, isso quer dizer que aceitamos que todos os indivíduos são diferentes, e começamos a procurar concordância individual para tudo que fazíamos. Não havia duas pessoas com o exato mesmo problema, en-

---

* N. de T.: Alusão à frase feita *"Don't shoot the messenger"*, querendo dizer que não se deve culpar alguém por trazer más notícias.

tão, mais uma vez, aceitamos que tínhamos de resolver as coisas, um problema de cada vez. O principal era que queríamos trabalhar com padrões, tanto no nível de políticas quanto no de trabalho detalhado. Isso, na verdade, criava problemas diferentes para pessoas diferentes. Aprendemos que, para manter padrões, precisávamos levar em conta problemas individuais, e ajudá-las a resolvê-los. Parecia demorar uma eternidade, mas acabamos chegando lá. Me dei conta de que não era só aprender sobre a engenharia que contava, mas aprender sobre pessoas, também.

– Ah, para aí, Phil – você não pode estar falando sério – exclamou Ward, sacudindo a cabeça enquanto pegava outra porção de café velho para os dois. – Nós precisamos de regras, não? Não podemos ajustar tudo sob medida para todo mundo. Eu entendo todo esse negócio de *confiança mútua*, mas você não está levando um pouquinho longe demais?

– Exatamente – replicou Jenkinson, sabiamente ignorando a água suja. – Porque precisamos trabalhar com padrões é que precisamos entender as dificuldades que as pessoas têm em manter estes padrões. Não se iluda, não se trata de sentimentalismo e ser bonzinho: é negócio. Pense: se todo mundo na fábrica lhe deve alguma coisa porque você as ajudou a fazer seu serviço, quando surgir um conflito você vai estar numa posição muito mais forte. O sentido de se envolver é que você compartilha problemas com seus operadores: você os faz contribuírem às suas estações de trabalho. Você os ajuda com suas dificuldades. Eles lhe dão qualidade e produtividade. Elas por elas. Nós podemos ser *lean* exatamente porque desenvolvemos a *confiança mútua* de que todos vamos fazer o máximo para servir aos clientes com os processos mais *lean* possíveis. Você pode projetar os processos mais *lean* que quiser: se as pessoas não estiverem envolvidas e não derem tudo de si para mantê-los *lean*, nunca vão funcionar, e o desperdício vai continuar ressurgindo.

– Estes são os quatro pontos principais que tivemos de reaprender, dos programas originais TWI que a Toyota elaborava para sua abordagem – resumiu Jenkinson, contando nos dedos:

– *Um*: diga a cada pessoa como está o desempenho delas e pense sobre os problemas com elas. Problemas em primeiro lugar.

– *Dois*: dê crédito quando ele for devido, particularmente quando você encontrou "variância positiva", alguém fazendo sistematicamente melhor do que o padrão e propondo um novo padrão.

– *Três*: fale com as pessoas sobre mudanças que vão afetá-las com antecedência, elas precisam entender o porquê para poder planejar.

– *Quatro*: procure o melhor uso das habilidades de todas as pessoas: não existe desperdício pior do que talento ou motivação inaproveitados. É nossa tarefa liberá-los, ou, no mínimo, não atrapalhar as pessoas.

– A partir do primeiro *turnaround lean*, eu tinha aprendido a ter um *plano para cada peça*. Daí, aprendi a ter um *plano para cada pessoa*.

– O que você quer dizer com isto? – perguntou Ward.

– Quem você promove? O que você tem pronto para contribuir? Que função você dá a eles se não funcionar? Como você os desenvolve? Com os engenheiros, temos uma conversa todo trimestre sobre uma lista de competências básicas, técnicas e gerenciais. A cada três meses, escolhemos problemas para resolver que correspondam a áreas onde as pessoas precisam ser desenvolvidas. Cultivar pessoas leva tempo, mas no fim é o que importa. Para isso, porém, você tem de tratar cada pessoa como um indivíduo, e levar seus problemas a sério. Cada indivíduo sente a mesma coisa de um jeito diferente. Agora eu sei isso!

– Permita que o *sistema puxado* gerencie o processo; não deixe que a gerência gerencie o fluxo – explicou Mark Neville solicitamente. Ele havia mudado de opinião sobre Ward. Na verdade, Neville descobriu que ele até gostava do seu papel como *sensei* amador. Além disso, o humor incomum de Ward e suas tiradas inesperadas o faziam rir. Contudo, o pobre do sujeito ainda precisava de tudo bem mastigado. – Depois que você entende isso, tudo se encaixa. Os gerentes de linha estão lá para gerenciar as lacunas até atingir o padrão, não para tomar microdecisões no processo. Nivele a demanda dos clientes, daí siga os cartões *kanban*.

Ward tinha aproveitado a oportunidade para voltar à fábrica de Bethany antes de pegar o avião para casa. Neville se prontificara para mostrar-lhe o trabalho que estava fazendo no fornecimento de componentes. Sua equipe decidira estocar os componentes de alta rotatividade que entravam diretamente em carrinhos alinhados no depósito, em vez de primeiro pô-los em um supermercado e depois em um carrinho. Como resultado, vários carrinhos eram preparados antecipadamente sem um propulsor para movê-los. E à medida que os paletes chegavam dos fornecedores, eram fragmentados e os contêineres eram despachados para seu local de espera em cada carregamento.

– Olhe ali. Nós criamos um sistema completo de alarmes para garantir que as peças estejam chegando no caminhão certo. Nós tomamos o controle da logística dos fornecedores. Os motoristas dos caminhões têm de nos ligar caso haja uma caixa faltando antes de saírem do fornecedor, então podemos chamá-los de volta para perguntar qual é o problema.

– Como está funcionando a sua organização de linha?

– Tenho um assistente de gerente de fábrica que está gerenciando os supervisores eficientemente. Tenho um supervisor para cada 30 operadores, mais ou menos – e eles são a primeira linha de gerência. Sua tarefa principal é *trabalho padronizado* e tudo que diz respeito a isso.

– Isso é tudo que eles fazem o dia inteiro?

– Isso e responder aos alertas no sistema puxado. Meu lema é que um gerente não deveria ter de repetir uma instrução durante o curso normal das coisas. Se eles têm de fazer isso, há alguma coisa errada com o processo. Nós trabalhamos muito para liberar o máximo de tempo possível dos problemas diários, para que os supervisores possam se focar em melhorar o *trabalho padronizado*.

– Na prática?

– Há um cronograma de treinamento para cada operador. Dá para vê-lo pregado em cada célula. Os supervisores controlam o *trabalho padronizado*, treinam os operadores, e olham para ver se ele é respeitado. Quando encontram problemas, é um caso de *kaizen*.

– E os seus líderes de equipe? O que eles fazem?

– Majoritariamente, qualidade, embora nem todos pensem como eu. Líderes de equipe não são gerência, são operadores. Eles são a minha primeira linha de defesa para problemas de qualidade. Assim, sempre que um operador tem uma dúvida sobre uma peça, ele pergunta ao líder de equipe, que sabe dizer se é uma peça boa ou ruim e pode, então, checar o *trabalho padronizado*. Se eles acham um problema de verdade, param a célula e chamam o supervisor. Uma vez por semana, os líderes de equipe checam também o balanceamento da célula.

– Escute, não estou nem perto de onde quero estar em termos de reatividade. Sempre que visito a fábria da Toyota para quem fornecemos, é uma lição. Toda vez que um operador da Toyota esbarra num problema, ele puxa a corda Andon e o líder de equipe vem correndo. Eles têm menos de um *takt* para descobrir se é um problema de verdade ou não. Isso é menos que um minuto. Se eles decidem que é um problema de verdade, eles param a linha, e daí o supervisor vem correndo. Se eles não resolvem o problema rapidamente, são capazes de parar a fábrica inteira.

– Isso sim que é pressão.

– Claro, mas a coisa é que a Andon acende a cada dois minutos. Apesar de isso poder significar desligar a fábrica inteira, isso nunca acontece, por causa da resposta rápida da equipe. Os operadores vivem puxando a corda Andon toda hora. Isso sim que é envolvimento. E esse é o meu problema. Não estou nem perto disso. No momento, os operadores chamam os líderes de equipe uma ou duas vezes por turno, mas ainda estamos a quilômetros de distância de fazermos isso o suficiente.

– Bom tópico para um *A3* – brincou Ward.

– Como assim? – indagou Neville, olhando para Ward como se suspeitasse que ele estivesse gozando dele.

– Hum... Diferença em relação a um padrão e tudo aquilo – arriscou Ward em face do olhar sombrio do seu amigo. – Olha como a corda é puxada seguidamente na fábrica da Toyota *versus* aqui. Pergunte quais fatores afetam esta diferença, etc. Sabe... *A3*?

– Seu filho da... – esbravejou o gerente de fábrica com uma carranca profunda, fazendo o inglês pensar que tinha dado com a língua nos dentes – novamente. – Sabe de uma coisa? Você está absolutamente certo! – disse ele rindo. – É um assunto perfeito para um *A3*. Eu estava mesmo pensando o que dar para o meu gerente de fábrica trabalhar.

– Você usa *A3* muito? – perguntou Ward com alívio.

– Toda hora. Mas não de primeira. Eu vinha tentando fazer as pessoas usarem *A3* há anos, e ficando muito frustrado porque ninguém fazia. Sabe, "Por que eles não entendem?".

– Nem me fale.

– Daí, eu finalmente percebi que era eu quem não entendia.

– Nem me fale disso, também – riu Ward. – Até aí me soa familiar.

– A coisa é que – sorriu Neville desgostosamente – eu achava que o *processo A3* era uma grande ferramenta de resolução de problemas, que se as pessoas seguissem as caixas, chegariam à solução certa. Mas, obviamente, você não conhece o que não sabe. Se você não entende o problema, resolução estruturada de problemas é só uma maneira bonita de exibir o raciocínio errado. Então, um dia, estando em um tema completamente diferente, cheguei à conclusão de que eu era bastante bom em gerenciar o chão de fábrica, mas bem ruim em gerenciar minha gerência média. Para fazer eles se envolverem, eu não sabia nem por onde começar. Mas de alguma forma eu uni as duas coisas: *A3*. O sentido do *A3*, como eu vejo, não é tanto as pessoas acharem a causa-raiz dos seus problemas, mas possibilitar que um *coach* os guie pelo processo de resolução dos seus problemas. Sabe, cada uma das caixas no *A3* me permite checar se eles realmente entenderam o problema, e isto é o principal. Passar de aplicar soluções a compreender problemas.

– Checar? – perguntou Ward, realmente intrigado. – Por exemplo...?

– Bem, se eles não conseguem descrever o problema como uma série histórica de um indicador e sua diferença em relação ao padrão, significa que eles não isolaram o problema bem o bastante. Eu posso checar a medida que eles escolheram e como eles a entenderam. Então, se eles não conseguem apresentar a causa pontual no processo, se eles não testaram cuidadosamente suas hipóteses, de novo quer dizer que estão indo rápido demais. De modo similar, se eles têm só uma solução por causa-raiz, em vez de duas ou três alternativas verossímeis, significa que eles não compreendem o problema bem o bastante, e assim por diante. O poder do *A3* está tanto na interação entre gerente e subordinado, ou tutor e tutelado, quanto na resolução estruturada de problemas em si. É uma ferramenta de gestão. E é perfeita para gerenciar os gerentes médios.

– Continue – pediu Ward, pensando naquele bando de irremediáveis individualistas, teimosos, cabeças-duras, "eu estou certo e todo o resto está errado" que ele tinha na sua fábrica.

– Eles fazem seu serviço como sempre fizeram, mas agora cada um deles tem um problema *A3* em andamento comigo. E eles têm de orientar seus subordinados em um problema *A3*, também. Está funcionando realmente bem e, desde então, tenho uma ideia muito melhor de quem são e o que fazem.

– Tratar as pessoas como indivíduos?

– Pode crer. Resolver problemas até a causa-raiz, um de cada vez.

– E as reuniões de equipe? – perguntou Ward, voltando à célula de trabalho. Lá em Vaudon, ele andava trabalhando duro com Carela para implementar a organização apropriada de célula. Mas cada vez que resolviam um problema, outras dez questões surgiam.

– Fazemos uma reunião cinco minutos depois de cada intervalo. Geralmente para falar sobre problemas.

– Você espera que seus supervisores resolvam também os problemas pessoais dos operadores? – indagou Ward, pegando a deixa da sua conversa anterior com Jenkinson.

Aquilo fez Neville rir e sacudir sua grande cabeça.

– Ouça, Andy. Todos os problemas são pessoais. O que você acha? Nossos maiores problemas não são máquinas pifando ou componentes ruins dos fornecedores. Sabemos lidar com isso. Não, são os operadores chegando atrasados ou não aparecendo para trabalhar. Temos também o problema das doenças profissionais, e de achar o serviço certo para pessoas que não podem fazer certas operações, isso sim é uma dor de cabeça.

– Nossa maior preocupação é a estabilidade da equipe – continuou Neville. – No momento em que alguém falta, o líder de equipe tem de preencher seu lugar. Como resultado, ele não está mais disponível para os operadores. Quando isso acontece, sempre que alguém tem uma pergunta, o líder de equipe tem de parar a célula. Como eu não quero parar as perguntas, a produtividade sofre bastante.

– Você faz isso em todos os níveis? – perguntou Ward.

– Claro. Nossa política é a de que o chefe cobre qualquer funcionário que falte, sem exceção. Eu achava que já tínhamos discutido isso. Os gerentes são responsáveis pelo sucesso do seu pessoal nos seus objetivos. Essa é uma atitude fundamental, e significa manter o processo funcionando dentro do cronograma mesmo se alguém não aparecer. Também trabalhamos muito para entender por que as pessoas chegam atrasadas ou nem aparecem. Isso é tarefa do supervisor: reunir todos os fatos, entender o problema com a pessoa e vir com estratégias para fazer alguma coisa a respeito.

No voo de volta sobre o Atlântico, Ward se obrigou a ler um livro de negócios que Neville tinha lhe empurrado quando saíra da fábrica. Ele normalmente odiava ler esse tipo de coisa, mas acabou ficando relutantemente interessado em um grande estudo que a organização Gallup tinha realizado, explorando a ligação entre motivação, desempenho e condições de trabalho. Garimpando sua base de dados de mais de um milhão de entrevistas com funcionários, os pesquisadores procuraram um modo de medir a força de um local de trabalho. Munidos do questionário resultante, eles então pediram a 24 empresas diferentes em 12 setores que fornecessem pontuações de desempenho (produtividade, rentabilidade, retenção de funcionários e satisfação do cliente) para 2500 unidades de negócio. Eles então verificaram quais respostas se relacionavam mais fortemente com o desempenho por unidade.

O resultado foi que o desempenho variava mais amplamente dentro das companhias individuais do que dentro do setor como um todo, e que os funcionários das unidades com melhor desempenho tinham uma classificação consistentemente alta e respondiam fortemente às seis seguintes perguntas:

1. *Eu sei o que se espera de mim no trabalho?*
2. *Eu tenho o material e o equipamento que preciso para fazer meu trabalho direito?*
3. *Eu tenho a oportunidade de fazer o que faço melhor todos os dias?*
4. *Nos últimos sete dias, eu recebi elogio ou reconhecimento por bom trabalho?*
5. *O meu superior, ou alguém no trabalho, parece se importar comigo como pessoa?*
6. *Existe alguém no trabalho que encoraja o meu desenvolvimento?**

---

* N. da E. original: Buckingham, M. & C. Cofman, *First, Break All the Rules* (Simon & Schuster, Nova York, 1999).

Lendo isso, ele entendeu por que Neville tinha lhe emprestado o livro. O arranjo duplo de Neville – o *sistema puxado*, por um lado, e o treinamento com *trabalho padronizado* e *kaizen*, por outro – se encaixava bem nas perguntas da Gallup.

Como ele pôde ser tão cego, perguntou-se, andando pela fábrica e ouvindo Neville detalhar este ou aquele *kaizen*? Disseram-lhe desde o princípio: caminhe com as duas pernas, melhoria contínua e envolvimento do pessoal. Ele realmente pensara que tinha matado o problema, e aquilo quase lhe custara a fábrica. Começou a se preocupar com o que não estava vendo desta vez! Não é o carro que você vê que torna dirigir perigoso, lembrou-se ele, é o que você não vê.

Pondo o livro de lado, Ward teve de admitir que Neville era bastante único, na medida em que via pessoas fazendo peças ao usarem máquinas, e não máquinas fazendo peças e sendo carregadas e descarregadas por operadores. O equipamente existe para apoiar as pessoas no seu trabalho. A automação é usada primeiro para operações perigosas ou pesadas, e depois para produtividade. Por quê? *Porque só pessoas podem melhorar seus próprios processos*. Esse, refletiu ele, deveria ser o segredo dos processos *lean*. Como é fácil, do ponto de vista gerencial, pensar que os processos comandam as pessoas. Ele certamente tinha usado esse modelo mental por décadas sem sequer perceber. Mas de fato, ele tinha aprendido, por meio de interações duras com seu pessoal, que, para todos e todos os dias, as pessoas comandam os processos. Processos *lean* são os resultados das pessoas que os comandam realizando atividades de *kaizen*. Para tal, ele tinha de criar um ambiente onde o espírito *kaizen* pudesse prosperar. Isso significava criar um acordo fundamental com cada pessoa que trabalhava no seu chão de fábrica: você me ajuda a resolver problemas de processo, e eu ajudarei você a resolver os seus problemas. Nós dividimos os benefícios. *Confiança mútua*.

Enquanto dirigia do aeroporto para casa, experimentou um breve momento de bem-estar ao acreditar que as coisas finalmente estavam dando certo. Confiança: isso viria se as pessoas se dessem conta de que suas reclamações eram ouvidas seriamente e que tentativas sérias de resolvê-las seriam empreendidas. Para desenvolver uma cultura assim, ele ensinaria a gerência de linha de frente a resolver problemas diários na linha por meio do uso de condições visuais padrão e *trabalho padronizado*. Ele também treinaria seus gerentes médios para resolver problemas de processo desenhando *A3* pessoalmente. Isso significava manter um diálogo contínuo sobre resolução de problemas e melhoria em todos os níveis. Aquele era o método de gestão. Não havia mais nada. Ensinar em vez de gerenciar, de fato.

A calma tinha voltado a Vaudon. O outono fora agradavelmente ameno, com a maior parte de outubro ensolarada e fresca. O nível de faltas tinha retornado ao seu nível normal. Ward e Deloin começaram a entrevistar todo operador que tirava licença ou não aparecia, ou, exatamente como faziam antes, discutiam os acidentes com eles. Mesmo temperadas pelo cinismo irritante e ilimitado do veterano gerente de RH, essas entrevistas abriam uma nova janela para Ward sobre as vidas das pessoas com quem ele trabalhava todos os dias. Admitiu para si mesmo que, no início de sua carreira, ele se focara exclusivamente para cima, impressionado pelo glamour *jet set* dos altos postos. Desta vez em Vaudon, ele simplesmente não se ajustara. Tinha se cercado de uma panelinha de colegas que ele achava serem amigos, e delegara o comando diário de pessoas e máquinas à sua organização. Sua vida se centrava em Malancourt e em manter a fábrica rolando, esperando... pelo que, ele não sabia.

Os acontecimentos do início do outono tinham finalmente o feito aceitar o fato óbvio de que cada pessoa trabalhando na fábrica era um indivíduo, e o mínimo que poderia fazer era saber mais sobre elas. O que descobriu era a árdua realidade de uma região devastada por uma recessão após a outra. As pessoas que ele conhecia em Malancourt eram em sua maioria seus vizinhos, geralmente fazendeiros razoavelmente bem de vida, ou os clientes de Claire, que eram abastados o suficiente para se permitirem um *hobby* tão caro como equitação. Mas aqui, na fábrica, ele estava descobrindo outra realidade: a de viver em imóveis estatais, viver economizando ou ter dificuldades para pagar a gasolina para ir ao trabalho. Trabalhe pelo seu salário, dê duro pelos seus filhos, sue até que esteja enrugado e de cabelos brancos. Para ser honesto consigo mesmo, ele tinha de admitir que aquilo o assustava. Mas agora que tinha encarado sua fraqueza, também percebia que havia pouco ressentimento contra a injustiça da vida. As pessoas se agitavam por causa de coisas pequenas e pessois – ciúmes mesquinhos, maldades sem importância. Algumas rusgas ainda incomodavam anos depois. Ward aprendeu isso ao passar mais tempo com Deloin. A raposa velha, vice-prefeito de Vaudon, era um fofoqueiro terrível. Ele conseguia traçar a gênese de qualquer incidente três gerações para trás.

Na fábrica, por tentativa e erro, Ward estava aprendendo com o que devia se envolver e o que ignorar deliberadamente. Ele também ficou melhor em administrar sua presença no chão de fábrica. Descobrira que, como gerente de fábrica, simplesmente estar lá importava, de alguma maneira. Mudava as coisas. As pessoas se comportavam diferentemente. Agora, ele simplesmente observava e escutava a maior parte do tempo, descobrindo que com isso muitos problemas espinhosos se desfaziam sozinhos, assim que as pessoas se escutavam formulando-os. Em uma manhã de domingo, Claire tinha rido dele porque estava assistindo a uma aula de equitação com sua "cara de *gemba*".

– Cara de *gemba*? – indagou ele, intrigado.

– Sabe, aquele olhar de concentração distante. Capitão no convés! – brincou ela. – Mas não espere que eu bata continência.

É claro, havia uma multidão de problemas na fábrica. O que mais o preocupava era que Franck Bayard continuava a realizar *workshops* de *kaizen* com o furor dos convertidos. Ele continuava tão retraído e autocentrado quanto antes, e mal conseguia dizer duas palavras seguidas a alguém, mas as pessoas pareciam não se importar. Ele estava sempre fuçando nessa ou naquela estação de trabalho, lentamente envolvendo os supervisores e os operadores. Eles não precisavam discutir muito. Tinham se acostumado com o seu jeito de trabalhar e frequentemente contrbuíam com sugestões inteligentes. O verdadeiro problema de Ward era que estavam acabando lugares vazios para operadores que eram liberados de processos existentes. Ele tinha quase um efetivo inteiro de líderes de equipe e pediu a Carela que os treinasse usando caixas vermelhas e *trabalho padronizado*.

O novo gerente de produção agora estava passando uma hora por semana com os líderes de equipe de cada turno, repassando os fundamentos de 5S, *trabalho padronizado* e amostras-padrão de qualidade. Carela e Ward também combinaram de passar as noites de quarta-feira com o turno da noite pelas primeiras quatro horas. A fábrica era um outro mundo à noite, e eles conseguiram treinar o turno da noite de acordo com as mudanças diurnas. Ward também reforçara o time de montadores com mais dois operadores, e um fora promovido a técnico de manutenção. No fim, haveria um limite de onde ele poderia alocar os funcionários de turno integral liberados pelo *kaizen*, e ele estava se aproximando dessa erosão mais rápida do que o natural. Ele precisava muito de volume, já que estava determinado a, na medida do possível, não tornar as pessoas desnecessárias: não só a frágil *confiança mútua* estabelecida na fábrica seria gravemente prejudicada, como também, depois de tudo por que tinham passado, Ward sentia que era seu dever fazer todo o possível pelas suas tropas.

Semelhantemente, entre eles, Carela e Muller tinham conseguido liberar completamente duas injetoras por meio de tamanhos de lote menores e alocação inteligente dos moldes. Jenkinson tinha gostado, e ainda não havia pedido para transferi-las a outra fábrica. Mas ele sabia quer era só uma questão de tempo. Ward temia o momento em que teria de mandar uma injetora para fora da fábrica. Isso com certeza agitaria os sindicatos novamente, mas, ei, isso era um problema para depois. Estranhamente, embora ele sentisse que tinha desenvolvido um entendimento melhor com os operadores, sua relação com os representantes do chão de fábrica parecia ter deteriorado. Carela o surpreendeu novamente ao convencer Barras a assumir o posto de supervisora. Ward inicialmente chiou, sugerindo que ela teria de escolher entre seu envolvimento com o sindicato e um posto de supervisão. Para sua grande surpresa, ela escolheu, o que significava que ele perdeu uma aposta amigável com Carela, que dissera duvidar que ele seria o único a abandonar seus princípios na fábrica. – Não deixe fazerem de você um executivo – resmungara ele. – Mas se é para fazer, não vai ser sozinho.

Barras se revelou uma enviada de Deus como supervisora. Ward esperava que os outros se incomodassem por sua falta de antiguidade, mas até o momento tudo tinha ido bem. Léa Mordant ficava com o turno matinal na montagem, e Barras pegara a tarde. O contratempo inesperado foi que Ward perdera a voz da razão entre os representantes sindicais, e, sem a influência pé no chão, os sujeitos pareciam bem mais radicais. – Você não está entendendo – explicou o gerente de RH com sua típica visão desencantada. – Eles veem o que está acontecendo. Os operadores se dirigem a Sylvie ou Carela quando têm problemas, até mesmo diretamente a você. Assim, o sindicato está perdendo seu poder. Eles estão odiando isso, e logo vão armar confusão. – mandar injetoras para fora da fábrica era exatamente o tipo de coisa que poderia ocasionar uma repetição dos acontecimentos de setembro, e Ward realmente não queria aquilo.

Ward mais uma vez disse para si mesmo parar de se surpreender com as ideias do sujeito. Carela claramente empregava o *trabalho padronizado* introjetado como uma maneira de fazer os supervisores trabalharem diariamente com os operadores.

– Eu compreendo melhor por que precisamos de equipes estáveis – refletiu Carela certa noite, quando eles estavam tentando descobrir por que a produtividade de um turno na montagem estava claramente abaixo dos outros dois. – Olhe só: as duas outras equipes têm uma equipe estável aqui, mas no turno da tarde o pessoal vive mudando.

– E? – perguntou Ward, intrigado.

– Fazer seguir o *trabalho padronizado* é impossível. Olhe, o legal dessa abordagem de *trabalho padronizado* é que você pode focar em como as pessoas fazem o serviço, não apenas no que elas tem de fazer. Esse é o segredo da produtividade e da ergonomia. Queria que tivéssemos feito isto antes!

– Como assim?

– Está vendo estes clipezinhos plásticos que os operadores têm de inserir ali em cima? Quando começamos a fazer a cronometragem com Léa, percebemos que Sandrine ia bem mais rápido do que todos os outros. Daí também vimos que todos os outros operadores tinham as mão cobertas com fita para proteger os dedos, mas não Sandrine.

– Estamos falando de Sandrine Lumbroso? – certificou-se Ward, incrédulo. Ele visualizou os ombros curvados, o rosto suado e o constante resmungo da operadora do turno da manhã. Entre os operadores, ela fora um dos que mais se opôs contra os supervisores usarem cronômetros sistematicamente para estabelecer o *trabalho padronizado*. Agora era revelado que ela era muito mais rápida na sua estação de trabalho do que qualquer dos seus colegas.

– Sim, Sandrine Lumbroso – riu Carela. – Vai saber! De qualquer forma, percebemos que ela estava girando as inserções para pô-las para dentro, em vez de enfiá-las diretamente como especificado pela engenharia. O método dela é muito melhor para os operadores, e mais rápido também.

– Ótimo.

– Coisas pequenas como essa podemos disseminar bem rápido dentro de uma equipe estável. Mas sempre que lidamos com operadores novos ou temporários, leva uma eternidade para chegarem à velocidade certa.

– Eu finalmente peguei o que "equipes autônomas" realmente significam – disse Carela um dia, do nada.

– Equipes autônomas?

– Antes da sua época. A gerência anterior tinha uma teoria de que cada área tinha de ser completamente autônoma. Como supervisor, isso significava que de repente estávamos atolados com administração, suprimento etc. Sem mais tempo para fabricar peças.

– Nós tiramos isso tudo, não foi?

– Sim, claro. Não é isso que estou dizendo. Sabe, quando eu era supervisor, passava a maior parte do tempo decidindo qual peça rodar quando e em que célula, e daí indo atrás dos componentes.

– Não com o *sistema puxado*, espero.

– É o que estou tentando dizer. Desde que pusemos o *sistema puxado* para funcionar, as equipes sabem o que tem de produzir simplesmente ao olhar os cartões *kanban*, o carrinho leva os componentes diretamente para a estação de trabalho. Assim, eles não precisam dos supervisores ali para decidir sobre trocas. Eles podem fazer isso sozinhos. É assim que podemos ter os supervisores trabalhando tanto tempo no *trabalho padronizado*. Nossas equipes são muito mais autônomas agora, mas isso significa uma coisa radicalmente diferente do que eu pensava. "Autônomas" quer dizer que sabem o quê fazer quando exatamente porque não têm de fazer escolhas de produção. Elas podem se focar em seu serviço, que é fabricar peças boas. Como eu pude ser tão burro!

Nós dois, amigo, pensou Ward, profundamente satisfeito ao perceber que a compreensão de Carela sobre *lean* estava começando a superar a sua própria. O gerente de RH vivia dizendo "Veremos" com seu sorriso complacente. De todas as mudanças que Ward tinha feito naquele ano tumultado, a que mais lhe agradava era ter convencido Carela a assumir a produção.

Ward se lembrou de um comentário que Amy fizera sobre estilos de gestão. Antes de ser pego de surpresa pela ameaça de fechamento da fábrica, ele se considerava um gerente participativo. Mas a realidade é que ele deixava as pessoas seguirem com suas tarefas sem interferir, acreditanto fortemente que confiança era a melhora política. Como resultado, ele se isolara da fábrica ao se cercar com "tenentes de confiança", enquanto a fábrica continuava indo morro abaixo em direção ao fechamento, como tantas outras indústrias na região. Então, impulsionado por Jenkinson, ele dera uma reviravolta radical, mandando as pessoas desempenharem, e constantemente reclamando sobre como as pessoas simplesmente não *faziam como era mandado*. Em Muller ele encontrara o perfeito primeiro-sargento, e juntos puseram ordem na fábrica – deixando a maioria do pessoal para trás e gerando ressentimento contagioso no caminho. As brasas tinham se reacendido e quase consumiram todos. Agora, em retrospecto, ele entendia o ataque de Stigler e a demissão de Chadid muito melhor. Acabou que Stigler realmente teve um colapso, e Deloin estava tentando negociar algum tipo de acordo com o sujeito. Deloin agora estava convencido de que Stigler enviara a apresentação do fechamento da fábrica para o representante sindical Petit. A reviravolta completa de Ward teria deixado seu braço direito na mão, sentindo-se traídos. Ele estava tão obcecado com o que estava fazendo na época que nunca poderia ter visto isso, mas tinha feito de qualquer maneira.

A greve o tinha abalado profundamente. Talvez ainda mais profundamete do que o anúncio de Phil de que pretendia fechar Vaudon. A ameaça do fechamento da fábrica tinha feito Ward levar os resultados a sério, enquanto que antes ele pensava que era somente um jogo de número na direção – jogo em que ele participava. Mas a greve o fez levar as pessoas a sério. As pessoas não eram somente números numa planilha – elas eram na verdade seu bem mais precioso: elas faziam peças boas todos os dias. Lentamente, dolorosamente, ele estava descobrindo a dura verdade da gestão *lean* todos os dias. Não "Faça como parecer melhor", nem "Faça como mandam", mas "Vamos resolver juntos". Era exigente porque nada na sua instrução como gerente o tinha preparado para saber como fazer aquilo. E ele tinha que descobrir todo dia.

Ward tinha decidido acabar o dia mais cedo, e dirigiu para casa no crepúsculo invernal, com nuvens escuras rolando sobre a terra, na fímbria das árvores. Aquele tinha sido um dia bom. Mathilde Weber, agora líder de equipe na montagem, e Barras o tinham abordado naquela manhã para falar de uma ideia que um dos operadores queria experimentar. Barras perguntou se, caso ela ficasse com Weber depois do trabalho para experimentar coisas com as meninas do segundo turno, aquilo será considerado hora extra. Ward manteve uma cara séria, mas comemorava por dentro. Uma hora por semana, ele tinha combinado. Elas podiam envolver todos os operadores do turno da manhã que quisessem participar. *Confiança mútua*, sorriu para si mesmo, eu ajudo vocês a resolver o seu problema, e vocês me ajudam a resolver o meu.

Então, é claro, ele se deu conta. Ele realmente precisava pôr o programa de sugestões para funcionar. Sem mais anotações e discussões: *ele* tinha de se mexer. Havia sugestões pipocando em toda a fábrica, como aquela de Weber e Barras, mas não tinha nenhum método em funcionamento para avaliar os méritos das ideias e pô-las em ação, e, se implementadas, para reconhecer o esforço. Algumas pessoas diziam que sugestões eram, essencialmente, parte do trabalho e deveriam ser livres (não surpreendentemente, essas opiniões eram mais presentes entre os gerentes), enquanto outros achavam que qualquer contribuição dos operadores deveria ser recompensada. Havia um velho esquema de sugestão como parte da Alnext Business System, que envolvia uma urna na entrada da fábrica e um considerável prêmio em dinheiro para cada ideia. Ward acabou deixando aquilo cair em desuso porque parecia mais criar tensões e ciúmes mesquinhos do que fomentar o espírito de equipe.

Ward acreditava que o sistema de sugestões de Neville em Bethany poderia funcionar em Vaudon. Ele resolveu testar o sistema, tentando uma hipótese norte-americana com bandeira francesa, por assim dizer. Em Bethany, cada célula tinha um quadro mostrando a evolução: sugestão feita, validada dentro de uma semana, esperando validação por mais de uma semana (geralmente por causa de uma requisição de gasto), ou recusada. Neville se assegurava pessoalmente de que a maioria das sugestões fosse validada por supervisores dentro de uma semana de sua proposição. Ele conseguia fazer aquilo. Neville recompensava todas as sugestões que eram aceitas dando pequenos cupons de presente, e fez uma competição para todas as soluções aceitas com base em impacto de custo, com recompensas mais vultosas. Vaudon tinha feito progresso em termos de capacidade gerencial e envolvimento dos operadores, mas Ward não tinha certeza se estavam prontos para garantir que todas as sugestões dos operadores seriam consideradas dentro de alguns dias; pronto ou não, porém, era hora de *do*. Ele saberia se estavam prontos quando chegasse a hora de *check*. Neville sempre insistira que o sistema de sugestões era uma maneira essencial de pôr pressão nos seus gerentes médios para garantir que eles se ocupassem das pessoas. Operadores ajudam gerentes. Gerentes ajudam operadores. *Confiança mútua.*

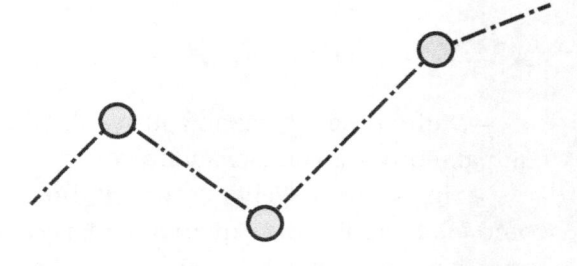

Capítulo Oito

CRIAR VALOR

– Vamos dar uma olhada, então – disse Ward. Apesar de maravilhado com o que viu, ele se esforçou ao máximo para não demonstrar.

– Solange, por que você não mostra ao *M'sieur* Andy? – sugeriu Mathilde Weber, fazendo um sinal para a operadora que surgira com aquela ideia. Logo que chegou à fábrica, Ward tinha insistido para que todos o chamassem de "Andy". Anos depois, apesar de se sentir mais à vontade no chão de fábrica do que antigamente, este pedido ainda causava não pouca confusão com as regras de etiqueta de chão de fábrica francesas.

– Aqui – explicou Solange Fabre, uma quieta mulher de meia-idade que foi forçada a voltar a trabalhar por razões familiares. Aparentemente, seu filho bom-para-nada havia voltado para casa e precisava de auxílio. Fabre, que raramente falava mais do que o estritamente necessário, era uma candidata improvável para uma sugestão. Mas lá estava ela, mostrando as mudanças que tinham feito no gabarito. – Antes, tínhamos de tirar a peça assim, o que era um movimento realmente horrível, e daí tínhamos de bater assim na peça. Minhas mãos sempre doíam no fim da jornada – explicou ela, mostrando o lado da sua palma castigada.

– Com o novo gabarito – explicou Weber –, o movimento é muito mais simples, e nós não temos mais rejeitos na máquina automática de teste.

– Muito bom – parabenizou Ward, olhando cuidadosamente para o equipamento. – E Franck validou?

– Sim – sorriu Weber com orgulho. – Não de primeira; você sabe como *Monsieur* Bayard é quando a ideia não é dele. Mas fizemos alguns testes, e ele disse que era tão inteligente que era ele quem devia ter tido a ideia. – ela estava obviamente feliz, e Ward, divertido, esqueceu-se de ficar com uma cara séria. Ele conseguia ver a cena com Franck Bayard.

– Mas isso não é tudo – continuou a líder de equipe, encorajando a operadora.

– Bem, senhor – disse timidamente a mulher mais velha, – eu não entendo a peça. Veja, precisamos montar isso e aquilo, mas se fizessem assim, essa operação poderia ser completamente eliminada.

– Boa colocação – respondeu Ward cuidadosamente, subitamente se sentindo fora da sua área de novo. Ele não sentia esta emoção particular havia um bom tempo. Ao longo do último ano, ele com certeza melhorara seu conhecimento de processo consideravelmente, o que o levava àquilo, porém: um lembrete de chão de fábrica de que ele não se envolvera com os detalhes do projeto da peça, ainda não, suspirou ele. Mas isso também lhe lembrava que o sistema de sugestões, por muito tempo adiado, estava realmente ativo e funcionando: tratava-se de pegar ideias com aqueles que mais entendiam – os operadores – e, tão importante quanto ensinar os supervisores a responder rapidamente às sugestões dos operadores ao implementá-las primeiramente (ou, se não, explicar por que) e, depois, dar suporte ao operador na implementação das sugestões por eles mesmos (ou ao menos numa simulação antes da implementação total).

– O que Franck diz disto?

Bayard era, afinal, o engenheiro de produção, e provavelmente tinha alguma noção se aquela era uma boa ideia ou não.

– Ele concordou – respondeu a líder de equipe. – Mas disse que não poderia fazer muito a respeito de projeto das peças nesse estágio. Mas sugeriu que falássemos com você.

Ward agradeceu a ambas as mulheres, que tinham apresentado sua sugestão e a colocado no quadro. Ela fora recolhida logo depois, mas o supervisor também disse a Ward que ele se interessaria pela ideia. Ele as reassegurou novamente que estava interessado, e que tinham feito a coisa certa. Ward repetiu que elas não deviam nunca hesitar em chamar a atenção dele – seja para uma ideia nova ou um problema. Fabre voltou imediatamente ao trabalho, murmurando que a equipe estava esperando por ela. Ward gostou de ver que tinham se aferrado ao *fluxo de uma só peça* e que todos pararam para olhá-la demonstrando sua ideia.

– Ele estava certo. Ele estava certo – bom trabalho, meninas. Parabéns.

– *M'sieur Andy...* – interrompeu Weber quando ele estava prestes a ir embora.

– Sim, Mathilde?

– Nós ouvimos que há uma visita importante semana que vem. Um possível cliente?

– Na outra semana – confirmou Ward, se perguntando como os boatos se espalhavam tão rápido. Ele recém falara com Phil Jenkinson na semana passada. – Uma firma japonesa está querendo começar uma *joint venture* na Europa, e estão nos considerando. Phil está mostrando as fábricas europeias para um dos seus manda-chuvas. Eu farei o anúncio semana que vem.

– Os japoneses são bem severos com limpeza e tal, não são? Não é daí que vem o *5S*?

– Claro. Daremos uma boa limpada na fábrica antes de eles virem.

– Bem, sabe, algumas das meninas estavam conversando, e, se você quiser, estaríamos dispostas a vir em um fim de semana para deixar tudo nos trinques.

– Isto é ótimo, Mathilde – respondeu Ward rápido demais, sobressaltado. – Mas paramos com todos os serões de fim de semana meses atrás, e não está mais no orçamento.

– Ah! – fez ela, envergonhada. – Nós não estamos falando disso. Todas nós sabemos que a fábrica realmente precisa do trabalho, o que quer dizer que *nós* realmente precisamos do trabalho. Ficaríamos felizes de vir de qualquer maneira. Tipo, para deixar a fábrica bonita.

– Ótimo – disse Ward, não sabendo bem o que fazer. – Me deixe pensar a respeito. E agradeça a todas que sugeriram. Agradeço mesmo, de coração. Vamos dar um jeito, tenho certeza.

– Elas querem fazer o quê? – exclamou Deloin, sobressaltado. Para o deleite secreto de Ward, o gerente de RH parecia ter sido pego completamente de surpresa. – Vir no fim de semana para preparar a fábrica para a visita? Nos 20 anos que trabalho aqui, nunca ouvi nada parecido.

– Se enfeitar um pouco para a visita não faz mal. Jenkinson disse que um fornecedor da Toyota quer penetrar no mercado europeu e também fornecer para a Toyota aqui. Então, eles estão fazendo como fizeram nos Estados Unidos, começando com uma *joint venture* local para conhecer as condições de negócio locais.

– Eles não vão nos roubar trabalho depois? – interpôs Deloin.

– Exatamente o que eu disse – sorriu Ward. – Jenkinson diz que conseguir mais peças agora e entrar na esfera da Toyota faz o risco valer a pena. "Concorrência faz bem para a alma", foram as palavras exatas de Phil. Eles vão aprender conosco, não há dúvida. Mas a pergunta é: nós podemos aprender com eles? Eles estão procurando um lugar para construir uma fábrica, assim como cofabricar algumas peças.

– Escute só – disse o velho lentamente. Sua face de repente se iluminou com astúcia desonesta, com rugas e tudo mais. – Sabe o campo atrás da fábrica?

– Claro, o que tem? – perguntou Ward, imaginando o que viria a seguir. Ele tinha se acostumado a trabalhar mais de perto com o gerente de RH, mas ainda não chegava a *gostar* do sujeito. Ele tinha vontade de contar os dedos da sua mão depois de apertar a de Deloin.

– Pois é nosso. E é parte da zona industrial.

– É nosso? Faz parte? – indagou Ward, surpreso por, depois de quatro anos, ainda descobrir *detalhes* como esses.

– Foi antes da nossa época. Havia um plano para expandir a fábrica naquele tempo, ha! – desfez ele. – Logo antes da Alnext nos comprar. De qualquer forma, o alvará de construção foi registrado na prefeitura, e provavelmente ainda é válido.

– Então você está dizendo que Vaudon poderia oferecer um local pronto para construir uma nova fábrica?

– Teria de verificar. Mas deve ser possível.

– Caramba. Eu tenho de contar isso para Jenkinson. Ele provavelmente pode fazer alguma coisa a respeito.

– Quanto ao outro assunto – continuou Deloin, remoendo. – Se o pessoal realmente quer vir e dar uma mão para preparar a visita, por que não transformamos num evento social?
– O que você tem em mente?
– Quanto você acha que vai demorar?
– Hum... – pensou Ward. – Mais que meia jornada, mas provavelmente menos que uma jornada inteira. Digamos, das dez da manhã até as quatro da tarde, com um pequeno intervalo para almoço.
– Sim, parece justo. Sabe, eu provavelmente posso conseguir a *Salle des Fêtes* da *Mairie**, mesmo com tão pouca antecedência. Não temos nada grande marcado para os próximos fins de semana. Talvez possamos organizar algo, como um churrasco?

Ward olhou admirado para o gerente de RH. Ao longo deste último ano doloroso de profunda transformação, Deloin nunca abandonara sua postura de espectador entretido. Ele era parecido com Carela neste aspecto. O curioso em Deloin era que, do seu jeito próprio inimitável, o sujeito parecia entender o que Ward estava tentando fazer. Interessantemente, ele mantinha contato com um jovem engenheiro que fora recrutado pela Toyota nos velhos tempos da fábrica de Valenciennes. Como resultado, Deloin provavelmente sabia mais sobre as práticas *de facto* da Toyota – em oposição à mitologia *lean* que tinha se formado em torno da empresa – do que a maioria. Ainda assim, ele sempre se abstivera de se envolver, ou mesmo de fazer propostas positivas. Não que ele fosse resistente, porém. Embora Ward esperasse que ele fosse reagir como a velha guarda na fábrica, Deloin frequentemente era solícito e dava bons conselhos na maioria das coisas que Ward tentava. Ward se confundia com a recusa de Deloin de ele mesmo assumir a liderança de alguma coisa daquilo. Fundamentalmente, parecia, o velho se aferrava à ideia de que esperar o pior nunca decepciona, enquanto que Ward era, no fim, um otimista incorrigível.

– Você pode organizar?
– A fábrica tem dinheiro? – perguntou Deloin com ironia carregada.
– Pare, Jean-Pierre, é claro que podemos.
– Vou ver o que posso fazer.

---

* N. de T.: "Salão de festas" da *mairie*, uma espécie de prefeitura nos países francófonos.

– Aquele é Denis Carela? – perguntou Claire, olhando para frente enquanto o gerente de produção chegava com sua Harley até os degraus da Prefeitura. Ele apagou o motor que rugia, baixou o pezinho e fez uma continência de brincadeira para Ward, tirando o capacete e afrouxando sua jaqueta de couro *vintage*. Sua passageira saltou de trás dele, exibindo umas pernas espetaculares embaladas a vácuo em jeans azuis. A garota tirou seu capacete e sacudiu uma vasta cabeleira de melenas louras cacheadas. Carela se virou para dizer alguma coisa a ela, e ela deu um largo sorriso para eles, iluminando o sinistro fim de tarde de janeiro com a sua beleza estonteante.

– Feche a boca, querido – disse Claire, dando uma forte cotovelada nas costelas de Ward.

– Hum. Sim. Oi, Denis – gaguejou Ward, ruborizando. – Esta é Claire, minha esposa.

– Prazer em conhecer – respondeu o familiar sorriso de lado, com uma ponta de orgulho transparecendo. – Esta é Jeniffer, minha filha mais nova. Ela estava curiosa para ver o local de trabalho do seu coroa, então eu a levei à fábrica.

– O que você acha? Vai passar pela inspeção?

– Tem de dar tempo para a tinta secar – riu Carela. – Mas nos saímos bem. E eu mudei de ideia. Deveríamos usar roupas de trabalho brancas.

– Sempre se pode começar – concordou Ward.

Ward estava satisfeito: satisfeito com a limpeza da fábrica e satisfeito com o evento informal depois. Um número surpreendente de operadores tinha comparecido, e não necessariamente os que ele tinha esperado. A maioria dos líderes de equipe compareceu, e se organizaram bem naturalmente com seus membros de equipe nas várias tarefas de limpeza. Ward viu isso como um sinal de que as equipes realmente estavam se fixando. O tempo estava ruim demais para um churrasco de verdade, então fizeram um simples bufê, e abriram para familiares também.

Ward inicialmente recusara uma visita à fábrica, mas Deloin tinha sido inesperadamente insistente e, no fim, armaram um *tour* organizado para familiares interessados. Até o prefeito apareceu, afinal, era uma cidade pequena. E o melhor de tudo é que ele não tinha feito um discurso.

– E então? – perguntou Ward ansioso. Ele estava levando Jenkinson para Metz, onde divertiriam os visitantes japoneses antes que o CEO os levasse para Neuhof no dia seguinte.

– Estou otimista – respondeu Jenkinson calmamente. – O CEO deles acabou de me pedir para parabenizar sua fábrica novamente pela recepção. Bom trabalho, Andy, você se saiu bem ali.

– Todos nos saímos bem – concordou Ward. Ele achava que a visita tinha ido bem. Começaram com os quadros de segurança e qualidade na entrada do chão de fábrica, explicando como lidavam com cada reclamação de cliente, a começar com a visitação das operações do cliente. Daí Ward mostrou o grande painel elétrico que tinha mandado pendurar no teto na entrada da área das injetoras. Ali havia os números das injetoras dispostos em colunas e quatro linhas de luzes:

Operando.
Reposição.
Não carregada.
Pane.

Naquele momento, o quadro mostrava claramente que a fábrica tinha capacidade sobrando, e que nunca conseguiram pôr a nº 7 para funcionar consistentemente. Ward se surpreendera ao ver que o CEO japonês fez muitas perguntas direcionadas sobre como lidavam com os cartões *kanban*. – Por que recolhimentos a cada 30 minutos, e não 10? – ele também observou que o carrinho estava atrasado.

– No Japão – explicou o senhor em inglês lento e difícil, – há um portão. Na hora, portão abre e carrinho vai – disse ele, gesticulando com um corte de caratê. – Na hora do fim da rodada, portão fecha. Se carrinho atrasado, carrinho não pode entrar estação. Supervisor vem e destranca portão e pergunta por que carrinho atrasado.

Ward fez que sim diligentemente, com um suspiro mental. Ao menos o maldito carrinho estava *andando* naquele dia, embora alguns minutos atrasado. Enquanto os CEOs discutiam os pormenores do *sistema puxado*, o resto da delegação tinha se espalhado, fazendo copiosas anotações sobre as peças e os processos. Ward não sabia o quão aberto deveria ser, mas Jenkinson em nada se perturbara. Era sua empresa. No fim, os visitantes japoneses se curvaram e bateram palmas à exaustão, parabenizando os operadores pelo bom trabalho. E Vaudon estava bonita – estoque extra e peças obsoletas foram cuidadosamente escondidos num depósito externo alugado por pouco tempo (primeiro pegara a autorização de Jenkinson, que só sorrira), os corredores e passagens estavam cuidadosamente arrumados, e até mesmo aquela parede estava caiada. E daí?, pensou Ward, um pouco de decoração não faz mal. De qualquer forma, sua preocupação número um, o sindicato armando uma ação social de improviso, não se realizou. Os operadores pareciam até orgulhosos de exibir sua fábrica.

– Vamos ver como a coisa anda – concluiu Jenkinson. – E, por favor, agradeça ao seu gerente de RH pela informação sobre o terreno disponível. Talvez resolva o assunto. Por algum motivo, eles estão com pressa, e eu ouvi por aí que estão tendo problemas para encontrar parceiros potenciais. Eles realmente queriam um fornecedor automotivo europeu, em vez de uma operação norte-americana, mas, por outro lado, eles nos conhecem dos Estados Unidos. Vamos ver. Então...

– Antes que você pergunte sobre os meus problemas, que são muitos – sorriu Ward, – há um sobre o qual quero falar com você, embora eu não saiba se está em nossa alçada.

– Vá em frente.

– É sobre Bayard. Meu gerente de engenharia de produção. Você sabe que ele está envolvido de corpo e alma nas atividades de *kaizen*, especialmente na montagem.

– Sim, ele está fazendo um bom trabalho – concordou o CEO.

– E estimulando algumas sugestões, você falou.

– De fato. O problema é com a renovação de peças para a montadora francesa. Ele "kaizenou" a célula várias vezes, e agora está discutindo diariamente com os projetistas em Neuhof. Ele conhece bem vários desses caras; ele trabalhava lá, na verdade, e fala alemão.

– Bom. O problema?

– O problema é que ele discorda tanto do projeto da peça quanto do processo. Ele não é a pessoa mais fácil do mundo para trabalhar e costuma fincar o pé quando acha que está certo; o que não é raro. Mas estamos falando de uma linha que ele "kaizenou" sete vezes seguidas e onde reduziu o conteúdo de trabalho pela metade. Então, acho que ele tem voz no assunto.

Jenkinson ainda não falava nada, mas com o canto do olho, enquanto dirigia, Ward conseguia ver um largo sorriso no seu rosto, fazendo parecer quase jovial. "E agora?", perguntou-se silenciosamente. Quando achava graça, Jenkinson tendia a criar grandes dores de cabeça para os que o cercavam.

– De qualquer forma, Beckmeyer me ligou pedindo para fazê-lo recuar. Eu discuti a coisa com Lowell, que disse que eu deveria ir diretamente a você. Sei que eu não posso me envolver em qualquer picuinha...

– Não, não, está bem – disse o outro. – Você tem toda razão de me falar isto. Eu realmente gostei de ouvir. – ele realmente parecia agradado, e Ward se lembrou do olhar de júbilo furioso que cruzara o semblante do sujeito após ler a carta que o gerente de vendas tinha feito o czar das compras do cliente escrever. Por um momento, Ward temeu ter tropeçado numa das politicagens de Jenkinson.

– Que tal trazer Bayard para Neuhof amanhã de tarde? Nossos amigos têm um voo às duas para Tóquio, então vamos terminar cedo.

– Sem problema – concordou Ward, exteriormente calmo, mas imaginando do que se tratava.

– Mark já disse a você por que ele se opõe tanto a Lowell? – indagou Jenkinson do nada, após terem andado vários quilômetros pelas silenciosas paisagens do inverno gélido. O sol estava se pondo e a temperatura caía rapidamente, com uma neblina gelada subindo dos campos úmidos.

– Não, não diretamente. Ele disse de passagem que uma vez se demitiu por causa de Lowell, mas nunca entrou em detalhes – respondeu Ward, surpreso por este novo rumo da conversa. Ele raramente ouvia Jenkinson fofocar, apesar do homem claramente saber mais sobre o que acontecia do que dava a entender. E embora Ward quase se traíra quando Jenkinson falou da inimizade de Neville com Coleman, ele percebeu que Jenkinson andava passando muito mais tempo em Bethany do que em Vaudon. E muito pouco escapava a ele.

– Mark trabalhava como engenheiro de produção para uma peça da Toyota, que o ajudou a se guiar pelo processo. Com base na força do seu desempenho, a gerência o promoveu para gerente de módulo e pediu que ele implementasse o sistema completo, como fez agora. Quando a Alnext comprou a Bethany, puseram Lowell no comando da filial. Ele nada entendia do que Mark estava tentando fazer, então brigaram, até que Mark foi jogado de volta para a engenharia de produção.

– Sim, essa parte eu meio que já sabia.

– Mas não foi isso que fez Mark se demitir. Como engenheiro de produção, a Toyota pediu que Mark fizesse parte da equipe reprojetando os faróis que a fábrica estava fazendo para eles. Era um pouco como o que está acontecendo com Franck: eles achavam que o tinham treinado para entender as peças e processo bem o bastante para ser parte da equipe. Lá vai então Mark explicar aos engenheiros de Ann Arbor como projetar uma peça melhor com um processo melhor que tivesse mais qualidade e, claro, menos custo também. Naturalmente, eles não se deram bem. Eles o tinham rotulado como um bronco da produção que nada sabia de engenharia de produtos, e achava que eles eram umas prima-donas na torre de marfim que nada entendiam de projeto para fabricação. Quando Lowell ficou do lado dos engenheiros, Mark se demitiu.

– Eu não sabia dessa. Você acha que é o que está acontecendo com Franck?

Jenkinson não respondeu, mas riu para si mesmo. – Para mim, existem alguns momentos mágicos na implementação *lean* – disse ele. – Acontecimentos claros que me dizem que estou progredindo. O primeiro é bem óbvio: é quando eu vejo gerentes e operadores discutindo como melhorar a linha em um *workshop kaizen*. Geralmente isso acontece rápido, mas não é certo.

Ward pensou nas brigas em Neuhof. Ackermann finalmente fora feito gerente de área de pintura e montagem final, e estava tentando fazer as coisas do jeito de Jenkinson. Mas Beckmeyer ainda não tinha participado de um *workshop kaizen*. Embora Jenkinson insistisse para todos os gerentes de fábrica participarem dos *workshops kaizen*, e trazerem suas equipes de gerência também, o gerente de fábrica alemão ainda achava que estava acima dessas coisas. Beckmeyer tinha cedido ao ponto de que agora fazia uma inspeção mensal das medidas *kaizen*, circulando pela fábrica com todo seu estafe e assistindo a breves apresentações de chão de fábrica feitas pelos supervisores.

– O segundo momento mágico é quando um gerente de linha começa a fazer *kaizen* regularmente por iniciativa própria, isto é, quando eles começam a utilizar o *kaizen* como uma maneira normal de fazer seu trabalho.

– Gerenciar significa melhorar?

– Exatamente. Algumas pessoas implementam o sistema visual completo se as pressionarmos bastante por tempo suficiente, mas ainda assim nunca pegam esse espírito *kaizen*. Outros pegam logo. E eu aprendi que você nunca sabe de verdade quem vai fazer o quê, ou ao menos que continuo estando errado metade das vezes.

– Carela com certeza foi uma surpresa em Vaudon – concordou Ward. – Assim como Sylvie Barras, por sinal.

– O terceiro momento mágico é quando o aprendizado extraído do *kaizen* é aplicado a um novo processo. Novamente, esse é um acontecimento definido, geralmente em torno de manuseio de peças. Mas em algum momento os engenheiros mudam o projeto para levar em conta algo aprendido quando se faz as linhas existentes mais eficientes. Esse é realmente um degrau no caminho do pensamento *lean*.

– O quarto é quando o *kaizen* leva ao reprojeto do próprio produto. Essa é a minha última meta. *Lean* não dá certo simplesmente porque cortamos os custos de produção. Dá certo porque fornece produtos melhores para o mercado. No fim das contas, tudo gira em torno do produto. Produto, produto, produto.

– Agora estou confuso, eu achava que *lean* girava em torno de pessoas, pessoas, pessoas...?

– Fazer pessoas antes de fazer coisas, claro – disse o CEO, com uma risadinha bem-disposta. – Porque pensamento melhor faz produtos melhores. – as conversas deviam estar sendo boas, porque o sujeito parecia de bom humor. – No fim, são produtos o que entregamos ao cliente, produtos e sua utilização. Pense: mais do que fizemos com as caixas vermelhas, o *sistema puxado* e os *workshops kaizen* é para revelar nossa compreensão do produto. Indo atrás dos problemas no *sistema puxado*, olhamos de forma diferente para as estações de trabalho, mas, mais importante, para como fabricamos e projetamos as peças. Aprendemos alguma coisa sobre as peças em si, o que pode ter um impacto para o cliente.

– Os produtos?

– Sim. Começamos todo esse processo de transformação com base na ideia de que a produção deve aprender a resolver seus próprios problemas. Mais fundamentalmente, o que estou tentando fazer é criar um tipo de organização onde o conhecimento flui para cima e para baixo da linha. Conhecimento de processo, conhecimento de produto. Fazer pessoas antes de fazer peças significa desenvolver pessoas com mais conhecimento que projetarão produtos melhores que a concorrência do ponto de vista do cliente, e com processos mais enxutos que a concorrência não pode igualar em termos de custo. Vantagem competitiva sustentável.

– Entendo – murmurou Ward, soprando ar e blasfemando por dentro: ele ainda não pegava a perspectiva mais ampla com facilidade.

– A Nexplas vai ser uma organização *lean* quando todas as pessoas na empresa puderem contribuir diretamente para melhorar os produtos.

– Me mostre novamente como você sugere que modifiquemos o projeto da peça – pediu Jenkinson a Bayard por meio de Ward. Bayard falava muito bem alemão, mas, infelizmente, muito mal inglês. Ter de explicar suas ideias na frente do CEO e seus colegas alemães, que estavam lhe dando olhares glaciais, estava deixando-o nervoso e desconfortável.

– Olhe aqui – explicou Bayard, apontando para o desenho da peça. – Com a peça que temos, esta seção é muito fraca. Frequentemente racha durante a montagem final na linha. Temos inúmeras queixas, mas o problema está enraizado no projeto. Tentamos tudo que podíamos localmente, mas ainda não conseguimos consertar no processo. Bem, podemos aumentar ligeiramente a espessura do material e os raios sem mudar a funcionalidade da peça. Isso aumentaria consideravelmente sua qualidade.

– Bom raciocínio – concordou o CEO.

– Não é meu – disse Bayard envergonhado, passando para um inglês vacilante. – Sugestão de um operador.

Jenkinson sacudiu a cabeça pensativamente, e Ward pensou ter visto a ponta de um sorriso satisfeito no seu semblante geralmente sem expressão. Ele suspirou e se ergueu, olhando para a equipe reunida de engenheiros e gerentes.

– Cavalheiros – disse ele lentamente. – Primeiro, a meta de custo para esta peça é totalmente inaceitável. Espero uma redução de 30% no custo total. Essa peça precisa ser fabricada em uma área de alto custo a um preço competitivo, então por favor repensem o projeto dessa maneira. Estivemos comparando os nossos custos de peça com os dos nossos concorrentes japoneses, e nós somos até 40% mais caros. Parte disso são custos indiretos: um fornecedor japonês teria que ter menos que 10% de custos indiretos no custo da peça, enquanto nós temos pelo menos 20%. Então, vou continuar com a redução de custos indiretos na empresa. Precisamos desafiar a estrutura de custos indiretos, e reduzir os custos de gestão de projetos. Mas, mais importante, precisamos eliminar os custos de refugo, e por isso vou pedir que vocês levem as recomendações de Franck muito a sério.

Isso provocou olhares de todos. "Custos indiretos" era claramente um sinônimo de "eu" na cabeça de todos.

– Então, primeiro vou pedir que vocês façam um estudo de cada custo em detalhes para alcançarmos uma meta de custo 30% inferior. Por favor, discriminem o problema de custo em componentes claros. Precisamos explorar muito mais opções. Por exemplo, nosso fabricante de moldes na China está mostrando ser extremamente confiável para fornecer moldes simples, e muito mais barato.

– Segundo, eu gostaria que vocês fizessem projeções de custo para diferentes volumes. Precisamos entender o custo com volume crescente, total e decrescente. Assim, suas propostas de processo vão levar em consideração todo o ciclo de vida do produto.

Mais olhares ofendidos. Jenkinson os estava levando para bem longe da sua zona de conforto. O CEO passara meses trabalhando com a engenharia nos Estados Unidos, mas obviamente menos aqui em Neuhof. Ward podia sentir no ar a incredulidade de alguns dos engenheiros. Ele poderia avisá-los da coisa em que estavam se metendo. Mas mesmo se ele dissesse, seria uma conscientização abrupta pela qual não tinham lutado.

– Terceiro, tendo visto a montagem proposta por vocês, gostaria de trabalhar com Franck aqui para propor uma solução de capital mínimo. Menos automação, e não mais; entendem? Máquinas simples, padrão. Sem transportadores. Vou deixar que Franck explique, mas eu quero uma proposta dentro de um mês. Está claro?

– Então, cavalheiros, agora vocês têm de trabalhar juntos para resolver dois problemas. Quero ver suas metas de ppm para esta peça, e como vocês pretendem alcançá-las. E quero ver um plano para reduzir o custo de fabricação desta peça em 30%. Alguma pergunta?

– Você acha que vão fazer? – indagou Ward, tentando esconder seu ceticismo.

– Eles têm de fazer – respondeu o CEO. A reunião difícil não parecia ter afetado seu bom humor incomum. – Mais cedo ou mais tarde, a maioria dos custos de um produto é determinada na fase de engenharia de produção. Tipicamente, os engenheiros tentam ficar numa zona segura, e deixar todo o risco para a produção. Porém, o espírito *kaizen* tem um impacto ainda maior na fase de engenharia do que na produção de fato. O essencial para nós é perceber que devemos repassar a experiência da produção para o projeto a cada geração de produto que vem. Não é fácil, mas eles vão aprender.

– Eu gostaria de acreditar em você, mas a minha experiência com eles até agora não revelou muita cabeça aberta.

Jenkinson deu a Ward um dos seus olhares longos e ponderados que faziam o jovem se remexer por dentro, se perguntando o que ele teria dito que era tão completamente estúpido.

– Porque Franck Bayard é... cabeça aberta?

– Franck – riu Ward espontaneamente. – Não, na verdade não. Bem...

– Ele aprendeu, não foi?

– Sim. Sim, ele aprendeu, mas...

– Então. Me diga qual experimento que realizamos que realmente o fez aprender e mudar de ideia. Não que ele ache que mudou de ideia, caso você pergunte, mas na prática?

– Na verdade – disse Ward, recordando uma conversa de cerca de um ano atrás, quando o engenheiro de produção estava fumando fora da entrada da fábrica, – ele mencionou algo sobre mudar de ideia por meio dos *workshops kaizen*.

– Toda ação que empreendemos deve ser tomada como uma hipótese que testamos por meio de experimentos – doutrinou o CEO mais uma vez. – Qual é a hipótese aqui? E qual deve ser o experimento?

– A hipótese é que... – pensou Ward cuidadosamente – podemos desenvolver o pensamento *kaizen* nos engenheiros fazendo-os participarem dos *workshops kaizen*. Franck teve seu *insight* porque não tínhamos produtos novos nas pranchetas, então ele tinha pouca coisa para trabalhar. Então... o experimento adequado para os engenheiros de Neuhof seria participar de *workshops kaizen*, certo? Mas se é este o caso, porque você não disse para eles fazerem isto?

– Por que não disse? – perguntou o CEO em voz alta, com um sorriso cansado.

– Aaaaah! – resmungou Ward, que até hoje pensava às vezes em responder ao exercício dos *Cinco Por Quês* com um *Cinco Porques*. – Porque, porque... porque primeiro você tem de convencer o chefe. É claro.

– E quem estava visivelmente ausente na sala hoje?

– Nem Klaus nem Mario estavam lá – respondeu Ward, pensando em Mario Klöch, o gerente de engenharia europeu. – Entendo. Você tem um problema – sorriu ele descaradamente.

– Realmente, tenho – concordou Jenkinson. – Nesse ínterim, eu gostaria que você visitasse Bethany com Franck Bayard e pedisse para Mark mostrar a você o que ele anda fazendo com a engenharia. Acho que você vai achar interessante.

– Eu tinha esquecido como era trabalhar com um *sensei* – riu Neville ao dar boas-vindas aos europeus exaustos na fábrica. A viagem de inverno fora horrenda. Além dos procedimentos maçantes de simplesmente pegar um voo internacional, tiveram de lidar com um voo cancelado e a perda da bagagem de Bayard: ele tinha despachado suas malas pessoais a fim de poder usar sua quota de bagagem de mão para levar algumas peças de protótipo para mostrar em Rexington.

Neville estava explicando como Bethany fora escolhida pela Toyota para mais uma rodada de desenvolvimento. Dois outros fornecedores concorrentes foram escolhidos pela montadora para desenvolver seu nível *lean*, e um *sensei* Toyota tinha começado a fazer visitas aos dois gerentes de fábrica.

– Na primeira vez que o *sensei* veio, eu estava realmente entusiasmado para mostrar a ele o *milk run* que estou fazendo com os fornecedores.

– *Milk run*? – perguntou Bayard, parecendo completamente confuso. Ele já vinha reclamando na viagem que o inglês dos Estados Unidos era ainda mais difícil de entender do que o da Inglaterra. Ward tinha troçado, dizendo que os ingleses e os americanos tinham tudo em comum, exceto, é claro, a língua – e o outro lhe dera um olhar cômico, indagador. Ward pensou que não era uma boa ideia tentar uma tirada de Oscar Wilde com o engenheiro de produção. O sujeito não melhorava com o contato prolongado. Todos se surpreenderam ao ver sua mulher e quatro filhos aparecerem na festa 5S. Até mesmo sua família era *nerd* – quatro clones idênticos de cabelo lambido e óculos.

– É, estamos organizando o transporte para que nossos caminhões recolham pequenas quantidades de cada componente várias vezes por dia de acordo com uma rota fixa entre os fornecedores. Funcionando tipo um furgão dos correios, fazendo a ronda das caixas de correio, ou um entregador de leite deixando garrafas cheias e recolhendo as vazias. Ajuda com o estoque e a controlar as entregas dos fornecedores. Estamos tendo problemas para encher os caminhões consistentemente acima de 60%, e, com o preço do petróleo, eu realmente quero otimizar o custo de transporte...

– Mas... – começou Bayard.

– Explico depois, Franck – disse Ward gentilmente. – Estou curioso para ouvir sobre a visita do *sensei*.

– Sim – riu Neville. – Daí eu começo a falar sobre meus problemas com caminhões, quando ele pergunta... bem, o que mais? "E a qualidade?"

– Qualidade não é uma questão urgente, eu digo para o cara. Estamos com 9 ppm em geral, muito menos que a média da indústria.

– Uau! – exclamou Ward. – Não estamos nem perto de um dígito só. Estamos presos ao redor dos 40.

– O *sensei* pergunta: "Nove ppm?". Já que você tem tão poucas peças ruins, acrescenta ele, elas devem ser bem interessantes. Elas devem realmente destacar as falhas claras no processo. Por favor, mostre as peças ruins que você tem, e me fale do seu processo de gestão padrão para reagir a elas.

Ward riu com Neville, mas mais uma vez ele sentiu a irritação familiar de ser pego sempre no contrapé mental. Primeiro qualidade, depois *lead time*, depois custos. A sequência dos interesses da Toyota era sistematicamente a mesma, e mesmo assim ele teve um branco quando se perguntou qual seria o interesse do *sensei*. Há quase dois anos na batalha, ele deveria saber, certo?

– Eu mostro a ele que tipo de ppm nós temos e como as tratamos, e recebo um sermão sobre, adivinha?

– *Vá e veja*, provavelmente – brincou Ward. – Mas não tenho muita certeza de como isso se aplica.

– Bingo! – sorriu o gigante, sacudindo a cara larga de incredulidade. – "*Genchi gembutsu*", o *sensei* começa a explicar. "*Vá e estude. Você deve visitar a fonte do problema e ver você mesmo.*"

– Mas você vai! Você tem o sistema mais próximo de pare-a-linha que eu já vi no grupo.

– Sim – concordou Neville com um sorriso melancólico, – mas eu só tinha entendido metade da ideia. Sabe, no início eu entendi que *genchi gembutsu* era para responsividade gerencial; que no chão de fábrica nos levaria o mais próximo possível ao momento em que a peça ruim estava sendo produzida, para entendermos o que dava errado no processo e trabalhássemos em um jeito de consertar isto.

– É o que todos achamos.

– Então eu aprendi do pior jeito que *genchi gembutsu* era para *operadores*, que existia para ensinar os operadores a distinguir uma peça boa de uma ruim, e para dar suporte a todo o trabalho de treinamento que fazíamos com os líderes de equipe sobre amostras-padrão e circuitos visuais de autochecagem.

– Ainda estamos nos debatendo com isto, mas estamos procurando soluções.

– Mas daí o *sensei* abre outro ângulo – um ângulo óbvio – mas, diabos, eu deveria ter pensado naquilo antes. Enquanto olhamos para as ppm restantes, e estou explicando isso e aquilo sobre por que não conseguimos fazer uma peça boa, torna-se claro que nesses casos já fizemos tudo que podíamos na produção. Agora estamos realmente trazendo à tona algumas falhas básicas, ou no projeto das peças ou no processo de fabricação. Como elas estão instaladas mais ou menos em todo o programa, mesmo com *kaizen* chega um estágio em que o que estamos fazendo é inspecionar as peças fora do processo. Olhando para a caixa vermelha, ele pergunta: "É um problema de operador? É um problema de processo? É um problema de projeto de produto?".

– "A caixa vermelha ensina sobre o produto", explica o *sensei*. "Engenheiros devem praticar *genchi gembutsu* para aprender sobre o produto."

– É claro – murmurou Ward. – Espere sentado.

– É. De qualquer modo, no processo de reprojetar uma peça da Toyota para o próximo programa, ele se envolve e divide nossa meta de ppm iniciais pela metade. Isso foi tranquilo, como você pode imaginar. Engenheiros de produto chorando e chamando a mamãe! Não dá, não com aquele preço e etc. Então por onde começamos?

Ward deu de ombros.

– *Genchi gembutsu* – riu Neville. – Precisamos entender melhor a utilização do cliente, o que nos permite entender melhor como as peças reagem ao processo. O fascinante disso é que encontramos os mesmos princípios na engenharia e na produção.

– E quanto à engenharia de produção? Você ouviu o que eu ouvi? – perguntou Bayard com um escárnio de satisfação mal-escondida que o deixava ainda mais esquisito do que o usual.

– Sobre o quê?

Eles estavam fazendo o *debriefing* da visita à fábrica durante a longa viagem de carro até o aeroporto mais próximo.

– Engenharia de produção. Aquela coisa "genchi não sei o quê".

– *Genchi gembutsu* – *vá e veja* você mesmo no lugar de verdade.

– Bem, ao que parece, em Rexington, Jenkinson não permite que os engenheiros comecem a desenhar um novo processo se eles não melhoraram o desempenho do existente em ao menos 10%.

– Dessa eu não sabia – admitiu Ward. – Mas é bem o estilo dele.

– Você consegue imaginar os figurões em Neuhof tendo que primeiro melhorar o equipamento velho para comprovar seu direito de projetar um novo?

– Isso *é* engraçado – riu Ward, visualizando mentalmente a cena.

– Eu vou gostar disso – concluiu Bayard, com raiva justa. Ward suspirou alto só com a ideia de que teria de arranjar um jeito de todas essas divas trabalharem juntas. *Trabalho em equipe*, é claro. Mais fácil falar do que fazer.

– Então, esta é o *war room* de que sempre me falam? – perguntou Jenkinson com sua habitual cara inescrutável ao olhar a sala de reuniões vazia, fitando os gráficos pregados nas paredes.

– Ela mesma. Cada seção da parede é dedicada a um projeto de produto. Você pode ver os cronogramas dos projetos, assim como as estimativas atualizadas das datas reais de entrega. Você pode ver também todos os problemas em aberto, assim como problemas com fornecedores e assim por diante; tudo que é preciso para visualizar como o projeto está indo e as questões que têm de ser atacadas para pôr as coisas para frente como uma equipe. Mas, hum, por quê? O que você ouviu sobre ela?

– Ah, nada menos que pecados capitais. Você quer que eles mudem o processo de projeto, é isso? Você meteu o dedo em algumas feridas alemãs aí, Andy. Me explique isso aí antes que eles venham com quatro pedras na mão.

– Tão grave assim, é?

– Sim, você com certeza os deixou agitado – arrastou Jenkinson com um sorriso lento. Mesmo depois de todo aquele tempo, Ward nunca sabia exatamente onde estava pisando com o chefe. Mas ele aprendeu a não se importar muito e a ser franco com ele.

– Franck está trabalhando com Mario. Aparentemente, eles têm um processo ridículo de 20 inspeções de passagem (*gates*) para cada projeto. Pelo que entendi, em cada uma dessas passagens tem uma decisão vai/não vai. Essencialmente, o que acontece é que o projeto é apresentado na passagem à gerência sênior, que então faz suas objeções. Daí o projeto tem que resolver os problemas até que se supere a passagem. Como resultado, os projetos demoram uma eternidade, e ainda há muitos problemas quando eles chegam à fábrica. Embora o processo resolva algumas questões, não são necessariamente aquelas que incomodam o cliente ou a produção. Isso volta à sua ideia de desenvolver uma compreensão do que você está testando antes de começar a projetar, não depois.

– Aham – assentiu Jenkinson, imparcial. – E você sugere o quê?

– Quatro ou cinco marcos em passos naturais do projeto, como conceito, projeto de sistema, projeto detalhado, protótipo e pré-produção. Em cada um desses passos, tentaríamos identificar os problemas principais que afetariam os estágios seguintes, e resolvê-los também. A ideia é começar a trabalhar problemas nos estágios iniciais.

– De acordo.

– Mark também mencionou algo sobre desenvolver várias soluções diferentes mesmo sabendo que somente uma seria adotada no fim, para fins de aprendizado. Entendo a lógica disso, mas acho que na prática seria avançado demais para nós agora. Nosso principal problema, no momento, é manter os engenheiros focados em respeitar os prazos e identificar os problemas cedo.

– Não surpreende que estejam pegando em armas – sorriu o CEO. – Eu não achava que você teria a cara de pau, para ser franco.

– Bem – deu de ombros Ward –, você me deu licença para bagunçar o coreto. Além disso, com o que você fez em Vaudon, isso não é assustador.

– Mais alguma coisa que eu deveria saber?

– Não, na verdade não. Eu finalmente desativei o MRP para todas as transações internas, então agora só trabalhamos com os cartões *kanban* e o *sistema puxado* nas dependências da fábrica. Não há mais computadores no chão de fábrica.

– E?

– Pode ser fácil para você – riu Ward, – mas foi uma das coisas mais difíceis que já fiz. Não consigo descrever para você o pânico quando puxamos a maldita tomada. Estávamos todos convencidos de que a fábrica não produziria uma só peça no dia seguinte.

– Estou rindo com você, Andy, não de você. Já estive no seu lugar e, sim, é um momento assustador. O que aconteceu?

– Nada, é claro – suspirou Ward. – Os cartões *kanban* funcionam bem. Pelo menos até agora. Estava tudo na nossa cabeça. Como sempre.

– Bom, mas não se esqueça da regra principal de um sistema *kanban*: os cartões são revisados mensalmente, e você tenta tirar alguns todos os meses. *Kanban* é uma ferramenta para *kaizen*, certo?

– Certo – concordou Ward, assumindo o que entendia como uma cara de pau a se igualar a de Jenkinson.

– Mais alguma coisa sobre o projeto de desenvolvimento antes de deixarmos os lobos entrarem?

– Uma coisa. Eu gostaria de pedir para você um orçamento de treinamento para treinar todos os engenheiros daqui para usar os *A3*. Eu acho quer seria bem útil.

– O banco está fechado, Andy. Nem um centavo. Faça o que puder – respondeu Jenkinson severamente.

– Estamos em encrenca de novo?

– Não tenho certeza – respondeu o outro lentamente. – O banco que nos ajudou a erguer a empresa anda agindo estranho ultimamente. Nós estamos conseguindo pagar alguns dos empréstimos com a redução de estoque, mas não tão rapidamente quanto eu esperava. E do jeito que os mercados financeiros andam se comportando... não sei. Estou com uma sensação ruim.

Ward fitou Jenkinson em silêncio, que estava na frente de uma apresentação do projeto sem olhá-la, perdido em pensamentos. Ward sentiu que a conversa era areia demais para o seu caminhãozinho e percebeu uma nota incomum de incerteza na voz de Jenkinson.

– De qualquer forma – retomou Jenkinson, concentrando seu pensamento. – Dieta severa para a empresa até eu descobrir o que está acontecendo. Redução de estoque continua sendo uma prioridade, e vamos manter as despesas no mínimo, ok? Eu concordo com a ideia de treinamento *A3* para os engenheiros, mas vamos achar um jeito de fazer isso com os nossos próprios recursos por enquanto.

Como é fácil esquecer as coisas, pensou Ward sorrindo. A reunião tinha ido mal, lembrando-lhe daquela primeiríssima sessão em Neuhof quando Jenkinson fez Beckmeyer cortar seu pessoal do departamento de qualidade. Fora tolo de sua parte não esperar aquilo. Ocorreu-lhe que muito daquela resistência inicial tinha desaparecido em Vaudon. Claro, as pessoas ainda eram lentas para fazer o trabalho, e ele tinha de estar constantemente na cola delas para manter o ritmo do *kaizen*. Mais do que tudo, fazer o seu pessoal dar seguimento ao *check* do *PDCA* continuava uma subida morro acima. Mas, em linhas gerais, eles tinham aprendido a aceitar serem desafiados, e não questionavam o fato de que uma deficiência no desempenho podia estar ligada a um problema no processo. Em muitos casos, ele teve até de conter o ardor deles de mudar todo o processo antes de melhorar o existente. A insistência de Phil em melhorar o equipamento existente antes de projetar ou comprar equipamento novo fazia cada vez mais sentido. De fato, o único jeito de mostrar que se tinha compreendido um problema era melhorar a situação, mesmo que apenas ligeiramente. Melhorar as condições atuais provava que você entendia o processo. *Melhoria após melhoria* estava lentamente sendo aceito como o modo normal de trabalhar na sua fábrica.

Ward praguejou quando quase perdeu de novo a saída para o aeroporto na autoestrada. Ele nunca ia se acostumar com aquela saída. Estava largando Jenkinson no aeroporto, logo após ia voltar para casa.

– Você não está com aquela sensação de *déjà-vu*? – disse ele rindo.

– Como assim? – respondeu Jenkinson lentamente, perdido em pensamentos como sempre.

– Eu estava me lembrando daquela vez em que eu fui até Neuhof para apelar em nome da fábrica.

– Acabou que você fez a coisa certa. E admito que foi uma daquelas vezes, a metade em que estou errado. Eu tinha me decidido a fechar Vaudon.

– Sim, estou aliviado que essa *joint venture* japonesa foi assinada, porque, do jeito que os volumes andam hoje em dia, ainda não há um veredicto se a fábrica sobreviveria a mais quedas na demanda.

– Não há como não amar a indústria automotiva – sorriu o CEO ironicamente. – Suspeito que você vai ouvir muito mais sobre *kaizen* quando eles começarem a aparecer.

– Já começou – riu Ward. – Eles estão reclamando que o nosso terreno não é plano, nem horizontal o bastante para as máquinas que eles querem instalar.

– Para ser honesto, naquela época – acrescentou ele após uma pausa, – eu só estava ganhando tempo. Não achava que conseguiria fazer diferença.

– Você foi bem, Andy – aprovou Jenkinson. – E foi muito para frente. Às vezes ganhar tempo é tudo que se precisa. Concordo com você que esta *joint venture* é um enorme alívio. Não importa o quanto de *kaizen* a fábrica faz: se não temos volume suficiente para pôr nela, mantê-la é arriscado. Mas, no fim, o acordo foi acertado exatamente porque eles viram o que vocês estavam fazendo com a fábrica. O sucesso nem sempre é uma função de quão agressivamente você busca uma coisa: às vezes o melhor que se pode fazer é se pôr na posição para ter sucesso. Serve para mostrar que não se deve desistir.

Jenkinson fez uma pausa por um momento, e então se voltou para Ward: – Sabe, Andy, vivemos discutindo todos os vários aspectos da gestão *lean*. Preservar o espírito *kaizen*, manter uma *direção clara*, incentivar o *trabalho em equipe*, desenvolver *confiança mútua*. É tudo muito poderoso, mas nunca perca de vista o fato de que o verdadeiro segredo da liderança *lean* é *vá e veja*. Para fazer todo o resto, você precisa estar lá. No lugar de verdade, com as pessoas de verdade, olhando as peças de verdade, descobrindo os fatos. Sempre que aparecer um operador com uma ideia, você tem de estar lá. Sempre que um cliente estiver infeliz com um produto, você tem de estar lá. Sempre que a sua própria gerência vier com alguma política irracional que vai azucrinar clientes e operadores porque eles não a elaboraram direito ou algum investimento desnecessário porque eles não entenderam o problema, você tem de estar lá. Você tem de estar lá e ensinar.

– Sei o que você vai dizer. Você não pode estar em todo lugar ao mesmo tempo, todo o tempo. E quanto maior a responsabilidade, mais difícil fica, olhe para mim, com operações em três continentes. Mas esse não é o ponto. As pessoas precisam continuar com seu serviço, e você não pode ficar segurando a mão delas e fiscalizando tudo 24 horas por dia, sete dias por semana.

– *Vá e veja* significa se assegurar de visitar todos os departamentos regularmente, e verificar que as pessoas estão fazendo aquilo para que foram treinadas e entendem corretamente o que estamos tentando alcançar como empresa. E às vezes você acha problemas que elas não conseguem ver porque você tem uma perspectiva maior. Você pode puxar a corda Andon e dizer: "Parem e pensem de novo. Olhem para isso mais profundamente. Entendam o problema, encontrem outras opções".

– Mas a porta de entrada é *vá e veja*. Não importa a pressão de todas as outras questões. Não importa a urgência da política. Para praticar a gestão *lean*, você precisa lavar as mãos três vezes ao dia. Conheça as pessoas, toque nas peças. No fim, é isso o que distingue aqueles que "captam" daqueles que não. Tudo acontece no *gemba*. Como meu *sensei* me ensinou muito tempo atrás, o segredo da liderança *lean* não é nenhum segredo: *vá e veja*. Pergunte "Por quê?". Demonstre respeito.

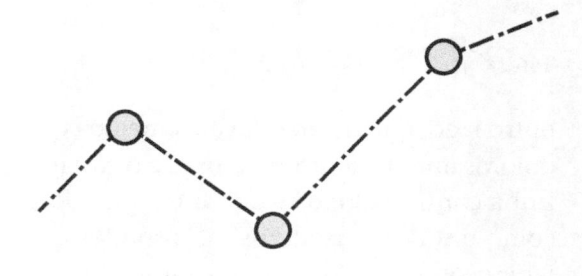

EPÍLOGO

Andrew Ward estava encantado. Ele nunca tinha velejado antes, e ficar sentado no deque de madeira do velho veleiro enquanto voava embaixo dos pilares vermelho-ocre da Golden Gate sob o céu azul o deixou enfeitiçado. O barco era uma coisa: madeira envernizada e bronze polido, puro prazer para o tato. Bob Woods estava no timão, sorrindo como um maluco, seus poucos cabelos brancos voando em um halo em volta do seu rosto aquilino. Seu filho Mike estava sentado do outro lado de Ward no *cockpit*, absorto em digitar no seu *laptop*, raramente levantando o olhar para a estonteante beleza das ondas e rochedos que se desdobrava ao redor deles. Mike parecia uma versão gordinha e bagunçada de Woods, os traços aquilinos suavizados pelo cabelo compridinho e a barba curtinha. Ele era a própria imagem do radical de Berkeley, e Ward tinha palpite de que ele fora um na época.

Os últimos dois anos tinham sido duros. Primeiro, os preços do petróleo tinham ido às alturas, e com eles a demanda por carros menores. Por alguns meses, Phil Jenkinson foi saudado como um CEO visionário por causa de seus esforços para mudar o foco da Nexplas de peças de SUVs para veículos menores. Ward era de outra opinião – que ele não tinha previsto que os preços do petróleo subiriam tanto e estava simplesmente tentando ampliar sua faixa de mercado. Melhor sorte que inteligência, certo? Daí a crise financeira global tinha eclodido, e a rentabilidade da indústria automotiva desapareceu. O acionista se viu em apuros e culpou Jenkinson por não cortar custos tão rapidamente quanto a situação exigia. Eles estavam com problemas para atingir seus números por enquanto, mas, por outro lado, quem não estava? À medida que os mercados voltaram lenta e dolorosamente ao normal, os sócios finalmente aceitaram que a empresa tinha continuado forte durante o pior do colapso e, na verdade, emergiu como um dos seus ativos mais sólidos que restou. A cotação pessoal de Jenkinson subiu novamente. Em meio à crise, a participação de mercado da Nexplas tinha crescido, e a empresa era agora considerada em boa forma para a recuperação. Até mesmo analistas financeiros empedernidos admitiram que a estratégia *lean* de Jenkinson tinha compensado.

Descansando no deque do *Felicity*, Ward refletia preguiçosamente sobre a improvável cadeia de eventos que o tinha levado até ali. Em uma de suas visitas, Jenkinson tinha perguntado se alguém em Vaudon se dispunha a assumir a fábrica. Debelando uma descarga súbita e aterradora de adrenalina, Ward sugeriu que se Denis Carela concordasse em pegar o posto – o que ele duvidava – ele se sairia bem; ou, se isso falhasse, Carole Chandon provavelmente seria uma boa gerente de fábrica, se ela fosse suficientemente orientada no lado técnico. Nos últimos dois anos ela tinha trabalhado bem com Carela, e se os dois continuassem a trabalhar como uma equipe, como vinham fazendo, Ward acreditava que ela poderia assumir a gerência da fábrica. Ele tinha se envolvido cada vez mais com questões de engenharia no último ano, e delegado muitas das funções administrativas para Chandon e o controlador executivo. Mas por que a pergunta?

– Eu gostaria que você considerasse assumir o posto de gerente regional europeu – largou Jenkinson, mais casual impossível.

Ward se sentiu congelar de entusiasmo e terror. Esta era uma promoção enorme. Ele nunca se vira como ambicioso, e, claramente, os últimos três anos tinham lhe mostrado que mais voz significava mais problemas, mas também maior estabilidade para pôr as coisas no rumo certo e fazer as coisas acontecerem. – E Coleman?

– Em breve ele vai voltar aos Estados Unidos. Ainda é bem secreto, então por favor não espalhe, mas estamos considerando nossa primeira grande aquisição, e preciso de Lowell para isso. O trabalho europeu sempre foi temporário – embora tenha durado mais do que o planejado.

– Eu teria que me mudar para Neuhof?

A pergunta fez o CEO sorrir, mas não rudemente. – Depende de você. Eu esperaria que você passasse uns dois dias por semana lá, mas eu compreendo que você provavelmente prefira ficar onde está. Não tenho qualquer problema com isso, desde que você fique o tempo que for preciso para *ir e ver*.

– Eu adoraria tentar. Preciso falar com Claire primeiro.

– É claro – respondera Jenkinson. – Não tem pressa.

Foi assim que eles acabaram na Califórnia. A primeira reação de Claire fora abrir o espumante (e quanto Andy perguntou de novo se isso era bom ou mau, ela brincou: "Veremos") e então declarou que eles precisavam de férias para pensar a respeito. Ela mantivera um contato amigável com Amy Woods ao longo de diversas voltas a Malancourt, cada vez gerando um convite genuíno para uma visita aos Estados Unidos. Depois do sucesso do seu livro sobre a transformação *lean* de Jenkinson na sua empresa anterior, Mike tinha ido para a faculdade de administração, onde agora estava *full-time* pesquisando e lecionando *lean*. Eles tinham uma casa adorável que dava para ir andando para Haas*, com uma vista distante do oceano nos raros dias sem neblina. Amy estava visivelmente grávida quando eles chegaram, e de muito bom ânimo. No dia combinado para o passeio de barco, ela e Claire preferiram respeitar o mar ficando em terra.

– É sempre assim? – perguntou Ward em voz alta.

– Às vezes tem uma neblina terrível – respondou Woods pai.

– A implementação *lean*, quero dizer. Ela algum dia fica estável? Ou ficamos enfrentando problema após problema para sempre?

Isso fez Woods gargalhar, e seu filho Mike ergueu os olhos do seu *laptop* com um sorriso divertido.

– É quando você não tem mais problemas que você está em apuros de verdade – riu Woods. – Nenhum problema é o seu maior problema.

– O que você quer dizer com isso? – indagou Ward, intrigado.

– O mal da grande empresa – explicou Woods filho. – Ficamos esperando que a Toyota volte à média um dia, que se torne só mais uma empresa automotiva. Até agora, porém, eles continuam encarando e resolvendo

---

* Escola de Administração da Universidade da California – Berkeley.

seus problemas, mesmo que esses problemas continuem a evoluir todo o tempo. Por exemplo, agora eles estão lidando com todos os problemas causados por sua rápida expansão, como treinar gente rápido o bastante, e a capacidade em excesso ocasionada pelo colapso financeiro – mesmo que eles não tenham sido tão afetados quanto muitos outros, ainda assim perderam dinheiro pela primeira vez em 50 anos*. A gerência sênior deles sempre se cuidou para não pegar o que eles chamam de o "mal da grande empresa". Eles estão determinados a manter o espírito *kaizen* vivo.

– Você fez a parte fácil – concordou Woods. Antes que Ward pudesse protestar, ele acrescentou: – Não, de verdade. Até agora, você encarou problemas conhecidos. Mas em algum momento você vai encarar um problema mais complicado que é o da reinvenção—achar um problema onde não existe.

– Uma organização *lean* é uma onde todo mundo agrega valor ao produto, é isso? – perguntou Ward.

– Em parte. Essa é a menina dos olhos de Phil no momento – disse Woods. – Eu tenho uma visão diferente disso. No fim, tudo se resume aos operadores. Essa sempre foi a lição mais difícil para mim. Para cada ferramente nova que introduzíamos, meu *sensei* perguntava: "Qual é a missão do operador com esta ferramenta?". Nós sabíamos como trabalhar com supervisores e líderes de equipe, mas sempre estávamos desprevenidos no nível dos operadores. A verdade é que muito do *lean* é ensinar as pessoas a mudar, do chão de fábrica para cima.

– Mudar?

– É, mudar. Mas não em um sentido amplo, não uma "geral" ou uma "transformação", como tendemos a pensar quando falamos de mudança. Quero dizer mudança prática de três modos diferentes: mudanças em volume, o que significa se reequilibrar ao novo *takt time*. Mudanças de *mix*, o que significa trocas frequentes de produto. Mudança de produto, o que significa lançamento exitoso de novos produtos. Tudo isso demanda verdadeiras habilidades *mentais*, além de saber como fazer peças boas – e se aplica dos operadores ao CEO: como se lida com flutuação de demanda ao mesmo tempo em que se mantém a utilização plena da

---

* Publicação original antes dos problemas de vários *recall* ocorridos em 2009 e 2010.

sua capacidade? Como se usam as mesmas linhas para produzir produtos diferentes? E, por fim, como se introduzem frequentemente novos produtos que as pessoas irão comprar? Não se trata de reorganizar ou reembaralhar o baralho. Trata-se de aprender uma mudança real de prática. E o *insight* central que eles tiveram é que isso se faz equilibrando-se *trabalho padronizado* e *kaizen*.

– Ater-se aos padrões para aprender a mudar. É um pouco paradoxal, não acha?

– É por isso que ninguém entende. Só faz sentido quando você pratica todo santo dia. *Trabalho padronizado, kaizen, trabalho padronizado, kaizen*, até que você melhora sua prática gerencial e conhece mais sobre seus clientes, produtos, processos e pessoal.

– Esse processo não tem fim? Com certeza há um ponto em que não se consegue tirar mais nada das pessoas e das máquinas.

– Pergunta interessante – respondeu Mike, – que tinha posto seu Mac de lado na cabine quando os respingos do mar tinham começado a molhar o deque. – É muito debatido. *Lean* é ruim? Ouvimos todo tipo de casos em que ferramentas *lean* foram aplicadas irracionalmente e só resultaram em mais exploração dos trabalhadores e conflito com a gerência. Meus colegas e eu andamos estudando a perspectiva do funcionário. O que eles ganham com isso? Um impulso constante de melhoria é envolvente ou simplesmente estressante?

Fora sua tendência acadêmica de discursar, Mike nada tinha da aspereza do seu pai. Ele era um sujeito camarada, bastante tímido, com um curioso senso de humor que surpreendera Ward até descobrir que a mão de Mike era de fato britânica, e que a maior parte da sua criação se dera no Reino Unido, onde seu pai trabalhava na época.

– A ideia básica do aspecto motivacional do *kaizen* é que é relativamente fácil fazer qualquer um fazer qualquer coisa se você tem autoridade e pulso forte o suficiente, mas você não pode forçar *interesse*. Os gerentes *lean* tentam fazer seus funcionários usar seus corações e mentes, além dos braços e pernas, e não se pode coagir ninguém a pensar. Pensamento só vem de interesse e de prestar atenção. Estudando como as pessoas se sentem em vários pontos da sua jornada de trabalho, pesquisadores concluíram que as pessoas se sentem mais felizes quando estão completamente envolvidas em uma tarefa, parecido com atletas quando encontram a indefinível "zona" do seu jogo perfeito, independentemente da natureza da tarefa – fazer uma palavra-cruzada, checar rolamentos para ver se estão perfeitos, aconselhar alguém ou resolver equações quânticas em física nuclear. Fluir – mas num tipo de fluxo bem diferente daquele do *lean*. Este se refere a um estado de espírito. Esta sensação de total envolvimento costuma aparecer quando estamos em equilíbrio entre o desafio da situação e nossa competência para lidar com ela. Desafio demais, entramos em pânico; competência demais, ficamos entediados. Obviamente, este "ponto ideal" nos escapa porque o desafio e a competência se desenvolvem aleatoriamente em situações de trabalho, a menos que cuidadosamente gerenciadas. Interessante também que, quando as pessoas se sentem totalmente envolvidas em uma tarefa, a coisa que eles mais odeiam é serem interrompidas por qualquer coisa que corte seu fluxo mental.

– Além do mais, *kaizen* dá aos funcionários um maior grau de controle sobre seu próprio trabalho do que qualquer outra abordagem organizacional. Em última instância, há nada tão deprimente para um ser humano do que não ter absolutamente qualquer controle sobre suas circunstâncias. No *lean*, os operadores podem parar a linha caso tenham um problema. Eles fazem sugestões. Em geral, eles têm algum grau de controle sobre seu ambiente, o que é um grande adicional. Além disso, quanto mais eles tiverem se envolvido no projeto do seu ambiente de trabalho, mais se sentem donos e mais profundo é o comprometimento que desenvolvem com o trabalho. Por fim, resolução de problemas baseada em equipe é um grande promotor do *esprit de corps* e camaradagem dentro da equipe de trabalho.

– Foi o que descobri do pior jeito. Eu tentei forçar as pessoas a mudar, e me dei mal.

– No fim, é isso aí – gritou Woods, berrando para ser ouvido contra o vento. – Como somos bitolados pelos "resultados, não importa como", e não entendemos instintivamente o paralelo que a Toyota faz entre processo e resultados, muitas empresas veem como relativamente fácil adotar as ferramentas de melhoria contínua, sem focar também em envolver e desenvolver pessoas. Então, em vez de andar com duas pernas, eles vão pulando com uma só, esperando vencer a corrida. Invariavelmente, eles caem de cara. E nós aprendemos isso do pior jeito. Não só você – todo mundo que eu conheço que deu certo no *lean* teve de descobrir que o respeito pelas pessoas era tão importante quanto a melhoria contínua. Para satisfazer os clientes, devemos com certeza praticar *vá e veja*, *kaizen*, e nos desafiarmos continuamente, mas se não fomentarmos o *trabalho em equipe* e desenvolvermos *confiança mútua*, estaremos sempre remando contra a maré – não importa o quão rápido avancemos, a boia da chegada está sempre longe.

– Mais uma razão por que a gestão *lean* funciona – acrescentou Mike pensativamente, – é a automensuração. Quando as pessoas mensuram seu próprio desempenho, elas melhoram sua prática. Não quando seu chefe as mensura, nem quando um cara da empresa o faz. Tem de ser elas mesmas, para estarem verdadeiramente envolvidas. Quando é o chefe, elas logo aprendem a satisfazer o chefe, que geralmente já é outro assunto. Contudo, automensuração é algo tão doloroso psicologicamente que a gerência tem de manter pressão constante para as pessoas fazerem isso continuamente. Essencialmente, é isso o que os sistemas *lean* fazem: eles visualizam a automensuração a cada hora. Assim que a gerência para de mostrar interesse e ajudar a resolver problemas, as pessoas param, e os processos vão para o brejo. Enquanto as pessoas continuarem envolvidas em mensurar seu próprio desempenho, elas o melhorarão.

– Combinado com aprender fazendo, e aprender trabalhando com outros, por meio de *kaizen* e *A3*, isso cria um ambiente de aprendizado muito poderoso. Estou escrevendo um artigo sobre isso agora mesmo. Automensuração, aprender fazendo, compartilhar experiências e desafiar os outros com as suas perspectivas. Esta é a minha teoria sobre *kaizen*, de qualquer modo. Para responder à sua pergunta inicial: não, o processo não tem um "fim" previsível, simplesmente porque a engenhosidade humana não tem fim. Mas, para chegar lá, o verdadeiro desafio é começar a pensar em termos de compreender problemas em vez de pular direto para soluções. Essa é a parte realmente difícil: qual é o problema que você está tentando resolver?

– Olhe, estão ali – gritou Claire empolgada, correndo assim que eles atracaram o iate e agitando uma revista no ar. Amy seguiu de um modo mais majestoso, com um dos seus sorrisos mais calorosos. Claire se meteu a bordo e pôs uma página brilhante na frente de Ward. Ele olhou para uma foto dele mesmo sorrindo como um idiota e com um corte de cabelo hediondo, com uma legenda em negrito: "O gerente *lean*". Alguém tinha contratado Jenkinson para escrever um artigo sobre transformações *lean*, e ele tinha sugerido que entrevistassem Ward. Satisfeito apesar de não querer parecer, Ward olhou para a fotografia boba, impressionado que, contra todas as probabilidades, talvez o cavalo tivesse mesmo aprendido a cantar.